REVISTA TRIMESTRAL DE

DIREITO PÚBLICO

24/1998

MALHEIROS EDITORES

Revista Trimestral de Direito Público

Órgão do

INSTITUTO GERALDO ATALIBA
IDEPE — INSTITUTO INTERNACIONAL
DE DIREITO PÚBLICO E EMPRESARIAL

INSTITUTO DE DIREITO ADMINISTRATIVO PAULISTA
IDAP

RTDP
Publicação trimestral de
MALHEIROS EDITORES LTDA.
Rua Paes de Araújo, 29, cj 171
CEP 04531-940 - São Paulo, SP - Brasil
Tel.: (011) 822-9205 - FAX.: (011) 829-2495

Diretor responsável: Álvaro Malheiros
Diretora: Suzana Fleury Malheiros

Assinaturas e comercialização:
CATAVENTO DISTRIBUIDORA DE
LIVROS S.A.
Rua Conselheiro Ramalho, 928
CEP 01325-000 - São Paulo, SP - Brasil
Tel.: (011) 289-0811 - FAX (011) 251-3756

Supervisão Gráfica: Vânia Lúcia Amato
Editoração Eletrônica: Ciça's Studio

SUMÁRIO

DOUTRINA

LIMITES DO PODER DE REVISÃO CONSTITUCIONAL
— *Josaphat Marinho* 5

A VIAGEM REDONDA: "HABEAS DATA", DIREITOS CONSTITUCIONAIS E AS PROVAS ILÍCITAS
— *Luís Roberto Barroso* 14

A IMPLANTAÇÃO DA ADMINISTRAÇÃO PÚBLICA GERENCIAL NA EMENDA CONSTITUCIONAL 19/98
— *Alice Gonzalez Borges* 26

LACUNA E SISTEMA NORMATIVO
— *Régis Fernandes de Oliveira* 34

O DIREITO ADQUIRIDO E O DIREITO ADMINISTRATIVO
— *Celso Antônio Bandeira de Mello* 54

OS PODERES ADMINISTRATIVOS E AS RELAÇÕES JURÍDICO-ADMINISTRATIVAS
— *Adílson Abreu Dallari* 63

REFORMA DO MARCO LEGAL DO TERCEIRO SETOR NO BRASIL
— *Paulo Modesto* 75

PARECERES

RETENÇÃO DE RECURSOS ESTADUAIS PELA UNIÃO
— *Fábio Konder Comparato* 87

PRINCÍPIOS DA LIVRE INICIATIVA E DA LEGALIDADE — IMPOSIÇÃO DO DEVER DE ETIQUETAR PREÇOS
— *Eros Roberto Grau* 92

NOMEAÇÃO, POR READMISSÃO, DE EX-SERVIDOR PÚBLICO EXONERADO A SEU PEDIDO — LEGALIDADE
— *Valmir Pontes Filho e Carlos Roberto Martins Rodrigues* 102

POSSE, PROPRIEDADE E ESTADO DE DIREITO
— *Sérgio Sérvulo da Cunha* 115

CONTRATAÇÃO DE ATIVIDADES ARTÍSTICAS
— *Marcos Augusto Peres* 123

ESTUDOS E COMENTÁRIOS

UM NOVO PROCESSO DE REVISÃO CONSTITUCIONAL? VISÃO DOGMÁTICA DO PROBLEMA
— *Jacintho de Arruda Câmara* 133

DAS SANÇÕES DA LEI 8.429/92 AOS ATOS DE IMPROBIDADE ADMINISTRATIVA
— *Fábio Medina Osório* 148

REPENSANDO O "PRINCÍPIO DA SUPREMACIA DO INTERESSE PÚBLICO SOBRE O PARTICULAR"
— *Humberto Bergmann Ávila* 159

APOSENTADORIA DE SERVIDOR PÚBLICO — ATO JURÍDICO PERFEITO — DIREITO ADQUIRIDO — IRRETROATIVIDADE DAS NORMAS
— *Mário Diney Corrêa Bittencourt* 181

A INTERNET SOB A ÓTICA JURÍDICA
— *Walter Douglas Stuber e Ana Cristina de Paiva Franco* 190

CONTROLE DE CONSTITUCIONALIDADE DE EMENDAS PROVISÓRIAS À LUZ DO PRINCÍPIO DA PROPORCIONALIDADE. CONSIDERAÇÕES SOBRE O ESTADO DEMOCRÁTICO DE DIREITO NO BRASIL
— *Douglas Yamashita* 211

COMPETÊNCIA LEGISLATIVA MUNICIPAL SOBRE MEIO AMBIENTE
— *Antônio José de Mattos Neto* 232

JURISPRUDÊNCIA 245

DOUTRINA

LIMITES DO PODER DE REVISÃO CONSTITUCIONAL

JOSAPHAT MARINHO

Professor Catedrático Aposentado das Universidades da Bahia e de Brasília – Senador

1. Importância do tema. 2. Ânsia de poder ilimitado. 3. Estabilidade, reforma e interpretação. 4. Processo de reforma. 5. Processo de reforma na Constituição brasileira. 6. Limites implícitos. 7. Proibição de repetir emenda. 8. Revisão. 9. Novo Congresso revisor. 10. Plebiscito. 11. Conclusão básica. 12. A Constituição e as situações anormais. 13. Dever dos juristas.

1. Importância do tema

Investigar e traçar limites ao poder de reforma constitucional envolve questão tormentosa no plano superior do Estado. Se no campo do Direito Público fundamental os problemas se revestem, sempre, de controvérsia, tornam-se essencialmente polêmicos quando encerram definição de poder e competência. Embora as constituições estabeleçam raias de procedimento, é comum discuti-las ou ignorá-las entre os próprios órgãos do Estado. O terreno circunscrito, que se aponta aos cidadãos, converte-se em espaço indelimitado ou indelimitável para os agentes titulares de autoridade. Mesmo no círculo maior dos Poderes instituídos, lavra a insubordinação, disfarçada na defesa de prerrogativas, ou do interesse supremo do povo.

Por motivos ou pretextos diversos, a Constituição, vezes sem conta, sofre abalos profundos, que vão desfigurando sua fisionomia e reduzindo o valor de seus princípios. É o processo de *erosão* a que se refere a doutrina, fundada na observação de múltiplos exemplos da rebeldia dos que deviam ser obedientes esclarecidos da permanência dos textos básicos.

2. Ânsia de poder ilimitado

A ânsia do poder insatisfeito atinge as constituições até no que elas têm de mais respeitável: a durabilidade ou permanência de suas normas. A vontade de mudar desconhece os contornos institucionais do poder de reforma constitucional. Não importa que na histórica decisão do caso *Marbury v. Madison*, definidora, em 1803, do princípio de declaração da inconstitucionalidade de leis e atos, a Corte Suprema dos Estados Unidos houvesse proclamado, pelo voto de Marshall, a superioridade do poder constituinte. "O exercício desse direito original — declarou — é um insigne esforço: não pode, nem deve repetir-se freqüentemente. Os princípios que destarte uma vez se estabeleceram, consideram-se, portanto, fundamentais. E, como a autoridade, de que eles dimanam, é suprema, e raro se exerce, esses princípios têm destino permanente".[1] Apesar da sentença formadora de doutrina, na prática política se pretende transformar em procedimento rotineiro e indemarcável o de reforma das constituições.

Não se há de generalizar a acusação de incontinência. Exemplos de contenção podem ser dados. O mais expressivo é o dos Estados Unidos, que mantém sua Constituição de 1787 com apenas 27 emendas, e sem mudar a essência do regime. Até em países de textos constitucionais de origem e perfil discutíveis procede-se cautelosamente. Já observamos, noutro instante, que, embora o presidente da França tenha a faculdade de iniciativa da revisão, por proposta do Primeiro Ministro (art. 89), o Presidente François Mitterrand designou um Conselho Consultivo, de alta representatividade que sugerisse as modificações aconselháveis.[2] O pudor presidencial reprimiu a divergência do socialista, não obstante a Constituição de 1958 ser considerada, geralmente, delineadora da vontade do General De Gaulle. Essa a orientação que deveria prevalecer, e não prevalece.

3. Estabilidade, reforma e interpretação

A estabilidade institucional deve superpor-se a razões filosóficas e políticas, de sorte que a Constituição somente seja alterada por superiores motivos de ordem social e pública. Não cabe julgá-la intocável, pois há de ser instrumento adequado a regular continuamente a vida do Estado e da sociedade. Para tanto, pressupõem-se mudanças naturais no texto, equivalentes às das transformações gerais. Sem dúvida, como se inscreveu no art. 30 da Constituição francesa de 1793, "um povo tem sempre o direito de rever, de reformar e de mudar sua Constituição. Uma geração não tem o direito de sujeitar a suas leis as gerações futuras". Mas esse princípio não há de ser entendido, hoje, segundo o pensamento daquela época, de exacerbação do individualismo.

A liberdade de rever a Constituição é condicionada ao interesse coletivo e do Estado. A satisfação desse interesse é que imprime dimensão real a todas as leis, e não o atendimento das reivindicações de partidos, facções e maiorias ocasionais. Onde se confundem aspirações de grupos com direitos da coletividade, as instituições se desfiguram por objetivos parciais. Equivale a dizer que as mutações constitucionais necessárias, indicativas da libertação das gerações entre si, visam ao bem-estar do todo social no tempo preciso, e não ao benefício de segmentos menores e isolados da sociedade. Por isso são legítimas.

Mas, para corrigir deficiências e omissões dos textos constitucionais que não lhes comprometem a essência, a solução está na interpretação inteligente deles, que varia do esclarecimento lógico à construção do espírito do sistema. Assim tem sido a evolução do regime constitucional americano, para garantir a preponderância da União e o equilíbrio federativo, para assegurar os direitos civis no processo de integração da população de raças diferentes, ou para proteger a plena manifestação de pensamento, especialmente a da imprensa. No Brasil, na vigência da Carta de 1891, a extensão do *habeas corpus* ao resguardo de outros direitos, que não o de locomoção, por falta de remédios específicos, representou sinal relevante do que pode alcançar a interpretação judicial, sem modificação visível dos textos normativos.

1. Marshall, *Decisão Marbury x Madison*, in Rui Barbosa, *A Constituição e os Atos Inconstitucionais*, 2ª ed., Rio, Atlântida Ed., s/d., p. 45.

2. *Propositions pour une révision de la Constitution — 15 février 1993*, Rapport au Président de la République, La Documentation Française, Paris, 1993.

Tanto maior será a importância da interpretação quanto dela se fizer, como realça Segundo Linares Quintana em livro deste ano, "um ato de compreensão",[3] vale dizer, um meio de integração de preceitos que formam um sistema regulador da existência de um povo.

Por exegese, portanto, é possível suprir falhas do instrumento constitucional, sem necessidade de alterar-lhe a expressão formal. A inteligência completa o texto, mantendo-o na sua literalidade, para lhe não enfraquecer o prestígio de documento permanente e supremo. Trata-se de forma superior de conservar a autoridade da Constituição, dela extraindo postulados compatíveis com sua sistematização. Em 1921, vai por mais de 75 anos, portanto, Esmein, prof. da Faculdade de Direito de Paris e de outras instituições, revelando-se liberal, já ponderava que as condições de revisão subordinadas, em princípio, ao processo estabelecido, "fatalmente se desenvolvem também de outra maneira: pela interpretação jurídica, que encontra sua expressão autorizada nos precedentes".[4]

Quando se quer robustecer a supremacia da Constituição, assim se procede, idoneamente. Irmanam-se letra e espírito unindo-os no juízo lógico e criador, que conserva o texto adaptando-o à realidade, e destarte o atualiza para servir bem seu destinatário, que é o povo, ou o Estado.

Quando não se intenta prestigiar a Constituição, nem a inteligência que a explica, transforma-se todo pretexto em razão de reforma, ou revisão.

Já na vigência da Constituição de 1946, o senador e prof. Aloysio de Carvalho Filho denunciava e repelia a exaltação reformadora, que não equivale a mudanças oportunas. "Cumprir uma Constituição nova, como a nossa — ponderava — é, antes de executá-la, defendê-la, ou honestamente executá-la, por melhor defendê-la. Defendê-la, contra a ação corrosiva dos inimigos, contra as ofensas, da qualquer natureza ou profundidade, contra o revisionismo tendencioso, contra as modificações freqüentes ou despropositadas".[5]

4. Processo de reforma

As constituições escritas, comumente, incorporam a seu sistema forma especial para alterá-las, mediante emenda ou revisão. A previsão desse processo definido de reforma é que lhes transmite o caráter de cartas rígidas. Não são alteráveis, validamente, senão obedecido o procedimento singular nelas estabelecido. O teor, ou seja, a severidade ou a flexibilidade de tal procedimento varia com as peculiaridades políticas e culturais de cada povo. Em que pese a essa diversificação, é sempre uniforme a convicção de que toda mudança legítima há de sujeitar-se às normas extraordinárias estabelecidas. O constituinte não prescreve modos de proceder senão para que sejam seguidos, com clarividência, mas nos limites delineados, impeditivos de deliberações voluntariosas.

Se não se trata da incidência de interpretação construtiva — e ainda esta *compreende* e não ignora a Constituição — a mudança há de provir do respeito às cláusulas consagradas. Em *A Teoria das Constituições Rígidas*, escrita na mocidade, em 1933, e mantida na madureza, em 1980, Oswaldo Aranha Bandeira de Mello, conquanto atento aos fatores gerais determinantes de reformas oportunas, acentuou que, em face do "derivante de um poder superior à

3. Segundo Linares Quintana, *Tratado de Interpretación Constitucional*, Buenos Aires, Abeledo-Perrot, 1998, p. 36.

4. A. Esmein, *Élément de Droit Constitutionnel Français et Comparé*, t. I, Paris, Recueil Sirey, 1921, pp. 578-9.

5. Aloysio de Carvalho Filho, *Revolução e Tradição*, aula inaugural na Faculdade de Direito da Universidade Federal da Bahia, em março de 1948, Bahia, Imprensa Regina, p. 24.

legislatura" — evidentemente o poder constituinte — "o poder legislativo, como os outros poderes, lhe são subalternos, tendo as suas fronteiras demarcadas por ele, e, por isso, não podem agir senão dentro destas normas."[6]

É constrangedor ter que relembrar essas idéias elementares e largamente acatadas. Exigiu retraçá-las a resistência teimosa de áreas do pensamento político à disciplina regular da ordem jurídica. À vista do desapreço manifesto, havia que as recordar no instante em que juristas assinalam os dez anos da Constituição de 1988, tão desprezada e alterada.

5. Processo de reforma na Constituição brasileira

Imperfeita como todas as constituições, a Carta brasileira em vigor é modelar ao definir o processo para sua reforma. Não exagerou nas condições especificadas, nem facilitou alterações impróprias. Permitindo aos Estados a iniciativa de proposta de emenda, não condiciona a vigência desta à ratificação pelas unidades federadas (art. 60 III), diversamente do que preceitua o regime americano (Constituição, art. V). Não requer plebiscito ou *referendum* para que seja ratificada emenda, ao contrário do que prevêem, a exemplo, as Constituições de Espanha (arts. 167.3 e 168.III) e de França (art. 89).

Atribuindo a iniciativa da proposta a um terço, no mínimo, dos membros da Câmara dos Deputados e do Senado Federal, claramente dispõe que a emenda deve ser discutida e votada "em cada Casa do Congresso Nacional em dois turnos, considerando-se aprovada se obtiver, em ambos, três quintos dos votos dos respectivos membros" (art. 60, §§ 1º e 2º). Se o *quorum* é expressivo, a circunstância de lá terem sido votadas, apesar dele, 19 emendas, em menos de dez anos, atesta a conveniência de mantê-lo. Do contrário, abrir-se-ia caminho à adoção de emendas constitucionais, como se fossem leis ordinárias. Se em outras constituições varia a estipulação entre maioria absoluta e dois terços, é que cada povo obedece às suas particularidades políticas e culturais, como bem salientam os publicistas.

Adequada, por igual, dados os precedentes históricos, sobretudo na 1ª República, é a proibição de deliberar-se sobre emenda "na vigência de intervenção federal, de estado de defesa ou de estado de sítio" (§ 1º do art. 60). Lembre-se, com Themístocles Cavalcanti, que "foi uma das graves alegações feitas contra a revisão constitucional de 1926, inspirada em tendências reacionárias que se refletiam no estado de sítio permanente em que viveu o país".[7]

De maior dimensão é a norma que veda seja "objeto de deliberação a proposta de emenda tendente a abolir a forma federativa de Estado, o voto direto, secreto, universal e periódico, a separação de Poderes e os direitos e garantias individuais" (§ 3º do art. 60). A vedação é de tal relevância, pelos princípios e direitos que abroquela, que, apesar da desenvoltura reformista, quase não sofre agressão.

6. Limites implícitos

Dessa norma, entretanto, pela riqueza de seu conteúdo, se há de extrair, por excelência, a conclusão de que ao poder de reforma cabe opor limites expressos e limites implícitos ou resultantes. É legítimo contrapor-lhe as restrições declaradas e as que destas dimanam, pela identidade de substância entre princípios e direitos enunciados e os que nestes se inserem, por destina-

6. Oswaldo Aranha Bandeira de Mello, *A Teoria das Constituições Rígidas*, São Paulo, José Bushatsky Editor, 1980, p. 48.

7. Themístocles B. Cavalcanti, *A Constituição Federal Comentada*, v. IV, Rio, José Konfino Editor, 1949, p. 249.

ção comum. Veja-se a disposição luminosa do § 2º do art. 5º: "Os direitos e garantias expressos nesta Constituição não excluem outros decorrentes do regime e dos princípios por ela adotados, ou dos tratados internacionais em que a República Federativa do Brasil seja parte". Logo, tudo que estiver implícito nesse mandamento, ou dele resultar, e for concordante com a essência das vedações impostas no § 3º do art. 60, significará também obstáculo à tentativa de emenda.

Depois de assinalar que o poder de reforma há de assegurar a "a permanência das decisões políticas fundamentais reveladas pelo poder constituinte originário", Raul Machado Horta aponta cláusulas que lhe parecem intocáveis por efeito das limitações implícitas: as relativas aos fundamentos do Estado Democrático de Direito (art. 1º, I, II, III, IV); as pertinentes ao povo como fonte do poder (art. 1º, parágrafo único); as concernentes aos objetivos fundamentais da República Federativa (art. 3º, I, II, III, IV); as definidoras dos direitos sociais (art. 6º), a par de outras.[8]

Se pode haver controvérsia quanto à enumeração das cláusulas protegidas pelos limites implícitos, já não há dúvida sobre a existência deles, e sua importância.

Assim se assegura a "coerência do sistema", que Pietro Chierchia defende, ensinando: "toda norma singular impõe pensar na sistematização como verdadeiro e próprio princípio inspirador da Constituição".[9]

7. *Proibição de repetir emenda*

A proibição final, no sentido de que "a matéria constante de emenda rejeitada ou havida por prejudicada não pode ser objeto de nova proposta na mesma sessão legislativa" (§ 5º do art. 60), harmoniza-se com o empenho de resguardar, ao mesmo tempo, a coerência do sistema e a do legislador. Seria contraditório, em relação ao sistema e ao Congresso Nacional, reexaminar, numa só fase legislativa, matéria recusada, pois tal indicaria insegurança de ação ou desconhecimento e desprezo da unidade intrínseca da carta constitucional. Sendo presunção dessa natureza uma violência de julgamento, a proibição estabelecida retrata princípio apropriado ao sistema instituído. O rigor maior, com relação ao projeto de lei, que poderá ser reapresentado, na mesma sessão legislativa, mediante proposta da maioria absoluta dos membros de qualquer das casas do Congresso Nacional (art. 67), é porque a matéria constitucional, por seu relevo, exige mais reflexão, para tornar-se objeto de reexame.

8. *Revisão*

Dir-se-á, varrendo a lógica, que, à margem dessas vedações, pode o legislador de reforma alterar a Constituição por meio de ato de *revisão*, distinto do de emenda.

Mas a Constituição de 1988, em suas disposições permanentes, somente consagra o processo de emenda (art. 60). Apenas a Constituição de 1934 adotou os dois processos como formas normais de modificar o texto, distinguindo-os pela importância das matérias tratadas: a revisão, e não a emenda, modificava "a estrutura política do Estado" (art. 178). Diferença tal inexiste, como visto, na atual Constituição.

De revisão ela só tratou no art. 3º do Ato das Disposições Constitucionais Transitórias. Fê-lo em caráter excepcional, transitório, para autorizar revisão "após cinco anos, contados da promulgação da Constituição, pelo voto da maioria absoluta dos membros do Congresso Nacional, em sessão unicameral". Dado o caráter extraordi-

8. Raul Machado Horta, *Estudos de Direito Constitucional*, Belo Horizonte, Del Rey, 1995, p. 124.

9. Pietro Merola Chierchia, *L'Interpretazione Sistematica della Costituzione*, Padova, Cedam, 1978, pp. 256 e 267.

nário da permissão, reduziu o *quorum* e simplificou o processo de deliberação.

A forma especial e o propósito claro e limitativo da autorização não consentem restauração do processo nem ampliação de qualquer alcance. Exercido esse poder excepcional, como foi, em 1994, esgotou-se a eficácia da provisão constitucional transitória. Em Direito Público — é a lição respeitável de Carlos Maximiliano — "o *fim*, para que foi inserto o artigo na lei, sobreleva a tudo".[10] É o caso: cumprida a finalidade da revisão, pouco importando a extensão dela, cessou a existência da norma transitória. No corpo da Constituição só subsiste *emenda* como forma de alterá-la, de acordo com as regras permanentes e os limites nelas delineados. Desse procedimento excepcional, estabelecido no Ato das Disposições Constitucionais Transitórias, resultaram 6 emendas de *revisão*, em 1994. Do procedimento de emenda propriamente dito, regulado no art. 60 das disposições permanentes da Constituição, já decorreram 19 *emendas*. Ao todo, portanto, 25 emendas já se incorporaram, em dez anos, ao texto originariamente promulgado.

9. Novo Congresso revisor

Cogita-se, contudo, notoriamente, de aprovar emenda constitucional, já em curso, instituindo um Congresso Revisor, sob essa ou outra designação, com o objetivo de mudar o texto básico por processo diverso do estabelecido em suas disposições permanentes. O propósito anunciado envolve, portanto, alteração, por substituição, mesmo provisória, do próprio processo de modificar a Lei Maior. Em verdade, far-se-á *dupla revisão*: primeiro se alterará o processo de reformar a Constituição; em seguida, nela se introduzirão as modificações programadas, obedecendo às novas regras procedimentais.

10. Carlos Maximiliano, *Hermenêutica e Aplicação do Direto*, 8ª ed., Freitas Bastos, 1965, p. 325.

Mas, entre as limitações tácitas do poder de reforma está a que concerne à modificação do processo mesmo de revisão, segundo a procedente afirmativa do prof. Paulo Bonavides.[11] E não se trata de compreensão sem base racional, antes decorrente da natureza da norma que regula a reforma. "As regras de alteração de uma norma pertencem, logicamente," — escreve o prof. Gomes Canotilho — "aos *pressupostos* da mesma norma, e daí que as regras fixadoras das condições de alteração de uma norma se coloquem num nível de validade (eficácia) superior ao da norma a modificar".[12] Assim há de ser porque a possibilidade de reforma resulta da existência de norma que a legitima. Legitimando essa norma, a reforma não pode ser alterada, porque tal significaria suprimir o alicerce da mudança, ou adulterá-lo. A previsibilidade da reforma requer pressuposto, logo, segurança, para evitar surpresas inconciliáveis com a noção de textos rígidos. Se a norma que comanda a reforma e, portanto, a delimita, puder ser alterada, então a constituição não é rígida, mas flexível, pois sua modificação se faz indeterminadamente, segundo decisão de um poder secundário.

Procede, conseqüentemente, o raciocínio límpido de Ignácio de Otto: "do mesmo modo que a norma que confere um poder absoluto não pode servir de fundamento à norma que o limita, a norma que confere um poder de reforma não pode servir de fundamento à norma que estabelece outro poder de retorma".[13]

Já antes, em 1954, o prof. Nelson de Sousa Sampaio timbrou na mesma argumentação, que desenvolveu e é reproduzida na edição de 1995 de seu livro *O Poder de Reforma constitucional*. Considerando "re-

11. Paulo Bonavides, *Direito Constitucional*, 3ª ed., Forense, 1988, p. 176.

12. J. J. Gomes Canotilho, *Direito Constitucional*, Coimbra, Almedina, 1991, p. 1.138.

13. Ignácio de Otto, *Derecho Constitucional — Sistema de Fuentes*, Barcelona, Editorial Ariel, 1989, p. 66.

dundante" o dispositivo da Constituição de Hessen, que proibia alteração do preceito autorizador de reforma, argumentou: "Se isso não estivesse sempre subentendido, todas essas proibições antepostas ao poder reformador seriam vãs, porque ele as poderia ladear sempre, embora fazendo um caminho mais longo. Bastaria agir em duas etapas para afastar qualquer obstáculo à sua atuação. Na primeira fase, suprimiria o dispositivo que veda determinada reforma, e, na segunda, realizaria esta mesma reforma, primitivamente inadmissível".[14]

Pouco importa que ao órgão pretensamente de revisão se dê a designação de Assembléia Constituinte. Primeiro, porque ao poder secundário de reforma não cabe instituir Assembléia Constituinte, vigendo, em sua plenitude, a Constituição, legitimamente promulgada. Seria inaceitável subversão de valores. Segundo, porque se se tratasse, efetivamente, de Assembléia Constituinte, seria soberana, não estaria sujeita às limitações de competência e objeto e de prazo, como estabelece a esdrúxula emenda (n. 554-A, de 1997, CD)

De qualquer modo, pois, a emenda é intolerável. "Parece axiomático" — remata Gilmar Ferreira Mendes entre as conclusões de seu robusto estudo sobre *Controle de Constitucionalidade* — "que as Constituições rígidas somente podem ser revistas com a observância dos ritos nelas prescritos. São exigências quanto ao *quorum*, à forma de votação, à imposição de *referendum* popular, ou de ratificação".[15]

10. Plebiscito

Tenta-se, ainda, a legitimação de reformas extravagantes como as expostas, com o apelo ao plebiscito. Não previsto este no texto constitucional para tal fim, a invocação é estranha ao sistema instituído. Se o Constituinte autorizou o plebiscito para outros casos, em caráter permanente e excepcional — criação de Estados e Territórios Federais (art. 18, § 3º), criação, incorporação, fusão e desmembramento de Municípios (art. 18, § 4º), e definição da forma e do sistema de governo (art. 2º, ADCT) — e não o declarou aplicável à reforma, é porque não o considerou apropriado a esse processo.

Demais, cumpre refletir em que a "supremacia constitucional" — consoante o pensamento de Jacques Cadart — "se impõe mesmo aos *referenduns* populares, quando a Constituição não foi delineada pela violência de um golpe de Estado, de uma revolução ou de uma invasão estrangeira".[16]

11. Conclusão básica

Essas lições imparciais e objetivas mostram que, sob qualquer ângulo de apreciação de uma constituição rígida, ressalta a idéia de firmeza, de coordenação lógica, de sistematização, oposta a artifícios e argumentos de interesse ou de facção, ou a teses expostas sem fundamento nos princípios do Direito Constitucional e de sua interpretação.

Daí também se infere a invalidade de reformas violadoras do sistema e do espírito da Constituição.

Nas jornadas de estudos de março de 1992, da Associação Francesa dos Constitucionalistas, foi objeto de larga apreciação o problema da revisão constitucional. No exame do processo revisional italiano, o prof. Massimo Luciani, como expositor, suscitou várias questões. Julgando a revisão um "procedimento legislativo de tipo agravado" (*aggravato*), interpreta o art. 138 da Consti-

14. Nelson de Sousa Sampaio, *O Poder de Reforma Constitucional*, 3ª ed., Bahia, 1954, Liv. Progresso Editora, pp. 90-1 e Nova Alvorada Edições, 1995, p. 88.

15. Gilmar Ferreira Mendes, *Controle de Constitucionalidade — Aspectos Jurídicos e Políticos*, Saraiva, 1990, p. 339.

16. Jacques Cadart, *Institutions Politiques et Droit Constitutionnel*, t. I, Paris, LGDJ, 1975, p. 142.

tuição com alguma flexibilidade. Adverte, porém: "as leis de revisão constitucional devem respeitar o procedimento de formação (e de integração da eficácia) previsto na Constituição, e nesse sentido deve velar a Corte Constitucional". Adiante, depois de acentuar que "o poder constituinte pode modificar integralmente uma Constituição e substitui-la", pondera: "o poder constituído deverá respeitar a forma de exercício prevista na Constituição, bem como a substância dos valores dessa positividade".

Admitindo maior poder de revisão, Maryse Baudrez, com apoio pleno de Jean-Claude Escarras, fez restrições à adesão do prof. Luciani à manutenção da Constituição italiana e defendeu a participação do povo na revisão. Esclareceu, porém, que tal "não conduz, contudo, a afirmar que esse direito de revisão se exerce fora da Constituição — *hors Constitution*. Corretamente acrescentou: "Se não há no plano material um direito originário do povo de ruptura (*bouleversement*) da Constituição, não é menos certo que esse povo possui o direito de rever a Constituição, segundo as formas por ela previstas (...)".[17]

A observações judiciosas dessa atualidade não podem sobrepor-se razões de ocasião, mesmo traduzidas em ajustes políticos.

Se ocorrer superposição arbitrária, o Supremo Tribunal Federal, conforme bem resumiu Edvaldo Brito, "por não ser parte de qualquer dos interesses setoriais, restaurará, sempre, a autenticidade do pensamento jurídico", decidindo como "guarda da Constituição, ou seja, guarda dos valores fundamentais".[18]

17. Maryse Baudrez e Jean-Claude Escarras, "La Révision de la Constitution Italianne: Doctrine et Complexité des Faits", in *La Revision de la Constitution*, Journées d'études des 20 mars et 16 décembre 1992, Marseille, Economica — Presses Universitaires d'Aix, 1993, pp. 140 e 144.

18. Edvaldo Brito, *Limites da Revisão Constitucional*, 1993, Porto Alegre, Sérgio Antônio Fabris Editor, p. 123.

12. A Constituição e as situações anormais

Objetar-se-á que é preciso conciliar o rigor lógico das constituições com a objetividade da vida política, social e econômica, especialmente com as situações de crise. Não se propõe, porém, interpretação constitucional desvinculada dos fatos, da realidade. A questão está em não reduzir-se a Constituição a mero reflexo do circunstancial.

O ajustamento dela às anormalidades e às crises é ato de confronto profundo entre a necessidade de disciplina normativa e a absorção de situações fáticas, perturbadoras do equilíbrio social. Não é, e não deve ser, simples inflexão das normas a transbordamentos ocasionais. Conter os fatos é função do sistema legal ou superlegal, mesmo regularmente alterado, para que a anarquia não se sobreponha à ordem. É o que cumpre a todos os povos, inclusive na angústia das crises. Foi assim que procederam os Estados Unidos na "grande depressão", posterior a 1930: a Constituição não foi adulterada.

Para que se mantenha válida e compatível com os acontecimentos extraordinários, Constituição, como a brasileira, pode ser reformada, de acordo com suas próprias cláusulas. O que não se considera legítimo é subvertê-la para consagrar fatos, como lhe alterando o sistema de sua reforma. Se já não for possível restringir as alterações ao permitido na Constituição, e segundo ela prescreve, não mais prevalece o poder limitado de reforma. Cessa, então, a autoridade da Constituição.

13. Dever dos juristas

No mundo inquieto de nossos dias, principalmente, em que as turbulências se estendem com a velocidade do raio, cabe a cada povo defender a autoridade de sua Constituição para que o não atinja facilmente a eletricidade das tormentas.

O processo de *erosão*, de que as reformas sucessivas são parte, é tanto mais perigoso porque, não abalando o sentimento popular, atinge gradativamente as raízes da Constituição e sua autoridade.

É dever dos juristas o ato de reflexão e esclarecimento, no propósito de nutrir de ânimo a confiança popular na Constituição.

É o que nos impõe a consciência jurídica antes que a Lei Maior, destroçada, não seja senão um instrumento frágil, a serviço do interesse político e econômico de parcialidades dominantes.

A VIAGEM REDONDA: "HABEAS DATA", DIREITOS CONSTITUCIONAIS E AS PROVAS ILÍCITAS

LUÍS ROBERTO BARROSO[1]

Professor Titular de Direito Constitucional da Universidade do Estado do Rio de Janeiro — *Master of Laws* pela Universidade de Yale — Procurador do Estado — Advogado no Rio de Janeiro

I — Introdução. II — A Constituição e efetividade. III — Direitos subjetivos e ações constitucionais. IV — "Habeas data". V — Um novo desvio: a tolerância com a prova obtida por meio ilícito.

I — Introdução

Do ponto de vista histórico, vai-se tornando uma referência cada vez mais remota um dos grandes estigmas do regime militar ditatorial brasileiro, ao lado da violência física: a malversação de informações sobre a vida privada dos cidadãos. Inicialmente, tais dados, muitas vezes obtidos de forma ilegal, forneciam a matéria-prima que alimentava a perseguição política, mesmo quando não havia qualquer imputação formal de violação da ordem jurídica. Mais à frente, na crescente patologia das ditaduras desgastadas, o uso indevido de informações comprava o silêncio e a adesão dos dissidentes do próprio regime, sob a ameaça de escândalos familiares e de publicidade de fatos da vida privada.

Esta terá sido, induvidosamente, a motivação mais imediata dos constituintes de 1988 para criação do habeas data, sendo certo que muitos deles próprios haviam sido vítimas desta modalidade de abuso de poder. Não se trata de instituto que tenha similar no Direito Comparado, nem que houvesse sido criado à vista de uma necessidade processual imperiosa. Tratou-se, acima de tudo, de uma reação ao passado, de valia primariamente simbólica.

O *habeas data* é um dos diversos remédios constitucionais previstos pela Constituição Federal. Até o regime anterior, as ações constitucionais clássicas do Direito brasileiro eram o *habeas corpus* (1891), o mandado de segurança (1934) e a ação popular (1934). A Carta de 1988 ampliou significativamente este elenco, para nele incluir, além do *habeas data*, o mandado de injunção, o mandado de segurança coletivo e a ação civil pública, que fora recentemente introduzida no Direito infraconstitucional.

Veja-se, a seguir, um esforço de enquadrar o *habeas data* dentro do contexto constitucional brasileiro presente, onde as questões mais vivas ainda são as de afirmação

1. Este texto foi escrito com a colaboração da advogada Ana Paula de Barcellos.

dos direitos subjetivos e de promoção da efetividade das normas constitucionais.

II — Constituição e efetividade

1. A frustração constitucional brasileira

A experiência institucional brasileira é a história de uma recorrente frustração constitucional. Em menos de 200 anos de independência, tivemos oito Cartas Políticas, em um melancólico estigma de instabilidade e de falta de continuidade da ordem jurídica. Pior que isto: em seus períodos de vigência, a normatividade constitucional jamais foi capaz de efetivamente condicionar o processo político, limitando poderes e assegurando direitos.

Deste diagnóstico severo constata-se que os dois principais fatores de descrédito do constitucionalismo no Brasil têm sido a falta de efetividade de suas normas e a compulsão de renovar ou reformar a ordem constitucional. Do segundo mal não conseguimos nos libertar até os dias correntes: em menos de 10 anos de vigência, a Constituição de 1988 já caminha para sua vigésima emenda, sem contar as emendas de revisão. Sem embargo, no que diz respeito à busca pela efetividade, houve um avanço extremamente positivo e já é possível contabilizar algumas vitórias.

Com efeito, a ascensão doutrinária e jurisprudencial da Constituição à categoria incontestável de norma jurídica, conquanto pareça denotar uma obviedade, foi um salto de muitas décadas. Daí a importância do estudo das categorias de normas constitucionais, da tutela dos direitos e, especificamente, das ações que foram introduzidas para superar seu atávico descumprimento na experiência brasileira.

2. A Constituição como norma jurídica. Tipologia das normas constitucionais

Embora resulte de um impulso político, que deflagra o poder constituinte originário, a Constituição, uma vez posta em vigência, é um documento jurídico, é um sistema de normas. As normas constitucionais, como espécie do gênero normas jurídicas, conservam os atributos essenciais destas, dentre os quais a imperatividade. De regra, como qualquer outra norma, elas contêm um mandamento, uma prescrição, uma ordem, com força jurídica, e não apenas moral. Logo, a sua inobservância há de deflagrar um mecanismo próprio de coação, de cumprimento forçado, apto a garantir-lhe a imperatividade, inclusive pelo estabelecimento das conseqüências da insubmissão ao seu comando. As disposições constitucionais são não apenas normas jurídicas, como têm um caráter hierarquicamente superior, não obstante a paradoxal equivocidade que longamente campeou nesta matéria, considerando-as prescrições desprovidas de sanção, mero ideário não-jurídico.

Disto resulta que o Direito Constitucional, tanto quanto os demais ramos da ciência jurídica, existe para realizar-se. Vale dizer: ele almeja à efetividade. Efetividade, já averbamos em outro estudo, designa a atuação da norma, fazendo prevalecer, no mundo dos fatos, os valores por ela tutelados. Ela simboliza a aproximação, tão íntima quanto possível, entre o dever-ser normativo e o ser da realidade social. Ao ângulo subjetivo, efetiva é a norma constitucional que enseja a concretização do direito que nela se substancia, propiciando o desfrute real do bem jurídico assegurado.

É à luz deste conceito básico de efetividade que se desenvolvem as idéias que se seguem.

Ao instituir o Estado, a Constituição (a) organiza o exercício do poder político, (b) define os direitos fundamentais do povo, e (c) estabelece princípios e traça fins públicos a serem alcançados. Por via de conseqüência, as normas constitucionais podem ser agrupadas nas seguintes categorias:

A. Normas constitucionais de organização;

B. Normas constitucionais definidoras de direitos;

C. Normas constitucionais programáticas.

As normas constitucionais de organização traçam a estrutura do Estado, cuidando, essencialmente, da repartição do Poder Público e da definição da competência dos órgãos públicos. Na Carta em vigor, são exemplos de normas desta natureza as que instituem as competências do Executivo, Legislativo e Judiciário, bem como da União, Estados e Municípios. Embora não seja sua finalidade precípua, tais normas podem eventualmente gerar situações jurídicas individuais, sob a forma de direito subjetivo.[2]

As normas constitucionais definidoras de direito são as que tipicamente geram direitos subjetivos, investindo o jurisdicionado no poder de exigir do Estado — ou de outro eventual destinatário da norma — prestações positivas ou negativas, que proporcionem o desfrute dos bens jurídicos nelas consagrados. Nesta categoria se incluem todas as normas concernentes aos direitos individuais (e coletivos), políticos, sociais e difusos previstos na Constituição.

As normas constitucionais programáticas veiculam princípios, desde logo observáveis, ou traçam fins sociais a serem alcançados pela atuação futura dos poderes públicos. Por sua natureza, não geram para os jurisdicionados a possibilidade de exigirem comportamentos comissivos, mas investem-nos na faculdade de demandar dos órgãos estatais que se abstenham de quaisquer atos que contravenham as diretrizes traçadas. Vale dizer: não geram direitos subjetivos na sua versão positiva, mas geram-no em sua feição negativa. São desta categoria as regras que preconizam a função social da propriedade (art. 170, III), a redução das desigualdades regionais e sociais (art. 170, VII), o apoio à cultura (art. 215), o fomento às práticas desportivas (art. 217), o incentivo à pesquisa (art. 218) etc.

2. Por exemplo, qualquer indivíduo pode opor-se judicialmente a uma restrição de direito imposta pelo Estado em matéria que a Constituição haja deferido à competência dos Municípios ou da União.

III — Direitos subjetivos e ações constitucionais

Além de organizar o exercício do poder político, todas as Constituições modernas definem os direitos fundamentais dos indivíduos submetidos à soberania estatal. Embora existam dissenções doutrinárias, fulcradas, sobretudo, em sutilezas semânticas, e haja discrepância na linguagem do Direito Constitucional positivo, é possível agrupar os direitos fundamentais em quatro grandes categorias: direitos políticos, direitos individuais, direitos sociais e direitos coletivos ou difusos.

Os direitos de participação política, ou apenas direitos políticos, abrangem o direito de nacionalidade e o direito de cidadania. Pelo primeiro, o indivíduo é incorporado na comunhão nacional para uma série de efeitos, que compreendem prerrogativas e deveres. Pelo segundo, se reconhece ao indivíduo, qualificado por certos requisitos, a capacidade eleitoral (intervenção pelo voto na composição dos órgãos do Estado) e a capacidade eletiva (participação pessoal na composição dos órgãos do Estado).[3] Na Carta de 5 de outubro de 1988, os direitos políticos dão nome ao capítulo IV do título II, compreendendo os arts. 14 a 16. O art. 12 cuida da nacionalidade e o art. 17 rege os partidos políticos.

Os direitos individuais, de origem marcada pelo jusnaturalismo, tiveram como

3. M. Seabra Fagundes, ob. cit., pp. 171-173.

primeira manifestação "legislativa" a Declaração de Direitos inglesa, de 1689.[4] Não obstante, o seu ciclo de formação e aperfeiçoamento encontra-se mais ligado ao pensamento iluminista francês do século XVIII e à Declaração dos Direitos do Homem e do Cidadão, de 1789. Os direitos individuais, freqüentemente denominados de liberdades públicas,[5] são a afirmação jurídica da personalidade humana. Talhados no individualismo liberal e dirigidos à proteção de valores relativos à vida, à liberdade, à segurança e à propriedade, contêm limitações ao poder político, traçando a esfera de proteção jurídica do indivíduo em face do Estado. Os direitos individuais, impõem, em essência, deveres de abstenção aos órgãos públicos, preservando a iniciativa e a autonomia dos particulares. Na Carta de 1969, vinham deduzidos, precipuamente, no art. 153. No texto atual, concentram-se em extensa — por vezes prolixa — enunciação nos 77 incs. do art. 5º.

Os direitos econômicos, sociais e culturais, identificados, abreviadamente, como direitos sociais, são de formação mais recente, remontando à Constituição mexicana, de 1917, e à de Weimar, de 1919. Sua consagração marca a superação de uma perspectiva estritamente liberal, em que se passa a considerar o homem para além de sua condição individual. Com eles surgem para o Estado certos deveres de prestações positivas, visando à melhoria das condições de vida e à promoção da igualdade material. A intervenção estatal destina-se a neutralizar as distorções econômicas geradas na sociedade, assegurando direitos afetos à segurança social, ao trabalho, ao salário digno, à liberdade sindical, à participação no lucro das empresas, à educação, ao acesso à cultura, dente outros. Enquanto os direitos individuais funcionam como um escudo protetor em face do Estado, os direitos sociais operam como "barreiras defensivas do indivíduo perante a dominação econômica de outros indivíduos".[6]

As últimas duas décadas assistiram ao desenvolvimento florescente de uma nova categoria de direitos, ditos coletivos ou difusos, que apresentam peculiaridades próprias. Não versam eles interesses que tenham titular certo, apto a desfrutar, individualmente, determinado bem jurídico. Ao contrário, tais direitos caracterizam-se por pertencerem a uma pluralidade indeterminada de sujeitos e pela indivisibilidade de seu objeto, de formal tal que a satisfação de um dos seus titulares implica na satisfação de todos, do mesmo passo que a lesão de um só constitui, *ipso facto*, lesão da inteira coletividade. Integram essa natureza de direitos a preservação do meio ambiente, a defesa da qualidade dos produtos e a garantia contra a manipulação dos mercados (proteção ao consumidor) e a salvaguarda de valores culturais e espirituais (proteção ao patrimônio histórico, artístico e estético). Estes direitos foram positivados em Constituições mais modernas, como a portuguesa (1976) e espanhola (1978) e encontram-se previstos em múltiplos dispositivos da Constituição brasileira (*e.g.* arts. 5º, XXXII, LXXIII e 225). Na legislação ordinária foram desenvolvidos em documentos legislativos de grande significação, como a Lei de Ação Civil Pública (Lei 7.347, de 24.7.85)

4. Afonso Arinos de Melo Franco, *Curso de Direito Constitucional Brasileiro*, 1968, pp. 155-156. Fernando Whitaker da Cunha identifica no advento do Cristianismo o ponto de partida dos direitos humanos (*Democracia e Cultura*, 1973, p. 344). Não se deve esquecer a *Magna Charta*, de 1215, primeiro documento escrito de limitação ao poder monárquico absoluto, atentando-se, no entanto, que, escrita em latim, só veio a ser traduzida no século XVI para o inglês: "conquista das classes privilegiadas, eram os homens cultos que a invocavam e que dela extraíam o seu conteúdo político" (Marcelo Caetano, *Direito Constitucional*, 1987, p. 68).

5. Assim é na doutrina francesa (v. Georges Burdeau, *Les Libertés Publiques*, 1972, pp. 13 e ss.). Vejam-se, também, José Cretella Júnior, *Curso de Liberdades Públicas*, 1986, e Celso Ribeiro Bastos, *Curso de Teoria do Estado e Ciência Política*, 1986, p. 138.

6. Celso Antônio Bandeira de Mello, ob. cit., p. 8.

e o Código do Consumidor (Lei 8.078, de 11.9.90).

A idéia central em torno da qual gravita o tópico ora desenvolvido é a de direito subjetivo, entendido como o poder de ação, assente no direito objetivo, e destinado à satisfação de certo interesse.[7] A norma jurídica de conduta caracteriza-se por sua bilateralidade, dirigindo-se a duas partes e atribuindo a uma delas a faculdade[8] de exigir da outra determinado comportamento. Forma-se, desse modo, um vínculo, uma relação jurídica que estabelece um elo entre os dois componentes: de um lado, o direito subjetivo, a possibilidade de exigir; de outro, o dever jurídico, a obrigação a cumprir.[9] Quando a exigibilidade de uma conduta se verifica em favor do particular em face do Estado, diz-se existir um direito subjetivo público.

Singularizam o direito subjetivo, distinguindo-o de outras posições jurídicas, a presença, cumulada, das seguintes características:[10] a) a ele corresponde sempre um dever jurídico; b) ele é violável, ou seja, existe a possibilidade de que a parte contrária deixe de cumprir o seu dever; c) a ordem jurídica coloca à disposição de seu titular um meio jurídico — que é a ação judicial — para exigir-lhe o cumprimento, deflagrando os mecanismos coercitivos e sancionatórios do Estado.

Reconhecendo, embora, que a noção de direito subjetivo, tomada por empréstimo ao direito privado, encontra-se à espera de sua versão publicizada, as normas constitucionais definidoras de direitos são aquelas que correspondem ao esquema acima figurado.[11] Delas resultam para os seus

7. M. Seabra Fagundes, ob. cit., p. 169. Embora não haja referência do autor, esta definição identifica-se, em seus elementos essenciais, com as de Ruggiero e Maroi, Michoud e Trotabas e Ferrara (v. Caio Mário da Silva Pereira, *Instituições de Direito Civil*, v. I, 1974, p. 42). Ela tem conteúdo eclético, no sentido de que utiliza, conjugadamente, elementos da teoria da *vontade*, de Windscheid, pela qual o direito subjetivo é o *poder de ação assegurado pela ordem jurídica*, e a teoria do *interesse*, de Ihering, para quem ele é um *interesse juridicamente protegido* (v. José Carlos Moreira Alves, *Direito Romano*, v. 1, 1987, p. 104 e Caio Mário da Silva Pereira, ob. cit., pp. 40-43).

8. É pertinente, aqui, o emprego da palavra *faculdade*, como fazem inúmeros autores, porque, em verdade, o titular do direito pode fazer ou não uso da norma para exigir a efetivação da conduta prevista. Faculdade designa, precisamente, a possibilidade de praticar ou não determinado ato, sem um correspectivo dever jurídico a outrem (v. Arnoldo Wald, *Curso de Direito Civil*, v. I, 1962, p. 136).

9. V. José Carlos Moreira Alves, ob. cit., p. 103. Utilizou-se a idéia de direito subjetivo por seu caráter universal e aceitação relativamente pacífica, apesar de objeções respeitáveis, como as de Hans Kelsen e Leon Duguit, cujos fundamentos não cabe aqui comentar e aos quais não aderimos. Aceitamos, todavia, que os direitos subjetivos sejam a espécie principal do gênero situação jurídica subjetiva (ativa ou de vantagem), que compreende, também, pelo menos — para não avançar em tema polêmico —, os interesses legítimos e as faculdades. Para aprofundamento dessa questão, com ampla referência doutrinária, veja-se José Afonso da Silva, ob. cit., pp. 153 e ss.

10. San Tiago Dantas, *Programa de Direito Civil* (aulas proferidas na Faculdade Nacional de Direito, 1942-45), s/d, p. 150.

11. Não se está aqui de acordo com a existência de uma categoria diversa, identificável como *direito*, defendida por Celso Antônio Bandeira de Mello (ob. cit., pp. 16-17). Segundo ele, preceitos que asseguram o "direito de ir e vir", o "direito de inviolabilidade do domicílio", o "direito de propriedade", não são concessivos de *direitos*, mas, sim, de *poderes jurídicos*. Não parece ser assim. A circunstância de uma situação concretizar-se por via de uma *abstenção*, de uma prestação negativa, não a desqualifica como direito. Existe uma relação jurídica entre o seu titular e o Estado ou o restante da coletividade, pela qual a um cabe exigir a abstenção e aos outros o dever de absterem-se. Poder-se-ia, é verdade, qualificar, por exemplo, o "direito de ir e vir" como uma faculdade e, como tal, inviolável, por não corresponder a um dever de outrem. Mesmo assim, se alguém for ilicitamente tolhido na sua locomoção, haverá lesão, não à faculdade de ir e vir, mas à liberdade, esta, sim, um direito subjetivo. Portanto, no fundo, o resultado é o mesmo: a exigibilidade da abstenção (v. San Tiago Dantas, ob. cit. p. 149). À expressão *poderes jurídicos* convém reservar significado diverso. Neles, tal como nos direitos, existe um direito do sujeito ativo ao qual corresponde um dever do sujeito passivo. A peculiaridade, todavia, é que no caso do poder jurídico ele é exercido não em favor do sujeito ativo, mas do pró-

beneficiários — os titulares do direito — situações jurídicas imediatamente desfrutáveis, efetivadas por prestações positivas ou negativas, exigíveis do Estado ou de outro eventual destinatário da norma, inclusive por via de ação judicial, quando não entregues espontaneamente.

Por longo tempo sustentou-se que as declarações de direitos incorporadas às Constituições não seriam mais que princípios filosóficos e morais, sem valor jurídico.[12] Diversos autores, principalmente europeus, atribuem à Constituição belga de 1832 — marcante documento na construção jurídica do Estado liberal — a primazia na positivação desses direitos, por havê-los absorvido em seu texto, em lugar de conservá-los, como até então se fizera, em uma declaração apensa. Tal preleção, é bem de ver, teria de ser disputada com a Carta Imperial brasileira, de 1824, que, oito anos antes, já dera concreção jurídica a diverso direitos fundamentais, fazendo-os acompanhar, inclusive, das respectivas garantias (Título 8º, especialmente o art. 179 — v. *supra*, cap. II, item 2).[13] Mas, a rigor, a juridicização daqueles princípios éticos tocou, pioneiramente, ao *Bill of Rights* da Constituição norte-americana, consubstanciado nas suas dez primeiras emendas, ratificadas em 1791. E, quanto à sua garantia, não se deve ignorar o marco representado pela doutrina do controle da constitucionalidade das leis, elaborada pela Suprema Corte daquele país, em 1803.

A referência histórica é meramente ilustrativa. Modernamente, já não cabe negar o caráter jurídico e, pois, a exigibilidade e acionabilidade dos direitos fundamentais, na sua variedade tipológica. É puramente ideológica, e não científica, a resistência que ainda hoje se opõe à efetivação, por via coercitiva, dos chamados direitos sociais. Também os direitos políticos e individuais enfrentaram, como se assinalou, a reação conservadora até sua final consolidação. A afirmação dos direitos fundamentais como um todo, na sua exeqüibilidade plena, vem sendo positivada nas Cartas Políticas mais recentes, como se vê do art. 2º da Constituição portuguesa e do Preâmbulo da Constituição brasileira, que proclama ser o país um Estado democrático, "destinado a assegurar o exercício dos direitos sociais e individuais".

Ora bem: caracterizados os direitos constitucionais como direitos subjetivos, disto resulta que de sua violação nasce para o titular uma pretensão, exercitável mediante ações judiciais. O direito de ação tem lastro constitucional no art. 5º, XXXV ("a lei não excluirá da apreciação do Poder Judiciário lesão ou ameaça a direito"). Mas a maior parte das ações é instituída pela legislação infraconstitucional. Existe, todavia, uma específica gama de ações que têm cunho constitucional.

Tradicionalmente, no Direito brasileiro, estas ações constitucionais eram o *habeas corpus* (1891), o mandado de segurança (1934) e a ação popular (1934). A Constituição de 1988, no entanto, inovou na matéria, ampliando, de modo significativo, o elenco de ações constitucionais, aos quais adicionou: o mandado de segurança coletivo, o mandado de injunção e o *habeas data*, além de haver constitucionalizado a ação civil pública (art. 129, III).

prio sujeito passivo ou do grupo social. Exemplo típico, de direito privado, é o do pátrio poder (v. Arnoldo Wald, ob. cit., p. 137). No direito público, é o próprio poder estatal: "Les gouvernements n'ont point le droit subjectif de commander. Ils ont seulement le pouvoir objectif de vouloir conformément au droit et d'asssurer par la contrainte la réalisation du droit" (v. Leon Duguit, *Études de Droit Public*, 1901, v. 2, p. 1).

12. V. André Hauriou, *Derecho Constitucional e Instituciones Políticas*, 1971 (ed. espanhola), pp. 220-221; Georges Burdeau, *Droit Constitutionnel et Institutions Politiques*, 1974, p. 73; Paulo Bonavides, *Direito Constitucional*, 1980, pp. 184-190; A. Esmein, *Élements de Droit Constitutionnel*, 1921, p. 592; Carré de Malberg, *Contribution a la Théorie Generale de l'État*, II, 1922, p. 581; e Maurice Hauriou, *Principes de Droit Public*, 1910, pp. 557-558.

13. Ada Pellegrini Grinover, "Direitos e garantias individuais", in *Constituição e Constituinte*, 1987, p. 123.

IV — "Habeas data"

Uma das distorções mais agudas do ciclo militar-autoritário no Brasil, como já assinalado, foi o uso e, sobretudo, o abuso na utilização de informações que diferentes organismos armazenavam sobre pessoas. Logo cedo, a idéia de um serviço de inteligência voltado, elevadamente, para a segurança do Estado esvaiu-se em tropicalismos diversos. Envolvendo-se na política ordinária, os órgãos da segurança mergulharam em terreno pantanoso de perseguições a adversários, operando freqüentemente nas fronteiras da marginalidade. A chamada comunidade de informações passou a constituir um poder paralelo e agressivo, que, por vezes sobrepunha-se, ao poder político institucional, valendo-se de meios ilícitos para fins condenáveis.

A rejeição formal dessa prática que se entranhara na cultura do poder no Brasil correspondia a um anseio político expressivo. Atendeu-o o constituinte por via do *habeas data*, um remédio cuja valia é, no fundo, essencialmente simbólica. O novo remédio foi abrigado no inc. LXXII do art. 5º do texto constitucional: "LXXII — conceder-se-á *habeas data*: a) para assegurar o conhecimento de informações relativas à pessoa do impetrante, constantes de registros ou banco de dados de entidades governamentais ou de caráter público; b) para a retificação de dados, quando não se prefira fazê-lo por processo sigiloso, judicial ou administrativo".

Anteriormente à promulgação da Lei 9.507, de 12.11.97, que passou a regular, em nível infraconstitucional, o direito de acesso a informações, e disciplinou o rito processual do *habeas data*, a doutrina e a jurisprudência já haviam traçado um perfil do novo instituto com base na lacônica dicção constitucional. É de valia percorrer as formulações que se desenvolveram antes do advento da lei específica, e que, em ampla medida, foram por ela incorporadas.

Na previsão constitucional, duplo é o objeto do *habeas data*: assegurar o conhecimento de informações e ensejar sua retificação. Estabeleceu-se, assim, que em um único *habeas data* o requerente teria, inicialmente, acesso às informações. Esta fase teria rito sumário, que poderia ser o do mandado de segurança,[14] até que o legislador ordinário viesse a optar pela edição de lei específica. Prestadas as informações, se o impetrante se satisfizesse, seria extinto o processo. Caso ele desejasse retificá-las, seria instaurada uma segunda fase, não mais de caráter mandamental, mas cognitivo, onde então realizar-se-ia a instrução do feito, em regime contraditório. Note-se que a jurisprudência havia rejeitado a idéia de *habeas data* preventivo.[15]

A jurisprudência anterior à lei específica havia se consolidado, igualmente, no sentido de somente ser cabível o *habeas data* se em via administrativa tiver ocorrido a negativa no fornecimento das informações. Faltará interesse em agir se o interessado não houver previamente formulado requerimento ao detentor da informação pretendida.[16] A matéria foi objeto da Súmula 2, do Superior Tribunal de Justiça: "Não cabe o *habeas data* (CF, art. 5º, LXXII, *a*) se não houve recusa de informações por parte da autoridade administrativa". Assinale-se que, ao contrário do que ocorre com o *habeas corpus*,[17] exige-se, para a impetração de *habeas data*, a prévia

14. Sobre a adoção do procedimento do mandado de segurança, ao menos nesta 1ª fase, vejam-se: em sede doutrinária, Calmon de Passos, *Mandado de Segurança Coletivo, Mandado de Injunção, "Habeas Data", Constituição e Processo*, Rio de Janeiro, Forense, 1989, p. 148; em sede jurisprudencial, HD 1-DF, julgado pelo TFR, rel. Min. Milton Pereira, *DJ* de 2.5.89.

15. TFR, HD 9-DF, rel. Min. Armando Rolemberg, *DJ* de 27.6.89.

16. STJ, HD 5-DF, *DJ* de 28.8.89 e HD 8-DF, *JSTJ* 1/158.

17. V. Lei 8.906, de 4.7.94 (EOAB), art. 1º, § 1º.

constituição de advogado habilitado, que deverá juntar instrumento de mandato.[18]

No que diz respeito à legitimação ativa, o entendimento que se firmou é de que o direito de conhecer e retificar dados, bem como o de impetrar *habeas data*, é personalíssimo,[19] embora exista pelo menos um precedente perante Tribunal Superior em que se reconheceu legitimidade a herdeiro e a cônjuge supérstite.[20] Legitimados passivos são os órgãos da Administração direta e indireta, bem como as pessoas privadas que prestem serviços públicos ou de utilidade pública, ou prestem serviços ao público, como, *e.g.*, os de proteção ao crédito. Não cabe ao âmbito do *habeas data* a apuração e responsabilização do autor da informação objeto da impetração.[21]

O direito material de acesso às informações, tutelável por via do *habeas data*, não é, todavia, absoluto. A própria Constituição limita-o, no inc. XXXIII do art. 5º, ao ressalvar aquelas informações "cujo sigilo seja imprescindível à segurança da sociedade e do Estado". Esta valoração, no entanto, não é da competência discricionária do órgão público que detém a informação, cabendo, ao revés, ao pronunciamento motivado da autoridade judiciária.[22]

A Lei 9.507, de 12.11.97, ao disciplinar as hipóteses de cabimento, reproduziu as duas tipificações do texto constitucional, acrescentando, no inc. III do seu art. 7º, uma terceira previsão. Confira-se a íntegra do dispositivo:

"Art. 7º. Conceder-se-á *habeas data*:

"I — para assegurar o conhecimento de informações relativas à pessoa do impetrante, constantes de registros ou banco de dados de entidades governamentais ou de caráter público;

"II — para a retificação de dados, quando não se prefira fazê-lo por processo sigiloso, judicial ou administrativo;

"III — para anotação nos assentamentos do interessado, de contestação ou explicação sobre dado verdadeiro mas justificável e que esteja sob pendência judicial ou amigável."

O *habeas data*, como visto, pode ser requerido para obtenção de informações constantes tanto de registros ou bancos de dados públicos como privados, desde que tenham caráter público. O parágrafo único do art. 1º considera de caráter público "todo registro ou banco de dados contendo informações que sejam ou que possam ser transmitidas a terceiros ou que não sejam de uso privativo do órgão ou entidade produtora ou depositária das informações".

A Lei 9.507/97, aliás na mesma linha da jurisprudência que se firmara antes de sua edição, estabeleceu determinados pressupostos, que funcionam como condições específicas para o ajuizamento da ação de *habeas data*, consoante previsão do parágrafo único de seu art. 8º, *in verbis*: "Art. 8º. (...) Parágrafo único. A petição inicial deverá ser instruída com prova: I — da recusa ao acesso às informações ou do decurso de mais de dez dias sem decisão; II — da recusa em fazer-se a retificação ou do decurso de mais de quinze dias, sem decisão; ou III — da recusa em fazer-se a anotação a que se refere o § 2º do art. 4º ou do decurso de mais de quinze dias sem decisão".

O art. 13 especifica o conteúdo da prestação jurisdicional a ser entregue, remarcando o caráter mandamental do pronunciamento, ao prever: "Art. 13. Na decisão, se julgar procedente o pedido, o juiz marcará data e horário para que o coator: I — apresente

18. STF, HD 15-5-SP, rel. Min. Octávio Gallotti, *DJ* de 17.2.89, p. 989.

19. José Afonso da Silva, *Curso de Direito Constitucional Positivo*, 13ª ed., São Paulo, Malheiros Editores, p. 432; v. tb. TJMG, HD 3-BH, ac. un. das CCReuns., *DO* de 17.6.89.

20. TFR, HD 1-DF (v. *supra*, nota 1).

21. TJRS, HD 588058982, j. em 21.11.88.

22. É o que decidiu o TFR no HD 1-DF (v. nota 1 *supra*): "Compete ao Judiciário examinar a alegação do sigilo, avaliando da sua procedência ou não, compatibilizando a segurança do Estado com o direito à revelação das informações pretendidas".

ao impetrante as informações a seu respeito, constantes de registros ou banco de dados; ou II — apresente em juízo a prova da retificação ou da anotação feita nos assentamentos do impetrante".

A lei contém, ainda, regras específicas de competência (art. 20) e disposições de cunho procedimental, valendo destacar o estabelecimento de prioridade nos processos de *habeas data* sobre todos os atos judiciais, exceto *habeas corpus* e mandado de segurança (art. 19), bem como a gratuidade do procedimento administrativo para o acesso às informações e retificação de dados, bem como para a ação de *habeas data* propriamente dita (art. 21).

O *habeas data* suscita menor número de questões controvertidas que outras ações constitucionais introduzidas ou constitucionalizadas em 1988, como o mandado de injunção — em relação ao qual não se obteve pacificação sequer quanto ao objeto —, o mandado de segurança coletivo e a ação civil pública, que se debatem até hoje com intrincadas questões referentes à legitimação ativa.

V — Um novo desvio: a tolerância com a prova obtida por meio ilícito

O *habeas data* teve, como principal causa de sua criação, uma circunstância histórica já superada. Embora isto não venha a inibir sua aplicação a novas situações, é certo que os vilões já não são os mesmos.

Fora do espectro de incidência do *habeas data*, mas no mesmo domínio da ilicitude na obtenção e divulgação das informações, um novo e grave desvio esboça o caminho inverso da história. A despeito da letra clara da Constituição, materializada nos incs. XII e LIV do art. 5º — que, respectivamente, vedam a violação das comunicações individuais (salvo a exceção prevista pelo próprio inciso) e proíbe a utilização de prova obtida por meio ilícito no processo — a tolerância com esse fenômeno já vai se tornando uma patologia nacional.

Confira-se, antes de mais nada, o regime constitucional da matéria.

No Direito brasileiro, anteriormente à Constituição de 1988, a admissibilidade de provas ilícitas chegou a ser questão controvertida na doutrina e na jurisprudência. Havia, inclusive, abalizada opinião doutrinária defendendo que a aceitação ou não de provas obtidas por meios ilícitos haveria de verificar-se casuisticamente, tendo em vista a proporcionalidade entre o direito lesado pela obtenção da prova ilícita e os interesses beneficiados por sua admissão no processo.[23] Sem embargo, a jurisprudência predominante foi no sentido de sua inadmissibilidade *tout court*.

De fato, o STF pronunciou-se, reiteradamente, neste sentido, como se vê, *e.g.*, das decisões proferidas no RE 85.439-RJ[24] e no RE 100.094.[25] Mais recentemente, em acórdão específico sobre a matéria, manifestou-se ainda uma vez a Corte, em decisão relatada pelo Ministro Célio Borja:

"1. Os meios de prova ilícitos não podem servir de sustentação ao inquérito policial ou à ação penal.

"2. As provas produzidas no inquérito ora em exame — gravações clandestinas — além de afrontarem o princípio da inviolabilidade do sigilo das comunicações (§ 9º do art. 153, da CF) cerceiam a defesa e inibem o contraditório, em ofensa, igualmen-

23. José Carlos Barbosa Moreira, *Temas de Direito Processual*, 2ª série, p. 9.

24. *RTJ* 84/609, rel. Min. Xavier de Albuquerque: "Prova civil. Gravação magnética, feita clandestinamente pelo marido, de ligações telefônicas da mulher. Inadmissibilidade de sua utilização em processo judicial, por não ser meio legal nem moralmente legítimo (art. 332 do CPC)".

25. *RTJ* 110/978, Rafael Mayer: "Infringente da garantia constitucional do direito da personalidade e moralmente ilegítimo é o processo de captação de prova, mediante a interceptação de telefonema, à revelia do comunicante, sendo, portanto, inadmissível venha a ser divulgada em audiência de processo judicial, de que sequer é parte".

te, à garantia do § 15 do art. 153 da Lei Magna."[26]

Contudo, no contexto da Carta de 1988, qualquer discussão doutrinária acerca do tema perde relevância em face da peremptória vedação contida no texto constitucional. De fato, dispõe o art. 5º, LVI da Lei Fundamental em vigor: "Art. 5º. (...). LVI — são inadmissíveis, no processo, as provas obtidas por meios ilícitos".

Na verdade, a Constituição brasileira, por disposição expressa, retirou a matéria da discricionariedade do julgador e vedou a possibilidade de ponderação de bens e valores em jogo. Elegeu ela própria o valor mais elevado: a segurança das relações sociais pela proscrição da prova ilícita. Como constatou Ada Pellegrini Grinover, não há margem para aplicação do princípio da proporcionalidade, porque o constituinte não deu margem a qualquer exceção.[27] O sistema constitucional brasileiro partilha da "convicção de que a prova obtida por meios ilícitos deve ser banida do processo, por mais relevantes que sejam os fatos por ela apurados, uma vez que se subsume ela ao conceito de inconstitucionalidade, por vulnerar normas ou princípios constitucionais".[28]

Reconhecendo, igualmente, a linguagem inequívoca do dispositivo constitucional, endossou Fernando da Costa Tourinho Filho: "Hoje, contudo, a Constituição de 1988 proclama, no art. 5º, LVI, serem inadmissíveis, no processo, as provas obtidas por meios ilícitos. Se a Lei Maior assim o diz, evidente não mais poderem ser admitidas aquelas provas obtidas em afronta à dignidade humana e àqueles direitos fundamentais de que trata a Lei das Leis".[29]

Algumas decisões de Tribunais Estaduais rejeitaram expressamente o aproveitamento da prova ilícita.[30] O Tribunal do Estado do Rio de Janeiro chegou a decidir: "Prova fonográfica — Art. 5º, inc. LVI, Constituição Federal de 1988. São inadmissíveis, no processo, as provas obtidas por meios ilícitos (art. 5º, LVI da Constituição). Sendo invioláveis a intimidade e a vida privada, bem como o sigilo das comunicações, não se admite a prova obtida pela violação telefônica, em conversa de terceiros, ainda que se cuide de um dos cônjuges".[31]

Na mesma linha doutrinária manifestou-se o Superior Tribunal de Justiça, *in verbis*: "O processo visa a projetar a verdade real. Admissível, por isso, qualquer prova. A Constituição da República registra apenas uma ressalva: quando obtida por meios ilícitos (art. 5º, LVI)".[32]

A posição do STF encontra-se exposta no voto condutor do Ministro Sepúlveda Pertence, no já referido HC 69.912-0-RS, onde deixou remarcado:

"No Brasil, contudo, a inadmissibilidade da prova captada ilicitamente já se firmara no Supremo Tribunal, antes da Constituição, seja no processo civil, seja na investigação criminal. E a Constituição de 1988

26. RHC 63.834-SP, rel. Min. Célio Borja, in *RTJ* 122/47.

27. Ada Pellegrini Grinover, "A eficácia dos atos processuais à luz da Constituição Federal", in *RPGESP* 37/46.

28. Ada Pellegrini Grinover, "Interceptações telefônicas e gravações clandestinas no processo penal", in *Novas Tendências do Direito Processual (de acordo com a Constituição de 1988)*, pp. 61-62.

29. Fernando da Costa Tourinho Filho, *Processo Penal*, v. III, 1993, p. 210.

30. *RT* 654/132: "A gravação magnética de ligações telefônicas feita clandestinamente não é meio legal nem moralmente legítimo de produção de prova no processo". E *RT* 649/65: "Embora desnecessário, o legislador constituinte fez questão de enfatizar no art. 5º, LVI, que 'são inadmissíveis, no processo, as provas obtidas por meios ilícitos'. A questão, portanto, deixou de se situar, como dispõe o CPC, no âmbito da autenticidade da reprodução, para alcançar a própria forma de obtenção da gravação e sua legitimidade e licitude".

31. AI 1.802/93, 4ª CC, rel. Des. Semy Glanz, in *DO* 6.10.94, p. 216.

32. REsp 55.165-0-GO, rel. Min. Luiz Vicente Cernicchiaro, in *DJ* 12.12.94, p. 34.384.

explicitou peremptoriamente, no art. 5º, LVI, que 'são inadmissíveis, no processo, as provas obtidas por meios ilícitos'. No ponto, *legem habemus*: toda a discussão a respeito terá, no Brasil, sabor puramente acadêmico.

"23. O que resta, pois, sem solução expressa na Constituição — e de relevo decisivo no caso — é a terceira questão, atinente às conseqüências processuais da admissão no processo, não obstante a proibição constitucional ou legal, da prova ilicitamente obtida. (...)

"26. Por isso, de minha parte, não iria além de conceder que a admissão da prova ilícita só não induz nulidade, quando irrelevante por seu objeto ou, então, quando se pudesse afirmar seguramente que outras provas, colhidas independentemente da existência daquela prova proibida, bastariam à condenação."[33]

A prova obtida por meio ilícito, portanto, vicia-se por manifesta nulidade, não podendo figurar validamente em qualquer processo judicial. No processo criminal, se for ela o único elemento de instrução constante da denúncia, impõe-se, como via de conseqüência, o trancamento da ação penal.

Nada obstante a limpidez dos preceptivos aplicáveis, o país tem incorporado à sua rotina sucessivas e impunes violações da disciplina constitucional da matéria. Nos jornais televisivos tem-se tornado constrangedora rotina a divulgação de gravações resultantes de interceptação telefônica clandestina.

Recentemente, importante jornal do Rio de Janeiro divulgava que um determinado candidato a cargo eletivo majoritário já possuía diversas fitas gravadas incriminadoras do candidato adversário, que retrucou afirmando possuir outras tantas. Já há um mercado negro de provas ilícitas.

Sem embargo da patente incivilidade desse desvio, parte da jurisprudência e da doutrina têm demonstrado crescente predisposição para a flexibilização dos comandos constitucionais aplicáveis na matéria. De fato, escudados, sobretudo, na idéia de proporcionalidade e ponderação de valores, diversos autores têm endossado esta linha interpretativa,[34] com repercussão nas decisões do Judiciário, inclusive do STJ.[35] A tese central é a de que se deve avaliar, em cada caso concreto, os interesses em jogo (*v.g.*: a preservação da intimidade *versus* o combate à criminalidade). Por este raciocínio, se a utilização de uma prova ilicitamente obtida em determinado processo conduzir a um resultado mais importante, do ponto de vista valorativo, justificar-se-ia o descumprimento do comando constitucional.[36]

Embora a idéia possa parecer tentadora e seja defendida por doutrinadores da maior suposição, deve-se ter em mente sempre a lição preciosa de Herbert Wechsler, em conferência proferida há várias décadas na Universidade de Harvard, em homenagem ao grande magistrado Oliver Wendell Holmes:

"O que caracteriza as decisões judiciais, em contraste com os atos dos outros Poderes, é a necessidade de que sejam fundadas em princípios coerentes e constantes, e não em atos de mera vontade ou sentimento pessoal. Discordo, assim, com veemência, daqueles que, aberta ou encobertamente, sujeitam a interpretação da Constituição e das leis a um 'teste de virtude' para verificar se o resultado imediato limita ou promove seus próprios valores e crenças.

"Quem julga com os olhos no resultado imediato, e em função das próprias sim-

33. *DJU* 25.3.95, rel. Min. Sepúlveda Pertence.

34. Confira-se: José Carlos Barbosa Moreira, "A Constituição e as provas ilicitamente adquiridas", *RDA* 205/11; Nelson Nery Júnior, *Princípios do Processo Civil na Constituição Federal*, 1992, pp. 141 e ss.

35. STJ, HC 3.982/95, *DJ* 26.2.96 e ROMS 6.129/95, *DJ* 12.8.95

36. Embora isto não tenha suscitado com maior profundidade na discussão do tema, certamente mereceria reflexão a questão do emprego de prova ilícita como eventual elemento único de *defesa* em processo criminal.

patias ou preconceitos, regride ao governo dos homens, e não das leis. Nada é mais grave em Direito, nenhum problema é mais profundo do que este tipo de avaliação e de julgamento *ad hoc.*"[37]

O entendimento flexibilizador dos dispositivos constitucionais citados, além de violar a dicção claríssima da Carta Constitucional, é de todo inconveniente em se considerando a realidade político-institucional do país. Não se ignora que a atividade interpretativa, embora se almeje neutra, nunca é objetiva. A valoração das questões envolvidas é inerente à atividade jurídica e seria ingenuidade acreditar diferente. Entretanto, como já deixamos averbado em outra oportunidade, a interpretação gramatical do texto constitucional traça os limites dentro dos quais o intérprete exercerá o seu ofício.[38] Embora seja mesmo difícil que um vocábulo tenha significação inequívoca, há sentidos mínimos que devem ser respeitados, sob o risco de se perverter o seu papel de transmissor de idéias e significados.

Embora a idéia da proporcionalidade possa parecer atraente, deve-se ter em linha de conta os antecedentes do país, onde as exceções viram regra desde sua criação (vejam-se, por exemplo, as medidas provisórias). À vista da trajetória inconsistente do respeito aos direitos individuais e da ausência de um sentimento constitucional consolidado, não é nem conveniente nem oportuno, sequer de *lege ferenda*, enveredar por flexibilizações arriscadas.

Não se deve perder de vista que, nos dias obscuros e prepotentes do regime militar, boa parte dos que manipulavam e tredestinavam as informações ideológicas e pessoais dos adversários da ditadura faziam-no em nome de valores que reputavam superiores. A comparação tem sua razão de ser e apenas revela os riscos de se sacrificarem os princípios em favor de voluntarismos variados. Em seguida virão os vingadores mascarados.

Não percorremos, ainda, os ciclos do amadurecimento e da civilização. Impõe-se, por esta razão, algum radicalismo principiológico. Os temperamentos e atenuações terão de vir depois. Precisamos nos libertar, primeiro, do estigma da doutrina de exceção: na sala a retórica humanista, nos fundos o pau de arara.

37. Adaptado do texto clássico de Herbert Wechsler, "Towards neutral principles of Constitutional Law", in *Harvard Law Review* 73-1 (1959).

38. Luís Roberto Barroso, *Interpretação e Aplicação da Constituição,* 1996, pp. 119 e ss.

A IMPLANTAÇÃO DA ADMINISTRAÇÃO PÚBLICA GERENCIAL NA EMENDA CONSTITUCIONAL 19/98

ALICE GONZALEZ BORGES
Advogada — Professora Titular das Faculdades de Direito da Universidade Católica de Salvador e da Universidade UNIFACS de Salvador

1. Depois de longa tramitação legislativa, temos aprovada a Emenda Constitucional 19, que pretende viabilizar a implantação da concepção da Administração Gerencial em nosso ordenamento.

Refere-se como Administração Gerencial um modelo de Administração Pública, que reflita as grandes e marcantes transformações econômicas, políticas e sociais do Estado contemporâneo, no sentido da globalização da economia, da crescente diminuição do intervencionismo estatal que marcou este século, e do amplo desenvolvimento de parcerias com o setor privado, bem como de uma democracia participativa.

A proposta da Administração Gerencial brasileira, cujos lineamentos básicos foram pela primeira vez consubstanciados no documento governamental intitulado "Plano Diretor da Reforma do Aparelho do Estado", bem como na obra do Ministro Bresser Pereira, tem como filosofia essencial a busca de maior eficiência na atuação do Estado. Torna-se este mais flexível, passando da posição de principal protagonista à promotor e regulador do processo de desenvolvimento, a ser alcançado com a participação do setor privado, com vistas à obtenção de melhores resultados.

Na verdade, a busca da redefinição do Estado moderno é um fenômeno universal. Encontram-se, no Direito Comparado, em países tão diversificados como Inglaterra, Estados Unidos, França, Itália, Espanha, Austrália, Nova Zelândia, Alemanha, México, Chile, Argentina, e tantos outros países, (1) as mesmas inquietações, com vários matizes. E surgem várias propostas, de acordo com diversas tendências e denominações: o *Estado Mínimo* do neoliberalismo britânico, a concepção de Crozier, que se tornou célebre, do *Estado Modesto*, e muitas outras.

Até o grande jurista italiano Giannini, quando Ministro da Função Pública, lançou, pioneiramente, em 1979, em Informe ao Parlamento, as bases de uma reforma integral da administração italiana.

Na inspirada concepção de Massimo Giannini, o Estado do próximo milênio será o Estado Pluriclasse, já não mais baseado na oligarquia de algumas classes dominantes, ou no poder de dominação de uma só classe, mas estruturado no sentido da atenuação dos aspectos mais autoritários da Administração Pública, e da extrema valorização da participação, do consenso e da interação entre os mais diversificados centros de decisão individuais e coletivos da sociedade.

Diz o mestre que "o uso do modo convencional aumentou de tal forma em qualidade e quantidade, que hoje se pode falar de *um modo diverso de administrar*".(2)

Tais preocupações, aliás, mais se agudizam em face das profundas repercussões que vem tendo o direito supranacional, comunitário, no Direito Administrativo dos diversos países que atuam em parceria econômica, levando Santiago Gonzáles Ibáñez a falar em "um novo direito administrativo europeu em formação".(1)

Observa, a propósito, Alfonso Nava Negrete, que: "Existe uma visível política dos governos europeus, asiáticos, africanos e latino-americanos, de adelgaçar a atual condição obesa de suas administrações. Muito tem a ver com isto — embora alguns governos o neguem —, a pressão que exercem os bancos internacionais salvadores de suas economias".(1)

Há uma unanimidade em tão diferentes propostas e concepções: neste fim de século, nos mais diversos quadrantes da terra, ninguém está satisfeito com o modelo de Estado que possuía até agora.

2. Põe-se, então, na ordem do dia, em uma visão crítica — mas não necessariamente demolidora —, a necessidade de identificar:

• o que é a chamada administração gerencial *cabocla* que se propõe;

• por que surgiu;

• de onde veio;

• quais são seus princípios vetores;

• quais os instrumentos que se propõem para sua implantação;

• até que ponto se identifica com as reais necessidades, peculiaridades e aspirações do povo brasileiro;

• até que ponto, e *como*, a concepção da administração gerencial, oriunda de outros países e de outras experiências, poderá ser reconstruída, na adoção de um *modelo brasileiro* de reforma do Estado.

3. Segundo Bresser Pereira,(3) a reforma do Estado envolve os seguintes postulados básicos, a partir de um posicionamento *social-liberal* (*sic*), que se opõe vivamente ao neoliberalismo:

• a delimitação do "tamanho" do Estado, que envolve as questões da privatização, da terceirização e do que ele chama de "publicização" das atividades de utilidade pública, constitucionalmente previstas para seu desempenho por setores privados;

• a redefinição do "papel regulador do Estado", ou, melhor, do grau de intervenção do Estado na ordem econômica;

• a recuperação da "governança", ou seja, a capacidade financeira e administrativa de implementar as decisões políticas tomadas pelo governo, para o que se propõe a superação da "administração burocrática", implantada entre nós através do Decreto-lei 200/67, pela chamada "administração gerencial";

• o aumento da "governabilidade", que é a capacidade política do governo de intermediar interesses, garantir legitimidade perante a sociedade e governar.

A concepção dessa proposta de reforma pauta-se pelo objetivo de "*não enfraquecer a Estado, mas fortalecê-lo*", e pelo pressuposto de fortalecimento do regime democrático, que, nas palavras de Bresser, é o "*único apto a garantir a estabilidade política e o desenvolvimento sustentado*".

Dentro desse quadro amplo interessanos, de pronto, a caracterização dessa *administração gerencial*, garantidora da chamada *governança*, que se propõe como "nova forma da gestão da coisa pública mais compatível com os avanços tecnológicos, mais ágil, descentralizada, mais voltada para o controle de resultados do que o controle do procedimentos, e mais compatível com o avanço da democracia em todo o mundo, que exige uma participação cada vez mais direta da sociedade na gestão pública".(3)

Em apertada síntese, apresentam-se como características dessa Administração Gerencial:

• a orientação da ação do Estado, voltada para o atendimento do cidadão-usuário, ou *cidadão-cliente*;

• fortalecimento e aumento da autonomia da burocracia estatal, organizada em carreiras ou "corpos" de Estado, e a valorização de seu trabalho técnico e político como partícipe na formulação e gestão das políticas públicas;

• a utilização dos instrumentos descentralizadores consubstanciados nas *agências executivas* e *agências reguladoras*, bem como nas *organizações sociais* sobre as quais se exerce o controle de indicadores de desempenho, através do chamado *contrato de gestão*.

4. A Administração Gerencial já vinha sendo parcialmente implantada, em nível infraconstitucional, através da utilização de seus instrumentos básicos de desestatização, privatização, desregulação e terceirização, bem como através da chamada *publicização* das entidades civis que se dedicam a atividades de interesse coletivo, as *organizações sociais*.(4)

O que se propõe, através da Emenda Constitucional 19, é instrumentalizar aquelas mudanças que não poderiam operar-se através de legislação ordinária, e que se apontam como necessárias para a remoção de obstáculos da Carta de 1988 à plena implantação dos postulados da Administração Gerencial.

Nesse sentido, é indispensável a menção à histórica decisão do Tribunal de Contas da União, tendo como relator o Ministro Homero Santos, ao apreciar o contrato de gestão da Companhia Vale do Rio Doce.(5)

5. Temos, aqui e agora, como estudiosos do Direito, um instigante desafio.

Não se trata mais de criticar a Reforma Administrativa consubstanciada na Emenda 19, em alguns dos seus efeitos perversos e divorciados da realidade brasileira, quando adota uma abordagem imediatista e casuística que deturpa seus propósitos teóricos, qual seja o enxugamento da máquina administrativa com o sacrifício da segurança jurídica dos servidores públicos — justamente os principais artífices da execução de qualquer reforma de Estado.

Já o temos feito, sistemática e até veementemente, em caráter pessoal, desde a primeira hora, em todas as oportunidades que tivemos, falando em conclaves, manifestando-nos na cátedra, escrevendo artigos.

Agora, nossas preocupações são outras. Trata-se de contribuir para:

1º. legislar essa Emenda, pois grande número de seus dispositivos têm eficácia contida. E cabe agora repetir o histórico apelo de Caio Tácito, de que "é preciso tirar a Constituição do papel". Trata-se agora de tirar do papel o que há de bom nessa Reforma;

2º. compatibilizá-la, o mais possível, com nosso ordenamento jurídico-constitucional.

A tarefa é particularmente desafiante, porque:

a) trata-se de um conjunto de dispositivos que advêm de nova filosofia, gerada sob o impacto de novos acontecimentos, novas condições históricas, econômicas e sociais, que não tinham sido bastante refletidas pelo constituinte de 1988;

b) é preciso ter-se em mente que o ordenamento jurídico-constitucional brasileiro, apesar de tais mudanças, ainda permanece, diríamos que quase intocado, e deve ser preservado e respeitado.

Dentro de seu conjunto, as novas disposições têm que ser *incorporadas e interpretadas harmonicamente*, para que, como dizem os franceses, "ne hurlent d'être ensemble", não briguem entre si. Pois, como diz Canotilho, "o intérprete deve sempre considerar as normas constitucionais, não como normas isoladas e dispersas, mas sim como preceitos integrados num sistema interno unitário de normas e princípios";(6)

c) de outra parte, se é verdade que os estudiosos do Direito Administrativo, mais que quaisquer profissionais de outros ramos da ciência jurídica, têm que estar atentos para com *o novo que surge*, ser sensíveis aos novos acontecimentos e às novas tendências da era atual, não podem, entretanto, descurar da intransigente defesa dos princípios que alicerçam a estrutura de nossa Carta.

6. É com tal postura que, em nossa análise, pinçaremos apenas alguns aspectos da Emenda 19, que são coerentes com a filosofia da Administração Gerencial, mas não figuram em painéis específicos deste conclave.

Trataremos de como ficarão, nesta Reforma, as entidades da Administração indireta regidas pelo Direito Privado. Ou, mais objetivamente, *o que muda* e *o que não muda*, em relação às mesmas.

Essa leitura da Constituição, já integrada pela Emenda 19, deverá ser feita com redobrada isenção e cautela.

7. Cabe destacar, inicialmente, a oportunidade da inclusão do *princípio da eficiência* no *caput* do art. 37 da Constituição, à semelhança do que fez o art. 103 da Constituição espanhola. Este princípio, que marca a tônica da Administração Gerencial, sempre foi entendido por Celso Antônio, com o nome de "boa administração", como necessariamente implícito em toda a Constituição. Sua inserção explícita e destacada, no pórtico do capítulo da Carta dedicado à Administração Pública, será rica de conseqüências jurídicas, como assinala Carlos Pinto Coelho Motta, em recente estudo sobre a Emenda 19.(7)

8. O art. 22, inc. XXVII, e o art. 173, ora emendados, efetuam o salutar e necessário divisor de águas, que sempre foi reclamado pela doutrina, entre as empresas governamentais destinadas à exploração econômica *strictu sensu*, submetidas ao regime competitivo de mercado (isto é, as que remanescerem após a fúria de privatizações), e aquelas que, mesmo formalmente organizadas sob a égide do Direito Privado, para fim de eficiência empresarial, são especificamente vocacionadas para a prestação de serviços públicos.

Não o fizera a Carta de 1988, ensejando uma ambigüidade de tratamento que sempre gerou equívocos e inconvenientes.

Escrevíamos, já em 1990: "Pois as mesmas regras não haverão de ser aplicadas a pessoas estatais norteadas por princípios tão diferentes. As salutares para as empresas de exploração econômica são desastrosamente permissivas para as prestadoras de serviços públicos — que, por natureza, obedecem a um regime de Direito Público. As plenamente adequadas às empresas vinculadas ao regime especial disciplinador dos serviços públicos são absolutamente entravadoras para as empresas de exploração econômica, que vão necessitar de maior flexibilidade empresarial e dinamismo de ação, sob pena de falharem na sua missão constitucional".(8)

O art. 22, inc. XXVII, estabelece a distinção entre as *normas gerais de licitações* e *contratos administrativos*, para a Administração direta e suas autarquias e fundações, disciplinadas pelo art. 37, inc. XXI; e *as normas*, *também gerais*, aplicáveis às empresas públicas e sociedades de economia mista, a serem definidas no seu futuro estatuto jurídico especial, de que trata o art. 173, § 1º, inc. III.

Sempre sustentamos que ambas as espécies de entidades estariam sujeitas à obrigatoriedade de licitação, como forma de realização dos princípios constitucionais de impessoalidade e de moralidade administrativa (e, já agora, ao da eficiência).

Mas cabe especial reflexão, quanto à aplicação *igualitária* das normas gerais dos contratos administrativos, para essas duas espécies de entidades.

O regime jurídico especial dos contratos administrativos caracteriza-se por cláusulas ditas "exorbitantes", consagradoras de prerrogativas especiais, tais como a auto-executoriedade de suas sanções, o poder de modificação unilateral das cláusulas contratuais, a possibilidade de rescisão unilateral e antecipada do ajuste.

Tais cláusulas não se compatibilizam, de maneira alguma, com as regras do art. 173 da Constituição, sobre a subordinação de tais entidades, quando exploradoras de atividade econômica, ao regime próprio das empresas privadas, bem como à competição leal de mercado, mediante condições isonômicas e sem quaisquer privilégios, relativamente às empresas particulares.

Era preciso, pois, definirem-se regras próprias e especiais para os contratos celebrados por tais espécies de entidades.

A Emenda coloca bem as coisas quando, no inc. III do § 1º do art. 173, somente exige, para as licitações das empresas governamentais regidas pelo Direito Privado, a obediência aos *princípios constitucionais*.

Não compartilhamos os argumentos *ad terrorem* daqueles que enxergam, nessa regra, a eliminação da obrigatoriedade de licitações nessas empresas, ou sua realização livre de quaisquer freios. Não é bem assim. Todos, mas todos, os princípios da licitação, corporificados atualmente na Lei 8.666/93, emanam de princípios constitucionais; e não somente dos princípios enumerados no art. 37, *caput*. Na medida em que o dispositivo emendado vincula a espécie aos *princípios constitucionais*, tem-se um norte seguro para o estabelecimento de modalidades especiais de licitação, de regras e procedimentos mais flexíveis.

Mas, por outro lado, é preciso frisar que as normas sobre licitação dessas empresas não ficarão ao seu talante nos regulamentos próprios, porque o art. 22, inc. XXVII, determina o estabelecimento de *normas gerais obrigatórias* a respeito. Caberá a essas normas gerais desempenhar o seu papel de intermediar a aplicação dos princípios constitucionais.

Quanto aos contratos, o novo estatuto jurídico dessas empresas governamentais deverá dispor com a suficiente sensibilidade, para distinguir, com suas regras, as essenciais e diferentes vocações constitucionais das duas espécies dessas entidades.

9. O inc. XIX determina que somente por lei específica poderá ser *criada* autarquia e *autorizada* a instituição de empresa pública, sociedade de economia mista e fundação. Procura-se respeitar, assim, a forma de institucionalização adequada às diferentes formas jurídicas de cada espécie de entidade.

Mas a redação é dúbia, sobre o exato sentido da ressalva "neste último caso", para referir a lei complementar que definirá as áreas de sua atuação. Gramaticalmente, parece-nos que se refere unicamente à fundação, mas já estão surgindo dúvidas.

Pois careceria de lógica elaborar-se uma lei complementar para definir as áreas de atuação das sociedades de economia mista e empresas públicas, quando a própria redação do art. 173 já define, e bem, a espécie.

O que não entendemos é o *porquê* da exigência de lei complementar só para isso.

10. O § 8º do art. 37, emendado, nos merece uma atenção toda especial, porque consubstancia a própria essência da concepção de Administração Gerencial, ao estabelecer a possibilidade de ampliação da autonomia gerencial, orçamentária e financeira dos órgãos e entidades da Administração direta e indireta mediante "contrato".

O termo *contrato* está aí mal colocado, porque todo o conjunto de nosso ordenamento jurídico-constitucional, que não pode ser postergado, entende como contrato um acordo de vontades ditadas por interesses *opostos e recíprocos*. Isto, conceitualmente, não pode ocorrer entre a pessoa jurídica política e seus órgãos, bem como com suas próprias criaturas.

Porém, basta a leitura dos itens do referido parágrafo, para que se identifiquem, neles, as características do chamado *contrato de gestão*, também chamado de *acordo-programa*, que já vem sendo introduzido em nosso Direito Positivo, em nível de legislação ordinária, e que pode ser resumidamente definido como "um compromisso firmado entre o governo e a empresa estatal, no qual são estabelecidas as responsabilidades de ambos em relação à forma de gestão da empresa, dentro de determinado período. Assim, são negociados e definidos, em conjunto, objetivos, metas e regras consubstanciadas em um contrato".(9)

Para que se integre e harmonize com nosso ordenamento, esse *contrato de gestão*, ou, melhor, *acordo-programa*, no que diz respeito às entidades públicas descentralizadas, que parece ter tido início, na França, com o famoso relatório NORA, há de ser entendido como uma forma especial, mais ampliada, do velho controle administrativo que se chama *supervisão ministerial*, previsto no Decreto-lei 200/67, em seus arts. 19 e 26.

Quanto aos órgãos da Administração direta, só se pode entender o dispositivo da Emenda, entre nós, como referente aos antigos "órgãos autônomos da administração centralizada", que sempre tiveram, em nosso Direito, maior flexibilidade e autonomia de atuação, como forma intermediária entre a Administração direta e as autarquias. Aliás, neste último caso, mais imprópria ainda se revela a denominação de *contrato*, pois tais órgãos autônomos sequer são dotados de personalidade jurídica e capacidade própria.

11. O art. 173, apesar de suas substanciais alterações, mantém intocado o texto de seu *caput*. Continua, pois, subordinada a criação de empresas estatais à condicionante: "só será permitida quando necessária aos imperativos da segurança nacional ou a relevante interesse coletivo, conforme definidos em lei". Isto não mudou.

Também não mudaram, é bom que se ressalve: o § 2º, vedatório da atribuição, a tais entidades estatais, de privilégios fiscais que não sejam extensivos às empresas do setor privado; o § 3º, que até hoje ainda não saiu do papel, segundo o qual a lei regulará as relações das empresas públicas com o Estado e a sociedade; § 4º, relativo à repressão do abuso do poder econômico, e, por fim, o § 5º, que trata da responsabilidade dos seus administradores, nos atos praticados contra a ordem econômica e financeira e contra a economia popular.

Convém também ressaltar a permanência, intocada pela reforma da Emenda 19, das normas do art. 174, que, é bom repetir, destina ao Estado o papel de agente normativo e regulador da atividade econômica, exercendo as funções de fiscalização, incentivo e planejamento, este determinante para o setor público e apenas indicativo para o setor privado.

Nesse dispositivo constitucional, aliás, Pedro Paulo Dutra já via, ainda em 1991, "a semente de elaboração de um Estatuto das Empresas Estatais, e, mesmo, de uma Lei de Orientação do Serviço Público".(10)

12. Ainda com respeito ao estatuto jurídico das empresas públicas e sociedades de economia mista, previsto no novo § 1º do art. 173 emendado, cumpre observar as coordenadas estabelecidas para seu disciplinamento:

a) o destaque para sua *função social* e formas de fiscalização pelo Estado e pela sociedade (inc. I);

b) a Emenda propicia um melhor disciplinamento dos direitos das minorias acionárias dentro das companhias mistas, que somente constavam da lei ordinária e constituíam verdadeira ficção, incompatível com a ideologia da Administração Gerencial, que supõe uma participação cada vez maior dos setores privados na gestão da coisa pública. Sejam prestadoras de serviços públicos, sejam exploradoras de atividade econômica *strictu sensu*, a co-gestão das minorias acionárias há de ser garantida adequadamente;

c) igualmente abre a oportunidade de definirem-se melhor as responsabilidades dos administradores das empresas governamentais privadas, seus mandatos, avaliação de responsabilidades e avaliação de desempenho, matéria até agora não muito clara na legislação.

Coerentemente com os propósitos da Reforma, é a oportunidade para remover-se a excrescência do inconstitucional privilégio do art. 242 da Lei das S/A, que coloca as empresas governamentais a salvo da falência em caso de insolvência, elegendo-se a pessoa estatal, como avalista de seus desperdícios, ao assumir a responsabilidade subsidiária dos débitos.

Bem assim, cabe estabelecer-se definitivamente a enigmática forma jurídica das empresas públicas unipessoais, já que nosso Direito, presentemente, não acolhe a figura da empresa individual.

13. Dentro desse contexto e dessa leitura conjugada da Constituição e da Emenda 19, no que diz respeito às coordenadas para a redefinição do regime jurídico especial da empresa pública, da sociedade de economia mista e, ressalte-se, de suas subsidiárias que explorem atividade econômica de produção ou comercialização de bens ou de prestação de serviços, cumpre ter-se em vista que:

1º. Continua de pé a obrigatoriedade de concurso público para a investidura em cargo ou emprego público, constante do inc. II, para todas as entidades da Administração indireta, inclusive.

É verdade que se inseriu a ressalva: "de acordo com a natureza e complexidade do cargo, na forma prevista em lei". Alguns têm enxergado nesse acréscimo uma ameaça à salutar obrigatoriedade do concurso. Não vemos assim, porque:

a) em primeiro lugar, remanesce, intocada, a drástica regra do art. 37, § 2º, que resguarda a obrigatoriedade do concurso para nomeações e contratações, sob o guante de nulidade e de responsabilização do autor do ato;

b) em segundo lugar, sempre entendemos que a organização do concurso tendo-se em vista, efetivamente, a natureza e a complexidade do cargo ou emprego, facilita o cumprimento da regra obrigatória. Adílson Dallari, quando Secretário da Administração do Município de São Paulo, nos idos de 80, desenvolveu notável e pioneira experiência nesse setor.

2º. Remanesce a proibição de acumulação remunerada, extensiva a empregos e funções, abrangendo agora, moralizadoramente, também, as subsidiárias e sociedades controladas, direta ou indiretamente, pelo Poder Público.

14. Muito se espera desse estatuto jurídico das empresas governamentais, como parcela de contribuição para a construção do modelo gerencial *brasileiro* e *possível*, integrado em nosso ordenamento jurídico-constitucional e consentâneo com as peculiaridades e as legítimas aspirações da coletividade.

Referências bibliográficas

(1) Cf. Romi, Mestre e Linotte, *Services Publics et Droit Publique Économique*, Paris, Éditions Litec, 1992; Santiago González-Varas Ibáñez, *El Derecho Administrativo Privado*, Madri, Editorial Moncorvo, 1996; Alfonso Nava Negrete, *Derecho Administrativo Mexicano*, México, Fondo de Cultura Económica, 1995; Francisco José Villar Rojas, *Privatización de Servicios Públicos*, Madri, Tecnos, 1993; Sheila Kamernan e Alfred Kahn, *La Privatización y el Estado Benefactor*, México, Fondo de Cultura Económica, 1993; Jacques Rogozinski, *La Privatización de Empresas Paraestatales*, México, Fondo de Cultura Económica, 1993 ; Michel Crozier, *Estado Modesto, Estado Moderno. Estrategia para el Cambio*, 2ª ed., México, Fondo de Cultura Económica, 1992; Palazzo, Sesin e Lambeye, *La Trasformación del Estado — Tendencias Actuales, Innovaciones en el Derecho Italiano y Europeo*, Buenos Aires, Depalma, 1992.

(2) *El Poder Público — Estados y Administraciones Públicas*, 1ª ed., Madri, Civitas, 1991.

(3) Ministro Bresser Pereira, "A reforma do Estado dos anos 90: lógica e mecanismos de controle", publicação dos *Cadernos MARE* da Reforma do Estado. Ver também "Cidadania *res publica*: a emergência dos direitos republicanos", separata da revista *Filosofia Política*, v. I, Porto Alegre, L&PM, 1997.

(4) Lei 8.246, de 22.10.91 — contrato de gestão para serviços sociais autônomos (Associa-

ção das Pioneiras Sociais); Decreto 137, de 27.5.91 (institui o programa de gestão das empresas estatais).

(5) Decisão do Tribunal de Contas da União 345/95, rel. Min. Homero Santos, in *RDA* 201/311-321.

(6) *Direito Constitucional*, 6ª ed., Coimbra, Almedina, 1993, p. 190.

(7) Pronunciamento na Conferência Estadual da OAB/BA, publicado na *RDP* 96/91-93. O tratamento diferenciado das duas espécies, aliás, há muito vinha sendo reclamado por autores como Celso Antônio Bandeira de Mello, Cretella Jr., Antônio Carlos Cintra do Amaral, Lucia Valle Figueiredo, Eros Grau, José Afonso da Silva e muitos outros. Maria Sylvia Zanella Di Pietro, a esse respeito, em obra clássica, procurou extrair, do estudo comparado dos arts. 173 e 175, a definição de um regime jurídico diferenciado, entre uma e outra espécie de empresas governamentais regidas pelo Direito Privado.

(8) Carlos Pinto Coelho Motta, em sua recente publicação *Reforma Administrativa*, Belo Horizonte, Del Rey, 1998, desenvolve interessantes comentários acerca de tais conseqüências.

(9) Fischmann *et alli*, "Contrato-programa governamental rumo à gestão estratégica", *apud* Umberto Celli Júnior, *BDA* 3/97, p. 182.

(10) *Controle das Empresas Estatais*, São Paulo, Saraiva, 1991, p. 199.

LACUNA E SISTEMA NORMATIVO

RÉGIS FERNANDES DE OLIVEIRA
Professor da Faculdade de Direito da Universidade de São Paulo

1. Introdução e surgimento do problema. 2. As posições doutrinárias em torno do tema. 3. Outra visão da matéria. 4. Classificação das lacunas. 5. Lacunas críticas ou reais. 6. Síntese das conclusões tomadas até o momento. 7. Completabilidade do sistema normativo. 8. Lacuna e sistema. 9. Sistema normativo e ordem jurídica. 10. As lacunas no Direito Privado e a deficiência da classificação. 11. As lacunas no Direito Público: a) As lacunas no Direito Tributário; b) As lacunas no Direito Penal; c) As lacunas no Direito Administrativo; d) As lacunas no Direito Constitucional; e) As lacunas no Direito Internacional Público; f) As lacunas no Direito Internacional Privado. 12. Meios de preenchimento das lacunas. 13. Posição pessoal: Visão estática do problema; O Estado e a solução do conflito; A lacuna, seu surgimento e o sistema relacional; Conceito de lacuna; Do fechamento do sistema e do pensamento tópico; Da validade da decisão; Hetero-integração; A pluridimensionalidade do sistema; O preenchimento da lacuna. 14. Bibliografia.

1. Introdução e surgimento do problema

Para que haja explanação com rigor metodológico, num trabalho de qualquer natureza, impõe-se explicitar o que se terá por objeto de estudo e precisar os lindes da exposição.

Como todos os temas, o problema das lacunas passou por evolução e só foi aparecer em tempos mais recentes quando já o Direito recebia um estudo sistematizado e se desenvolvia em torno de normar a conduta dos indivíduos em seu relacionamento inter-subjetivo.

Quando os primitivos resolviam seus problemas com duelos, com lutas campais e nas arenas, o problema das lacunas não se colocava, como observa John Gilissen ("Le problème des lacunes du droit dans l'évolution du droit médiéval et moderne", in *Les Problèmes des Lacunes en Droit*, p. 207), já que "notons encore qu'on a recours au jugement de Dieu non seulement pour résoudre un litige judiciaire, mais aussi dans d'autres domaines". O recurso, pois, às ordálias ou juízos de Deus não se limitava ao problema das lacunas mas servia para solucionar toda e qualquer dúvida e qualquer domínio da atividade humana.

No período do direito costumeiro (13º a 15º séculos) havia a solução à via legislativa, ao "chef de sens" e "l'enquête par turbe". Tais soluções, antes de preencher lacunas do Direito significavam "non de combler une lacune du droit coutumier, mais *une lacune dans la connaissance* de ce droit" (ob. cit., p. 219).

A questão ainda não tinha roupagem própria, já que, diante da ausência de determinado costume a solucionar uma pendência o julgador deveria socorrer-se de alguém que conhecesse o costume, seja local, seja da outra cidade, seja ao próprio rei, ou, então, ao próprio povo, o que significava, não a existência de lacunas, mas ausência de conhecimento de qual o direito costumeiro que resolvesse a pendência.

Nos sistemas absolutistas, também, a questão não tinha relevância, uma vez que o monarca tudo resolvia.

Inicia-se a questão na Bélgica e em França quando da Revolução francesa. E, de maneira geral, aparece em virtude das seguintes circunstâncias:

a) separação dos poderes;

b) a lei como fonte principal do direito e,

c) interdição ao *non liquet*.

Quando as idéias de Montesquieu passaram a dominar o estudo político-jurídico, com a divisão tripartida dos poderes (melhor diria dos órgãos do poder), deixou-se ao Legislativo a função precípua de regular os comportamentos através da lei, e tudo o mais que daí defluísse seria simples aplicação dos comandos normativos ou, então, simples restabelecimento da ordem lesionada. A aplicação da lei cabia ao Judiciário; sua criação ao Legislativo. O Judiciário ficou, pois, neutralizado no sentido de que apenas agiria mediante provocação. Não teria iniciativa para regular os conflitos. Apenas agiria quando de sua eclosão e que fossem eles levados à tela judiciária, para dirimência.

Ao Legislativo caberia, pois, a tarefa de regular a conduta humana. Ao Judiciário tal ação era vedada. E a vedação decorria do receio de o Judiciário adentrar em esfera privativa dos que dirigiam os destinos do Estado e de, quiçá, interferir em suas deliberações. Impediu-se, daí, que os juízes pudessem julgar os casos de interesse e, inclusive, que pudessem deliberar sobre o mérito dos atos, então praticados.

A lei deveria ter supremacia sobre as demais atividades. Toda fonte de direito estava na lei. Esta era a emanação legítima da autoridade constituída e, pois, a ela cabia regular os comportamentos humanos.

Por último, releva notar que apenas se pode falar em lacuna quando há a interdição ao *non liquet*. Se ao juiz fosse facultado não julgar, diante da ausência de norma geral, o problema não se colocaria. Daí afirmar Capella que "donde exista una norma prohibiendo el *non liquet* sí tiene sentido afirmar que hay laguna si por lo menos existe una acción real que no satisface ninguna de las descripciones que figuran como contenido de las normas pertenecientes al cuerpo jurídico" (*El Derecho como Lenguaje*, Ariel, 1968, p. 295).

Especificamente, o problema se coloca quando se pretende regular comportamento através de normas. Isto é, de positivar as relações intersubjetivas.

2. As posições doutrinárias em torno do tema

A análise do tema em estudo vai depender da posição filosófica à qual se filia o estudioso. De acordo com a teoria pura do Direito, de Kelsen, o problema não se põe. Para o autor, a conduta humana divide-se em três modais deônticos, isto é, tudo está normativamente previsto como proibido (Up), obrigado (Op), ou permitido (Pp). Fora daí, não há possibilidade de outra conduta. Segue-se que o que não estiver dentro dos dois primeiros modais, está juridicamente permitido. Pode haver a permissão forte (*strong permission*) ou a permissão fraca (*week permission*). Quando ela é forte, há uma exceção aos modais proibido o obrigado, caindo no âmbito da permitido positivamente. Quando é débil, tudo gira em torno do permitido negativamente (norma geral negativa).

Toda matéria que estiver fora dos modais está juridicamente permitido (regra geral exclusiva). Daí, em havendo a norma geral excludente, toda conduta não expressamente regulada cai no âmbito do juridicamente permitido. O Direito brasileiro contém norma expressa no art. 153, § 3º, da Emenda Constitucional 1, de 1969, que assim dispõe: "ninguém será obrigado a fazer ou deixar de fazer alguma coisa senão em virtude de lei".

Diante de tal colocação formalista descaberia falar em lacuna. Segundo Kelsen, "a teoria das lacunas, isto é, a suposição de que existem hipóteses em que o Direito vigente não pode ser aplicado porque não contém uma norma geral aplicável ao caso, desempenha na técnica da moderna legislação um papel importante". E, prossegue o autor, dizendo que "como, porém, isso não é de fato possível, pois uma ordem jurídica é sempre aplicável e também é aplicada quando o juiz rejeita a ação com fundamento em que a ordem jurídica não contém qualquer norma geral que imponha ao demandado o dever afirmado pelo demandante, o pressuposto de que parte o preceito acima citado é uma ficção" (*Teoria Pura do Direito*, 3ª ed., trad. de João Baptista Machado, p. 340).

Em suma, entende Kelsen ser inadmissível falar-se em lacunas, uma vez que tudo aquilo que o legislador quis normar, normado está, e aquilo que não quis, igualmente está previsto na ordem jurídica como permitido.

A se aceitar a posição kelseniana, nenhum problema teríamos e não se poderia falar em lacuna do ordenamento jurídico, mesmo porque o autor entende que a norma geral exclusiva integra o próprio ordenamento, pois o juiz ao rejeitar a demanda daquele que pretende obrigar alguém a um comportamento não obrigatório nem proibido, está aplicando o ordenamento jurídico. Portanto, é ele *completo.*

De outro lado, Santi Romano afirma que existe um espaço juridicamente neutro e, pois, tudo que não estiver expressamente previsto num dado sistema tem-se como "anomia" jurídica. Assevera o autor que quando uma ação não cai nas três hipóteses, fica no setor do juridicamente irrelevante, não como liberdade jurídica, mas como liberdade de fato. Tal posição implica em se aceitar situações meramente factuais, à margem do Direito: situações juridicamente neutras. Demais, quando o juiz rejeita a demanda por não encontrar regra que regule determinado fato, declara não uma norma geral negativa, mas uma negação de norma.

3. *Outra visão da matéria*

A *completude* e a *consistência* são propriedades formais de um sistema. A completude repousa na lei de exclusão de terceiro, isto é, dois enunciados contraditórios não podem ser ambos falsos dentro do sistema. Devem guardar, ademais, relação de pertinencialidade. A consistência é o ser em si próprio, isto é, o ordenamento é visto como um todo e analisado de seu interior. É, pois, não relacional, completo.

No entanto, como uma adequação entre o sistema normativo e a realidade nem sempre é total, existe falha do sistema. Este incide sobre um modelo entendido como o dado da experiência sobre que incidem as normas.

Desprezada a relação sintática que é meramente formal, o sistema normativo projeta-se sobre uma dada realidade, isto é, vai regular as condutas dentro de determinado âmbito. E haverá uma implicação necessária entre o sistema e o dado a ser regulado. Projetando-se o sistema sobre o mundo das realidades, o Direito filtra as condutas e as coloca em quadros normativos, coados através da fixação do legislador. Daí haverá inevitável discrepância entre o regulado e o que se pretendeu normar ou com aquilo que se entendeu não normar.

Diante de dados empíricos diz Lourival Vilanova, que o "universo da conduta humana é série interligada de ações e omissões no contexto do espaço físico e do espaço social: é uma série quantitativamente indeterminável e qualitativamente inexaustiva" (*As Estruturas Lógicas e o Sistema do Direito Positivo*, Ed. RT, p. 149). Depreende-se que, necessariamente, nem toda realidade pode estar contida nas normas. São "as leis impotentes para regular todas as situações da vida que exigem um tratamento jurídico. Surgirão sempre hipóteses, que podem até ser muito numerosas que não são objeto de qualquer específica previsão" (José de Oliveira Ascensão, artigo na *RT* 489/12-30, intitulado "A integração das lacunas do sistema normativo").

Ora, tratando a lei de recortar condutas fáticas, procede a um processo de tipificação preenchendo as constantes formais com conteúdos fáticos. Como acentua Vilanova (ob. cit., p. 154), "é exato afirmar que nem tudo da realidade física ou social entra no quadro esquemático da *hipótese* da proposição normativa, que a multiplicidade intensiva e extensiva do real requer a operação conceptual normativa, forçosamente simplificadora, inevitavelmente abstrata, pelo processo de esquematização ou tipificação do fáctico". O legislador, pois, procede a um corte no mundo fático e, sentindo a necessidade de normar condutas, recorta determinado comportamento até então meramente empírico trazendo-o para o mundo jurídico, isto é, qualificando-o. Neste processo, o legislador seleciona hipóteses de possível acontecimento e lhe dá roupagem jurídica. Em assim fazendo, é comum que fique uma área não regulada, ou não juridicamente descrita, pelo *descritor* ou *hipótese da norma*. É que os sistemas normativo e da realidade não são isomórficos.

É evidente que sendo material, lógica e juridicamente impossível a esquematização total do fático e, obrigando o ordenamento jurídico a que o juiz julgue sempre, ainda na ausência de norma expressa (art. 4º da LICC), por vezes, o julgador não encontrará, num sistema somente dedutivo, a solução abstrata para o caso concreto. Então, terá de valer-se de outros meios, que não o simples esquema dedutivo, para a solução da controvérsia que lhe é submetida.

Afirma-se a impossibilidade acima mencionada, não apenas em seu sentido empírico, colhido da experiência do *quod plerunque accidit*, mas em decorrências da análise de inúmeros jurista. É Queiró quem afirma que "a norma é obra de um *legislador*, e seria insensato negar que a este legislador é *impossível, material e logicamente impossível*, para muitíssimas hipóteses, transmitir ao agente mais do que ordens e enunciar os fatos com conceitos de caráter em certa medida vago e incerto, de tal maneira que o agente ao executar essas ordens (...)" (*Reflexões sobre a Teoria do Desvio de Poder em Direito Administrativo*, p. 21).

Também Alessi afirma que "se, infatti, la concessione di una più o meno ampla sfera di discrezionalità è praticamente indispensabile, in quanto *il legisladore non può praticamente provvedere*, como pure screbbe desiderabile, tutta la infinita gamma delle multiforme circostanze che possono presentarsi e delle esigenze dell'interesse pubblico, dettanto una norma precisa per ogni singolo caso (...)" (*Sistema Istituzionale del Diritto Amministrativo Italiano*, p. 203).

Diante de tais circunstâncias, resulta indisputável que existem acontecimentos fáticos não regulados pelo Direito. E, portanto, *lacunas*. Tal acontecimento é tão evidente para Picazo que afirma "toda discusión sobre si tales lacunas existen o no existen es una discusión perfectamente inútil, porque se trata de un hecho comprobado experimentalmente" (*Experiencias Jurídicas y Teoría del Derecho*, Ariel, 1975, p. 280).

Mas antes de se precisar o que se entende por *lacunas*, impõe-se uma classificação, para se poder saber o objeto do presente estudo.

4. Classificação das lacunas

Das classificações conhecidas valer-nos-emos da de Amedeo C. Conte, em seu artigo "Décision, Complétude, Clôture", in *Le Problème des Lacunes en Droit*, pp. 67 e ss., que estipulativamente logrou apontar os diversos tipos de lacuna e daí, então, far-se-á a análise delas para se chegar a um conceito preciso, a respeito.

Como acentua Genaro A. Carrió (*Notas sobre Derecho y Lenguaje*, p. 72), inúmeras disputas entre os juristas giram em torno de simples rótulos. Disputam se suas classificações ou definições são verdadeiras ou falsas. No entanto, pondera o autor que "las clasificaciones no son ni verdaderas ni falsas, son *serviciales* o *inútiles*, sus ventajes o desventajes están supeditadas al interés que guia a quién las formula, y a su fecundidad para presentar um campo de conocimiento de una manera más facilmente comprensible o más rica en consecuencias prácticas deseables". O critério para decidir por uma delas apenas é de conveniência científica, didática ou prática.

Fixando-se, como premissa, que a classificação é meramente estipulativa, em torno de dado problema, parece-nos que a formulada por Conte bem atende a um interesse de pesquisa sobre o problema, para que possamos apartar a que se entende por lacuna e daí, então, ingressarmos no objeto de nossa análise.

Distingue o autor as lacunas *deontológicas* das *ontológicas*. Segundo sua própria definição, as deontológicas dizem respeito à "inadéquation de l'ordre normatif ou devoir être" (ob. cit., p. 69). As lacunas deontológicas podem ser divididas em *ideológicas* e *teleológicas* (as primeiras teriam também o nome de transcendentais e as últimas teriam o de imanentes).

As *lacunas ideológicas* (inadequação relacionada a uma idéia, a um ideal, a uma ideologia normativa) transcendem à ordem normativa. Estão ligadas ou relacionadas a uma ordem diferente de dever-ser e, pois, como a ordem jurídica é sempre relacionada ao dever-ser e não ao ser, resulta que tal lacuna não existe.

Gira ela em torno das circunstâncias momentâneas, de acordo com os ideais políticos de determinada época, de acordo com a conjuntura econômica e com os aspectos idealistas de determinados grupos. Sendo assim, tais lacunas devem ser desprezadas havendo-se-as por falsas. Como o próprio autor conclui, "il faut donc exclure, comme impropres, des lacunes idéologiques que je viens de définir, celles qui ne consistent pas en l'absence d'une norme en général, d'une norme quelconque, mais dans l'absence d'une certaine norme d'espèce (la norme juste) et en la présence d'une norme qui diffère de celle que l'on estime juste" (ob. cit., p. 69).

As *lacunas teleológicas* dizem respeito à inadequação da ordem normativa a si própria. Melhor esclarecendo, referem-se à ausência de eficácia do ordenamento. Existe a norma que determina a realização de determinado objetivo, mas, a própria norma não contém como deva este objetivo ser realizado ou atingido. Se se assegura o direito ao trabalho, mas não lhe dá a ordem jurídica a necessária sanção para existir a compulsoriedade da admissão ao emprego, a norma fica sem aplicação prática. A conduta, pois, está juridicamente qualificada. Isto, no entanto, não significa a completude do sistema. Haverá, aqui, uma lacuna, denominada de *técnica*. Haverá ausência de eficácia do sistema. Não haverá ausência de norma. Esta existe. Consistiria a lacuna numa inadequação do ordenamento com aquilo que ele próprio contém. Isto é, o ordenamento ressente-se de eficácia com relação àquilo que ele próprio resolver disciplinar. Daí por que se diz que se cuida de lacuna intra-sistemática.

Tal tipo de lacuna não deve, igualmente, merecer apreciação no presente trabalho, eis que se cuida do que se denomina de *week permission*, isto é, o ordenamento, nesse passo, contém uma conduta deonticamente regulada. Falta-lhe, no entanto, como obrigar o cumprimento de tal norma. Carnelutti chama a atenção para que não se confunda a "deficiência da ordem jurídica com os espaços deixados livres por uma fonte superior, a fim de que certos casos sejam regulados por uma fonte inferior" (*Teoria Geral do Direito*, trad. de Afonso Rodrigues Queiró, Coimbra, p. 170).

Cuida-se, então, de falsa lacuna, no sentido em que se está tomando a palavra e que será aclarado adiante.

Retornando a classificação de Conte. Fala-nos em lacunas *ontológicas*, dividindo-as em *críticas* e *diacríticas*. É a inadequação da ordem normativa ao ser.

As *lacunas críticas* consistem na impossibilidade de uma avaliação deôntica de um comportamento segundo normas. Divide-as em *parte obiecti* e a *parte subiecti*. As primeiras consistem na não qualificação deôntica de comportamentos. As segundas na impossibilidade de reconhecer se uma norma é válida ou da impossibilidade de a conhecer.

As *lacunas diacríticas* consistem na impossibilidade de uma decisão, isto é, na impossibilidade de resolver um caso duvidoso (ob. cit., p. 72). Este tipo de lacuna diz respeito ao fechamento do sistema (*clôture*), isto é, elas aparecem apenas no momento em que o juiz deva julgar, fechando, assim, a ordem normativa.

Ora, o fechamento não pressupõe a completude. Realmente, para que o juiz solucione determinado conflito colocado perante ele, a própria ordem normativa em função judicante, ainda quando a lei for omissa (art. 4º da LICC). Nem poderia ser de outro modo. Eliminado o estado de defesa pessoal, de justiça privada, de vindita e, tendo o Estado chamado a si a responsabilidade de solução dos conflitos, a ordem jurídica deve ser, necessariamente, fechada (entendendo-se fechamento como a solução obrigatória de controvérsias; a interdição ao *non liquet*). Completude e dever jurisdicional de julgar, pois, não se implicam. Toda ordem normativa é, em princípio, fechada, desprovida de lacunas diacríticas. Uma decisão é sempre possível, mesmo diante de lacunas críticas. Como bem anota Conte, "la clôture de chaque ordre normatif subsiste nècessairement parce qu'en cas d'incomplétude, de lacune critique, il est toujours possible d'employer *l'argumentum e contrario*; et la possibilité d'employer *l'argumentum e contrario* est liée au fait que les propositions d'un ordre normatif forment un langage prescriptif' (ob. cit., p. 76).

Seguindo tal orientação, o legislador editante do novo Código de Processo Civil dispôs que "o juiz não se exime de sentenciar ou despachar alegando lacuna ou obscuridade da lei. No julgamento da lide caber-lhe-á aplicar as normas legais; não as havendo, recorrerá à analogia, aos costumes e aos princípios gerais de direito" (art. 126 do CPC).

Em nosso Direito Positivo, pois, o sistema normativo e a ordem jurídica são fechados, isto é, o juiz deverá, sempre, mesmo diante de ausência de lei ou de qualquer disposição normativa, solucionar a pendência. Em sendo assim, no Direito brasileiro, não se pode falar em lacunas diacríticas. O sistema é fechado.

Ainda que tal norma inexistisse como norma de Direito Positivo, ainda assim parece-me que o juiz não poderia eximir-se de julgar. A partir do momento em que o Estado tomou a si a responsabilidade de solucionar conflitos, impedindo o desforço pessoal, não pode o Estado-juiz negar-se a decidi-los. Decorre do próprio ordenamento. Está ínsito nele. Entranha-lhe a ideologia.

Abandona-se, então, qualquer menção às lacunas diacríticas, como já se fizera com as denominadas lacunas deontológicas, embora se vá falar nas diacríticas, ao fecho do trabalho.

Resta, pois, um acurado exame das chamadas *lacunas ontológicas críticas*. A elas dedicaremos o item seguinte.

Fala-se, também, em lacunas intencionais e não intencionais, sendo as primeiras as que dependem da vontade do legislador que estabelece o sistema normativo, desejando que a lacuna seja preenchida pelo aplicador. As últimas seriam as que não foram queridas, mas as apresenta o sistema normativo.

Mencionam os autores, ainda, as lacunas primárias e secundárias. As primeiras nasceriam juntamente com o próprio ordenamento; as segundas seriam as que aparecem em decorrência da evolução ou da mudança do estado de coisas. Assim, se aparece a possibilidade de aquisição de posse em um planeta, tal lacuna, que não regula tal circunstância, seria posterior, ou secundária.

Tais tipos de lacunas, apenas mencionadas em decorrência de uma esquematização, não oferecem maior interesse ao jurista, uma vez que ambas decorrem da ausência de critério distintivo das retromencionadas, embora tenham interesse na discussão do objeto de estudo, como se verá.

5. *Lacunas críticas ou reais*

Partindo da classificação de Amedeo Conte e completando (ainda que sem qualquer interesse prático, já que as por último mencionadas seriam deontológicas — as intencionais e não intencionais — e ontológicas — as primárias e secundárias) a estipulação com critérios de Ulrich Klug ("Observations sur le problème des lacunes en droit", *Les Problèmes...*, cit., pp. 86-87), resta-nos esclarecer o que entendemos por lacunas.

Lacuna é a não previsão deôntica de um comportamento segundo o sistema normativo. É o que Miedzianogora denomina de lacuna *1* ou, como diz, a ausência de regra especial ("Juges, lacunes et idéologie", in *Les problèmes...*, p. 514).

Como diz Klug, pode-se afirmar que há lacuna quando "dans un système normatif, *N* donné, lorsqu'il s'agit d'une état de choses, *S*, tel qu'il ne peut être réglé par *N* alors qu'on se fût attendu a ce qu'il en soit ainsi" (ob. cit., p. 85). Ou como diz Charles Huberlant ("Les mécanismes institués pour combler les lacunes da la loi", in *Les problèmes...*, p. 40), apresentam-se lacunas "des cas qui ne sont prévus par aucune disposition, qui ne sont pas susceptibles d'être résolus par le recours à une règle de liberté déduite par un raisonnement *a contrario* de l'ensemble de la législation, et qui cependent, en vertu de celle-ci, exigent une solution de droit positif".

De se observar que o autor por último citado fala em lacunas da *lei*.

Pode-se dizer que, enquanto existe determinado comportamento, embora regulado, mas faltando-lhe concretude, ou que tal comportamento deveria ser regulado, mas o não é, segundo um ideal de Justiça, tais circunstâncias, ou tal ordem de raciocínio não interessa na análise do problema das lacunas da lei. Interessa-nos, apenas, quando o sistema normativo não prevê determinado comportamento; deixa de lhe dar uma solução deôntica.

É evidente que não se pode falar em lacuna quando a própria lei indica o diploma legal aplicável subsidiariamente a determinada matéria (Dias Marques, *Introdução ao Estudo do Direito*, 1973, n. 40).

Para nosso estudo interessa a lacuna existente apenas na ausência de lei (entendida aqui materialmente). "Se, riferendoci al diritto, pensiamo soltanto al 'diritto scritto', l'espressione 'lacuna di diritto' equivale a 'lacuna di legge'" (Karl Engisch, *Introduzione al Pensiero Giuridico*, 1970, p. 220). Pode haver caso em que a lei não forneça ou regule determinado comportamento, mas o costume o faça e, se a própria lei permite o socorro ao costume, então, não há falar-se em lacuna.

Igualmente surge a lacuna quando fato novo, decorrente de situações novas, proveniente de invento tecnológico ou de mudança social, não tem, nem poderia ter, previsão normativa.

Tudo dependerá, então, do que se vai entender por sistema, isto é, se ele é apenas dedutivo, compreendendo apenas as normas legalmente emanadas (sistema normativo) ou poderá englobar todo um sistema jurídico, aqui entendido como ordenamento jurídico.

6. Síntese das conclusões tomadas até o momento

Do que se vem dizendo, até agora, chega-se às seguintes conclusões:

a) todo sistema normativo é necessariamente fechado, diante da circunstância de o Estado ter tomado a si a responsabilidade pela solução dos conflitos;

b) todo sistema normativo é necessariamente incompleto, em relação aos fatos do mundo empírico;

c) chega-se à completabilidade do sistema, ou a seu fechamento, pela obrigação de julgar, mesmo diante da ausência de lei;

d) abandona-se as chamadas lacunas voluntárias e involuntárias, por nada trazerem de útil à solução do problema;

e) abandona-se a classificação das lacunas em deontológicas, uma vez que dizem respeito a um ideal de Justiça ou refere-se à simples deficiência técnica do legislador;

f) exclui-se a lacuna diacrítica, uma vez que diz respeito à possibilidade do não fechamento do sistema;

g) lacuna é a ausência de previsão normativa de um comportamento.

Fixadas tais premissas, continuemos.

A lacuna é sempre relacional. Não se a pode conceber como *ens a se*. Como já vimos, o sistema é um todo que se refere à determinada realidade. Em sendo assim, a lacuna não é um buraco (*trou*), mas um conceito relacionado a alguma coisa, isto é, ao mundo da realidade que abarca ou pretende abarcar (Conte, ob. cit., p. 68). Assim, o conceito de lacuna só pode ser dado à vista de um critério objetivo, relacionado aos fatos. É mediante comparação do mundo fático com o mundo normativo que se extrai o conceito de lacuna. Como bem observa Tércio Sampaio Ferraz Júnior, "o sistema jurídico, *de lege lata*, tem um caráter acabado, ainda que não perfeito. O sistema da realidade, que dá a dimensão de sua imperfeição, é, ao contrário, inacabado, dinâmico, em constante mutação" (*O Conceito de Sistema em Direito*, p. 136).

Além de ser relacional, a lacuna somente aparece quando da decisão. Enquanto conceito teórico, a lacuna deixa de apresentar interesse. Apenas surge o problema quando tem ela de ser preenchida pelo julgador. Embora possam surgir lacunas "verdadeiras e próprias tanto na lei como no contrato" (Carnelutti, ob. cit., p. 171), apenas nos interessam as que surgem por ocasião da decisão jurisdicional, já que ao julgador pertence, em última instância e com força de coisa julgada, a solução da pendência.

É natural, pois, que as deficiências de uma ordem jurídica sejam preenchidas. A ordem jurídica "faltaria à sua finalidade se houvessem conflitos de interesses que, por falta de composição, pudessem dar origem à violência" (Carnelutti, ob. cit., pp. 171-172).

7. Completabilidade do sistema normativo

Em decorrência do acima referido, há necessidade que o sistema normativo se complete. A completabilidade (*compiutezza*) se refere à possibilidade de a própria ordem se integrar. Como pondera o autor italiano citado "uma coisa é que a ordem jurídica deva ser completável, isto é, deva ser feita de modo a poder completar-se, outra coisa é que seja completa, mesmo sem ser prescrito o modo de se poder completá-la" (ob. cit., p. 173).

E a pertinencialidade reside exatamente nesta circunstância, isto é, pelo fato de a própria ordem normativa conter a forma pela qual se criam as próprias normas e se retiram aquelas que àquela contravierem. Lourival Vilanova acentua que "o sistema vai se completando através da decisão jurisdicional integrativa (...)" e complementa dizendo que "o juiz não tem o indeclinável dever-de-julgar porque o sistema já é completo, mas o sistema é completável, se o juiz deve julgar qualquer conflito de interesses que chegue processualmente ao seu conhecimento" (ob. cit., p. 179). Tal conceito é o dinâmico de completude.

De tal sorte, a completabilidade ocorre via processual. Como inexiste um conceito estático de lacuna, elas só podem aparecer quando da prolação da decisão e, portanto, o fechamento do sistema e sua completabilidade ocorre através de normas adjetivas.

Deve-se questionar, perante o sistema normativo, se ele habilita o juiz a criar norma geral ou individual. Se o faz, o sistema auto-integra-se, suprindo os espaços vazios.

8. Lacuna e sistema

O tema de que ora se cuida, e especialmente o item iniciado, é altamente polêmico. Agora, não só a lacuna, mas também o sistema não tem um conceito unívoco.

Segundo Kelsen, "uma ordem jurídica é um *sistema* de normas gerais e individuais que estão ligadas entre si pelo fato de a criação de toda e qualquer norma que pertence a este sistema ser determinada por uma outra norma do sistema e, em última linha, pela sua norma fundamental" (ob. cit., p. 324). O sistema, pois, em Kelsen, é eminentemente dedutivo, isto é, parte-se da norma geral e chega-se à individual. Existiriam o procedimento chamado construtivo e o dogma da subsunção. Pelo primeiro, as regras jurídicas são referidas a um princípio ou um número deles e daí deduzidas. Pela subsunção, o raciocínio se desenvolve em forma de silogismo. Trata-se, pois, o sistema, de um todo fechado, em que a relação das partes com o todo, e aquelas entre si, estão perfeitamente determinadas, segundo regras lógicas da dedução.

Sendo assim, o ordenamento jurídico positivo seria um sistema de "proposições deônticas inter-relacionadas não contraditoriamente e suficiente para abranger uma seção da realidade físico-social, bem consciente de seus limites" (Vilanova, ob. cit., p. 160).

O sistema seria fechado e o problema das lacunas não se poria, salvo aquelas denominadas políticas e, portanto, falsas lacunas, tal como se viu no item 4.

A respeito da questão, Carrió afirma que "es falsa la afirmación, tan repetida, de que el derecho, es decir, un cierto orden jurídico, es un sistema cerrado, dotado de 'plenitud hermética' o 'finitud lógica', del cual pueden derivarse, por dedución, las soluciones para todos los casos posibles" (*Notas sobre Derecho y Lenguage*, p. 47). Em tal hipótese, as conclusões não serão simples deduções, mas verdadeiras decisões.

Hipóteses existem que não nos permitem uma solução pelo raciocínio dedutivo. Basta a leitura do art. 4º da LICC, para se ver que o sistema de Direito Positivo não tem plenitude hermética. Admite que na omissão da lei o juiz decida de "acordo com a analogia, os costumes e os princípios gerais de direito". Ora, isto significa que o juiz terá que problematizar a questão topicamente, para solucioná-la. Poderá indagar, à vontade, perante o sistema, e este não lhe oferecerá resposta. Deverá, então, lançar mão de outro raciocínio, de pesquisar outros elementos, para, então, solucionar o *problema*. E a expressão vem grifada, de propósito. Aqui, o problema tem um sentido específico. Como anota Viehweg (*Tópica y Jurisprudência*, Taurus, p. 50), pode-se chamar problema "a toda cuestión que aparentemente permite más de una respuesta y que requiere necesariamente un entendimiento preliminar, conforme al cual toma el cariz de cuestión que hay que tomar en serio y a la que hay que buscar una única respuesta como solución".

O mencionado autor, citando Klug (Ulrich, *Juristische Logik*, 1951, p. 148), esclarece que "el planteamiento de un problema opera una seleción de sistemas, y conduce usualmente a una pluralidad de sistemas, cuya conciliabilidad dentro de un sistema omnicomprensivo no se demuestra. Los sistemas (deduciones) pueden ser de pequeño o de ínfimo alcance" (ob. cit., p. 51).

O pensamento tópico, cuja origem remonta a Aristóteles e teve apreciação de Cícero, consiste em, tendo-se uma questão, ou, mais propriamente denominado, um problema, partir-se dos *topoi*, isto é, de lugares comuns, e daí desenvolver uma série de raciocínios, tendentes à solução do problema. No entanto, qualquer das afirmativas, levar-nos-á a outro problema e assim por diante e indefinidamente. Tudo, no entanto, tenderá à decidibilidade do problema.

A questão surgida pode ser "zetética" ou "dogmática". Neste caso, revelam o ato de opinar e ressalvam certas opiniões que são tipicamente tecnológicas, já que "visam possibilitar uma decisão e orientar uma ação. De modo geral, as questões jurídicas são 'dogmáticas', sendo sempre restritivas (finitas)" (*A Ciência do Direito*, Tércio Sampaio Ferraz Júnior, p. 46). No primeiro caso (questões "zetéticas") dissolvem meras opiniões, pondo-as em dúvida, o que as torna infinitas. As questões gerariam outras e nunca teriam fim.

Como bem disse o autor citado, as questões jurídicas são finitas e, pois, "dogmáticas", já que tendem a um fim, isto é, à decidibilidade. O julgador, ao decidir a lide, coloca termo à questão, no âmbito jurídico. No entanto, "zeteticamente" continuam a atormentar o jurista.

Em tais casos, há um romper com o sistema dedutivo e abre-se perspectiva para a discussão, embora finita, de inúmeros problemas. Daí por que Viehweg faz a crítica de que "la tópica presupone que un sistema semejante (acrescente-se, dedutivo) no existe. La reducción y la deducción tienen que mantenerse dentro de unos límites muy modestos, a causa de la permanente vinculación con el problema" (ob. cit., pp. 62-63).

Aliás, outra coisa não fazem os juízes em suas decisões, senão utilizar o pensamento tópico e, pois, dialético. Diferentemente do apodítico. No raciocínio dialético, parte-se de discussões, procurando apurar-se as dúvidas que surgem no julgamento do caso concreto, discutindo-as e tentando resolvê-las. Ora, tal raciocínio, que é o desenvolvido pelo juiz, é tópico e, daí como já se disse, dialético. Aliás, hoje o raciocínio do juiz é até diverso, isto é, parte ele de uma conclusão e desenvolve o raciocínio em sentido contrário, ou seja, procura a fundamentação para, então, chegar à premissa maior, isto é, à norma geral que servirá de fundamento da decisão (Luiz Recasens Siches, *Tratado General de Filosofía del Derecho*, México, 1959, p. 632).

Seja raciocinando silogisticamente ou ao inverso, a verdade é que os julgadores discutem o problema procurando os meios de encontrar uma *solutio*. Tal raciocínio é tipicamente tópico.

De tudo quanto se disse, chega-se à solução de que o sistema dedutivo somente não resolve a questão do pensamento jurídico. É verdade que o próprio sistema contém norma expressa que permite ao juiz ir buscar uma solução em outro sistema. Tal, no entanto, e em hipóteses específicas, rompe o sistema, dando causa ao nascimento de outros tantos, sendo necessário para se chegar à solução e, pois, tendo em vista, sempre, a decidibilidade dos casos.

Se se entender que não há a ruptura do sistema com a entrada do raciocínio de outro sistema, porque o primeiro expressamente prevê tal possibilidade, então, cessam as discussões. Aliás, a explicação é a de que o juiz vá ao sistema global e subsuma a norma individual dentro do sistema. Pressuposto da construção "é que o sistema confira competência ao juiz para criar norma individual sem relação lógica de subalternação a uma proposição normativa geral. Se o juiz julga sem lei, e mesmo contra a lei (em sentido amplo), inovando para atender às necessidades emergentes, explícita ou implicitamente o sistema habilitou o juiz" (Vilanova, ob. cit., p. 161).

O fato de o sistema dedutivo de Direito Positivo permitir sua própria ruptura, já é um sistema que não satisfaz integralmente. Diríamos que é o sistema principal, porque vai buscar a validade do quanto se julga, no seu próprio interior, já que sua própria norma emprestará validade à decisão a que se chega. No entanto, a abertura que o sistema de Direito Positivo prevê, por si só, já é um rompimento com o sistema pleno e hermético. A plenitude logicamente necessária de Gèny sucumbe.

O sistema jurídico, pois, contém como viga mestra o raciocínio dedutivo, em que as soluções ou normas individuais vão buscar validade. A norma hierarquicamente superior é que lhe dá validade e é o sistema principal da construção jurídica. Outros, no entanto, completam-no, possibilitando, assim, a decisão dos problemas que são, então, analisados à luz do pensamento tópico ou problemático.

As conexões lógicas existem, mas em casos específicos tem-se que estabelecê-las não entre regras e regras, mas com a ajuda de um elo de ligação que tem que ser "inventado". Tal pensamento exerce o que se denomina de "Antwortfunktion", isto é, a pesquisa da resposta e, pois, tem caráter funcional e pragmático.

A dinâmica do pensamento jurídico rompe o estreito limite do pensamento dedutivo, forçando o intérprete a derrubar barreiras à cata de soluções, trazendo-as para o âmbito normativo de validade. Aqui repousará o âmbito de validade constitucional exigido num sistema positivo.

Há, como se vê, um inter-relacionamento entre sistemas, uma contínua complementabilidade, uma incessante evolução do pensamento jurídico, sempre à cata de soluções jurídicas (não justas, ao sabor dq pensamento jusnaturalistas).

E a lacuna (questão problemática) é, exatamente, um dos "ladrões" do pensamento sistemático. Se a lacuna, tal como entendida no item 5, isto é, a falta de previsão normativa para determinado caso, não busca sua *solução* num sistema hierarquizado, mas é discutida no âmbito da tópica, ela é exemplo de abertura do sistema. Os juristas vão achar uma solução sobre como fazer para preencher o espaço vazio deixado pela norma, diante do surgimento da questão de fato. E, para chegarem a ela, desenvolvem uma série de raciocínios, de ponderações, de discussões, para chegar, então, a uma determinada conclusão. Tal ordem de desenvolvimento na análise do problema é tópico. Apontada uma conclusão, põe-se fim ao raciocínio tópico, dogmaticamente.

Ao final, no entanto, a solução encontrada deverá encartar-se no quadro aberto pela Constituição Federal, buscando validade. A captação dos valores (enquanto material relacionado à norma, num corte abstrato da realidade) só vale enquanto formalizada.

9. Sistema normativo e ordem jurídica

Para que sejamos precisos, impõe-se apresentar uma distinção. Normalmente, fala-se em ordem jurídica e sistema normativo como uma e mesma coisa. Se se entende como sistema um conjunto de elementos e de regras ligadas entre si, podemos falar em sistema normativo, bem como em sistema jurídico.

Santi Romano esclarece que "si se quiere definir un ordenamiento jurídico en su totalidad, no pueden considerarse sólo sus partes individuales o aquellas que se consideren como tales, esto es, las normas que en él se compreenden, para señalar después que aquél es el conjunto de tales partes, sino que precisamente es necesario dar la nota característica, la naturaleza de ese conjunto o de ese todo" (*El Ordenamiento Jurídico*, Madri, 1963, p. 96). Corroborando a orientação, García Maynes assevera que "la idea de que el integrado por las normas no es la *totalidad*, sino un *aspecto* o *elemento* del orden jurídico, fue claramente expuesta por Santi Romano (...)" (*Filosofía del Derecho*, 1974, p. 185).

O sistema normativo, pois, seria "el conjunto de normas que están en vigor en determinado lugar y época" (ob. cit., p. 187). A ordem jurídica ou o ordenamento jurídico compreende muito mais coisas que o sistema normativo, tal como os costumes, as posições doutrinárias, a jurisprudência etc.

10. As lacunas no Direito Privado e a deficiência da classificação

A distinção normalmente apontada pelos autores para traçar uma dissemelhança entre o Direito Público e o Privado é a "prevalência dos interesses". Onde se acobertasse um interesse a que chamam de "público", estaria o Direito Público; onde as normas fossem meramente dispositivas, tratando de regular interesse particular, seria Direito Privado. No entanto, a distinção outrora aceita, hoje apenas serve para fins didáticos de separação dos diversos ramos do Direito. Realmente, as normas contendo disposições de ordem pública se interpenetram em quaisquer dos ramos do Direito, sendo impossível efetuar-se, hoje, uma distinção de acordo com a prevalência dos interesses protegidos.

A separação provém da jurisprudência romana, cuja técnica era de construir conceitos de forma par, em dicotomia. Hoje, entretanto, a distinção perde qualquer relevância. Inobstante, far-se-á a análise do tema proposto, à vista da distinção tradicional.

No âmbito do Direito Privado, poucos autores discutem da possibilidade da existência de lacunas. Em sua maioria admitem-na. E os exemplos são diversos. Washington de Barros Monteiro (*Curso de Direito Civil*, v. 1/43, ed. 1971) aponta-nos diversos casos de aplicação da analogia, bem como de eqüidade (pp. 46-47). E a própria norma do art. 4º da Lei de Introdução refere-se ao Código Civil.

A aplicação da analogia foi buscada para a solução dos casos em que o amásio instituía a concubina como beneficiária de seguro. Por diversas vezes entenderam os tribunais que "a concubina não pode beneficiar-se do seguro instituído em seu favor e em detrimento da família legalmente constituída" (*RT* 299/188). Neste julgado, entendeu-se que "de qualquer maneira, o fato é que o juiz estabeleceu uma equiparação entre a instituição do seguro e a doação em favor da concubina, para o efeito de achar aquela e esta em igual choque com a lei" (p. 189).

De igual teor outras decisões que entenderam aplicar a analogia para impedir o recebimento de seguro instituído em favor da concubina (*RT* 264/823 e 274/311).

Em suma, a aplicação do preenchimento das lacunas por parte do julgador, no Direito Privado, não é posto em cheque por nenhum autor autorizado. Admite-se, tranqüilamente, o emprego dos princípios constantes do art. 4º da Lei de Introdução, para que se preencham as lacunas. A analogia é o adminículo de que se socorreu o legislador para amparar o juiz, perplexo diante de relações sociais não reguladas diretamente e no afã de guardar-lhes a vitalidade, na expressão de Capitant. Bastante significativa foi a aplicação analógica em julgado do STF, ao entender que "não é contrária ao disposto no art. 1.600 do CC a decisão que, julgada procedente a petição de herança, concede ao único herdeiro reconhecido mandado de imissão de posse contra os detentores dos bens hereditários", "fosse a que título fosse" (*RT* 176/819). Ponderou o relator, quando do julgamento, que "no campo da aplicação do Direito, ao contrário, tudo aconselha a permanecer na esfera das relações capazes de gerar as situações semelhantes, com o seu manancial de probabilidades relativamente grandes". E, continua, fazendo chamamento de Filomusi Guelfi, salientando que "la norma generale del diritto, sancita nella regola legislativa comme garanzia dei rapporti in essa compresi, si allarga a rapporti simili merce la analogia" (revista citada, p. 821).

11. As lacunas no Direito Público

Problema que exige maiores indagações é o da possibilidade da existência de lacunas no Direito Público (como já se viu, apenas se aceita a distinção, para efeitos de estudo e não como distinção imanente). A separação entre o "direito" em dois grandes ramos apenas tem validade prática e didática. Mesmo assim, há dificuldade em enquadrar determinado ramo do Direito dentro da divisão dicotômica (p. ex., é o caso do Direito do Trabalho). A questão, entretanto, não nos interessa e apenas a ela se faz menção para efeito de colocação do raciocínio e desenvolvimento do presente trabalho, tal como proposto.

O problema, pois, não é de determinado ramo do Direito, mas é objeto de estudo no âmbito da Teoria Geral do Direito. E, segundo Engisch, "in tutti i rami del diritto possono presentarsi delle lacune" (ob. cit., pp. 217-218). Existem, é verdade, restrições à aplicação da analogia ou de outros meios de integração do Direito pelo juiz, quando se depara, por exemplo, com o princípio da legalidade. Se determinada situação jurídica só pode ser criada pela lei, não será lícito ao juiz pretender preencher a lacuna daí resultante. Mas, tal situação tanto ocorre no Direito Público como no Privado.

a) As lacunas no Direito Tributário

Dentro do Direito Positivo brasileiro existem normas que impedem, expressamente, o recurso à analogia. Assim, p. ex., o § 1º do art. 108 do CTN estabelece que "o emprego da analogia não poderá resultar na exigência de tributo não previsto em lei".

Apenas para tal efeito é que não se poderá fazer uso da analogia. Havendo ausência de disposição expressa, "a autoridade competente para aplicar a legislação tributária utilizará sucessivamente, na ordem indicada: I — a analogia; II — os princípios gerais de direito tributário; III — os princípios gerais de direito público e, IV — a eqüidade".

Já nos trabalhos da Comissão para a instituição do Código Tributário se pretendeu estabelecer a seguinte disposição: "na aplicação da legislação tributária são admissíveis quaisquer métodos ou processos de interpretação, observado o disposto neste título". Tal disposição não vingou, prevalecendo a que se transcreveu acima. Ao que se vê, apenas há expressa proibição legal de aplicação analógica no que tange à criação de tributo não expressamente previsto, isto é, a aplicação não pode criar novo fato gerador. Aliás, tal disposição poderia ser dispensada, uma vez que o próprio art. 97 prevê que somente a lei pode instituir tributos e somente ela pode extingui-los. O uso da analogia, pois, apenas está vedado especificamente para a hipótese de criação de tributo e sua conseqüente exigência. Daí a afirmação de Aliomar Baleeiro de que a analogia "é estrada de mão dupla: dá trânsito tanto ao fisco quanto ao contribuinte, com aquela ressalva dos limites da legalidade quanto ao primeiro" (*Direito Tributário Brasileiro*, p. 385).

Recentíssimo caso colhido em nossa jurisprudência bem dá mostra da aplicação da analogia em Direito Tributário. A lei apenas previa a correção monetária dos débitos fiscais. No entanto, inúmeros contribuintes que haviam recolhido o imposto sobre circulação de mercadorias na importação de bens de capital que veio a se entender indevido (Súmula 570 da jurisprudência dominante no STF) pleitearam e obtiveram a repetição do indébito acrescido de correção monetária, por aplicação analógica do dispositivo que servia de base para a fiscalização cobrar seus tributos atualizados (cf. *Revista Trimestral de Jurisprudência* 70/143-164-225, 75/288-482-873, 76/322 e 78/665).

b) As lacunas no Direito Penal

Pretende-se, também, que não se aplica a analogia no Direito Penal. Robert Legros ("Considérations sur les lacunes et l'interprétation en Droit Pénal", p. 397, in *Les Problèmes...*) afirma que tanto o juiz civil como o penal podem utilizar-se da analogia para aplicação da lei. A única diferença é que o juiz civil dela se utiliza em menor escala.

Evidentemente, há uma diferença. O art. 1º do CP brasileiro estatui que "não há crime sem lei anterior que o defina. Não há pena sem prévia cominação legal".

Diante de expressa disposição, não há possibilidade de o juiz criar norma individual punitiva, pois estaria contrariando disposição legal expressa e o sistema normativo a repudiaria. Onde existir, pois, o princípio da legalidade, a aplicação analógica não pode ter aplicação. No campo específico do Direito Penal, pondera Magalhães Noronha que "força é reconhecer que essa espécie de analogia não se opõe ao princípio da reserva legal e, depois que casos há em que, na iminência da punição iníqua, deve lançar-se mão dela. Assim, *v.g.*, em nosso estatuto, o art. 128, n. II, permite o aborto médico à mulher estuprada e, portanto, pergunta-se: se a mulher violentada em seu pudor (art. 214) excepcionalmente se engravidar, poderá abortar? Não há norma a respeito, e, assim, a punição será fatal. A não ser pela analogia *in bonam partem*, aplicar-se-ão soluções diversas a casos idênticos, o que é iníquo" (*Direito Penal*, v. I/85, 4ª ed., 1967).

Não sendo, pois, para criar delito ou impor pena (não há crime sem lei anterior que o defina) admite-se a aplicação analógica. Legros (ob. cit., p. 399) mostra-nos alguns exemplos.

c) As lacunas no Direito Administrativo

No campo do Direito Administrativo, impõe-se, preliminarmente, a fixação do que se entende por função administrativa, para que possamos situar o problema das lacunas. Dependerá, aqui, ainda uma vez, da posição filosófica que se adota. Celso Antônio, p. ex., dá-nos uma noção de função administrativa, que se transcreve: "a atividade exercida pelo Estado (ou por quem lhe esteja fazendo as vezes), no exercício de suas prerrogativas de autoridade, como parte diretamente interessada numa relação jurídica, debaixo da lei e em obediência a ela, a fim de cumprir as finalidades assinaladas no ordenamento normativo" (*Prestação de Serviços Públicos e Administração Indireta*, p. 12). Comentando sua definição, o autor entende que nunca é demais lembrar que "administrar é aplicar a lei de ofício", como diz Seabra Fagundes, em lapidar consideração (*Controle dos Atos Administrativos pelo Poder Judiciário*, 4ª ed., 1967, p. 17), ou que, no dizer exatíssimo de Fritz Fleiner, "administração legal é aquela posta em movimento pela lei e exercida dentro de seus limites" (*Principes Généraux de Droit Administratif Allemand*, ed. 1933, p. 87). Aliás, Alessi (*Sistema Istituzionale del Diritto Amministrativo Italiano*, 3ª ed., 1960, pp. 9 e 10) encarece que a relação entre a lei e a atividade administrativa não é apenas de não contradição, mas de integral submissão, isto é, representa tanto um limite negativo como um limite positivo, porque *a Administração, para agir, tem de estar calcada em lei*. Pode-se afirmar, sem receio de equívoco, que enquanto o particular puder fazer tudo o que a lei não lhe proíba, *a Administração só pode fazer o que a lei lhe permite*" (nota 8, ob. cit., p. 14).

Em sendo assim, não se terá, nunca, lacuna em tal ramo do Direito, uma vez que se a Administração é serviente à lei e apenas pode realizar aquilo que a lei lhe traça como âmbito de sua possível ação, qualquer atividade estranha à lei ou por ela não amparada estará fadada ao anulamento.

Posição semelhante é a de Henri Buch ("Les lacunes en Droit Administratif", p. 452, in *Les Problèmes...*) que assinala "une administration qui ne se mouvrait qu'entre les murailles de la compétence liée déboucherait rapidement dans l'impasse de l'inaction". E, em outro tópico, acrescenta que "l'administration ne doit pas avoir un texte légal ou réglementaire qui lui dicte son action: il suffit que l'action lui soit permise" (ob. cit., p. 455). Em conseqüência, conclui o autor "les lacunes ne naîtront donc que dans la mesure où les pouvoirs attribuès à l'administration ne lui permettent pas d'agir comme elle entend le faire" (idem, ibidem).

O autor coloca o problema das lacunas em Direito Administrativo de modo curioso. Haverá lacuna quando a lei impede a ação da Administração. Mas, este não é o conceito assente sobre lacuna, como se fez ver de início.

Demais disso, a circunstância de gozar a Administração do *droit préalable*, não lhe dá um *bill of indemnity* para que possa agir arbitrariamente. Sua ação é limitada pela lei. Seria absurdo admitir o contrário, isto é, que a Administração, em vista de suas prerrogativas, pudesse agir, mesmo contra a lei. Esta traça os lindes de sua ação; o quadro dentro do qual poderá mover-se. Fora daí, haverá ilegalidade na ação administrativa. Como para o autor por último citado, lacuna é norma impeditiva da atividade administrativa, vê-se que não haverá lacuna, no sentido em que tomamos a palavra.

Como a Administração necessita de competência para agir e esta só pode ser dada positivamente (para que se analise o âmbito de liberdade em que se move o particular), resulta a inexistência de lacunas.

d) As lacunas no Direito Constitucional

No campo do Direito Constitucional, igualmente, pode ocorrer lacunas. Dispõe o art. 78 da Emenda Constitucional 1, de 1969, que "em caso de impedimento do Presidente e do Vice-Presidente ou vacância dos respectivos cargos, serão sucessivamente chamados ao exercício da Presidência o Presidente da Câmara dos Deputados, o do Senado Federal e o do Supremo Tribunal Federal". Imagine-se a hipótese de que num acidente aéreo faleçam todas as autoridades mencionadas no texto constitucional. Como se proceder? Não há norma que estabeleça a respeito.

Vanwelkenhuyzen (ob. cit., pp. 354 e ss.) dá exemplo similar, quando da prisão do rei Leopoldo III, oportunidade em que foi libertado pelas tropas americanas e apontou três soluções (p. 357).

No exemplo colhido na Constituição brasileira, tem-se verdadeira lacuna. Há um fato do mundo empírico não previsto normativamente.

A diferença que se aponta no preenchimento de tal lacuna no Direito Constitucional e a dos demais ramos do Direito é que aqui será ela preenchida com critérios políticos e não jurídicos. Para Kelsen qualquer solução será válida, já que o Direito não apresenta lacunas. E, na hipótese específica, dúvida não há que assim deve ser. Preponderará, aqui, solução extrajurídica.

e) As lacunas no Direito Internacional Público

No campo do Direito Internacional Público não há possibilidade de se falar em lacuna. Apenas na hipótese levantada por Stone e encampada por Salmon (*Les Problèmes...*, p. 314) é que haveria a possibilidade de se falar em lacuna em tal ramo do Direito. Isto é, quando houvesse norma negativa universal; quando uma norma de procedimento assegurasse que qualquer decisão proferida seria de mérito e quando fosse interditado ao juiz de pronunciar o *non liquet*. Mas, como as relações em Direito Internacional Público se desenvolvem em nível horizontal, isto é, não há relação de subordinação a uma só fonte coativa e legisferante, então, não se pode entrever as lacunas. Demais, os Estados estão sempre em posição de igualdade jurídica (embora exista desigualdade de fato ou material, o que não importa no exame jurídico).

f) As lacunas no Direito Internacional Privado

Em Direito Internacional Privado, as lacunas recebem um tratamento diferente. Há, sempre, a pressuposição da existência de uma antinomia, isto é, tem-se duas regras aplicáveis ao mesmo tempo e constantes de sistemas diferentes. Portanto, a lacuna irá constituir-se na ausência de regra para aplicação de determinado direito interno de um dos países a que pertençam os interessados. Não se desconhece, frise-se, que as antinomias apenas surgem dentro de um mesmo sistema.

Em suma, o problema, aqui, será de antinomia, mas, como as normas pertencem a sistemas diversos (Brasil e Itália, p. ex.) a lacuna constituir-se-á na ausência de uma regra para solver a antinomia e, portanto, é falta de regra e não de norma.

12. Meios de preenchimento das lacunas

Os meios de que se pode utilizar o juiz para colmar as lacunas são os previstos no art. 4º da LICC. É verdade que cada sistema de Direito Positivo tem sua colocação própria como, p. ex., o art. 4º do Código Civil suíço, que determina que o juiz decida, como se ele próprio fosse o legislador.

Nosso Código determina que o juiz decida de acordo com a analogia, os costumes e os princípios gerais de Direito.

Analogia — "S'intende per 'analogia' — quel procedimento per cui si attribuisce ad un caso non regolato la stessa disciplina di un caso regolato *simíle*" (Bobbio, *Teoria dell'Ordinamento Giuridico*, p. 172).

Diz-se análogo um conceito que se refere a realidades essencialmente diversas, que têm, contudo, certa proporção entre si. Cada particular se distingue de outro. No entanto, o que vai aproximá-los é a *semelhança*. Assemelha-se, pois, um particular a outro. É estudada pela lógica com o nome de *paradigma*. Mas, a semelhança há de ser *relevante*.

Enquanto se consegue extrair de um conceito uma noção mais ampla, a fim de aumentar o sentido de compreensão do conceito, tem-se a interpretação extensiva. Por meio dela põe-se em realce elementos não contidos no preceito. No Código Penal, p. ex., fala-se em funcionário e, no entanto, doutrina e jurisprudência lê servidor, a fim de alcançar a norma maior âmbito de incidência. Na analogia, traz-se certo caso, não previsto expressamente, para o conteúdo do preceito, em virtude de semelhança existente entre os casos.

Fala-se em analogia *legis* e *iuris*. Pela primeira, traz-se o caso analisado para o âmbito de uma norma e extrai-se o princípio aplicável a caso análogo. Na *juris*, a aplicação decorre da análise de todo o sistema, ou de parte dele. Encontra-se uma pluralidade de normas, daí apanhando-se princípios gerais para fazê-los incidir sobre o caso deixado sem regulação específica.

Princípios gerais de e do direito — Quando se fala em princípios *gerais do direito*, quer-se dizer aqueles que podem ser extraídos do próprio sistema normativo. São princípios que norteiam o sistema. Daí afirmar Bobbio que se cuida de auto-integração, já que a norma que solucionará o caso é deduzida do próprio ordenamento normativo (ob. cit., pp. 179-184). Falando-se em princípios gerais *de* direito, quer-se dizer aqueles que informam todo o ordenamento jurídico. São princípios que se extraem da consciência do povo e, inclusive, do direito natural (*neminem laedere, suum cuique tribuere* etc.).

Em suma, mencionando-se princípios gerais *do* direito, confunde-se com analogia *iuris* e opera-se a auto-integração, e falando-se em princípios gerais de direito, cuida-se de hetero-integração, no sentido que se deve ir buscar a solução em outro sistema.

Costumes — Outra ordem normativa deriva da submissão do comportamento aos convencionalismos sociais, às regras do decoro etc. Tal ordem forma-se com o correr dos tempos e arraiga-se na consciência coletiva. É também um dos modos de suprimento das lacunas.

13. Posição pessoal

Do quanto se leu e se estudou a respeito do problema das lacunas, impõe-se a tomada de uma posição pessoal a respeito.

Visão estática do problema

É imprescindível, no presente estudo, proceder a um corte abstrato no sistema normativo, para que se possa, estaticamente, apurar a questão das lacunas. Há como que uma parada na dinâmica jurídica, para a análise de sua existência. É evidente que os fatos e o Direito continuam em constante evolução. No entanto, acontecido determinado fato, há uma imediata incidência de determinada norma, sendo que é ele fotografado no instante de seu ocorrer e que será levado à tela do Judiciário.

O Estado e a solução do conflito

Levado o acontecimento ao Estado-juiz e depois da tramitação legal, urge, pela própria circunstância de o Estado ter chamado a si a responsabilidade na solução dos conflitos, que os interesses se componham. Se determinada ocorrência não tem expressa previsão legal, se a lei é deficiente e não pode ser aplicada ao ponto controvertido, tem-se a lacuna. Esta não aparece, pois, como um buraco, um vazio no sistema normativo. É sempre relacional com o mundo empírico. As normas filtram os fatos, procedendo a uma esquematização seletiva sua, realizando um processo de tipificação. Através da denominada hipótese normativa é que os fatos entram no mundo jurídico, recebendo uma qualificação ou significação.

A lacuna, seu surgimento e o sistema relacional

Do relacionamento, pois, entre o sistema normativo e o mundo das realidades é que surge a lacuna, procedendo-se, como se disse, a um corte abstrato em ambas as realidades (a normativa e a fática). Como anota Tércio Sampaio Ferraz Júnior, "o sistema jurídico de *lege lata*, tem um caráter acabado, ainda que não perfeito. O sistema da realidade, que dá a dimensão de sua imperfeição, é, ao contrário, inacabado, dinâmico e em constante mutação" (*O Conceito de Sistema em Direito*, p. 136).

Da inadequação, da inabarcabilidade de todo o fático com o esquema normativo, surge a lacuna. Esta, no entanto, só aparece quando do julgamento de determinado caso. Não apenas no julgamento jurisdicional, mas de qualquer decisão (entendida, aqui em seu sentido amplo, isto é, de toda e qualquer decisão que se queira dar, na vida). Embora, diga-se, a lacuna de que se cuida só vá aparecer quando da decisão jurisdicional, uma vez que o sistema normativo apenas confere ao juiz o poder jurisdicional de preenchê-la.

As relações entre norma e fato são assimétricas. Eventual ou incidentalmente, o fato pode estar, todo ele, englobado na hipótese da norma. Só excepcionalmente, porém.

Conceito de lacuna

A lacuna é entendida como a falta de previsão deôntica de um comportamento e é relacional ao mundo fático, só aparecendo no momento da decisão jurisdicional e, pois, processualmente.

O juiz, portanto, ao apreciar o caso concreto, constata a existência da lacuna. É um primeiro momento de seu raciocínio.

Do fechamento do sistema e do pensamento tópico

Como o sistema normativo concedeu ao juiz o poder de decidir, mesmo diante das lacunas, deverá, então, ele, abandonar o sistema normativo. Fará discussão tópica ou problemática em torno do problema. Significa que terá que analisar o feixe de normas que incide sobre aquele fato empírico; buscará os *topoi*; deles iniciará sua análise do problema; discuti-lo-á; indagará motivos para apurar determinada conclusão; pesquisará a doutrina e a jurisprudência; comparará o Direito estrangeiro; perguntará solução aos princípios gerais do Direito. Enfim, terá a mais ampla liberdade de pesquisa e criará tantos sistemas quantos necessários para chegar a uma solução para o caso.

Da validade da decisão

Realizado o raciocínio ou o pensamento tópico, deverá encartar a solução encontrada dentro do sistema normativo, uma vez que ele próprio autorizou o julgador a trazer para dentro dele a solução buscada. É evidente que, aqui, o julgador valer-se-á, inclusive, de sua ideologia. Discutirá valores (as denominadas finalidades do sistema) buscando uma solução. Tal solução, no entanto, não se confunde com a livre pesquisa ou a livre indagação do Direito. A própria conduta do juiz estará pautada pelas condicionantes históricas, econômicas, morais etc., da época em que vive. Não poderá romper com o ordenamento jurídico, mas deverá buscar uma solução fora do sistema normativo. E os limites do sistema serão, então, marcados por circunstâncias fluidas, vagas, impalpáveis. E o condicionamento decorre da própria criação do juiz, do meio em que vive. Os limites, pois, do sistema, são vagos, mas existem.

Realizado o estudo do problema, deverá o juiz, então, chegar a uma solução e terá que dá-la, necessariamente, já que assim o obriga o sistema normativo (art. 126 do CPC). Daí por que se afirma que o pensamento é "dogmático" e não "zetético". A solução é sempre obrigatória.

Hetero-integração

Como o ordenamento é autônomo, isto é, ele próprio prevê o meio pelo qual será completável, não é, no entanto, auto-integrável. É hetero-integrável. Explico-me. A auto-integração ocorreria se houvesse a integração com o próprio sistema normativo. A hetero-integração pressupõe a busca não do sistema normativo, mas de regra compreendida dentro do ordenamento jurídico, valendo-nos, aqui, da distinção operada por García Maynez ou, então, haverá necessidade de socorro a fontes diversas da dominante, que é a lei.

A pluridimensionalidade do sistema

Como o sistema normativo é hetero-integrável, o sistema perde seu caráter de unidade. Embora unitário, no sentido de que somente ele é válido, não existe um único sistema. Há uma constelação de sistemas que rodeiam o principal. Com alguns reparos, mais de ordem terminológica, pode-se aceitar a afirmação de Luís Diez Picazo quando assevera que "con todo ello me parece que hay concluir en favor de una asistematicidad del ordenamiento jurídico entendido como unidad. Hay grupos de sistemas — si se quiere: constelaciones de pequeños sistemas — que unas veces se interrelacionan entre si y otras, no" (*Experiencias Jurídicas y Teoría del Derecho*, Ariel, 1975, p. 178).

Daí por que o julgador poderá pesquisar outros sistemas, para buscar a completabilidade do sistema normativo.

O juiz deverá dar uma solução ao conflito que lhe é submetido e, constatada a lacuna, deverá preenchê-la. Após a pesquisa tópica, em determinada circunstância ficará em dúvida, se o caso deverá ser solucionado pela norma geral exclusiva (argumento *a contrario*) ou pela analogia (argumento *a simili*). Como acentua Bobbio, dando outra noção de lacuna, "in questo modo, non solo ci pare impossibile escludere le lacune, in contrasto con la teoria della norma generale esclusiva, ma si è venuto precisando il concetto stesso di lacuna: la lacuna si verifica non giá per la mancanza di una norma espressa per la regolamentazione di un determinato caso; ma per la mancanza di un criterio per la scelta di quale delle due regole generali, quella esclusiva e quella inclusiva, debba essere applicata" (*Teoria dell'Ordinamento Giuridico*, pp. 154-155).

O preenchimento da lacuna

Assim, pois, a lacuna aparecerá, sob outro ângulo, isto é, como a ausência de critério para a solução da dúvida entre os argumentos. É o que Miedzianogora denomina de lacuna *2* (ob. cit., p. 515).

Como bem anota Tércio Sampaio Ferraz Júnior, "pode-se dizer, nestes termos, que o procedimento argumentativo, tendo em vista a integração nos casos de lacuna, tem dois aspectos correlatos: o primeiro se refere a uma avaliação dos quadros em que um caso 'revela' um problema de lacuna — questão da constatação da lacuna; o segundo diz respeito ao seu preenchimento. Correlatos eles são, porém independentes. São correlatos à medida que o preenchimento *pressupõe* a constatação, e a constatação, curiosamente, exige o uso de instrumentos integradores (a analogia, neste sentido, não é usada apenas para completar um vazio, mas também para mostrar o vazio). São independentes porque pode haver constatação de lacunas, cujo sentido ultrapasse os limites de preenchimento possível (de lacunas técnicas que só o legislador pode completar) e porque o preenchimento da lacuna, salvo disposição expressa, não impede a sua constatação em novos casos e circunstâncias (o preenchimento não elide a lacuna como tal, que continua a subsistir e a ser passível de constatação até que um dispositivo legislativo a elimine), donde uma espécie de 'criação contínua do Direito pelo intérprete'" (*A Ciência do Direito*, p. 85).

A lacuna (constatação) e seu preenchimento surgem ao mesmo tempo no espírito do julgador. Constatada sua existência, impõe-se sua colmatação.

Caso o juiz se decida, então, pelo argumento *a contrario*, aplicando a norma geral negativa, inexistiu lacuna, operando-se um raciocínio retroativo, ou cuidava-se de lacuna provisória. Já quando o juiz se decide pela aplicação do argumento *a simili*, então, colmatará a lacuna, agora existente e real, embora preenchida pelo julgador.

Sempre, no entanto, deverá retornar ao sistema de Direito Positivo, já que para que a decisão seja válida, mister que o sistema assim o diga. E a validade, aqui, decorre da força jurídica que o sistema lhe empresta. Se houve infração ao que o sistema previa como conduta legítima e, inobstante, tornou-se coisa julgada, o ordenamento normativo igualmente legitima a solução encontrada, porque se reservou ao Judiciário o poder de decidir com força de coisa julgada. Na ordem jurídica, todas as opiniões são irrelevantes. Só uma vale, porque é a decisão do juiz a quem a ordem reservou o poder de dizer o Direito.

14. Bibliografia

ALESSI, Renato. *Sistema Istituzionale del Diritto Amministrativo Italiano.*

ASCENSÃO, José de Oliveira. "A integração das lacunas do sistema normativo", *RT* 469/11-30.

BALEEIRO, Aliomar. *Direito Tributário Brasileiro.*

BANDEIRA DE MELLO, Celso Antônio. *Prestação de Serviços Públicos e Administração Indireta.*

BARROS MONTEIRO, Washington. *Curso de Direito Civil.*

BOBBIO, Norberto. *Teoria dell'Ordinamento Giuridico.*

BUCH, Henri. "Les lacunes en Droit Administratif".

CAPELLA, Juan-Jamon. *El Derecho como Lenguage.*

CARNELUTTI, Francesco. *Teoria Geral do Direito.*

CARRIÓ, Genaro A. *Notas sobre Derecho y Lenguage.*

CONTE, Amedeo A. "Décision. Complétude. Clôture".

DIAS MARQUES. *Introdução ao Estudo do Direito.*

ENGISCH, Karl. *Introduzione al Pensiero Giuridico.*

FERRAZ, Tércio Sampaio Jr. *Conceito de Sistema no Direito.*

GARCÍA, Maynez. *Filosofía del Derecho.*

GILISSEN, Jonh. "Le problème des lacunes du Droit dans l'évolution du Droit Médiéval et Moderne".

HUBERLANT, Charles. "Les mécanismes institués pour combler les lacunes de la loi".

KELSEN, Hans. *Teoria Pura do Direito.*

KLUQ, Wrich. *Observations sur le Problème des Lacunes en Droit.*

LEGROS, Robert. "Considérations sur les lacunes et interprétation en Droit Pénal".

MIEDZIANOGORA, J. "Juges, lacunes et idéologie".

NORONHA, Edgar Magalhães. *Direito Penal.*

PICAZO, Luís Diez. *Experiencias Jurídicas y Teoría del Derecho.*

QUEIRÓ, Afonso Rodrigues. *Reflexões sobre a Teoria do Desvio de Poder em Direito Administrativo.*

SALMON, Jean, J. A. *Quelques Observations sur les Lacunes en Droit International Public.*

SANTI ROMANO. *El Ordenamiento Jurídico.*

SICHES, Luiz Recasens. *Tratado General de Filosofía del Derecho.*

VANWETKENHUYZEN, A. *De Quelques Lacunes du Droit Constitutionel Belge.*

VIEHWEG, Theodor. *Tópica y Jurisprudencia.*

VILANOVA, Lourival. *As Estruturas Lógicas e o Sistema do Direito Positivo.*

O DIREITO ADQUIRIDO E O DIREITO ADMINISTRATIVO

CELSO ANTÔNIO BANDEIRA DE MELLO

Titular da Faculdade de Direito da Pontifícia Universidade Católica de São Paulo

1. Todo o problema da aplicação da lei no tempo gira em torno da necessidade de harmonizar duas idéias que parecem antagonizar-se. De um lado, ocorre a impostergável exigência de estabilidade nas relações jurídicas. Este reclamo, advindo do valor *segurança*, que é conatural ao Direito, postula a imutabilidade das situações constituídas. Daí sua proteção contra alterações que poderiam advir de leis supervenientes, se a estas fosse reconhecido o condão de interferir com os vínculos regularmente constituídos no passado.

De outro lado, milita a convicção de que as regras novas por força se hão de presumir mais satisfatórias para reger a vida social e por isso mesmo não podem ser detidas pelos eventos regulados no passado. Ocorre, ademais, que a alteração legislativa é condição do progresso social, donde a conveniência de reconhecer-lhe operatividade ampla desde sua entrada em vigor.

2. Na verdade, a antinomia entre as duas ordens de valores prezáveis é muito mais aparente que real. As normas positivas e as soluções doutrinárias, a final acolhidas nas ordenações jurídicas, consistem justamente em demonstração de que é perfeitamente possível chegar-se a uma solução equilibrada, capaz de confortar as duas ordens de interesses, sem comprometimento dos valores nucleares que os animam.

3. Antes de rememorar a gênese do direito adquirido, é útil, para dissipar dificuldades geradas simplesmente por problemas taxinômicos, bordar considerações sobre o possível campo de conflitos no direito intertemporal.

O tempo, esquematicamente, pode ser considerado em sua óbvia divisão compreensiva do *passado, presente e futuro.* Donde, quaisquer relações ou situações jurídicas forçosamente se alocam ou se alocarão em um dentre estes três segmentos.

4. Há certos acontecimentos que sucederam no pretérito e *nele se encerraram.* Isto é: algumas relações jurídicas nascem, medram e fenecem dentro do império de uma única lei, sob cuja égide se extinguem integralmente seus efeitos. O advento de lei posterior obviamente não pode afetá-las, salvo retroagindo, isto é, volvendo para o passado. E a retroação, segundo expôs Paul Roubier "(...) é a aplicação da lei a uma data anterior a sua promulgação, ou, como se disse, uma ficção da preexistência da lei".[1] Vale dizer, a retroatividade ocorre quando

1. *Les Conflits des Lois dans de Temps*, 1929, 1ª ed., v. I, p. 8.

a lei nova, ainda conforme expressões do mesmo jurista "remonta em seus efeitos aquém do dia de sua promulgação, invade o domínio natural da lei antiga".[2]

5. A retroação, evidentemente, não é situação normal, mas, pelo contrário, invulgar, anômala, alheia à índole corrente das regras jurídicas. Com efeito, as leis existem para disciplinar o que está perante elas e não para regredir no tempo e desacomodar os acontecimentos socialmente vencidos e soterrados na poeira do tempo. Para obstar a retroação das leis não há que invocar a teoria do direito adquirido, cuja finalidade e ambição são outros, como ao diante se verá.

O obstáculo à perturbação destas situações decorre pura e simplesmente do princípio da irretroatividade das leis porque, para alcançá-las, a lei nova teria que retroceder, desvelar a cortina do tempo transacto, em suma, retroagir.

Portanto, a superveniência de regras distintas das anteriores em nada interfere com os *facta praeterita*, ou seja com as relações superadas.

6. Cumpre esclarecer, todavia, que uma situação jurídica pode considerar-se pretérita em mais de um sentido. Vale dizer: pode-se, restritivamente, reservar tal qualificação a fatos passados em *que tanto a situação jurídica quanto o gozo dela* já estejam, ambos, cumpridos e, portanto, encerrados no pretérito.

Seria o caso, *e.g.*, do transcurso do período de tempo de trabalho necessário para que um funcionário goze férias e a efetivação deste gozo. Se ambos sucedem no tempo pregresso, tem-se um fato, uma situação, absolutamente consumados. Normas sucessivas, à obviedade, não interfeririam com eles, inobstante viessem a regular diferentemente a matéria, exigindo, *verbi gratia*, lapso temporal de trabalho maior para obter as férias e período de gozo menor. Idem quanto à aquisição de vencimentos, gratificações, adicionais etc., *uma vez efetivada a percepção deles.*

A regra superveniente, que alterasse as condições para se fazer jus a eles ou o *quantum* do pagamento correspectivo, seria inoperante em relação a estes acontecimentos já clausurados na história.

7. Pode-se — e deve-se — outrossim, considerar pretérita uma situação — já agora em termos mais amplos e tecnicamente mais exatos — quando os requisitos de direito para seu gozo já se perfizeram no passado, *embora o desfrute, propriamente dito, ainda não haja se efetuado*.

Vale dizer: cogita-se aqui da completa integralização de uma situação jurídica reportada a seu próprio tempo (não ao futuro), cuja *fruição, todavia, ainda está por se realizar*, quando sobrevem novo regramento.

Seria o caso de perfazer-se o tempo necessário para o servidor público passar à aposentadoria, gozar férias, sem que, entretanto, haja procedido ao desfrute destes direitos. Idem, com relação ao pagamento de vencimentos, gratificações, adicionais que, por qualquer razão (que não vem ao ponto), ainda não tenha recebido.

Percebe-se, ainda, nesta segunda série de exemplos, que a situação jurídica *completou-se totalmente em tempo pregresso*, faltando apenas a efetiva implementação da fruição de algo a que já se *havia feito jus* e que, desde então, podia-se fazer valer. Com efeito: os fatores constitutivos destas situações jurídicas não são a efetiva aposentação, o gozo das férias, nem a recepção das importâncias a haver. Pelo contrário, todos eles só seriam juridicamente exigíveis porque já estava integrado, aperfeiçoado e disponível o correspondente direito. Logo, lei nova não poderia, sem desconstituir a situação jurídica passada, interferir com as relações anteriores.

A noção de irretroatividade das leis, considerada em seus justos termos, consentâneos com a própria índole do Direito, seria plenamente suficiente para a proteção

2. Ob. e v. cits., p. 7.

destas situações. Entretanto, para defender-lhes a estabilidade e imunizá-las contra a possível pretensão de invocar-se a lei nova, fala-se, às vezes, em *ato ou fato jurídico perfeito* ou mesmo em *direito adquirido*.

Não há inconveniente em tais invocações, entretanto, repita-se, a noção de direito adquirido seria desnecessária para a proteção de tais situações, conquanto não se negue que seja prestante para defendê-las. Em outras palavras: mesmo que inexistisse proteção constitucional ao direito adquirido, as situações descritas persistiriam resguardadas contra o impacto das leis novas, seja por força de uma noção compreensiva da irretroatividade, seja por necessidade de respeitar-se o *ato jurídico perfeito*, ou o *fato jurídico perfeito*.

8. Ao lado dos acontecimentos que se cumpriram no passado e nele se venceram, quais os referidos, outros há em que, ao sobrevir lei nova, encontram-se *em curso*. Transitando no presente. São os *negotia pendentia*. É dizer: nasceram no passado (em relação à lei superveniente) mas atravessam o *presente* e projetam-se *no futuro*. Iniciaram-se ao tempo do preceito antigo, mas não estão juridicamente encerrados e por isso ingressam no tempo de império da lei nova, de tal sorte que esta, sem retroagir e sem negar aquilo que já haja transcorrido, irá alcançá-los sob o foco de suas disposições, *salvo se* houver sobrevivência da lei antiga para a *regência destas relações*.

9. Em nome da segurança e estabilidade jurídicas, valores altamente prezáveis no Direito, e a fim de evitar a álea que colocaria em permanente sobressalto as partes de um vínculo jurídico, concebe-se que em certos casos a força da lei antiga projete-se no futuro envolucrando relações constituídas — mas não encerradas — sob sua égide.

É a teoria do direito adquirido que se presta excelentemente para agasalhar o propósito de colocar a salvo da incidência da nova lei certas relações, que assim percorrem o tempo encasuladas no abrigo protetor das regras velhas. Estas sobrevivem para além de seu próprio tempo, com o fito específico de acobertar direitos que seriam muito frágeis e inconsistentes se não existira este expediente jurídico.

10. A teoria do direito adquirido e seu reconhecimento pela legislação dos povos cultos veio a se constituir na fórmula mais perfeita para a salvaguarda da tranqüilidade jurídica e para os interesses dos indivíduos. Através dela construiu-se um mecanismo de defesa contra mudanças bruscas, oriundas de alterações legais que teriam o condão de subverter as composições de interesses lisamente constituídos, porque previstos ou autorizados no sistema normativo vigente ao tempo de sua instauração. Sem o amparo do direito adquirido irromperia a álea nas relações sociais, a imprevisibilidade, o sobressalto, noções antitéticas àqueles que são os objetivos centrais do próprio Direito: a previsibilidade e segurança.

À sua mingua, a própria certeza das situações jurídicas e, portanto, dos interesses individuais, ficaria gravemente comprometida, por exposta ao sabor do imprevisto. Daí que o direito adquirido é erigido em valor prezável e, entre nós, constitucionalmente defendido no capítulo dos *direitos e garantias individuais*, com o que se ressalta seu caráter de proteção ao cidadão, seja em suas relações com terceiros, seja em seus vínculos com o Estado (art. 5º, XXXVI).

11. Desde tempos recuados os doutrinadores e as próprias normas jurídicas revelaram a preocupação de não perturbar vínculos constituídos no passado.

Os primeiros esforços significativos em tema de Direito intertemporal vão ser encontrados no Direito romano. É celebre o texto de Cícero, nas *Verrinas*, com o qual, em sua segunda oração contra Verres, o pretor, censura acrimoniosamente o retorno das leis ao passado. Citando as leis Voconia, Atínia e Furia, argumenta que o edito de Verres agredia a tradição do *jus civile* por intentar que suas regras alcançassem e afastassem disposição testamentária manifestada antes do edito.

Limongi França, doutor da máxima suposição na matéria, expondo a questão, advoga a tese de que os pontos de vista de Cícero não eram criação original deste famigerado tribuno, mas apenas refletiam o "fruto da ciência acumulada de muitas gerações de juristas". Entende que as raízes desta tese remontam a três séculos, pois atribui sua origem aos escritos dos *Veteres* (Publius Mucius Scaevola, Junius Brutus e M. Manilius) — *qui fundaverunt jus civile*, no dizer de Pomponio.[3]

12. No Direito clássico iria surgir a noção de *causae finitae*, isto é, as questões encerradas por julgamento, por acordo de vontades e por prescrição, conforme fragmentos de Paulo e de Ulpiano. De acordo com Roubier, as leis novas poderiam alcançar as *causae pendentes* sendo-lhes intangíveis tão-só as *causae finitae.*[4] Limongi França, pelo contrário, considera que os textos citados não impõem conclusão oclusiva do entendimento de que as *causae pendentes* também estariam a salvo.

Lembrando a pobreza do período clássico na matéria, aduz que os textos em pauta devem ser entendidos em coordenação com o período anterior e com as leis precedentes. Traz à colação as leis Atínia e Pompéia, recolhidas em guisa de exemplo, e que, segundo a inteligência que lhes deram Aulus Gellius e Plínio, o moço, só dispunham para o futuro.[5]

13. Os subseqüentes marcos de grande relevo para o Direito intertemporal foram a 1ª e a 2ª Regra Teodosianas, ambas reveladoras da tendência ampliativa na proteção às situações nascidas no passado.

De acordo com a 1ª Regra, as normas apenas dispõem para o futuro: *omnia constituta non praeteritis caluniam faciunt, sed futuris regulam ponunt.* Sempre conforme Limongi França, autor ilustre de quem recolhemos todas estas eruditas lições, a 2ª Regra, mais conhecida, dispõe : "É norma assentada a de que as leis e constituições dão forma aos negócios futuros e de que não atingem os fatos passados, a não ser que tenham feito referência expressa, quer ao passado, quer aos negócios pendentes" (tradução do autor).[6]

Gabba, em sua refulgente *Teoria della Retroativitá delle Leggi*, esclarece que esta regra estabeleceu a defesa dos "fatii consomati, o totalmente 'praeterita' e i fatti non compiuti, 'negotia pendentia', cioè fatti comminciatti sotto una legge anteriore, o in altri termini, le ulteriori conseguenze di fatti posti in essere sotto l'impero di una legge anteriore."[7]

14. No Direito justinianeu registram-se várias passagens em que há reprovação à retroatividade e defesa dos efeitos oriundos de fatos e atos produzidos no passado.

Só na Idade Média, entretanto, surgiria a idéia do *jus quaesitum*, isto é, do direito adquirido, cuja noção, todavia, em nenhum texto se encontra esclarecida com precisão. A indicação de seu conteúdo vem a ser elucidada apenas nos tempos modernos.

Cumpre reiterar que o problema do direito adquirido de modo algum se confunde com a questão dos fatos realizados e exauridos no passado. Justamente, a utilidade dessa teoria, o ponto que lhe serve de apanágio, é o de se propor a resolver questões derivadas dos *facta pendentia*. Em suma: seu préstimo revela-se, sobremodo, na solução que apresenta para salvaguarda dos *efeitos* de situações transactas. Isto é, propõe-se a determinar a lei aplicável às situações em curso. Os fatos consumados, *facta praeterita*, já se encontram plenamente

3. *Direito Intertemporal em Matéria Civil*, Ed. RT, 1967, p. 38.

4. *Les Conflits des Lois* ..., cit., v. cit., p. 67.

5. *Direito Intertemporal* ..., cit., pp. 47 e 51.

6. Ob. cit., p. 56

7. *Teoria della Retroativitá delle Leggi*, 3ª ed., v. I, 1981, p. 47.

acobertados pela teoria da irretroatividade das leis.

Deveras, não há confundir os *facta praeterita*, ocorridos e vencidos *ante diem legis*, com os *facta futura*, sucedidos *ex die legis*, nem com os *facta pendentia*, surgidos *ante diem legis*, mas cujos efeitos se perlongam e se processam durante o império da lei superveniente. É precisamente com relação a estes últimos que se põem as questões delicadas de direito intertemporal.

Daí que o grande mérito da teoria do direito adquirido não reside na proposta de salvaguardar o que já se venceu, mas justamente em oferecer solução para os problemas suscitados pelos *facta pendentia*, ao indicar quando a lei nova tem que respeitar o que ainda não está clausurado pela cortina do tempo transacto.

15. Em síntese: as leis novas, em princípio, são expedidas para imediata aplicação. É conseqüência disto, então, que, de um lado, passem a reger todas as relações jurídicas surdidas *após* sua vigência e, de outro lado, que apanham também *as relações em curso*, vale dizer ainda não exauridas. Com efeito, nesta segunda hipótese não se pode dizer que sejam retroativas, pois respeitam os efeitos que precederam a seu advento, alcançando tão-só aqueles efeitos que se estão propagando ainda e que, por isso mesmo, se desenrolam já à época da vigência da lei nova. Retroagir é agir em relação ao passado. Se uma lei apanha relações que existem *no presente*, não está se reclinando sobre o pretérito; pelo contrário está incidindo sobre aquilo que se processa na atualidade.

Segue-se que as relações que nasceram e que faticamente ou apenas juridicamente se completaram no passado obviamente não têm porque serem afetadas por lei superveniente. Para que fossem atingidas seria necessário que a lei *retroagisse. A simples noção da irretroatividade da lei é suficiente para protegê-las.*

16. Diversamente, as relações nascidas no passado, mas que estão intercorrendo no presente e se projetando para o futuro, *em princípio*, poderiam e podem ser alcançadas pela lei nova, sem que por força disto, se possa dizer ocorrente o fenômeno da retroação.

Sucede, entretanto que, como foi dito, mesmo sem haver retroação, esta imediata aplicação da lei — que interferiria com as relações já em curso — pode aparecer como fonte de perturbação, de insegurança, de instabilidade, gravosa aos objetivos consagrados na lei velha, isto é, na lei do tempo transacto que serviu de calço jurídico para os direitos suscetíveis de serem afetados pela nova lei.

17. É precisamente para atender a tais situações que surgiu a noção de *direito adquirido*. Sua função, portanto, não é a de impedir a retroatividade da lei. Sua função é diversa, qual seja: é a de assegurar a *sobrevivência da lei antiga para reger estas situações*. O que a teoria do direito adquirido veio cumprir — como instrumento de proteção contra a incidência da lei nova — foi precisamente a garantia de *incolumidade*, perante os ulteriores regramentos, a direitos que, nascidos em dada época e cuja fruição se protrairá, ingressarão eventualmente no tempo de novas leis. O que se quer é que permaneçam indenes, vale dizer, acobertados pelas disposições da lei velha.

Em suma: o direito adquirido é uma *blindagem*. É o encasulamento de um direito que segue e seguirá sempre envolucrado pela lei do tempo de sua constituição, de tal sorte que estará, a qualquer época, protegido por aquela mesma lei e por isso infenso a novas disposições legais que poderiam afetá-los.

18. Esta é a função do direito adquirido e não alguma outra. E isto aparece com clareza ao se considerar, precisamente, que a lei nova não é retroativa quando se aplica às situações em curso. Se o fora, poder-se-ia pensar que o direito adquirido é instrumento de defesa contra a retroatividade. Não é. Contra a retroatividade basta a noção singela de que a lei vige para seu tempo e não para o tempo pretérito. A noção de direito adquirido não e uma superfetação, mas, o meio jurídico concebido para albergar no manto da lei velha certas situações que, nascidas no passado, querem-se por ela sempre reguladas, inobstante atravessando o tempo das leis supervenientes. De resto, é por isto mesmo que sua ocorrência não pode ser interpretada com visão acanhada e desatenta a seus verdadeiros propósitos.

Em rigor, como muito bem o disse Paul Roubier, o direito adquirido é um problema de sobrevivência da lei antiga, *em relação a certas situações* que nela se hospedavam.

19. Daí se conclui que cabe invocar direito adquirido (uma vez presentes seus caracteres, que serão a breve trecho referidos) exata e precisamente para a defesa de situações que *seriam normalmente alcançadas* pelo novo regramento, caso não houvesse direito adquirido. É importante frisar que o apelo a esta noção tem lugar exata e precisamente naquelas situações que seriam lisa e normalmente atingidas pela lei nova — como sucede, a cotio, nas mudanças de regimes concernentes a servidores públicos — não fora o óbice do direito adquirido. E a invocação em tela tem por objeto específico — pois isto é inerência do direito adquirido — assegurar que o direito questionado continue a ser regido na conformidade da lei vencida.

20. É óbvio que não são abrigados pelo quadro da lei velha quaisquer direitos nascidos no passado e ainda transeuntes quando do advento da lei nova. Este abrigo imunizador só alcança certas situações específicas, ou seja, certos direitos que apresentam, em sua constituição, algo que os peculiariza, autorizando concluir que se trata do chamado *direito adquirido.* Cumpre saber, então, quando se considera adquirido um direito. É disto que nos ocuparemos a seguir.

21. Segundo Gabba, é adquirido todo direito que:

"a) é conseqüência de fato idôneo a produzi-lo, em virtude da lei do tempo em que foi cumprido, ainda que a ocasião de fazê-lo valer não se apresente antes da atuação de uma lei nova referente ao mesmo;

"b) ao termo da lei sob cujo império ocorreu o fato do qual se originou, entrou imediatamente a fazer parte do patrimônio de quem o adquiriu."[8]

Donde, o ato capaz de investir o indivíduo em dada situação jurídica, confere-lhe *ipso facto*, o gozo de todos os efeitos procedentes daquela situação pessoal, inobstante devam ser diferidos no tempo. Uma vez que integram o conteúdo da relação formada, incorporam-se ao patrimônio do sujeito. Por isso Gabba averbou: "(...) adquirido um direito qualquer, todas as faculdades que nascem dele são, também elas, direitos adquiridos, porque e enquanto se possam absorver no conceito geral daquele direito".[9]

22. Vale dizer: direito adquirido, por definição, não é apenas o direito em sua expressão momentânea, fugaz, mas abrange todos os desdobramentos que nele se contem. Sendo evidente que nas relações jurídicas os direitos se conectam, ora como coexistentes ora como conseqüentes uns dos outros, de maneira a formar uma totalidade, cuja identidade se perfaz em sua globalidade, é de mister concluir, ainda com Gabba, que, em linha de princípio: "As conseqüências de um direito adquirido devem ser havidas também como direitos adquiridos junto com ele e em virtude dele, quando se possa considerá-las como desenvolvimento do conceito do direito em causa ou com sua transformação".[10]

23. Mas, em rigor, a questão medular é a de reconhecer quando um direito deverá ser considerado "integrado no patrimônio" de alguém e, por isso, intangível. O problema, num primeiro súbito de vista, pode parecer de difícil desate. Entretanto, pelo menos no âmbito do Direito Administrativo,

8. Ob. e v. cits., p. 191.

9. Ob. e v. cits., p. 276.

10. Ob. e v. cits., p. 279.

sua resolução, nos casos concretos, geralmente é muito simples.

Com efeito, dado que os direitos nascem da Constituição, de uma lei (ou de ato na forma dela praticado), tudo se resume em verificar, a partir da dicção da norma — de seu espírito — se o conteúdo do dispositivo gerador do direito cumpre ou não a *função lógica de consolidar uma situação* que é, de per si, como sóem ser as relações de direito público, basicamente mutável.

24. Tomem-se alguns exemplos para aclarar. Paradigmático é o caso da estabilidade. Se a Constituição confere estabilidade a quem preencher dados requisitos, é da mais acaciana obviedade que o sentido lógico desta norma é — e só pode ser — o de estratificar tal situação, posto que estabilizar significa precisamente "garantir continuidade". Se não fora para elidir o atributo de precariedade, cristalizando um estado, até então mutável, seria um sem-sentido atribuir estabilidade.

Do mesmo modo, evidencia-se esta consolidação quando a lei declara *incorporados* aos vencimentos de alguém dadas vantagens, benefícios etc. Com efeito, não faria sentido algum proceder a esta incorporação se não fora para colocá-los a salvo de mutações futuras. Pois é óbvio que enquanto persistisse a mesma situação (normativa e fática) em vista da qual o servidor os vinha fruindo, continuaria a fruí-los sem necessidade de lei alguma que os incorporasse. É claríssimo, pois, que a *função lógica* da lei que declara ou reconhece algo como incorporado só pode ser a de prevenir dada situação contra os eventos cambiantes do futuro. Em suma: seu alcance é consolidar uma situação, incorporando-a ao patrimônio de alguém, afim de que fique a salvo de mutações ulteriores.

É evidente, pois, que uma vez preenchidos os requisitos supostos para sua aquisição, como, *exempli gratia* o da estabilidade, o servidor ganha um *status consolidado*, defendido contra quaisquer alterações normativas posteriores.

Só uma ***nova Constituição*** poderia infirmar-lhe tal garantia, substanciada no direito adquirido. E poderia fazê-lo unicamente porque uma nova Constituição representa ruptura cabal com a ordem jurídica precedente, constituindo-se, por definição, na derrocada dela com a instauração de outra ordem, emergente, e *sem vínculos com a anterior*.

Nenhuma outra regra de Direito, fosse qual fosse, poderia aspirar à derrubada de direitos adquiridos porque, em sua origem, tal norma estaria sempre atrelada à própria Constituição, ou seja, ao próprio documento fundamental que, no caso brasileiro, declara salvaguardados os direitos adquiridos.

Outrossim, se a Constituição declara *irredutíveis os vencimentos*, é de solar evidência que os pretende defendidos contra providências que os reduzam. Em regime onde vigore o princípio da legalidade, seria evidentemente despiciendo tal atributo que a Constituição lhes confere se não fora para interditar que normas ulteriores, provenientes de Casa ou Casas Legislativas, afetassem a integralidade dos vencimentos a que cada qual faça jus. Segue-se que, *nenhuma regra de direito*, pelas razões *supra* expendidas, teria o poder de reduzí-los, salvo, evidentemente, *uma nova Constituição*, conforme acima elucidado.

25. As fórmulas pelas quais se expressam estas consolidações de direito são variadas. A lei ora se vale da expressão "incorporados", ora declara "assegurados" tais ou quais direitos, ora os proclama "garantidos", ora os reconhece "adquiridos" e assim por diante.

De toda sorte, o que cumpre verificar é se a dicção da regra de direito ou a que resulta de um conjunto delas implica definir como intangível um dado estado ou situação, isto é, como resguardado, sem embargo de se tratar de vínculo jurídico cujos efeitos deverão se desdobrar no tempo. É, pois, a garantia de estabilização para o futuro, de cristalização do que existe em um dado tempo, o que se contém nas regras que indicam assegurados os direitos preexistentes, salvaguardados os direitos já adquiridos, protegidas as situações anteriores.

Se houver espaço para medrarem *dúvidas consistentes* quanto a isto, é recurso exegético recomendável indagar-se se a aplicação imediata do regramento superveniente causará conturbação de monta, abalo traumático nas relações já constituídas. Em sendo afirmativa a conclusão, tratar-se-á de saber se na ordenação anterior existem elementos *plausíveis* indiciários do propósito de mantê-los, ainda que parcialmente, a bom recato, portanto defendidos, mais ou menos amplamente, contra superveniências normativas.

Justifica-se esta zelosa perquirição de um possível direito adquirido nos casos duvidosos porquanto esta garantia, como dito, inspira-se precisamente no intento de evitar trânsito demasiado oneroso para a segurança jurídica e tranqüilidade dos que, fiados no regramento precedente, constituíram vínculos de direito que se perlongariam no tempo. A cautela é sobremodo recomendável perante relações que se encartam no desdobrar de um longo lapso temporal. Com efeito, a comoção delas frustraria expectativas que, se nutridas por dilatado prazo ao abrigo das leis vigentes, tornariam particularmente traumáticos os agravamentos acaso trazidos por regras novas.

26. De par com as noções até agora expostas cumpre anotar que também se reconhece a existência de direito adquirido perante certos liames jurídicos que, por sua própria índole, são armados pelas partes sobre a inafastável pressuposição de que continuariam regidos na conformidade das cláusulas ensejadas pela lei do tempo em que são formados. Referimo-nos aos *contratos* em geral e, assim também, aos chamados contratos administrativos.

Aqui, não se trata de reconhecer que determinadas leis professam o intento de imunizar dadas situações ante a superveniência de regras novas. Antes, trata-se de reconhecer que este instituto — o do contrato, ao menos nos de trato sucessivo — traz, inerentemente, em sua compostura medular, *a idéia de estabilização* e que o Direito, ao contemplá-lo, não poderia, incoerentemente, negar-lhe o que lhe é essencial.

Com efeito: perante contratos seria ilógico que os vínculos formados corressem autonomamente sua sorte, regidos pela lei do tempo de sua formação, enquanto são alterados de imediato os efeitos jurídicos sob cujo patrocínio as partes buscaram a composição do negócio. A álea assim instaurada viria a constituir resultado literalmente antitético ao pretendido pela teoria do direito adquirido.

É de lembrar que os contratos de trato sucessivo constituem-se por excelência em atos de previsão. Por meio deste instituto a ordem jurídica prestigia a autonomia da vontade ao ponto de propiciar-lhe o poder de fazer ajustes cuja força específica é atrair para o presente eventos a serem desenrolados em um futuro às vezes distante.

Por via dele, então, as partes propõem-se a garantir, desde já, aquilo que deverá ubicar-se no *futuro*. Donde, ao se comprometerem, o que os contratantes estão visando é a eliminação da precariedade, porque a essência do pacto é (*tal como nas hipóteses inicialmente consideradas*) *estabilizar*, de logo, eventos que deverão suceder mais além no tempo. O fulcro do instituto, portanto, repousa na continuidade dos termos que presidem a avença. Se a lei nova pudesse subverter o quadro jurídico dentro no qual as partes avençaram, fazendo aplicar de imediato as regras supervenientes, estaria negando sentido à própria essência deste tipo de vínculo, por instaurar resultado oposto ao que se busca com o instituto do contrato.

27. É tão veemente a força desta idéia, que Paul Roubier, embora avesso à teoria do direito adquirido, não pode resistir à convicção de que as situações contratuais reclamam tratamento específico capaz de salvaguardar o respeito à posição dos contratantes.

Como se sabe, o ilustrado mestre francês era partidário da aplicação imediata das leis, cuja incidência deveria, em seu entender, alcançar os fatos pendentes. De acordo com ele, censurável é a retroatividade. Portanto, hão de ser respeitados os *facta praeterita*. Já os inconclusos são colhidos a partir da lei superveniente pelas regras que dela promanem. Sem embargo da laboriosa construção teórica que erigiu em defesa deste ponto de vista, encontrou-se na contingência de abrir uma exceção imensa à sua tese para sufragar a intangibilidade dos contratos.

Roubier reconhece que o respeito à lei dos contratos em curso é regra certa e considerado verdadeiro "artigo de fé". Reconhece, ainda, que para a teoria do direito adquirido não há a menor dificuldade em explicar esta intangibilidade.[11] O mesmo, contudo, não se passa com sua doutrina, a qual não fornece justificação evidente para a sobrevivência das normas que presidem o contrato.

28. Sem embargo, o autor percebe a necessidade de preservar as relações deste teor contra mutações imediatas advindas de regulação normativa superveniente. Justifica, então, esta intangibilidade apoiando-se na idéia de que os contratos são atos de previsão em que a escolha procedida pelos contratantes ao comporem consensualmente seus interesses é decidida inteiramente em função das cláusulas ou da lei vigorante. Daí apostilar: "É evidente que a escolha seria inútil se uma lei nova, modificando as disposições do regime em vigor no dia em que o contrato foi travado, viesse a trazer uma subversão em suas previsões".[12]

Com absoluta procedência ressalta o caráter monolítico do regime do contrato que, se constitui por "um bloco de cláusulas que não se pode apreciar senão à luz da legislação sob a qual foi realizado".[13]

Daí afirmar a plena soberania do acordo, inobjetável mesmo em face do advento de cláusulas imperativas que disponham em sentido diverso dos termos anteriores. E conclui que em tema de contratos, ao invés de aplicar-se o simples princípio da irretroatividade, aplica-se princípio mais amplo, qual, o da sobrevivência da lei antiga.[14]

11. Ob. e v. cits., p. 587.

12. Ob. e v. cits., p. 598.

13. Ob. e v. cits., p.599.

14. Ob. e v. cits., pp. 599 e 600.

DOUTRINA

OS PODERES ADMINISTRATIVOS E AS RELAÇÕES JURÍDICO-ADMINISTRATIVAS

ADÍLSON ABREU DALLARI
Professor Titular da Faculdade de Direito da Pontifícia Universidade Católica de São Paulo

I — Introdução

É perfeitamente aceitável a conceituação do Direito Administrativo como sendo o segmento do Direito que cuida da disciplina, da estrutura e funcionamento da Administração Pública, especialmente do relacionamento desta com os administrados.

Isso, entretanto, é insuficiente para que se possa conhecer o próprio conteúdo de um determinado direito administrativo, do direito administrativo de determinada pessoa jurídica de capacidade política, pois a disciplina efetivamente estabelecida em cada ordenamento pode ser extremamente variável.

Conforme ensina Allan-Randolph Brewer-Carías, o conteúdo do Direito Administrativo depende do caráter democrático ou autoritário, liberal ou intervencionista etc. da Administração Pública que estiver sendo por ele disciplinada, a qual, por sua vez, é condicionada pelo tipo de Estado ao qual pertence, não existindo, portanto, um Direito Administrativo universal: "(...) el derecho administrativo y sus instituciones no deben estudiarse desde una perspectiva puramente formal, como si existiese un derecho administrativo universal, aplicado y aplicable por igual en todos los países y en todos los tiempos, sino que, al contrario, la ausencia de una perspectiva realista y pragmática relativa a los fines del Estado y a sus métodos políticos, con frecuencia distorsionan enormemente su verdadera perspectiva".[1]

Por essa razão, o presente estudo, mesmo recorrendo subsidiariamente a ensinamentos da doutrina estrangeira, está centrado na observação da evolução do Direito Administrativo brasileiro, que acompanhou as variações da concepção do Estado brasileiro ao longo do tempo.

O objetivo almejado é fornecer pontos fundamentais para uma análise comparativa dos diversos Direitos Administrativos de outros sistemas jurídicos.

II — Concepção autoritária do Direito Administrativo

A leitura de obras doutrinárias produzidas no passado remoto revelam um conteúdo e uma postura interpretativa bastante autoritária; o Direito Administrativo centrava-se na idéia de poder, de prerrogativas, de privilégios disponíveis pela Administração Pública em sua luta contra os abusos eventualmente perpetrados pelos particulares.

1. Allan R. Brewer-Carías, *Derecho Administrativo*, t. I, Caracas, 1975, p. 11.

Mesmo num passado recente, autores da maior respeitabilidade, mestres dos mestres de hoje, ainda se prendiam a essa concepção autoritária do Direito Administrativo, como é o caso do pranteado Hely Lopes Meirelles, que, em seu consagradíssimo *Direito Administrativo Brasileiro* dedicava uma parte aos então genericamente chamados *poderes administrativos*, estudando cada uma de suas espécies: "Os poderes administrativos se apresentam sob modalidades diversas, segundo o modo e forma de sua atuação e os objetivos a que se dirigem. Dentro desse esquema, podem ser classificados, segundo a liberdade de utilização, em poder vinculado e discricionário; segundo o seu fundamento ordinatório da administração, em poder hierárquico e disciplinar; segundo a sua finalidade normativa, em poder regulamentar; segundo o seu objetivo de proteção ao indivíduo e à comunidade, em poder de polícia".[2]

No desenvolvimento do estudo de cada um desses poderes eram apontadas suas correspondentes limitações, que, entretanto, não lhes retiravam o caráter original, ensejando, na prática, abusos por parte das autoridades públicas e parcimônia ou timidez em seu controle pelo Poder Judiciário.

Diga-se, a bem da verdade, que tais características não eram exclusivas do Direito Administrativo brasileiro. No passado, essa postura era bastante generalizada, estando presente também na melhor doutrina estrangeira, conforme se pode observar nesta passagem de Fritz Fleiner, transcrita apenas com propósito exemplificativo:

"Hay que tener un cuenta, sin embargo, que el Estado obra con soberanía y autoridad, no sólo en el ejercicio de su poder de mando y coactivo (poder fiscal, poder gubernativo, autoridad militar, etc.) sino también en los casos en que, en virtud de disposiciones legales, presta al ciudadano servicios de protección y previsión (jurisdicción voluntaria, tutela, asistencia benéfica y protección pública en general, etcétera).

"Así, la actuación soberana presenta como características esenciales su unilateralidad y el mayor crédito de que gozan sus actos jurídicos, además de la circunstancia de que para su ejecución dispone, como última ratio, del poder coactivo del Estado."[3]

No Brasil, ao longo do tempo, a doutrina se esforçou para, de diversas maneiras, com meios e fundamentos diferentes, conter os poderes administrativos, ou, melhor dizendo, para tentar evitar sua alegação como pretexto para os mais diversos abusos cometidos pelas autoridades administrativas.

Entre os diversos autores que se lançaram a essa empreitada, merece especial destaque a figura de Cirne Lima, criador do conceito de relação de administração, de especial importância para a compreensão das relações de Direito Administrativo, especialmente quando comparadas com as relações jurídicas travadas no campo próprio do Direito Civil: "À relação jurídica que se estrutura ao influxo de uma finalidade cogente, chama-se relação de administração. Chama-se relação de administração, segundo o mesmo critério, pelo qual os atos de Administração se opõem aos atos de propriedade. Na Administração, o dever e a finalidade são predominantes; no domínio, a vontade".[4]

Note-se a radical mudança de rumo: relações jurídicas sempre até então estudadas a partir da idéia de poder, passam a ser examinadas em função de um dever a cumprir, de uma finalidade que deve ser atingida. Essa finalidade sempre será alguma coisa previamente qualificada pela lei como sendo de interesse público.

2. Hely Lopes Meirelles, *Direito Administrativo*, Ed. RT, 2ª ed., 1966, p. 62.

3. Fritz Fleiner, *Instituciones de Derecho Administrativo*, Barcelona, 1933, p. 43.

4. Ruy Cirne Lima, *Princípios de Direito Administrativo*, Ed. RT, 5ª ed., 1982, pp. 51 e 52.

III — Evolução no sentido do equilíbrio

O estudo da história do Direito Administrativo é o exame do caminho percorrido desde uma concepção centrada no poder até o ponto de equilíbrio entre prerrogativas e sujeições, entre os poderes e os meios e instrumentos de sua contenção, mas, sempre, tendo como norte a satisfação do interesse público.

Essa necessária composição ou conciliação foi muito bem exposta nesta preciosa síntese feita por Rivero: "Les règles de droit administratif se caractérisent par rapport à celles du droit privé, soit en ce qu'elles confèrent à l'administration des prérrogatives sans équivalent dans les relations privées, soit en ce qu'elles imposent à sa liberté d'action des sujétions plus strictes que celles auxquelles sont soumis les particuliers entre eux".[5]

Nesse texto, o Direito Administrativo ainda aparece como um direito excepcional, quando comparado ao direito comum, o Direito Civil. O foco está centrado na Administração Pública, que dispõe de prerrogativas excepcionais (que lhe são inerentes, indispensáveis), as quais são compensadas por sujeições também excepcionais, tolhendo sua liberdade de atuação.

García de Enterría aponta como característica tipificadora das relações de Direito Administrativo exatamente esse equilíbrio entre privilégios da Administração Pública e garantias dos administrados. Em seu *Curso de Derecho Administrativo*, depois de discorrer sobre os poderes ou privilégios, faz a seguinte ponderação:

"Esta sumaria descripción de privilegios no debe, sin embargo, inducir a equívocos en relación al carácter del Derecho Administrativo. Junto a los privilegios en más mencionados hay también privilegios en menos (Rivero). La administración es, en ocasiones, menos libre que los particulares. No puede, por ejemplo, contratar con quien desee, como puede hacerlo un particular. Tiene que seguir un procedimiento determinado de selección de contratistas establecido por la Ley y atenerse a sus resultados. No puede tampoco formar libremente su voluntad. La Ley la obliga a observar un procedimiento de formación de la voluntad cuya infracción puede determinar la nulidad de la decisión final. Esta decisión, si es favorable para terceros, si declara derechos, no puede ya ser modificada por la Administración que la ha adoptado, que queda vinculada a ella en términos muy estrictos.

"Por otra parte, el Derecho Administrativo coloca, junto a los privilegios, las garantías. Unas, de carácter económico (el pago del justo precio es requisito previo a la ocupación del bien expropiado, toda lesión en los bienes o derechos de un particular que resulte de la actividad de la Administración debe ser indemnizada), otras de carácter jurídico (necesidad de observar un procedimiento, sistema de recursos administrativos contra los actos de la Administración, control jurisdiccional de éstos).

"El derecho Administrativo, como Derecho propio y específico de las Administraciones Públicas, está hecho, pues, de un equilibrio (por supuesto, difícil, pero posible) entre privilegios y garantías."[6]

O que de mais importante merece ser destacado nessa passagem *supra* transcrita é exatamente o caráter de garantia atribuído às sujeições especiais referidas por Rivero. Estas não são simples empecilhos ou obstáculos à liberdade de atuação da Administração Pública, mas, sim, decorrências de garantias constitucionalmente conferidas aos administrados.

Não é a lei (o Direito Administrativo) que limita a ação da Administração Pública; é o próprio legislador ordinário que não pode

5. Jean Rivero, *Droit Administratif*, Précis Dalloz, 4ª ed., 1970, p. 35.

6. Eduardo García de Enterría, *Curso de Derecho Administrativo I*, Civitas, Madrid, 1986, p. 43.

ultrapassar a esfera de direitos invioláveis dos cidadãos, garantidos pela Constituição.

Um largo passo adiante é dado por Celso Antônio Bandeira de Mello, ao enunciar os princípios fundamentais do regime jurídico administrativo, que seriam a "supremacia do interesse público sobre o privado" e a "indisponibilidade, pela Administração, dos interesses públicos". Depois de apontar as emanações (os privilégios, prerrogativas ou poderes) decorrentes do primeiro termo do binômio, aponta a razão de ser de sua existência:

"Aqui, entretanto, é necessária uma importantíssima acotação. Estes caracteres, que sem dúvida informam a atuação administrativa, de modo algum autorizariam a supor que a Administração Pública, escudada na supremacia do interesse público sobre o interesse privado, pode expressar tais prerrogativas com a mesma autonomia e liberdade com que os particulares exercitam seis direitos. É que a Administração exerce função: a função administrativa. Existe função quando alguém está investido no dever de satisfazer dadas finalidades em prol do interesse de outrem, necessitando, para tanto, manejar os poderes requeridos para supri-las. Logo, tais poderes são instrumentais ao alcance das sobreditas finalidades. Sem eles, o sujeito investido na função não teria como desincumbir-se do dever posto a seu cargo. Donde, quem os titulariza maneja, na verdade, 'deveres-poderes', no interesse alheio.

"Quem exerce 'função administrativa' está adscrito a satisfazer interesses públicos, ou seja, interesses de outrem: a coletividade. Por isso, o uso das prerrogativas da Administração é legítimo se, quando e na medida indispensável ao atendimento dos interesses públicos; vale dizer, do povo, porquanto nos Estados democráticos o poder emana do povo e em seu proveito terá de ser exercido.

"Tendo em vista este caráter de assujeitamento do poder a uma finalidade instituída no interesse de todos — e não da pessoa exercente do poder —, as prerrogativas da Administração não devem ser vistas ou denominadas como 'poderes' ou como 'poderes-deveres'. Antes se qualificam e melhor se designam como 'deveres-poderes', pois nisto se ressalta sua índole própria e se atrai atenção para o aspecto subordinado do poder em relação ao dever, sobressaindo, então, o aspecto finalístico que as informa, do que decorrerão suas inerentes limitações."[7]

Na mesma linha de pensamento de Cirne Lima, o arguto Celso Antônio Bandeira de Mello coloca os poderes como instrumentos do dever de satisfazer os interesses públicos. A Administração Pública desfruta de privilégios e prerrogativas apenas e tão-somente na exata medida de sua necessidade para a realização concreta do interesse público. O *poder* não é algo imanente à Administração Pública, mas, sim, apenas um instrumento de sua atuação, a ser utilizado apenas e tão-somente quando e na medida do estritamente necessário.

Ocorre, entretanto, que o que deve ser entendido como sendo de interesse público depende de valores consagrados na Constituição e condicionantes da atuação dos legisladores ordinários. É a Constituição que, ao definir as características do Estado, estabelecendo seus objetivos fundamentais, já define também os traços fundamentais dos instrumentos, meios e modos de atuação de seu ramo executivo, especialmente no relacionamento com os cidadãos.

Brewer-Carías mostra que o delineamento constitucional de um Estado Social e Democrático de Direito reflete necessária e diretamente sobre o correspondente Direito Administrativo:

"Pero no sólo se exige un proceso de democratización política, económica y social para que el Estado Democrático y Social de Derecho adquiera real significación,

7. Celso Antônio Bandeira de Mello, *Curso de Direito Administrativo*, Malheiros Editores, 8ª ed., 1996, pp. 29-30.

sino que, inclusive, el mismo derecho a cual ha de someterse el Estado, ha sido objeto de un proceso de democratización y debe serlo con mayor fuerza en el futuro. El derecho administrativo, en esta forma, adquiere por tanto una nueva perspectiva: se trata de una rama del derecho público cuyo objeto es la regulación de la organización, funcionamento y actividad de un Estado cuyo papel está muy lejos de corresponder a una abstención y, al contrario, es esencialmente interventor y conformador de la vida económica y social. El contenido del derecho administrativo, por tanto, varía totalmente ante esta perspectiva, y adquiere en este sentido su verdadera caracterización: es un instrumento de la acción política del Estado, pero un instrumento que regula y limita su actuación, al proteger y garantizar los derechos de los particulares, especialmente los de orden social. Estos, como consecuencia de la protección, tienen la posibilidad de controlar la sumisión al derecho de las actuaciones de la Administración, en lo que está la esencia jurídica del Estado de Derecho. Pero inclusive, en este campo estrictamente jurídico, está planteada la necesidad de que se produzca un proceso de democratización del propio derecho o del ejercicio de los controles jurisdiccionales de la acción del Estado, pues en la realidad y sobre todo en los países latinoamericanos, muchos los ignoran, muy pocos los ejercen, y en los pocos casos en que se producen, la efectividad de los mismos es relativa, debido a la lentitud de los procesos.

"Los recursos jurisdiccionales, por otra parte, a pesar de su relativa efectividad, todavía siguen siendo ejercidos por minorías generalmente de carácter económico. Por ello, frente al reto de la consolidación de un Estado Democrático y Social de Derecho, en el esquema formal del Estado de Bienestar de Derecho debe incorporarse un proceso de democratización del control judicial de la Administración, de manera que la sumisión de ella a la legalidad sea efectiva y pueda exigirse su responsabilidad por todas las actuaciones que lesionen ilegitimamente los derechos económicos y sociales".[8]

A parte final da transcrição *supra* revela uma particularidade deveras importante dos Estados mais avançados em termos democráticos: o aumento das possibilidades de controle judicial da Administração Pública ou, melhor dizendo, um aumento das possibilidades de controle social da Administração Pública por meio do Poder Judiciário, na medida em que os poderes administrativos deixam de ser considerados como prerrogativas imanentes e passam a ser tomados como poderes jurídicos, isto é, sujeitos a limites e controles, suscetíveis de gerar responsabilidades.

No Brasil, por força da Constituição promulgada em 1988, que define a República Federativa do Brasil como um Estado Democrático de Direito, os princípios e as normas que regem a organização e funcionamento da Administração Pública ascenderam ao nível constitucional. Pela primeira vez a CF consagra um capítulo à Administração Pública, capítulo esse que é aberto pelo art. 37, cujo *caput* tem o seguinte teor: "Art. 37. A Administração Pública direta, indireta de qualquer dos Poderes da União, dos Estados, do Distrito Federal e dos Municípios obedecerá aos princípios de legalidade, impessoalidade, moralidade, publicidade e eficiência e, também, ao seguinte:" (seguem-se incisos e parágrafos definidores do perfil da Administração Pública, dando-lhe, efetivamente, uma feição democrática e, também, participativa).

Existem, ainda, em outras passagens do texto constitucional, preceitos que afirmam

8. Allan R. Brewer Carías, *Derecho Administrativo*, t. I, Caracas, 1975, pp. 54 e 55. O mesmo consagrado autor analisa as emanações concretas da caracterização do estado de direito democrático e social em estudo sobre "El proceso de Constitucionalización del Derecho Administrativo en Colombia", publicado em *Derecho Administrativo*, obra coletiva em homenagem a Miguel S. Marienhoff, coord. por Juan Carlos Cassagne (Abeledo-Perrot, Buenos Aires, 1998, p. 157).

exatamente a participação popular direta na condução da coisa pública e um rol de direitos individuais e coletivos, além de normas de nítido caráter social, como, por exemplo, a que estabelece, como um dos objetivos fundamentais da República Federativa do Brasil, "erradicar a pobreza e a marginalização e reduzir as desigualdades sociais e regionais".

Tais preceitos não meras afirmações retóricas, mas, sim, normas jurídicas, dotadas de positividade e, especialmente, de atributividade, conforme salienta Luís Roberto Barroso:

"Por longo tempo sustentou-se que as declarações de direitos incorporadas às Constituições não seriam mais que princípios filosóficos e morais, sem valor jurídico.

"A referência histórica é meramente ilustrativa. Modernamente, já não cabe negar o caráter jurídico e, pois, a exigibilidade e acionabilidade dos direitos fundamentais, na sua tríplice tipologia. É puramente ideológica, e não científica, a resistência que ainda hoje se opõe à efetivação, por via coercitiva, dos chamados direitos sociais. Também os direitos políticos e individuais enfrentaram, como se assinalou, a reação conservadora, até sua final consolidação. A afirmação dos direitos fundamentais como um todo, na sua exeqüibilidade plena, vem sendo positivada nas Cartas Políticas mais recentes, como se vê do art. 2º da Constituição portuguesa e do Preâmbulo da Constituição brasileira, que proclama ser o país um Estado democrático, "destinado a assegurar o exercício dos direitos sociais e individuais".[9]

Obviamente, tendo o dever de realizar concretamente os mandamentos de conteúdo democrático, participativo ou social, o Estado deve aparelhar a Administração Pública para isso, dando a ela mesma tais características.

Recentemente, por força da Emenda Constitucional 19, de 4.6.98, popularmente conhecida como emenda da reforma administrativa, procurou-se transformar o modelo da Administração Pública, com a adoção do chamado modelo gerencial, em função do qual os agentes administrativos deveriam ser dotados de maior liberdade de atuação, pelo abrandamento dos controles de procedimentos administrativos, supostamente compensado pelo correspondente fortalecimentos dos controles de resultados. Existe um risco enorme de que isso venha representar um retrocesso, reforçando um autoritarismo ainda muito presente na Administração Pública brasileira, profundamente marcada por ancestrais concepções patrimonialistas e verdadeiramente feudais. Tal alteração constitucional, todavia, é demasiadamente recente, não comportando um exame de seus efeitos.

IV — Tendências atuais

No momento atual, à luz da evolução até agora experimentada, é possível identificar algumas tendências, parte das quais já estão sendo concretizadas.

Em primeiro lugar cabe referir a orientação no sentido de não se admitir, apenas, a mera legalidade formal; a simples submissão do ato praticado à hipótese contida no mandamento legal. Agora, exige-se mais que isso: é preciso verificar a legitimidade do ato praticado; sua pertinência, sua conformidade, com a finalidade legalmente prevista como justificadora da prática do ato em exame, conforme o magistério de Celso Antônio Bandeira de Mello:[10] "Segue-se que a legitimidade da conduta do administrador não se decide em abstrato, mas resulta do confronto com o caso concreto, posto que não se trata de aferir a legitimidade da regra de direito, mas de uma atuação que se contém na intersecção da regra de direito

9. Luís Roberto Barroso, *Direito Constitucional e a Efetividade de suas Normas*, Renovar, 1990, pp. 96 e 97.

10. "Funções do Tribunal de Contas", *RDP* 72/148, out.-dez./84.

com o evento real, perante cuja ocorrência a norma postula suprimento da finalidade que veio proteger".

Aliás, o mero enunciado abstrato da norma é insuficiente para a perfeita e completa compreensão de seu conteúdo, pois, como se sabe, o texto legal comporta uma pluralidade de interpretações. A melhor interpretação será aquela que, diante do caso concreto, se revelar a mais apta à realização do objetivo almejado pela lei.

Essa postura interpretativa já tem respaldo na jurisprudência: "A norma geral pode ser entendida, é claro, pelo sentido abstrato das palavras por ela utilizadas. Trata-se, porém, de mero entendimento prévio. Esse entendimento não exaure o âmbito da incidência normativa, pois ele só se consuma perante os fatos concretos da vida".[11]

Registre-se, com satisfação, que o Poder Judiciário pouco a pouco vai abandonando as velhas e arraigadas concepções autoritárias, conforme demonstra acórdão proferido pelo STF, cuja ementa é a seguinte: "Ato administrativo — Repercussões — Presunção de legitimidade — Situação constituída — Interesses contrapostos — Anulação — Contraditório. Tratando-se de anulação de ato administrativo cuja formalização haja repercutido no campo de interesses individuais, a anulação não prescinde da observância do contraditório, ou seja, da instauração de processo administrativo que enseja a audição daqueles que terão modificada situação já alcançada. Presunção de legitimidade do ato administrativo praticado, que não pode ser afastada unilateralmente, porque é comum à Administração e ao particular" (RE 158.543-RS).

O sentido dessa decisão fica melhor identificado com a transcrição de um segmento do voto do Eminente Ministro relator, Marco Aurélio: "A presunção de legitimidade dos atos administrativos milita não só em favor da pessoa jurídica de direito público, como também do cidadão que se mostre, de alguma forma por ele alcançado".

Isso significa uma severa restrição ao poder de autotutela de seus atos, de que desfruta a Administração Pública. Não se aniquila essa prerrogativa; apenas se condiciona a validade da desconstituição de ato anteriormente praticado à justificação cabal da legitimidade dessa mudança de entendimento, arcando a Administração Pública com o ônus da prova. A ausência ou inconsistência da motivação acarreta a nulidade do ato de tutela.

Outra tendência, bastante questionada pela doutrina, é a da admissão da arbitragem como forma de composição de conflitos na esfera do Direito Administrativo.

A Lei 8.987, de 13.2.95, que dispõe sobre o regime jurídico das concessões de serviços públicos, em seu art. 23, XV, estabelece que nos contratos celebrados deverá, sempre, haver alguma estipulação quanto "ao modo amigável de solução das divergências contratuais".

Já tivemos oportunidade de publicar trabalho em defesa do cabimento da arbitragem no âmbito das relações de Direito Administrativo, especialmente quando a controvérsia se travar a respeito de questões de ordem técnica (avaliação de quantitativos, índices de reajuste, custos de produção, atendimento material de requisitos contratuais etc.), no qual dissemos o seguinte:

"A adoção da arbitragem como forma amigável de solução de divergências na execução de contratos administrativos não se choca com a regra, constitucionalmente, estabelecida, no sentido de que nenhuma lesão de direito pode ser subtraída ao exame do Poder Judiciário.

"Universalidade e independência do Poder Judiciário, quando no exercício de atividade jurisdicional, são princípios fundamentais do Estado Democrático de Direito. O respeito a esses princípios determinou a inafastabilidade do controle jurisdicional mesmo nas arbitragens de conflitos entre

11. Voto do Juiz Newton de Lucca no MS 94.03.093099-3-SP-TRF-3ª R, publicado no *Boletim AASP* 2.043/473.

particulares, ainda que as partes tenham expressamente convencionado a irrecorribilidade ao Poder Judiciário.

"Com efeito, os arts. 1.046 do CC e 1.101 do CPC, deixam permanentemente aberto o caminho ao Poder Judiciário, sempre, para qualquer das partes, caso tenha alguma nulidade do processo de arbitragem.

"Como muito maior razão não se poderá vedar o ingresso ao Poder Judiciário em caso de nulidade ocorrida no processo de arbitragem para a solução de controvérsia na execução de qualquer contrato administrativo.

"O compromisso das partes é sempre no sentido de acatamento de decisão regular, tomada pelo árbitro após regular tramitação do feito. A ocorrência de vício jurídico no curso do processo de arbitragem libera a parte prejudicada do compromisso de não recorrer ao Judiciário, exatamente porque nenhuma das partes jamais se comprometeu a acatar decisão tomadas de forma irregular, contrariando disposições legais ou contratuais, ou, ainda, especialmente, os próprios termos do compromisso arbitral.

"Além disso, cabe destacar que o compromisso arbitral vincula apenas as partes contratantes, não se estendendo a terceiros, que, julgando-se prejudicados, sempre poderão recorrer à via judicial para a defesa dos seus direitos e interesses."[12]

A arbitragem cresce de importância diante de uma outra tendência já em franca e crescente concretização: o estabelecimento de parcerias entre a Administração Pública e particulares, em suas diversas modalidades. A mais importante é a restauração do antigo instituto da concessão de serviços públicos. Ao lado disso são freqüentes as concessões de obras públicas, os convênios para o desenvolvimento de atividades de interesse comum, as terceirizações de serviços auxiliares e a celebração de contratos de gestão em atividades complementares, nas áreas de educação, cultura e assistência social.

Isso tudo não seria possível se não tivesse havido um abrandamento das prerrogativas da Administração Pública e um crescimento das garantias dos particulares que com ela se relacionam.

Os particulares, os cidadãos, os destinatários finais das ações estatais, paulatinamente estão deixando de ser considerados como intrusos nas atividades administrativas, especialmente nos processos de tomada de decisões. A tendência é no sentido do desenvolvimento da participação popular nas decisões administrativas, como já vem ocorrendo em questões ambientais, nas concessões de obras e serviços públicos, nas licitações de grande vulto e em matéria de planejamento urbano.

Outra tendência que se pode observar é no sentido de se examinar a validade da conduta, tanto da autoridade administrativa quanto do particular no seu relacionamento com a Administração Pública, à luz do princípio da razoabilidade.

Por mais estranho e inovador que possa parecer, isso não é senão uma releitura, atualizada, dos ensinamentos de Cirne Lima anteriormente transcritos, conforme se depreende destas considerações feitas por Maria Paula Dallari Bucci:

"O princípio da razoabilidade, na origem, mais que um princípio jurídico, é uma diretriz de senso comum ou, mais exatamente, de bom-senso, aplicada ao direito. Esse 'bom-senso jurídico' se faz necessário à medida que as exigências formais que decorrem do princípio da legalidade tendem a reforçar mais o texto das normas, a palavra da lei, que o seu espírito. A razoabilidade formulada como princípio jurídico, ou como diretriz de interpretação das leis e atos da Administração, é uma orientação que se contrapõe ao formalismo vazio, à mera observância dos aspectos exteriores da lei, formalismo esse que descaracteriza o senti-

12. Adílson Abreu Dallari, "Arbitragem na concessão de serviço público", *Jurídica Administração Municipal* 6/17, Salvador, 1997.

do finalístico do direito. "A invocação do princípio da razoabilidade é, portanto, um chamado à razão, para que os produtores da lei e os seus aplicadores não se desviem dos valores e interesses maiores protegidos pela Constituição, mesmo quando aparentemente estejam agindo nos limites da legalidade."[13]

Ao lado da razoabilidade, estão as considerações a respeito da boa-fé, que, no passado, eram aplicáveis apenas às relações jurídicas entre particulares.

A boa ou má-fé dos particulares em seu relacionamento com a Administração Pública é relevante, podendo e devendo ser consideradas tanto para a concessão de benefício, quanto para a imposição de sanções e responsabilidades.

Além disso, devem também comportar exame a boa ou má-fé dos próprios agentes públicos no exercício de suas funções, conforme assinala Jesús Gonzáles Pérez:

"Las Administraciones públicas son entes abstractos que han de realizar su actividad a través de personas físicas concretas, de hombres de carne y hueso, con los vicios y las virtudes de los demás hombres. Y es algo incontrovertible y reiteradamente constatado que aquella diferente posición institucional há hecho de estos hombres una casta diferente, en la que, por el olvido de la idea de servicio, sólo aparece la manifestación más pura del poder por el poder, en formas más o menos arbitrarias.

"El principio de legalidad no comporta que cuantas controversias puedan surgir en el ámbito de las relaciones administrativas deban resolverse exclusivamente por las normas que rigen la actividad de la Administración, sin que tenga cabida la aplicación de la buena fe. El que sólo sea legítima la actuación administrativa cuando cuenta con una cobertura legal previa no implica que esa actuación quede sometida exclusivamente a la norma que la ampara. La cobertura legal previa condiciona *ab initio* la legalidad de la actuación administrativa, pero no agota, en modo alguno, la regulación íntegra de esa actuación."[14]

A insuficiência da mera verificação da legalidade formal também se revela de outra maneira: situações existem nas quais a desconformidade da conduta com os requisitos legais não pode ser havida como fatalmente ensejadora de nulidade.

Seabra Fagundes, desde longa data, já havia observado que não existe uma relação direta e absoluta entre legalidade formal e interesse público:

"A infringência legal no ato administrativo, se considerada abstratamente, aparecerá sempre como prejudicial ao interesse público. Mas, por outro lado, vista em face de algum caso concreto, pode acontecer que a situação resultante do ato, embora nascida irregularmente, torne-se útil àquele mesmo interesse".[15]

Atualmente, começam a se avolumar os estudos no sentido da manutenção dos efeitos de atos viciados no momento de sua prática. Pode-se afirmar, com segurança, que está definitivamente sepultada a tese no sentido de que qualquer vício jurídico acarretaria irremediavelmente a invalidade do ato praticado. A estrita legalidade formal não é mais o dogma supremo do Direito Administrativo.

Tem-se, hoje, a clara noção do caráter instrumental da atuação administrativa. Todas as ações empreendidas pelo aparelhamento administrativo somente se justificam em função da realização de uma finalidade de interesse público.

13. Maria Paula Dallari Bucci, "O princípio da razoabilidade em apoio à legalidade", *Cadernos de Direito Constitucional e Ciência Política* 16/173, Ed. RT, São Paulo, 1996.

14. Jesús Gonzáles Pérez, *El Principio General de la Buena Fe en el Derecho Administrativo*, Editorial Civitas, Madrid, 1983, pp. 32 e 33.

15. Seabra Fagundes, *O Controle dos Atos Administrativos pelo Poder Judiciário*, 6ª ed., Saraiva, pp. 39 e 40.

Não se está afirmando, de maneira absoluta, que os fins justificam os meios. Pondera-se, entretanto, que certas anomalias quanto ao procedimento, desde que não afetem valores fundamentais do sistema jurídico, podem e devem ser relevadas, se a finalidade pública houver sido atingida.

Quem cuidou desse assunto com extrema competência, delineando um quadro completo das possibilidades jurídicas de manutenção de atos viciados foi Weida Zancaner, de cuja monografia sobre a convalidação dos atos administrativos maculados são transcritas as passagens que se seguem:

"O princípio da legalidade visa a que a ordem jurídica seja restaurada, mas não estabelece que a ordem jurídica deva ser restaurada pela extinção do ato inválido.

"Há duas formas de recompor a ordem jurídica violada, em razão dos atos inválidos, quais sejam, a invalidação e a convalidação. (...)

"A Administração deve invalidar quando o ato não comportar convalidação. Deve convalidar sempre que o ato comportá-la.

"Resta saber o porquê da invalidação e da convalidação nas hipóteses em que, como já mencionamos, cada qual se propõe como obrigatória.

"A invalidação se propõe como obrigatória porque se o ato não comporta convalidação, inexiste outra forma de a Administração Pública restaurar a legalidade violada. Ora, a restauração do direito é para ela obrigatória por força do princípio da legalidade. Logo, toda vez que o ato não seja convalidável, só lhe resta o dever de invalidar.

"Por sua vez, a convalidação se propõe obrigatória quando o ato comportá-la, porque o próprio princípio da legalidade — que predica a restauração da ordem jurídica, inclusive por convalidação —, entendido finalisticamente, demanda respeito ao capital princípio da segurança jurídica. (...)

"Por sua vez, o princípio da boa-fé assume importância capital no Direito Administrativo, em razão da presunção da legitimidade dos atos administrativos, presunção esta que só cessa quando esses atos são contestados, o que coloca a Administração Pública em posição sobranceira com relação aos administrados.

"Ademais, a multiplicidade das áreas de intervenção do Estado moderno na via dos cidadãos e a tecnicização da linguagem jurídica tornaram extremamente complexos o caráter regulador do Direito e a verificação da conformidade dos atos concretos e abstratos expedidos pela Administração Pública com o direito posto. Portanto, a boa-fé dos administrados passou a ter importância imperativa no Estado intervencionista, constituindo, juntamente com a segurança jurídica, expediente indispensável à distribuição da justiça material. É preciso tomá-lo em conta perante situações geradas por atos inválidos. (...)

"Com efeito, atos inválidos geram conseqüências jurídicas, pois se não gerassem não haveria qualquer razão para nos preocuparmos com eles. Com base em tais atos certas situações terão sido instauradas e na dinâmica da realidade podem converter-se em situações merecedoras de proteção, seja porque encontrarão em seu apoio alguma regra específica, seja porque estarão abrigadas por algum princípio de Direito. Estes fatos posteriores à constituição da relação inválida, aliados ao tempo, podem transformar o contexto em que esta se originou, de modo a que fique vedado à Administração Pública o exercício do dever de invalidar, pois fazê-lo causaria ainda maiores agravos ao Direito, por afrontar à segurança jurídica e à boa-fé."[16]

A convalidação, quebrando a automaticidade da invalidação, exige um extremado cuidado por parte dos organismos de controle, administrativos ou judiciais, para que não se transforme em fonte de abusos

16. Weida Zancaner, *Da Convalidação e da Invalidação dos Atos Administrativos*, Ed. RT, 1990, pp. 53 e ss.

e, especialmente, de corrupção. De igual forma, com a mesma intensidade, não se podem tolerar as invalidações e as convalidações indevidas. É sempre essencial o exame aprofundado da motivação apresentada para justificar a prática do ato sob controle.

Registre-se, por último, uma certa tendência à internacionalização do Direito Administrativo. Na medida em que diminuem as distâncias geográficas e políticas, cresce o entendimento de que a igualdade deve existir também no concerto dos Estados soberanos, e cada vez mais se intensificam e consolidam os blocos ou conjuntos internacionais, como a Comunidade Européia, o NAFTA (México, Estados Unidos e Canadá) e o Mercosul, com suas legislações e seus tribunais supraterritoriais, além de uma estrutura administrativa própria, cujo funcionamento se rege também por normas próprias.

Diante disso, pode-se falar na existência de um Direito Administrativo internacional, cuja fonte de validade é o tratado que deu origem ao organismo comunitário. Conforme os ensinamentos de Roberto Dromi, o tratado é a verdadeira Constituição dos Estados Integrados, sendo a fonte principal do Direito Comunitário, inclusive do Direito que disciplina a estrutura e funcionamento do próprio organismo criado pelo tratado, e, além disso, repercutindo no Direito Administrativo interno de cada Estado soberano:

"El derecho comunitario es aplicado en cada país-miembro de acuerdo a las reglas jurídico-procedimentales propias. No obstante, el derecho interno se ve afectado por el imperativo de actuación en un determinado sentido que impone la norma comunitaria en orden al cumplimiento eficaz de sus objetivos. Por ello, la realidad exige una adecuación el la organización y en el procedimiento administrativos.

"A su vez, la actuación de los organismos comunitarios precisa de una organización y procedimiento administrativos que permitan cumplir las actividades concretas que su cometido les exige.

"En esta relación entre adninistración local y administración comunitaria, se va gestando la necesidad de acercar los sistemas. De allí que si bien los ordenamientos administrativos internos se deben acomodar para el mejor cumplimiento de las normativas comunitarias, para lo cual se deben mostrar abiertos a la recepción de nuevos principios jurídicos administrativos, de igual modo la administración comunitaria se va nutriendo de los principios de derecho administrativo, tanto el lo organizacional como en lo procedimental, que mejor cuadran en el cumplimiento de sus objetivos de integración. Vale decir, que en la Comunidad se apresenta la oportunidad de amalgamar, de producir una síntesis de los principios jurídicos que puedan ser aceptados y aplicados sin mayores resistencias en los ordenamientos internos de los países-miembros.

"De tal forma que ese principio de autonomía de los Estados-miembros para aplicar administrativamente las normas comunitarias, además de influenciado, viene condicionado por éstas, se relativiza, puesto que requieren de procedimientos que sean garantes de los derechos que reconozcan, que hagan viable la vigencia efectiva del derecho comunitario, al no someterlo a trámites complejos y frustrantes de sus objetivos."[17]

No caso do Brasil, no presente momento, não são muito sensíveis as influências do Tratado do Mercosul sobre o Direito Administrativo interno, embora já se tenham registrado repercussões decorrentes da criação da empresa bi-nacional (Itaipú) geradora de energia elétrica construída e operada conjuntamente pelo Brasil e pelo Paraguai, e já tenham surgido alguns casos controvertidos em matéria de financiamento e contratação de obras públicas.

Mas a doutrina é muito firme no tocante à ocorrência de influências de tratados

17. Roberto Dromi, *Derecho Comunitário*, Ediciones Ciudad Argentina, Buenos Aires, 1995, p. 145 e *Derecho Administrativo*, Ediciones Ciudad Argentina, Buenos Aires, 1995, p. 510.

internacionais sobre o Direito interno, inclusive o Administrativo, conforme comprova este vigoroso texto de Agustín Gordillo, que aborda não o Mercosul, mas, sim, um outro tratado, a Convenção Interamericana Contra a Corrupção: "Estas normas modifican explosivamente el régimen de la ley de administración financiera del Estado, reforman sustancialmente los regímenes de contrataciones públicas, los deberes y facultades de los agentes públicos y entes reguladores en la tutela de los derechos de los usuarios y consumidores; alcanzan a los organismos de control como la SIGEN y la Auditoría General de la Nación o el Defensor del Pueblo de la Nación, modifican el régimen jurídico básico de la función pública, la responsabilidad penal constitucional del artículo 36, la ley del cuerpo de abogados del Estado y el decreto-ley de procedimiento administrativo; remozán el régimen de las facultades regladas y discrecionales de la administración. Inciden en la relación con los usuarios de los concesionarios y licenciatarios en situación de monopolio o exclusividad en la prestación de servicios públicos, tienen efectos sobre la ganancia de éstos que exceda límites objetivos justos y naturales, etc.".[18]

O que se pode inferir a respeito destas observações sobre tratados internacionais é que, de uma forma ou de outra, com maior ou menor intensidade, indiretamente, eles concorrem para um abrandamento do autoritarismo na Administração Pública, que fica mais permeável a acompanhamentos e controles por parte de quem não tem qualquer submissão ao Estado ao qual determinada estrutura administrativa ou determinado ordenamento jurídico administrativo pertencem. Daí, um certo cuidado em não revelar-se ditatorial e de apresentar-se como democrática.

18. Agustín Gordillo, *Derecho Administrativo*, t. 1, Parte General, *Fundación de Derecho Administrativo*, Buenos Aires, 4ª ed., 1997, pp. XVI-2 e XVI-3.

V — Conclusões

Diante do exposto, resta apenas concluir que o desenvolvimento dos estudos de Direito Administrativo aponta para a impropriedade do uso da expressão "poderes administrativos", que é incompatível com os princípios fundamentais do regime jurídico administrativo, no qual as autoridades administrativas não são dotadas de puros poderes, mas, sim, de deveres jurídicos impostos pela lei.

No cumprimento dos deveres, para melhor satisfação do interesse público, os agentes administrativos são dotados de certas prerrogativas que não são atributos pessoais, mas, sim, decorrem da função que exercem.

Em resumo, na relação jurídico-administrativa deve haver um equilíbrio entre poderes e responsabilidades, entre prerrogativas e sujeições, entre as potestades da Administração Pública e as garantias constitucionais dos cidadãos.

Esse equilíbrio já é uma realidade e está se acentuando cada vez mais, na medida em que os Estados vão se tornando menos autoritários e mais democráticos, inclusive por efeito da tendência à formação de comunidades lastreadas em tratados internacionais.

Nesse contexto, os cultores de Direito Administrativo devem aprofundar seus estudos a respeito de temas como a motivação, a razoabilidade, a boa-fé e a estabilidade das relações jurídicas, que cada vez mais passam a conviver com tradicionais princípios dessa disciplina, tais como os princípios da legalidade, da isonomia, da publicidade e outros.

São Paulo, outubro de 1998

DOUTRINA

REFORMA DO MARCO LEGAL DO TERCEIRO SETOR NO BRASIL*

PAULO MODESTO

Professor de Direito da Universidade Federal da Bahia e da Universidade Salvador (UNIFACS) — Professor e Coordenador do Curso de Especialização em Direito Público da UNIFACS — Membro do Ministério Público do Estado da Bahia, do Instituto Brasileiro de Direito Administrativo e do Instituto dos Advogados da Bahia — Conselheiro Técnico da Sociedade Brasileira de Direito Público — Ex-Assessor Especial do Ministro da Administração Federal e Reforma do Estado

1. Introdução. 2. Vantagens e desvantagens da concessão de títulos jurídicos especiais a entidades do terceiro setor. 3. Crise do título de utilidade pública. 4. O título de organização social. 5. O título de organizações da sociedade civil de interesse público. 6. Resumo. 7. Referências bibliográficas.

1. Introdução

As entidades constituídas com personalidade jurídica privada, mas de fins públicos, também conhecidas como *entidades do terceiro setor* são tradicionalmente identificadas pela legislação brasileira como *entidades de utilidade pública*. Para o leigo, a denominação entidade de utilidade pública, à semelhança da recente denominação organização social, designa uma *espécie de entidade*, uma forma especial de organização, reconhecível prontamente no plano da realidade sensível. Mas se trata de uma ilusão lingüística. Essas designações consistem apenas em *títulos jurídicos*. Em princípio, títulos jurídicos que podem ser *conferidos*, *suspensos* ou *retirados*. Essas expressões não traduzem uma forma de pessoa jurídica privada. Nem informam uma qualidade inata ou traço original de qualquer espécie de entidade. Dizer de alguma entidade que ela é "de utilidade pública" ou "organização social" significa dizer que ela recebeu e mantém o correspondente *título jurídico*.

No Brasil, recentemente, instalou-se com intensidade incomum o debate sobre a utilidade e a adequação à realidade dos nossos dias do tradicional título de utilidade pública. Discussões dentro e fora do aparelho do Estado, envolvendo inclusive entidades do terceiro setor, propuseram saídas para o que pode ser denominado como a *crise do título de utilidade pública*. Recentemente, duas propostas ganharam a forma

* Texto escrito para publicação em coletânea organizada pela UNESCO-Organização das Nações Unidas para a Educação, a Ciência e a Cultura, dentro do projeto Revisão da Estrutura Jurídica e Normativa do Terceiro Setor, cuja coordenação é chefiada no Brasil pelo Prof. Joaquim Falcão. Agradeço aos coordenadores do projeto a autorização para publicação isolada do texto em revistas jurídicas especializadas. O texto foi escrito em 13.10.98 e atualizado em 24.3.99, em razão da rápida aprovação do Projeto de Lei 4.690, apresentado em 28.8.98 e já transformado na Lei 9.790, de 23.3.99.

de lei (*v.g.*, Lei 9.637, de 15.5.98 — *Organizações Sociais*; Lei 9.790, de 23.3.99 — *Organizações da Sociedade Civil de Interesse Público*).

A discussão da matéria admite ângulos distintos de análise (administrativo, econômico, político, jurídico, histórico, social etc.). No aspecto jurídico, no entanto, a discussão não apenas tem sido limitada, com poucos estudos sobre o tema, mas também restrita a uma interpretação do conteúdo da legislação existente, com vista a *aplicação do direito vigente*. No momento, porém, além da tarefa de *compreensão para aplicação*, tradicional entre os juristas, parece fundamental realizar também o que se tem denominado *avaliação da legislação* (Chevallier, 1992:18-22; Atienza, 1997:64 e ss.). Nesta última abordagem, a atenção do jurista técnico não se concentra na fase da *aplicação* da norma legal, mas na fase de sua *elaboração* (avaliação legislativa *ex ante)* ou na fase subseqüente dos *efeitos* por ela produzidos ou a produzir (avaliação legislativa *ex post)*.

É comum dizer-se que a avaliação legislativa é tarefa não jurídica. Essa afirmação envolve, no entanto, uma dupla incompreensão. Primeiro, uma incompreensão sobre o *papel dos juristas*. Segundo, uma incompreensão sobre *as formas de avaliação da legislação* vigente ou em estado de produção.

Os juristas não são (ou não devem ser) simples *leguleios da lei*. Não são simples espectadores do processo legislativo. O saber dos juristas é um *saber de protagonistas*, pois mediante o discurso dos juristas são estabelecidas *decisões* ou *condições para a tomada de decisões jurídicas*. Isso ocorre porque, enquanto a maior parte das ciências opera com um objeto dado, que o cientista pressupõe como uma unidade estável, o objeto do jurista é um objeto lingüístico, socialmente condicionado, que se elabora e apresenta ao domínio público mediante a decisão interpretativa. Esta é a razão de se dizer, não sem algum exagero, que o objeto do saber do jurista não é algo dado ao seu conhecimento, mas o resultado do seu labor. Sobremais, os juristas tendem a ser vistos como agentes sociais que *monopolizam o discurso técnico sobre as normas da coletividade*, com condições de *antecipar as conseqüências negativas e positivas* da aplicação das normas jurídicas aprovadas ou em fase de aprovação, propor novas pautas de solução de conflitos, bem como capacidade de enquadrar de forma argumentativa os novos conflitos no interior do direito já existente, enfraquecendo ou eliminando temporariamente conflitos (Ferraz Jr., 1994:280-1; 1980:149 e ss.; Modesto, 1997:197-8).

De outra parte, a avaliação da legislação não precisa ser limitada a meras *apurações empíricas*, realizadas com o instrumental da sociologia geral ou jurídica, da ciência política ou da administração, com vistas a determinar se os objetivos da norma legal foram atendidos (eficácia prática da norma), apurar qual a sua específica relação de custo-benefício (eficiência da norma) ou o grau de adesão que ela obtém do público (grau de legitimação). Faz-se também avaliação legislativa quando se apura a *compatibilidade entre os propósitos declarados na norma e o resultado normativo final*, bem como a *congruência dos objetivos normativos com as possíveis conseqüências da inteira aplicação do modelo legal*.

Neste trabalho, procurando utilizar uma linguagem acessível, esboço uma breve avaliação sobre a *crise do título de utilidade pública*, bem como sobre a concordância dos novos títulos jurídicos (o título de organização social e o título de organização da sociedade civil de interesse público) face aos *propósitos* que enunciam. Tenta-se sugerir, ainda, soluções técnicas para correção de *lacunas* e *inconsistências* percebidas nos dois últimos títulos referidos, com vistas ao seu aperfeiçoamento. Este trabalho, de certo modo, continua a exploração do tema sobre o marco legal do terceiro setor iniciada em artigo anterior (Modesto,

1997). No entanto, ao contrário do artigo referido, este trabalho propõe uma *discussão avaliativa* dos resultados alcançados com os textos normativos disponíveis no plano da União e não uma *discussão analítica* do tema. Mas não se abandona por completo a perspectiva analítica; o texto inicia exatamente com uma análise das *vantagens e desvantagens da concessão de títulos jurídicos especiais a entidades do terceiro setor.* Trata-se de tarefa que não é isenta de dificuldades, mas que parece urgente empreender.

2. Vantagens e desvantagens da concessão de títulos jurídicos especiais a entidades do terceiro setor

A concessão caso a caso de *títulos jurídicos especiais* a entidades do terceiro setor parece atender a pelo menos *três propósitos.* Em primeiro lugar, *diferenciar* as entidades qualificadas, beneficiadas com o título, relativamente às entidades comuns, destituídas dessa especial qualidade jurídica. Essa diferenciação permite inserir as entidades qualificadas em um *regime jurídico específico.* Em segundo lugar, a concessão do título permite *padronizar* o tratamento normativo de entidades que apresentem *características comuns relevantes*, evitando o *tratamento legal casuístico* dessas entidades. Em terceiro lugar, a outorga de títulos permite o estabelecimento de um *mecanismo de controle* de aspectos da atividade das entidades qualificadas, flexível por excelência, entre outras razões, porque o título funciona como um instrumento que admite não apenas concessão, mas também suspensão e cancelamento.

A realização desses propósitos, necessariamente interrelacionados, em princípio pode ser vista como *vantajosa* e reveladora das *funções* desempenhadas pelos títulos jurídicos, em especial as funções de *certificação*, *padronização* e *controle jurídico*. Sem dúvida, as entidades que recebem o título são vistas como *entidades certificadas*, que possuem uma qualidade jurídica específica, o que usualmente lhes garante um regime de benefícios e apoios especiais previstos na lei apenas para as entidades qualificadas. Passam a receber *enquadramento jurídico* distinto do comum, pelo simples fato de receberem ou manterem o título especial. Em princípio, salvo previsão legal, esse título independe de um juízo sobre o mérito da atuação da entidade, relacionando-se apenas com o atendimento dos *requisitos de concessão* do título e com o atendimento das *exigências de manutenção de título*, se houver. Por outro lado, a concessão de um *título padrão* libera o legislador da tarefa de criar a cada momento vantagens e benefícios *ad hoc*, de forma isolada, em favor de entidades que exercitem atividades de interesse coletivo. O legislador limita-se a fixar benefícios e obrigações especiais para um *número indeterminado* de entidades da sociedade civil, presentes e futuras, furtando-se a uma atuação casuística. Por fim, na medida em que o título assume o papel de veículo que introduz a entidade no regime jurídico especial, mais favorável, vem a servir também de instrumento no controle das entidades qualificadas, pois aquelas que se desviam de suas missões podem ser penalizadas com a cassação ou suspensão do título, perdendo as vantagens anteriormente usufruídas. Neste regime, não há direito adquirido ao título, ou às vantagens a ele associadas, conformadoras do regime jurídico especial, quando a entidade viola as exigências de sua válida manutenção.

Mas existem também *desvantagens* que podem ser associadas ao mecanismo de concessão de títulos jurídicos especiais a entidades do terceiro setor. São *efeitos perversos*, efeitos eventuais ou não desejados dessa técnica jurídica, mas que não podem ser desconsiderados por completo. Para simplificar, vinculo-os às funções básicas dos títulos jurídicos. Assim, ligado à função de certificação surge a possibilidade de *certi-*

ficação indevida, realizada sem critério, por ato administrativo ou lei casuística, como perversão de muitas vezes difícil controle. A concessão graciosa e indevida do título pode revelar tanto a *frouxidão dos critérios utilizados* para reconhecimento do título pela autoridade competente quanto hipótese de clara *fraude*, violação intencional do modelo legal geral na matéria. A reiteração de certificações indevidas produz com o tempo *uma erosão da credibilidade do título*, pois este deixa de servir efetivamente como instrumento de identificação de um certo tipo de entidade, para ser confundido com uma simples exigência legal. As entidades são divididas em "autênticas" e "inautênticas", independentemente de possuírem ou não o título, perdendo este em parte a sua função de certificação, ao menos para fins simbólicos. A segunda desvantagem da técnica, ou perversão possível do modelo, é o risco da *padronização excessiva* de vantagens e obrigações legais para entidades distintas. Isso ocorre quase inevitavelmente quando as exigências para concessão do título são muito *genéricas*, isto é, quando a lei não cuida de realizar distinções importantes e adota uma formulação excessivamente abrangente. Neste caso, o título deixa de ser visto como útil ou adequado por segmentos do terceiro setor, perdendo atratividade e estimulando a criação de novos títulos. A terceira desvantagem da técnica de concessão de títulos é a margem de *insegurança jurídica* que essa técnica embute. Na medida em que a manutenção do título está condicionada geralmente ao cumprimento continuado de certas exigências, que são periodicamente aferidas pela autoridade competente, a entidade qualificada encontra-se periodicamente sujeita a eventual ocorrência de desvios no sistema de controle, com graves repercussões na sua condição jurídica enquanto sujeito de direitos e obrigações. Esse problema ou risco é maior na ausência de uma previsão normativa clara sobre o modo de processamento do controle administrativo exigido para a continuidade do título, máxime quando faltam normas que assegurem às entidades garantias contra o exercício abusivo ou persecutório da prerrogativa de controle pela autoridade. Algumas dessas desvantagens e perversões encontramos exemplarmente realizadas pelo título de utilidade pública.

3. Crise do título de utilidade pública

A discussão atual sobre novos títulos jurídicos para as entidades da sociedade civil de fins públicos é incompreensível sem a percepção da crise do título de utilidade pública, regido no plano federal ainda a partir fundamentalmente da Lei 91, de 28 de agosto de 1935, alterada em aspectos secundários ao longo do tempo, por um lado, e, por outro, da crise também do modo de atuação do Estado nos serviços sociais.

É sabido que o Estado atualmente não tem condições de monopolizar a prestação direta, executiva, do todos os serviços sociais de interesse coletivo. Estes podem ser executados por outros sujeitos, como associações de usuários, fundações ou organizações não-governamentais sem fins lucrativos, sob acompanhamento e financiamento do Estado. Não prover diretamente o serviço não quer dizer tornar-se irresponsável perante essas necessidades sociais básicas. Não se trata de reduzir o Estado a mero ente regulador. *O Estado apenas regulador é o Estado mínimo, utopia conservadora insustentável ante as desigualdades das sociedades atuais.* Não é este o Estado que se espera resulte das reformas em curso em todo o mundo. O Estado deve ser regulador e promotor dos serviços sociais básicos e econômicos estratégicos. Precisa garantir a prestação de serviços de saúde de forma universal, mas não deter o domínio de todos os hospitais necessários; precisa assegurar o oferecimento de ensino de qualidade aos cidadãos, mas não estatizar todo o ensino. Os serviços sociais devem ser fortemente financiados pelo Estado, assegurados de forma imparcial pelo Estado, mas não necessariamente realizados pelo aparato do Estado. Neste contexto, crescem de importância os entes "públicos não-estatais" (Bresser Pereira, 1996:285-87; 1997:25-31; Cunil Grau, 1996:126-137). Na verdade, não existe impedimento constitucional algum à assunção por particulares de tarefas e missões de interesse social em colaboração com a Administração Pública. Desde de que cumpridos requisitos de salvaguarda do interesse público, mais intensos e onerosos quanto mais ampla for a transferência de encargos e recursos, a cooperação é lícita e até mesmo estimulada pela Constituição da República (Modesto, 1997:204-07).

Essa *parceria*, no entanto, exige na relação do Estado com as organizações não governamentais a ocorrência em grau adequado de *confiança e lealdade recíproca*, bem como sincera e mútua concordância em torno de propósitos comuns.

São qualidades de relação que devem encontrar assento ou pelo menos ressonância na legislação. Mas não é o que ocorre. A legislação básica sobre utilidade pública no âmbito da União tem sido um dos principais problemas para o fortalecimento do terceiro setor no país. Não por ser detalhista ou limitadora. Mas exatamente pela razão contrária. A legislação básica na matéria, em especial no plano federal, é deficiente, *lacônica*, deixando uma enorme quantidade de temas sem cobertura legal e sob o comando da discrição de autoridades administrativas. Essa *lacuna de cobertura* facilitou a ocorrência de dois fenômenos conhecidos: (a) a proliferação de entidades inautênticas, quando não de fachada, vinculadas a interesses políticos menores, econômicos ou de grupos restritos; (b) o estímulo a processos de corrupção no setor público.

Este estado de coisas foi facilitado ao longo do tempo por inexistir na legislação federal a diferenciação clara *entre entidades de favorecimento mútuo* ou de *fins mútuos* (dirigidas a proporcionar benefícios a um círculo restrito ou limitado de sócios, inclusive mediante a cobrança de contribuições em dinheiro, facultativas ou compulsórias) e as *entidades de fins comunitários, de fins públicos ou de solidariedade social* (dirigidas a oferecer utilidades concretas ou benefícios especiais à comunidade de um modo geral, sem considerar vínculos jurídicos especiais, quase sempre de forma gratuita). Aos dois tipos de entidade a legislação vigente na matéria confere o mesmo título jurídico, o título de utilidade pública, autorizando e mesmo impondo um tratamento legal mais benéfico (renúncia fiscal, previsão de subvenções sociais, contratação direta etc.), deixando ainda de prever qualquer forma mais efetiva de *controle de resultados* e satisfazendo-se basicamente com a apresentação periódica de *documentos*. Este caráter indiferenciado da referência às entidades do terceiro setor (qualificam-se do mesmo modo creches e clubes, escolas comunitárias e escolas privadas pagas etc.) e a debilidade do sistema de controle facilitou a ocorrência de abusos importantes e fomentou a desconfiança em atividades e relações de parceria em que confiança e probidade são valores fundamentais. Recorde-se o "escândalo do orçamento", esquema de malversação de recursos públicos, descoberto por acaso, consistente na utilização por um grupo razoável de parlamentares federais de entidades filantrópicas de fachada, de papel, que eram por eles criadas através de terceiros e por sua ação parlamentar recebiam vultosas somas de recursos públicos sem qualquer compromisso efetivo com atividades relevantes em matéria social ou em benefício da coletividade. É fortalecido, a partir desse episódio, o fraseado segundo o qual existem entidades filantrópicas e "pilantrópicas", neologismo empregado para referir as filantrópicas inautênticas (Barroso Leite, 1997:43). Neste contexto, são criadas condições para uma *situação de suspeição generalizada*, de indefinição e perplexidade, indiscutivelmente negativa para o desenvolvimento entre os brasileiros de um *voluntariado* mais efetivo no país e, conseqüentemente, do próprio terceiro setor no Brasil. Por voluntariado ou *serviço voluntário* entende-se, conforme recente regulação, "a atividade não remunerada, prestada por pessoa física a entidade pública de qualquer natureza ou instituição privada de fins não lucrativos, que tenha objetivos cívicos, culturais, educacionais, científicos, recreativos ou de assistência social, inclusive, mutualidade" (Lei 9.608, de 18.2.98).

4. O título de organização social

A Lei 9.637, de 15.5.98, criou no âmbito da União um novo título jurídico, o título de organização social, como uma das respostas à crise do título de utilidade pública. A lei estabeleceu os *requisitos* para investir alguma entidade privada sem fins lucrativos desta *qualidade jurídica* e diversas *normas de relacionamento* do Estado com as entidades privadas assim qualificadas, constituídas sob as formas estruturais comuns do direito civil (fundações ou associações). Na verdade, a denominação organização social, como frisado anteriormente, designa apenas as entidades privadas, fundações ou associações, sem fins lucrativos, que usufruem do *título de organização social.* De fato, o modelo normativo das organizações sociais não se dedica a criar ou constituir uma nova forma de pessoa jurídica, como muitos afirmam.

As organizações sociais definem-se como *instituições do terceiro setor* (pessoas privadas de fins públicos, sem finalidade lucrativa, constituídas voluntariamente por particulares, auxiliares do Estado na persecução de atividades de conteúdo social relevante). Mas *ser* organização social não significa apresentar uma estrutura jurídica inovadora, mas possuir um *título jurídico especial*, conferido pelo Poder Público em vista do atendimento de requisitos gerais de constituição e funcionamento previstos expressamente em lei. Esses requisitos são de *adesão voluntária* por parte das entidades privadas e estão dirigidos a assegurar a persecução efetiva dos fins de interesse público e fixar as garantias necessárias a uma *relação de confiança e parceria* entre a entidade privada e o Poder Público.

O título de organização social, conferido pelo Poder Público, faz incidir sobre as instituições reconhecidas um plexo de disposições jurídicas especiais, que asseguram vantagens e sujeições incomuns para as tradicionais pessoas jurídicas qualificadas pelo título de utilidade pública. Em qualquer dos dois títulos referidos, porém, dá-se um *plus* à personalidade jurídica das entidades privadas, que passam a gozar de benefícios especiais não extensíveis às demais pessoas jurídicas privadas (benefícios tributários e vantagens administrativas diversas).

A todo rigor, portanto, nenhuma entidade é constituída como organização social. Ser organização social não se pode traduzir em uma *qualidade inata*, mas em uma qualidade adquirida, resultado de um *ato formal de reconhecimento* do Poder Público, facultativo e eventual, semelhante em muitos aspectos à qualificação deferida às instituições privadas sem fins lucrativos quando recebem o *título de utilidade pública.*

Existem indiscutivelmente diferenças e semelhanças entre os títulos de utilidade pública e de organização social.

Os traços comuns são os seguintes:

1) a iniciativa privada voluntária na sua criação e na sua constituição;

2) a existência de *limites* gerais à livre constituição e funcionamento dos órgãos de direção ou gerência como requisito para o exercício de ato posterior de reconhecimento ou qualificação;

3) a afetação a uma finalidade de interesse público ou socialmente relevante;

4) o recebimento de favores especiais, subsídios, isenções e contribuições do Estado;

5) a submissão a uma vigilância especial e a limitações de ordem administrativa

que vão além do simples poder de polícia exercido sobre as demais pessoas privadas;

6) sujeição ao controle do Tribunal de Contas e à fiscalização do Ministério Público;

7) a necessidade de reconhecimento formal por parte do Estado, segundo um procedimento especial regulado em lei;

8) a destinação legal do patrimônio social a outra entidade de mesma natureza, em caso de extinção da entidade, não sendo permitido seja o patrimônio repartido entre os membros da instituição; e

9) a submissão ao regime jurídico das pessoas de direito privado, com derrogações de direito público.

Os *traços diferenciais* básicos são os seguintes:

1) os estatutos das organizações sociais devem prever e adotar determinado *modelo de composição* para os seus órgãos de deliberação superior, inclusive prevendo a *participação necessária de representantes do Estado*, como *requisito* para permitir o ato posterior de qualificação pelo Poder Público;

2) o trespasse de bens e recursos públicos nas organizações sociais está *condicionado* à assinatura de contratos de gestão com os órgãos competentes da Administração Pública federal;

3) o estatuto da organização social deve prever, também como um requisito da qualificação, *sujeição* da entidade à publicação anual no *Diário Oficial da União* do *relatório de execução* do acordo ou contrato de gestão (relatório gerencial das atividades desenvolvidas, apoiadas pelo Poder Público, e não apenas do relatório formal da contabilidade da entidade);

4) o estatuto deve prever, como requisito de qualificação, regras rígidas de reforma das finalidades sociais, bem como normas para a definição impessoal das regras a serem adotadas para a remuneração do pessoal da entidade e para o sistema de compras;

5) o estatuto ainda deve prever que a entidade estará sujeita a controle externo de resultados, periódico e *a posteriori*, realizado por comissão de avaliação composta por especialistas de notória qualificação, especialmente destinado à verificação do cumprimento do contrato ou acordo de gestão firmado com o Poder Público;

6) as entidades qualificadas como organizações sociais poderão utilizar bens materiais e recursos humanos de entidades extintas do Estado, desde que a extinção tenha sido realizada por lei específica;

7) as entidades qualificadas poderão também absorver atividades e contratos de entidade extintas, também quando autorizados por lei, bem como os seus símbolos designativos, desde que estes sejam seguidos obrigatoriamente do símbolo OS.

Parece evidente, por esta simples enumeração, que o marco legal das organizações sociais procura corrigir alguns dos desvios mais comuns do título de utilidade pública. Neste modelo são estabelecidas exigências adicionais que tentam restringir os estímulos legais apenas a *entidades de fins comunitários*, auto e hetero-limitadas para a *persecução objetiva de fins coletivos*. Fecham-se as frestas para a qualificação de entidades de favorecimento mútuo ou de fins mútuos. Neste sentido, consta da lei exigência de adoção de regras impessoais para compras e plano de salários; existência de colegiado superior composto por fundadores, personalidades da comunidade e representantes do Poder Público; previsão de auditorias gerenciais e controle de resultados; fomento público condicionado à assinatura de "contrato" ou acordo de gestão com o Poder Público, definidor de metas e tarefas a cumprir; responsabilização direta dos dirigentes pela regular utilização dos recursos públicos vinculados ao acordo de gestão, entre outras garantias atualmente não exigidas para o deferimento do título de utilidade pública para as entidades privadas sem fins lucrativos. Ou seja, pela via da criação de um novo título jurídico (o título de organização social) introduziu-se no sistema legal uma série de novas garantias e cautelas inexistentes no sistema geral das entidades de utilidade pública, sem caráter burocrático ou formalístico, destinadas a preservar de forma abrangente a finalidade pública destas instituições, sem prejuízo das flexibilidades conferidas pela personalidade jurídica de direito privado.

Mas tudo o que vem de ser dito não significa que o modelo abstrato das organizações sociais seja perfeito ou imune a desvios. Embora ainda seja cedo para uma avaliação adequada do modelo, preocupa o fato de terem sido apenas duas as entidades qualificadas como organizações sociais no âmbito da União e idêntica a forma de ambas serem qualificadas. Nos dois casos, a qualificação foi precedida de extinção de entidade ou órgão público e a qualificação recaiu em entidades privadas com pouco tempo de existência, sem serviços comprovados, sem qualquer capital próprio, salvo o capital humano. Essa situação parece revelar a existência de lacunas e inconsistências na lei, que merecem a meu sentir correção, para o próprio desenvolvimento adequado do modelo.

Parece que convém amadurecer a experiência do modelo legal para exigir das entidades candidatas à qualificação um *tempo mínimo de atuação* comprovada em sua área de atividade; por exemplo, três anos, como na legislação federal reguladora da concessão do título ou certificado de *entidade de fins filantrópicos* (Lei Orgânica da Assistência Social, Lei 8.742, de 8.12.93, c/c Decreto 2.536, de 6.4.98). Evita-se assim, com prudente cautela, a existência de entidades *ad hoc*, sem maior consistência, como beneficiárias do título. Protege-se também o novo título, com essa simples medida, contra ensaios de erosão de sua credibilidade. Nas leis estaduais sobre a qualificação de entidades como organizações sociais essa exigência já tem sido admitida (*v.g.*, Lei Complementar 846, de 4.6.98, do Estado de São Paulo, exige comprovação de prestação de serviços próprios há mais de cinco anos pela entidade candidata a qualificação como organização social).

Outra questão é exigir a existência de patrimônio ou qualificação técnica especial para a própria candidatura de uma entidade privada ao título de organização social. Se se trata de colocar em prática uma parceria, é preciso estimular o oferecimento de *contrapartidas* ao apoio do Estado, não parecendo suficiente considerar como contrapartida o simples desempenho de atividade de relevância pública.

Além disso, a lei das organizações sociais é omissa quanto à necessidade do Estado exigir no contrato de gestão com as organizações sociais contraprestação em termos de certo percentual de *serviços gratuitos* diretamente prestados ao cidadão, quando isso for cabível. Por exemplo, exigir a equivalência entre o valor das subvenções concedidas ou o valor do apoio em termos não financeiros oferecidos pelo Estado e a prestação de serviços gratuitos.

A exigência de obrigatória previsão nos estatutos das entidades da participação de representantes do Poder Público no conselho de administração das organizações sociais, conquanto signifique forma inovadora de acompanhamento efetivo das entidades qualificadas, parece medida útil apenas para as entidades de grandes dimensões. Nas entidades de menor vulto, que não movimentem recursos expressivos, parece ser exigência de difícil operacionalização, além de onerosa para o Poder Público, geralmente carente de pessoal técnico qualificado.

Por fim, para evitar suspeições indevidas contra o título de organização social, seria importante utilizar preferencialmente a qualificação como instrumento de ampliação dos direitos e obrigações de entidades privadas de fins públicos, independentemente da extinção de entidades e órgãos públicos existentes.

É certo que estamos ainda numa fase inicial de implantação do título de organização social. É difícil para as entidades do terceiro setor tradicionais aceitarem conviver com todas as exigências estabelecidas no marco legal das organizações sociais. O sistema de confiança recíproca entre entidades do terceiros setor e o Estado ainda está em fase de construção. O Estado muitas vezes desconfia das organizações existentes e prefere estimular a criação de novas entidades e as antigas organizações, por seu turno, muitas delas surgidas para combater o Estado autoritário afirmado a partir de 1964, desconfiam do Estado, acreditando que o modelo permite uma ingerência indevida do Poder Público na atividade cotidiana da entidade.

A lei federal até o momento não foi, talvez por tudo isso, utilizada para qualificar entidades antigas, independentemente do processo de extinção, por lei específica, de entidades públicas de funcionamento deficiente. É esse o caminho, entretanto, mais frutífero, mais estimulante, que o modelo das organizações sociais pode abrir.

5. O título de organizações da sociedade civil de interesse público

A mais nova alteração do marco legal das organizações do terceiro setor no Brasil é a recentíssima lei sobre o título de *organizações da sociedade civil de interesse público* (Lei 9.790, de 23.3.99) que tenta também esvaziar na prática o título de utilidade pública. No projeto original, o título era identificado de modo ligeiramente distinto: "organizações da sociedade civil de caráter público" (Projeto de Lei 4.690, apresentado pelo Poder Executivo Federal em 28.7.98). É interessante observar que esse projeto original, nascido de uma ampla interlocução da Comunidade Solidária com as entidade do terceiro setor, bem como a lei aprovada, adotam uma parte significativa das inovações da lei das organizações sociais.

A semelhança do novo título com o modelo normativo das organizações sociais é indiscutível. Primeiro, a idéia comum de concessão de uma sobre-qualificação (nova qualificação jurídica para pessoas jurídicas privadas sem fins lucrativos). Segundo, a restrição expressa à distribuição pela entidade de lucros ou resultados, ostensiva ou disfarçada (através, por exemplo, de pagamento de salários acima do mercado). Terceiro, a identificação de áreas sociais de atuação das entidades como requisito de qualificação. Quarto, a exigência de existência de um conselho de fiscalização dos administradores da entidade (conselho de administração nas organizações sociais, conselho fiscal ou órgão equivalente na proposta do novo título). Quinto, o detalhamento de exigências estatutárias para que a entidade possa ser qualificada. Sexto, a exigência de publicidade de vários documentos da entidade e a previsão de realização de auditorias externas independentes. Sétimo, a criação de um instrumento específico destinado a formação de um vínculo de parceria e cooperação das entidades qualificadas com o Poder Público (contrato de gestão, nas organizações sociais; termo de parceria, nas organizações da sociedade civil de interesse público). Oitavo, a possibilidade de remuneração dos diretores da entidade que respondam pela gestão executiva, observado valores praticados pelo mercado (remuneração vedada pela legislação de utilidade pública). Nono, a previsão expressa de um processo de desqualificação e de sanções e responsabilidades sobre os dirigentes da entidade em caso de fraude ou atuação ilícita.

É certo que são introduzidas inovações valiosas no marco legal das entidades do terceiro setor não previstas na lei das organizações sociais. São os traços diferenciais do novo título, resumidos na relação seguinte:

1) além da previsão genérica dos "candidatos positivos", vale dizer, das entidades que podem ser qualificadas com o novo título, o que também consta da lei das organizações sociais, a lei faz de forma inovadora a identificação dos "candidatos negativos", isto é, a especificação das entidades que não podem ser qualificadas com o título de organizações da sociedade civil de interesse público (art. 2º);

2) especificação detalhada dos "candidatos positivos"; por exemplo, nas áreas de educação e saúde, consta exigência de que as entidades candidatas à qualificação tenham como objeto social a prestação de serviços integralmente gratuitos (art.3º);

3) exigência de observância pela entidade de procedimentos contábeis exigidos pelas Normas Brasileiras de Contabilidade (art. 4º, VII, *a*);

4) embora não indique prazo mínimo de existência da entidade, a lei indiretamente exige prazo de atividade de no mínimo um exercício financeiro (no projeto original, eram dois exercícios), pois obriga apresentação de documentos diversos, entre eles, "balanço patrimonial e demonstrativo do resultado do exercício *e* declaração de isenção do imposto de renda" (art. 5º, II e IV);

5) fixação do prazo de trinta dias para deferimento ou indeferimento do pedido de qualificação e prazo de trinta dias (no projeto original, quinze dias) para expedição do "certificado de qualificação da requerente como organização da sociedade civil de interesse público" (art. 6º);

6) expressa proibição de participação das entidades qualificadas em campanhas de caráter político-partidário ou eleitorais, sob quaisquer meios ou formas (art. 16);

7) admissão expressa da cumulação do título de organização da sociedade civil de interesse público com outros títulos jurídicos aplicados a pessoas jurídicas de direito privado sem fins lucrativos, mas por prazo determinado, por dois anos, findo o qual deve a entidade interessada na manutenção do novo título renunciar às qualificações anteriores ou perderá, automaticamente, o novo título (art. 18).

Mas também o novo título apresenta algumas lacunas e inconsistências que mereceriam correção.

A mais séria inconsistência consta de uma disposição final, mais precisamente o art. 18. Essa disposição enuncia o seguinte:

"Art. 18. As pessoas jurídicas de direito privado sem fins lucrativos, qualificadas com base em outros diplomas legais, poderão qualificar-se como Organizações da Sociedade Civil de Interesse Público, desde que atendidos os requisitos para tanto exigidos, sendo-lhes assegurada a manutenção simultânea dessas qualificações, até dois anos contados da data de vigência desta Lei.

"§ 1º. Findo o prazo de dois anos, a pessoa jurídica interessada em manter a qualificação prevista nesta lei deverá por ela optar, fato que implicará a renúncia automática de suas qualificações anteriores.

"§ 2º. Caso não seja feita a opção prevista no parágrafo anterior, a pessoa jurídica perderá, automaticamente, a qualificação obtida nos termos desta Lei."

Entendo que o texto da norma referida é *contraditório* com os objetivos do novo título jurídico. Com efeito, como a maioria dos benefícios legais atuais, previstos em leis da União, dos Estados, do Distrito Federal e dos Municípios para as entidades do terceiro setor, pressupõem a qualificação das entidades como entidades de utilidade pública, esta norma serviria apenas para afastar do novo regime as entidades de fins comunitários autênticas, que dificilmente estariam dispostas a *perder todos os benefícios atuais em nome de benefícios futuros e incertos*. Trata-se de um risco sério. Melhor seria adotar postura exigente na qualificação das novas entidades e prever que elas terão benefícios e controles novos, mas que não perderão os benefícios previstos na legislação existente para as entidades de utilidade pública. Foi a fórmula utilizada na lei das organizações sociais. Aquelas entidades que adquirem o título de OS recebem, por força de lei, automaticamente, o título de utilidade pública. Isso faz do título de OS um *plus*, uma qualidade adicional à personalidade jurídica de entidades privadas de fins públicos, não um título concorrente que se deve optar. Fora isso, a disciplina sugerida criaria um paradoxo, pois, ao menos no período inicial de dois anos, as entidades qualificadas duplamente como de utilidade pública e organização da sociedade civil de interesse público teriam mais vantagens e benefícios do que, comparativamente, as entidades qualificadas há mais tempo como organizações da sociedade civil de interesse público.

Parece incoerência da lei, além disso, com prejuízo para o modelo, a vedação absoluta de deferimento do novo título para entidades que tenham sido também qualificadas com o título de organização social (art. 2º, IX). A vedação não constava do projeto original. A contradição decorre do fato de o novo modelo filiar-se, estreitamente, às soluções normativas contidas na lei das organizações sociais. É certo que seria equivocado aceitar o deferimento automático do novo título para entidades nominadas como organizações sociais. Mas a vedação absoluta é também excessiva, pois em inúmeros casos, ao menos em termos hipotéticos, pode-se cogitar do atendimento das exigências do novo título por entidades relevantes já qualificadas como organizações sociais (título mais exigente que o de utilidade pública).

É manifesta a preocupação da nova lei com a redução da margem de *discrição* das autoridades administrativas na concessão do novo título. É um propósito positivo e louvável. Neste sentido, a nova lei responde a um dos problemas mais conhecidos do título de utilidade pública. Essa diretriz é evidente, por exemplo, na disposição que trata de informar as hipóteses em que o pedido de qualificação *será* indeferido (art. 6º, § 3º). Na prática, porém, a lei deixa em aberto questões importantes, como uma disciplina mais detalhada do processo administrativo de cassação do novo título, prescrevendo apenas que será assegurada a ampla defesa e o contraditório (art. 7º).

Há também uma *lacuna* ou omissão relevante. É a questão sobre a liberação financeira dos recursos públicos vinculados aos termos de parceria. Não consta do texto da lei qualquer sanção ou limitação ao Poder Público relativamente ao cumprimento do acordado no termo de parceria. Neste ponto, conviria incluir pelo menos uma cláusula obrigando a liberação financeira dos recursos acordados, pactuados como contraprestação do Poder Público pelos serviços sociais prestados pelas entidades qualificadas, segundo o cronograma de desembolso previsto no termo de parceria. Procura-se evitar com essa medida situações de *contingenciamento* na liberação de recursos aprovados e previstos no orçamento, acordados no termo de parceria, essenciais ao cumprimento da cooperação. Norma com o mesmo sentido consta da lei das organização sociais (art. 12, § 1º, da Lei 9.637, de 15.5.98).

Outra omissão é a autorização expressa, necessariamente legal, para que servidores públicos federais possam colaborar diretamente na atividade de organizações qualificadas por prazo certo. Não faz sentido ignorar as possibilidades que esse tipo de colaboração poderia ensejar, desde que realizada no âmbito das tarefas e encargos inerentes aos cargos ou empregos públicos. Existente a autorização, essa forma de colaboração poderia ou não ser utilizada, conforme o que dispusesse o termo de parceria.

Essas observações pontuais, no entanto, não recusam o merecimento das soluções dadas na regulação do novo título. Algumas das deficiências dos títulos de utilidade pública e organização social são superadas e nela há um visível fortalecimento dos mecanismos de controle social sobre as entidades do terceiro setor (Lei 9.790/99, *v.g.*, arts. 7º; 10, § 1º; 11). É certo também que, paradoxalmente, algumas deficiências do novo título parecem encontrar resposta no título de organização social. A publicação da nova lei, no entanto, por si só, é sinal de que o tema continua a suscitar inquietação e retificações sucessivas. Trata-se de lei inovadora, útil e positiva, a sugerir novas abordagens e interpretações sobre o tema e eventualmente novas correções e aperfeiçoamentos.

6. Resumo

A avaliação das propostas mais recentes de alteração do marco legal das entidades privadas de fins públicos no Brasil não pode prescindir de uma prévia consideração da crise do título de utilidade pública, qualificação tradicionalmente utilizada no país para as entidades do terceiro setor, bem como de uma análise das vantagens e desvantagens para as entidades do terceiro setor de receberem do Poder Público a concessão de títulos jurídicos especiais. A crise do título de utilidade pública explica uma parte expressiva das inovações contempladas no título de organização social e na lei do título de organização da sociedade civil de interesse público.

Os dois títulos jurídicos, no entanto, devem ser avaliados também à luz das funções e dos riscos que envolve a própria concessão de títulos jurídicos como forma de diferenciação, padronização e controle pelo Poder Público da atividade de entidades privadas sem fins lucrativos que desempenham atividades de relevante valor social.

A análise isolada das propostas recentes, além disso, revela a influência decisiva dos projetos ou soluções normativas anteriores sobre as subseqüentes. São explorados os aspectos que aproximam e diferenciam os títulos de utilidade pública e de organização social e, adiante, o título de organização social e o título de organização da sociedade civil de interesse público. Essa análise revela que não se trata de uma evolução linear, mas um processo de retificação e incorporação sucessivo, quase circular, que pode ensejar hoje tanto o aperfeiçoamento do título de organização social quanto do título de organização da sociedade civil de interesse público e, eventualmente, do próprio título de utilidade pública.

Referências bibliográficas

ATIENZA, Manuel. (1997), *Contribución a una Teoría de la Legislación*, Madrid, Editorial Civitas.

BARROSO LEITE, Celso. (1997), "Filantropia e assistência social", in *Carta Mensal*, Rio de Janeiro, 43(507), jun.

BRESSER PEREIRA, Luiz Carlos. (1996), *Crise Econômica e Reforma do Estado no Brasil: para uma nova interpretação da América Latina*, trad. de Ricardo Ribeiro e Martha Jalkauska, São Paulo, Ed. 34.

———. (1997), "A reforma do Estado nos anos 90: lógica e mecanismos de controle", in *Cadernos MARE de Reforma do Estado*, n. 1, Brasília, Ministério da Administração Federal e Reforma do Estado.

CHEVALLIER, Jacques. (1992), "A racionalização da produção jurídica", trad. Teresa Salis Gomes, in *Legislação — Cadernos de Ciência de Legislação*, Lisboa, Instituto Nacional de Administração Pública, jan.-mar., pp. 9-23.

CUNILL GRAU, Nuria. (1996), "A rearticulação das relações Estado-sociedade: em busca de novos significados", in *Revista do Serviço Público*, ano 47, v. 120, n. 1, jan.-abr.

FERRAZ JR., Tércio Sampaio. (1980), *Função Social da Dogmática Jurídica*, São Paulo, Ed. RT.

———. (1994), *Introdução ao Estudo do Direito: Técnica, Decisão, Dominação*, 2ª ed., São Paulo, Ed. Atlas.

MODESTO, Paulo. (1997), "Reforma administrativa e marco legal das organizações sociais no Brasil: as dúvidas dos juristas sobre o modelo das organizações sociais", in *Revista de Direito Administrativo*, Rio de Janeiro, 210, out.-dez., pp.195-212; *Revista do Serviço Público*, Brasília, ano 48, n. 2, mai.-ago., pp. 27-57.

OLIVEIRA, Anna Cyntia. (1996), *Construindo um Marco Regulatório para a Consolidação do Setor Privado Não Lucrativo e de Fins Públicos no Brasil*, estudo elaborado a pedido do Conselho Comunidade Solidária, Brasília, original mimeografado, nov.

PEREIRA JR., Jessé Torres. (1973), "A utilidade pública de associações privadas e das fundações de menores", in *Arquivos do Ministério da Justiça*, ano XXX, jun., n. 126.

PARECERES

RETENÇÃO DE RECURSOS ESTADUAIS PELA UNIÃO

FÁBIO KONDER COMPARATO
Professor Titular da Faculdade de Direito da Universidade de São Paulo
— Doutor em Direito da Universidade de Paris

Parecer

A Procuradoria-Geral do Estado de Minas Gerais submete à minha consideração as razões em que se funda a medida cautelar que o Estado de Minas Gerais ajuizou contra a União Federal, perante o Supremo Tribunal Federal, com relação ao "contrato de confissão, promessa de assunção, consolidação e refinanciamento de dívidas" (contrato n. 004/98/STN/COAFI), datado de 18 de fevereiro de 1998. Pede o meu pronunciamento, à luz dos princípios e regras constitucionais vigentes.

Faço-o, adiantando, desde logo, que o exame da matéria revelou-se clara violação dos princípios constitucionais que regem, entre nós, a organização federal.

Senão, vejamos.

O princípio da autonomia dos Estados federados e seu alcance

Dispõe a Constituição que "a organização político-administrativa da República Federativa do Brasil compreende a União, os Estados, o Distrito Federal e os Municípios, todos autônomos, nos termos desta Constituição" (art. 18).

Autonomia, anotou o grande João Mendes de Almeida Júnior, "significa *direção própria daquilo que é próprio*", acrescentando o mesmo que "somente por extensão, puramente metafórica, é que se costuma atribuir a *autonomia* a quem, por ação própria, dirige aquilo que não lhe é *próprio*".[1]

Na mesma obra, fazendo uso das categorias aristotélico-tomistas, João Mendes observa que "a *Federação* não é uma *composição*, mas sim uma *disposição* de partes, chamem-se estas *Províncias*, quando apenas têm a *autonomia administrativa*, chamem-se *Estados*, quando se lhes confira uma *autonomia política* na organização de seus funcionários. A *composição* supõe partes separadas ou separáveis do todo; a *disposição* supõe partes inerentes ao todo, ou como diz o Filósofo, *ordo partes habentis, aut secundum locum, aut secundum potentiam, aut secundum speciem*. Nisto se distingue a *federação* da *confederação*; na

1. *Noções Ontológicas de Estado, Soberania, Autonomia, Federação, Fundação*, São Paulo, Saraiva, 1960, pp. 71 e 73.

federação não há partes a compor, há partes a dispor; na *confederação*, há partes a compor e a dispor".

Em outras palavras, cada unidade da federação é dotada pela Constituição de bens próprios e de competência exclusiva nos assuntos que lhe são próprios (no tocante à União, Constituição Federal, arts. 20, 21 e 22; para os Estados, arts. 25, § 1º e 26; quanto aos Municípios e ao Distrito Federal suas competências vêm estabelecidas nos arts. 30 e 32, § 1º).

Temos, pois, que os bens próprios de cada unidade federativa não podem ser expropriados por outra, pois o poder expropriatório constitui um dos elementos do *imperium*, relação de poder que, manifestamente, não existe entre os componentes de uma federação.[2] Da mesma sorte, os Estados federados não recebem sua competência da União mediante ato delegativo como na simples descentralização administrativa; tampouco os Municípios exercem poderes delegados dos Estados em cujo território se encontram.

Em assim sendo, é óbvio que as competências constitucionais próprias de cada unidade federal são indisponíveis e indelegáveis. Todo e qualquer acordo, convenção ou contrato que tenha por efeito, direto ou indireto, a transferência de competências constitucionais próprias, de uma unidade federal para outra, é absolutamente inconstitucional.[3]

A rigor, só existe uma exceção, no quadro constitucional, ao princípio de autonomia das unidades federadas: é o poder de intervenção federal nos Estados, ou de intervenção estadual nos Municípios localizados em seu território.

2. Permito-me lembrar o estudo que fiz publicar em *RT* 723/11: "A expropriação de bens dominicais de outras unidades federadas pela União Federal".

3. *Sic*, Hans-Jochen Vogel, "Die bundesstaatliche Ordnung des Grundgesetzes", in *Handbuch des Verfassungsrechts*, sob a organização de Ernest Benda, Werner Maihofer e Hans-Jochen Vogel, Berlim e Nova York (Walter de Gruyter) 1983, p. 818.

Mas o exercício desse poder excepcionalíssimo é cercado das mais rigorosas garantias. De um lado, as hipóteses que abrem ensejo à intervenção de uma unidade federada em outra são definidas tipicamente em *numerus clausus* (arts. 34 e 35). A própria expressão negativa do texto constitucional acentua a excepcionalidade: "a União *não* intervirá nos Estados e no Distrito Federal, exceto para (...)"; "o Estado *não* intervirá em seus Municípios, nem a União nos Municípios localizados em Território Federal, exceto quando (...)". De outro lado, a intervenção depende, em várias hipóteses, de solicitação ou requisição do Legislativo ou do Judiciário (art. 35); e o decreto interventivo, que deve especificar a amplitude, o prazo e as condições de execução, deve ser submetido à aprovação do Congresso Nacional ou da Assembléia Legislativa conforme se trate de intervenção federal ou estadual (art. 36).

O que não se pode admitir é a intervenção "branca" ou disfarçada, que a União Federal vem praticando, nos últimos anos, com desrespeito à autonomia dos Estados, de modo a fugir das exigências constitucionais que cercam o instituto, notadamente a aprovação do ato interventivo pelo Congresso Nacional.

O princípio da harmonia federativa

É o que a doutrina alemã denomina "princípio do comportamento federal amigável" (*Grundsatz bundesfreundlichen Verhaltes*).[4] O sistema de competências, fixado na Constituição, não implica uma atuação paralela e indiferente das unidades federadas entre si. Exatamente porque não se está diante de uma confederação, em que o liame que a vincular as diferentes unidades entre si só existe para as relações exteriores, todas as unidades federadas, sem exceção, devem atuar concertadamente para

4. Cf. Hans-Jochen Vogel, ob. cit., pp. 824 e ss.

a realização dos objetivos fundamentais da República Federativa, os quais se encontram enunciados no art. 3º da nossa Constituição.

Prevalece, pois, nas relações entre União, Estados e Municípios um comportamento de colaboração recíproca, que a doutrina e a jurisprudência do Tribunal Constitucional alemão[5] denominam "lealdade federal" (*Bundestreue*). Ela exclui, por exemplo, possam as unidades federadas comportar-se, em suas relações econômico-financeiras, como se fossem partes em negócio de direito privado, com a estipulação de garantias de pagamento que atribuem ao credor poderes de ingerência no patrimônio do devedor sem a intermediação do Judiciário. No litígio entre unidades federadas, a simples invocação por uma delas de normas do direito positivo, sem atender ao princípio da harmonia federativa, pode representar uma desobediência à Constituição.[6]

O princípio da harmonia federativa implica, logicamente, a conseqüência de que as unidades da federação têm o dever constitucional de cooperar, umas com as outras, no desempenho das tarefas de ordem política e de serviço público. Ele compreende não apenas deveres de omissão ou não-interferência, como ainda deveres positivos de concreta colaboração. Trata-se, afinal, da necessária complementação do princípio da autonomia das unidades federadas.[7]

O federalismo cooperativo, que veio afinal superar a antiga dualidade federal das origens (*dual federalism*) em que a União e os Estados federados ocupavam-se exclusivamente das matérias de sua competência própria, foi plenamente consagrado em nossa Constituição de 1988. Ela estabelece doze matérias de competência comum da União, dos Estados, do Distrito Federal e dos Municípios (art. 23), e dezesseis matérias de competência legislativa concorrente da União, dos Estados e do Distrito Federal (art. 24).

O princípio da necessária justiciabilidade dos conflitos federativos

Corolário do princípio da harmonia federativa é a instituição, em todo Estado federal, de uma Corte de Justiça precipuamente encarregada de julgar os dissídios ocorrentes entre a União e os Estados, ou o Distrito Federal.[8] A intervenção do Supremo Tribunal Federal para dirimir tais conflitos não é um simples direito da parte, como nos litígios entre particulares; é um *dever constitucional*, uma tarefa eminente daquele órgão máximo do Poder Judiciário, no exercício de sua competência de guarda da Constituição (art. 101). E a razão é simples: o conflito jurídico entre as unidades federadas, quando não solvido pela via judiciária, põe em risco a própria subsistência da federação e, portanto, da ordem constitucional; ele consagra a supremacia da unidade militarmente ou financeiramente mais forte, em detrimento da mais fraca.

Constitui evidente violação do espírito e da letra da Constituição, por conseguinte, estipularem-se, num convênio ou acordo entre unidades federadas, direitos potestativos em favor de uma parte, que fica assim legitimada a obter satisfação do que entende ser de seu direito por simples manifestação de vontade, sem recurso à necessária jurisdição do STF.

5. Hans-Jochen Vogel, p. 826; Klauss Stern, *Das Staatsrecht der Bundesrepublick Deutschland*, v. I, 2ª ed., Munique, Beck, 1984, pp. 699 e ss.; Konrad Hesse, *Grundzüge des Verfassungsrechts der Bundesrepublik Deutschland*, 20ª ed., Heidelberg, C. F. Müller, pp. 116 e ss.

6. É o que salientou o prof. Konrad Hesse, não obstante as restrições que faz ao alcance do princípio: "Ein Gegeneinander, mag sich ein Partner auch formell bestehendes Recht berufen, kann verfassungswidrig sein", ob. cit., n. 286.

7. Klauss Stern, ob. cit., pp. 702-703.

8. "Porque na prática", escreveu o melhor comentarista de nossa primeira Constituição republicana, "é possível dar-se collisão entre poderes estaduaes e federaes, a uma instituição, que na ordem política veiu a tornar-se uma das notaveis, a maior autoridade

Os direitos potestativos (segundo a terminologia italiana)[9] ou direitos formadores (*Gestaltungsrechte* da terminologia alemã) são um instituto próprio do negócio jurídico privado.[10] O titular desses direitos está autorizado pela ordem jurídica a, mediante simples declaração de vontade, constituir, alterar ou resolver uma relação jurídica.

Em direito público, o instituto que mais se aproxima do direito potestativo é a prerrogativa da Administração Pública de estipular, nos contratos administrativos, as chamadas *cláusulas exorbitantes*.[11] Trata-se, como ninguém ignora, de manifestação do poder de *imperium* do Estado perante os administrados.[12] É manifesta aberração jurídica pretender-se que essa relação de superioridade possa existir no quadro federativo, onde prevalece o princípio da autonomia e, portanto, da igualdade de posição jurídica entre as unidades federadas, em suas relações recíprocas.

Uma das formas de expressão do direito potestativo é a *compensação de dívidas*.[13] Nas relações privadas de obrigação, quando duas pessoas são ao mesmo tempo credor e devedor uma da outra, as duas obrigações extinguem-se até onde se compensarem, desde que qualquer das partes manifeste sua vontade de extingui-las (CC, art. 1.009). Mas — frise-se — esse direito potestativo só pode existir nas relações obrigacionais privadas. Tanto que o próprio Código Civil dispõe que "as dívidas fiscais da União, dos Estados e dos Municípios não podem ser objeto de compensação, exceto nos casos de encontro entre a administração e o devedor, autorizados nas leis e regulamentos da Fazenda" (art. 1.017).

Admitir-se a compensação de dívidas entre unidades componentes da federação, como se se tratasse de relações jurídicas privadas, significa, a todas as luzes, atribuir às partes o poder de auto-satisfação de seus interesses. O Poder Judiciário é assim marginalizado, dispensando-se a sua intervenção nos conflitos de interesse patrimonial que envolvem pessoas jurídicas de direito público. Não é mister grande esforço de imaginação para perceber que essa "justiça de mão própria" acaba por consagrar o predomínio da parte econômica ou financeiramente mais forte, em detrimento do princípio da harmonia federativa.[14]

Com maioria de razão, deve-se ter por aberrante da ordem federativa a interpretação do disposto no parágrafo único do art. 160 da CF (introduzido pela Emenda Constitucional 3, de 1993), no sentido de que a

judiciaria da Nação — ao Supremo Tribunal Federal — ficou competindo a missão de interprete final e guarda da Constituição, com poderes para definitivamente solver os conflictos, no dominio constitucional, da União com os Estados, destes entre si, e em garantia do povo e do cidadão contra as violencias perpetradas pelas autoridades federaes ou locaes, das quaes os interessados recorram a essa superior e ultima instancia, pelos tramites e na forma estabelecida pela Constituição e leis da União" (*Constituição Federal Brasileira — Commentarios*, 2ª ed., Rio de Janeiro, F. Briguiet e Cia. Editores, 1924, p. 15).

9. Cf. Francesco Carnellutti, *Teoria Generale del Diritto*, 3ª ed., Roma, Foro Italiano, 1951, p. 156.

10. Cf. Larenz Wolf, *Allgemener Teil des Bürgerlichen Rechts*, 8ª ed., Munique, Beck, 1997, pp. 306 e ss.; Pontes de Miranda, *Tratado de Direito Privado*, 3ª ed., t. V, § 566.

11. Cf. Georges Vedel e Pierre Delvolvé, *Droit Administratif*, v. I, 11ª ed., Paris, PUF, pp. 414 e ss.; Hely Lopes Meirelles, *Direito Administrativo Brasileiro*, 23ª ed., São Paulo, Malheiros Editores, 1998, pp. 190 e ss.

12. Tanto que, para o prof. Celso Antônio Bandeira de Mello (*Curso de Direito Administrativo*, 5ª ed., São Paulo, Malheiros Editores, cap. IX), essa desigualdade estrutural entre as partes demonstra que não existe propriamente uma relação contratual entre a Administração Pública e o administrado.

13. Cf. Pontes de Miranda, ob. cit., t. XXIV, § 2.969, 4 e 5.

14. Não é sem interesse lembrar que a compensação privada de dívidas foi introduzida por Justiniano. No Direito romano clássico, como atesta Gaio, a compensação era um instituto processual e não podia ser decretada pelo juiz *ex officio*: "Liberum est tamen iudici nullam omnino invicem compensationis rationem habere: nec enim paerte formulae verbis praecipitur, sed quia id bonae fidei iudicio conveniens videtur, ideo officio eius contineri creditur" (IV, 63).

União e os Estados estão autorizados a condicionar a entrega dos recursos componentes dos fundos de participação tributária ao pagamento de seus créditos.

Quando a Constituição Federal dispõe que *pertence* aos Estados e ao Distrito Federal o produto da arrecadação dos impostos mencionados no art. 157, é óbvio que ela não se reflete a *dívidas* da União para com essas unidades federadas. O que pertence a alguém é de sua propriedade, não de seu crédito. Como ninguém ignora, o empregador que retém abusivamente, ou desvia em proveito próprio ou alheio, o montante do imposto de renda arrecadado na fonte de salários pagos a seus empregados comete o crime de *apropriação indébita*: ele se apropria de bem alheio, do qual tem a posse meramente temporária.

Será admissível que uma emenda constitucional haja atribuído, à União ou aos Estados, a liberdade de se apropriarem de recursos que não lhes pertencem, para satisfação de seus próprios créditos? A liquidação do Estado de Direito e da própria noção de Direito terá chegado a esse ponto na República Federativa do Brasil?

Aplicação dos princípios expostos ao caso em exame

Isto posto, não tenho dúvidas em afirmar que a medida cautelar ajuizada pelo Estado de Minas Gerais contra a União Federal, com referência ao "contrato de confissão, promessa de assunção, consolidação e refinanciamento de dívidas" (contrato n. 004/98/STN/COAFI), está fundada em sólidas razões de direito.

Houve, em meu parecer, grave violação à ordem constitucional federativa, a saber:

1) A retenção, reiteradamente praticada pela União Federal de recursos tributários pertencentes ao Estado de Minas Gerais, conforme o disposto no art. 157 da Constituição Federal, retenção essa operada como garantia do pagamento dos créditos que a União mantém contra o Estado, representa evidente abuso. A norma constante do art. 160, parágrafo único do texto constitucional não justifica, de modo algum, esse procedimento, pois ela refere-se a *dívidas* da União para com o Estado, e não *a bens de propriedade deste*, os quais se encontrem na posse temporária da União, como é o caso dos recursos arrecadados por esta e pertencentes ao Estado.

2) Os princípios constitucionais que regem a ordem federativa não autorizam a compensação de dívidas entre a União e o Estado de Minas Gerais, tal como estipulado nas cláusulas décima terceira e décima oitava do contrato supra-referido.

3) O mandato irrevogável e irretratável de transferência de saldos em conta bancária para efeito de pagamento, estipulado na cláusula décima sétima do mesmo contrato, fere os princípios da autonomia federativa e da justiciabilidade na solução de conflitos de interesse entre unidades federadas.

São Paulo, 15 de março de 1999

PRINCÍPIOS DA LIVRE INICIATIVA E DA LEGALIDADE — IMPOSIÇÃO DO DEVER DE ETIQUETAR PREÇOS

EROS ROBERTO GRAU

Professor Titular da Faculdade de Direito da Universidade de São Paulo
— Professor Visitante da Faculdade de Direito da Universidade Montpellier I (França)

Os ilustres Colegas, Drs. Renato Ochman e José Samurai Saiani, na qualidade de consultores jurídicos da Associação Brasileira de Supermercados-ABRAS, encaminharam-me a seguinte

Consulta

Em cumprimento ao determinado pelo Código de Defesa do Consumidor (Lei 8.078/90), em seus arts. 6º, III e 31, bem como pelo Decreto 90.595/84 e pela Portaria SUPER 02/96 da extinta SUNAB, os supermercados adotaram o código de barras e a leitura ótica como forma de afixação dos preços dos produtos postos à venda em seus estabelecimentos.

Todavia, em despacho do Senhor Diretor do Departamento Nacional de Proteção e Defesa do Consumidor-DNPDC, publicado no *Diário Oficial* no dia 25.5.98, proferido no Procedimento Administrativo 08012.001558/98, em que figurava como interessado o Instituto Nacional de Proteção e Defesa do Consumidor, pretende-se obrigar a todos os supermercados do país a afixarem seus preços um a um nos próprios produtos — a saber:

"Procedimento Administrativo 08012.001558/98. Interessado: Instituto Nacional de Defesa do Consumidor. Diante dos diversos elementos coligidos e dos constantes noticiários veiculados sobre o assunto, e principalmente, por considerar que em assim continuando, a conduta dos agentes econômicos fere dispositivos da Lei 8.078/90, regulamentada pelo Decreto 2.181/97; (...) quanto aos direitos básicos do consumidor de ter informações claras e precisas, sobre a natureza, características, qualidade, quantidade, propriedades, origem e, neste caso, especialmente Preço, e quaisquer outros casos sobre produtos e atribuições conferidas a este Departamento de Proteção e Defesa do Consumidor; e neste específico caso, o disposto nos arts. 30 e seguintes da Lei 8.078/90, que, na oferta e publicidade de produtos comercializados no território nacional, *ficam os estabelecimentos comerciais obrigados a afixarem o 'preço à vista' através de etiquetas ou similares diretamente nos bens expostos à venda, fazendo constar os seus preços à vista em caracteres legíveis, independentemente de outra modalidade de pagamento. Existindo, no local, sistema de código de barras, instituído pelo Decreto 90.595/84, é obrigatório, também, a afixação dos preços à vista, dos produtos correspondentes aos referidos códigos de tal forma a evitar o constrangimento quando do acesso do con-*

sumidor ao caixa do estabelecimento para o devido pagamento do que adquire. Assim todo e qualquer produto ofertado deve possuir o seu preço à vista, podendo constar de lista afixada na forma estabelecida acima, cujos valores deverão ser escritos em caracteres legíveis, desde que colocada em local que o consumidor possa consultá-la independentemente de solicitação.(...). Ficam o órgãos públicos legitimados na proteção e defesa do consumidor incumbidos de acompanhar o cumprimento deste Despacho, adotando todos os meios previstos em Lei, inclusive penalizando, tudo em favor do seu fiel cumprimento. Recorrendo às entidades representativas das categorias alcançadas por este Despacho que promovam os meios necessários para que todos tomem conhecimento do seu teor e procedam como determinado. Oficie-se todos os órgãos do Sistema Nacional de Proteção e Defesa do Consumidor" (grifos nossos).

O Senhor Secretário de Direito Econômico ao rever o referido recurso, nos termos das atribuições que lhes são conferidas por lei, de pronto concedeu prazo suplementar para que os supermercados atendessem a referida decisão, não apreciando o mérito da questão.

Tanta polêmica gerou a questão que a mesma foi levada ao Senhor Ministro de Estado da Justiça que determinou, por intermédio da Portaria 442, de 16.6.98, a criação de uma comissão especial que deveria propor uma solução para a questão e assim pôr fim ao procedimento administrativo.

Em 10.8.98, o Senhor Diretor do DNPDC proferiu despacho no qual sugeria ao Senhor Secretário de Direito Econômico o não acolhimento do recurso apresentado pela ABRAS, rechaçando, ainda, os trabalhos da citada comissão (a essa altura já encerrados) e seu parecer, mantendo integralmente o despacho de 25.5.98 (doc. 22) e concedendo até 11 de setembro para que os supermercados atendessem dita decisão.

No mesmo dia 10.8.98, o Senhor Secretário de Direito Econômico, acolheu integralmente o despacho acima referido do Senhor Diretor do DNPDC e determinou que o relatório final da citada comissão especial fosse encaminhado ao Senhor Ministro de Estado da Justiça, o qual, em 13 de agosto deste ano, não acolheu o relatório da aludida comissão, aceitando, por outro lado, o despacho do Senhor Secretário de Direito Econômico, datado de 10.8.98 e, por conseqüência, o despacho de 25.5.98, proferido pelo Senhor Diretor do DNPDC.

Ocorre, todavia, que, nos afigura ilegal e inconstitucional a exigência em pauta, posto a mesma não possuir amparo legal.

Apenas para facilitar o entendimento de Vs. acerca da questão, gostaríamos de colocar o seguinte:

O Código de Defesa do Consumidor em seus arts. 6º, III, 30 e 31 estipula:

"Art. 6º. São direitos básicos do consumidor: (...) III — a informação adequada e clara sobre os diferentes produtos e serviços, com especificação correta de quantidade, características, composição, qualidade e preço, bem como sobre os riscos que apresentem;"

"Art. 30. Toda a informação ou publicidade, suficientemente precisa, veiculada por qualquer forma ou meio de comunicação com relação a produtos e serviços oferecidos ou apresentados, obriga o fornecedor que a fizer veicular ou dela se utilizar e integra o contrato que vier a ser celebrado."

"Art. 31. A oferta e apresentação de produtos ou serviços devem assegurar informações corretas, claras, precisas, ostensivas e em língua portuguesa sobre suas características, qualidades, quantidade, composição, preço, garantia, prazos de validade e origem, entre outros dados, bem como sobre os riscos que apresentam à saúde e segurança dos consumidores."

O Decreto 90.595/84, assim determina:

"Art. 1º. Fica criado o sistema de codificação nacional de produtos e definido o padrão internacional EAN, para todo o território nacional. Parágrafo único. A codificação nacional de produtos de que trata este artigo visa à identificação de produtos, por equipamentos de automação, nas operações de comércio, no mercado interno."

A Portaria SUPER 02/96, da extinta SUNAB, trata do assunto dessa maneira:

"Art. 9º. São admitidas as seguintes formas de afixação de preços:

"a) através de etiquetas ou similares afixadas diretamente nos bens expostos à venda, nas quais constem os seus preços à vista em caracteres legíveis;

"b) *impressão e/ou afixação de código referencial, acompanhado ou não do código de barras instituído pelo Decreto 90.595, de 29.11.84, desde que haja informação visível junto aos itens expostos do nome, apresentação, preço à vista do produto e referido código, ficando este dispensado quando se tratar de produto cujo código varie em função da cor, fragrância e/ou sabor, sem haver alterações do preço*;

"c) na impossibilidade de afixação dos preços na forma estabelecida na alínea *a* deste artigo, será permitido o uso de relação de preços dos produtos expostos, assim como dos serviços oferecidos, escritos em caracteres legíveis, desde que colocada em local que o consumidor possa consultá-la independentemente de solicitação;

"d) *nos estabelecimentos que operem com equipamento de leitura ótica, o preço de venda poderá ser consultado pelos consumidores em leitoras eletrônicas, localizadas dentro da área de venda e de fácil acesso*.

"§ 1º. No caso de exposição de bens, em vitrinas ou similares, o preço de venda deverá ser afixado nos mesmos, ou através de relação de preços no próprio local junto aos bens expostos, identificando o produto, sendo ambas as formas em caracteres legíveis e de fácil leitura.

"§ 2º. Os preços dos bens destinados à venda, não expostos para o consumidor, poderão ser apresentados por visores óticos, catálogos, terminal de computador ou outros meios que permitam ao consumidor ter acesso imediato aos mesmos.

"§ 3º. Os serviços médicos, paramédicos, odontológicos e clínicos em geral, bem como de profissionais ligados à área biomédica e odontológica, deverão ter seus preços relacionados identificando-os em caracteres legíveis, para que o usuário possa consultá-los.

"Art. 10. O Superintendente da SUNAB, nos casos que julgar relevante, poderá autorizar forma de afixação de preços diversa das estabelecidas no art. 9º.

"Art. 11. Os meios de hospedagem, classificados ou não pela EMBRATUR, ficam obrigados a afixar nas portarias ou recepções, em lugar visível e de fácil leitura, os preços de suas diárias, indicando o início e o término do período de 24 (vinte e quatro) horas correspondentes a cada diária e de suas frações, quando for o caso.

"Parágrafo único. Os estabelecimentos a que se refere o *caput* deste artigo ficam obrigados a manter nas respectivas unidades habitacionais a relação dos preços dos produtos comercializados e/ou serviços oferecidos, inclusive os de *frigobar*" (grifos nossos).

Desta forma, parece-nos restarem violados os princípios constitucionais da legalidade e da livre iniciativa, traduzidos nos arts. 5º, II; 37; 1º, IV e 170, todos da Constituição Federal, haja vista inexistir lei que obrigue os supermercados a afixarem seus preços diretamente nos produtos, bem como por estar a União a se intrometer no desenvolvimento da atividade supermercadista sem que para isso tenha autorização legal.

Afora isso, parece-nos que está absolutamente exaurida a competência da União para legislar sobre a matéria.

Com efeito, o art. 24, V, da Constituição Federal, estabelece a competência concorrente entre a União, Estados e Distrito Federal para legislar sobre consumo, motivo pelo qual a primeira editou o chamado Código de Defesa do Consumidor (Lei 8.078/90), sem, contudo, fazer constar em referido texto normativo a obrigatoriedade de os supermercados afixarem seus preços diretamente nos produtos.

Desta forma, ao editar dito texto normativo, exauriu-se a competência da União para legislar acerca desta matéria, cabendo aos Estados e ao Distrito Federal editarem as normas específicas sobre o assunto.

É importante frisar que, ao nosso ver, com o despacho em questão violou-se o art. 24, § 1º, pois, em se tratando de competência concorrente, compete à União a edição de norma geral e aos Estados e ao Distrito Federal a edição de normas específicas, contudo, nada mais específico do que exigir que os supermercados afixem seus preços diretamente nos produtos.

Para finalizar, gostaríamos de ressaltar que, em nosso entendimento, resta ferido, ainda, o art. 59 da CF, na medida em que *despacho* não consta do rol das normas integrantes do sistema legislativo brasileiro e como tal não tem o condão de obrigar a todos, apenas aqueles que se encontram envolvidos no processo aonde o mesmo foi proferido ou, quando muito, para situações análogas dentro do âmbito interno da administração.

Sendo esses os pontos do despacho em questão que entendemos ferem nosso sistema jurídico, gostaríamos de formular ao ilustre Mestre as seguintes questões:

1. Em seu entendimento, não estaria exaurida a competência da União para legislar sobre consumo, no que tange à proteção e defesa do consumidor, com a edição do Código de Defesa do Consumidor (Lei 8.078/90), restando, pois, violado o art. 24, V e § 1º da CF e restando facultado aos Estados legislar sobre a matéria da forma como bem entenderem?

2. Se no entendimento de V.S., ao editar o despacho em referência, obrigando os supermercados a etiquetarem seus preços diretamente nos produtos, não teria sido violado o princípio da legalidade contido nos arts. 5º, II e 37 da CF, na medida em que o Código de Defesa do Consumidor, o Decreto 90.595/84 e a Portaria SUPER 02/96, normas que regulam a matéria, não fazem tal exigência? Poderia o despacho em referência, proferido em procedimento administrativo, ter o cunho normativo pretendido? Ou seja, poderia este ato administrativo gerar efeito contra todos, como se lei fosse?

3. Em sua interpretação a Portaria SUPER 02/96 da SUNAB perdeu sua eficácia com a extinção de referido órgão?

4. Ao intervir na forma de afixação de preços dos supermercados, como feito no despacho em pauta, não estaria violado o princípio constitucional da livre iniciativa?

Parecer

1. Verifico, da leitura da consulta, ser inusitado, na medida em que a ele é atribuído efeito normativo, o despacho do Diretor do Departamento Nacional de Proteção e Defesa do Consumidor-DNPDC.

Esse "despacho normativo" emanado de autoridade administrativa à qual não foi atribuído o exercício de capacidade regulamentar pretende obrigar os estabelecimentos comerciais a afixarem o "preço à vista" através de etiquetas ou similares diretamente nos bens expostos à venda, fazendo constar os seus preços à vista em caracteres legíveis, independentemente de outra modalidade de pagamento.

2. O caráter normativo desse despacho é inquestionável.

Define-se a norma jurídica como preceito abstrato, genérico e inovador — tendente a regular o comportamento social de sujeitos associados — que se integra no ordenamento jurídico.[1]

1. Vide meu *O Direito Posto e o Direito Pressuposto*, Malheiros Editores, São Paulo, 1996, p. 178.

Ora, a imposição, aos estabelecimentos comerciais, do dever — porque de *dever*, e não de *obrigação*, se trata[2] — de "afixarem o 'preço à vista' através de etiquetas ou similares diretamente nos bens expostos à venda, fazendo constar os seus preços à vista em caracteres legíveis, independentemente de outra modalidade de pagamento" nitidamente consubstancia preceito que *inova* o ordenamento jurídico, e de modo abstrato e genérico.[3]

Há, aí, pretensão de inovação do ordenamento jurídico porque, como observam os ilustres consulentes, nem o Código de Defesa do Consumidor, nem qualquer outro ato normativo emanado do Poder Executivo — e especialmente os Decretos 90.595/84 e 2.181/97 e a Portaria SUPER 2/96, da SUNAB — prevê a imposição daquele dever aos estabelecimentos comerciais.

3. Deveras, o Código de Defesa do Consumidor (Lei 8.078, de 11.9.90, arts. 6º, III e 31), apenas define ser direito básico do consumidor a informação adequada e clara sobre os diferentes produtos e serviços, *com especificação correta de preço* e que a oferta e apresentação de produtos ou serviços devem assegurar, entre outras, informação *correta, clara, precisa, ostensiva e em língua portuguesa sobre seu preço*.

O Decreto 90.595/84 cria sistema de codificação nacional de produtos, definindo o padrão internacional EAN para todo o território nacional, e o Decreto 2.181, de 20.3.97, dispõe sobre a organização do Sistema Nacional de Defesa do Consumidor-SNDC. Nada definem a respeito da pretendida imposição, aos estabelecimentos comerciais, do dever de "afixarem o 'preço à vista' através de etiquetas ou similares diretamente nos bens expostos à venda, fazendo constar os seus preços à vista em caracteres legíveis, independentemente de outra modalidade de pagamento".

E a Portaria SUPER 2/96, da SUNAB, trata da matéria nos termos dos preceitos transcritos na consulta, que também não consagram aquele dever.

4. Sendo assim, é certo que aquela pretensão — de imposição do dever acima descrito aos estabelecimentos comerciais — afronta a Constituição do Brasil, de 1988, cujo art. 5º, II estabelece que ninguém será obrigado a fazer ou a deixar de fazer alguma coisa senão em virtude de lei.

O princípio da legalidade, que o art. 37, *caput*, da CF reitera, é — como observei em outra ocasião[4] — um bem humano incondicional. É a legalidade que primordialmente protege a sociedade contra o Estado autoritário, privilegiando o Estado de direito. Os tempos que correm dão conta de que não é necessária a existência de prisões injustificadas e da tortura para que se manifestem as ditaduras; elas também prosperam quando a lei não é mais cumprida e a Constituição já não se presta a coibir o desequilíbrio entre os Poderes, predominando um deles, de regra o Executivo, de molde a subjugar os demais.

No Brasil, a CF/88, inicialmente, dispõe naqueles termos (ninguém será obrigado a fazer ou a deixar de fazer alguma coisa senão em virtude de lei), após, no seu art. 37, tornando a referir a legalidade. Além disso, refere a legalidade em sentido estrito — vale dizer: legalidade que implica exigência de reserva da lei — no art. 5º, XXXIX; no art. 150, I; e no parágrafo único do art. 170.

Por isso mesmo uma parte da doutrina admite que, em certas hipóteses — mas sempre em *virtude de lei* — o Poder Executivo ou determinados órgãos inseridos em sua estrutura organizacional exerçam função normativa.[5]

2. Para a distinção entre *dever* e *obrigação*, vide meu *Direito, Conceitos e Normas Jurídicas*, Ed. RT, São Paulo, 1988, pp. 114 e ss.

3. Para as noções de *norma geral* e de *norma abstrata*, vide, por todos, Norberto Bobbio, *Teoria della Norma Giuridica*, Giappichelli, Torino, 1958, pp. 230 e ss.

4. Meu *O Direito...*, cit., p. 122.

5. A propósito, meu *O Direito...*, cit., pp. 182 e ss.

Seguramente esse não é o caso, no entanto, do Departamento Nacional de Proteção e Defesa do Consumidor-DNPDC, ao qual nem o Código de Defesa do Consumidor (art. 106), nem qualquer outra lei atribui capacidade para dispor normas abstratas e gerais a respeito dessa matéria, proteção e defesa do consumidor.

Por isso o "despacho normativo" do Diretor desse departamento é despido de validade, juridicamente nada significa, consubstancia larga e franca violação do princípio da legalidade.

5. Mais ainda do que isso, a pretensão de inovar o ordenamento jurídico da autoridade administrativa — a qual em verdade incumbe, nas palavras de Seabra Fagundes, tão-somente aplicar a lei de ofício — é expressiva de violação não apenas do disposto no art. 5º, II e no art. 37, *caput* da Constituição do Brasil, mas também de afronta ao princípio da livre iniciativa.

A CF/88 menciona livre iniciativa, tanto no art. 1º, IV, quanto no seu art. 170, *caput*. Dela tratando, em outra ocasião[6] observei que o princípio era, em sua raiz, expressão de uma garantia de legalidade, o que torna bem explícita a correção da observação de Galgano,[7] nos termos da qual o conceito de Estado de Direito exprime, em relação ao burguês singularmente, aquela mesma exigência — de um limite à ação pública, para salvaguarda da iniciativa privada — que o conceito de Estado liberal exprime em relação à burguesia no seu todo.

Após, inúmeros sentidos passam a ser atribuídos ao princípio, em sua dupla face, enquanto liberdade de comércio e indústria e enquanto liberdade de concorrência. Daí, no equacionamento do seguinte elenco de sentidos, livre iniciativa concomitantemente corresponde a:

a) liberdade de comércio e indústria (não ingerência do Estado no domínio econômico):

a1) faculdade de criar e explorar uma atividade econômica a título privado — liberdade pública;

a2) não sujeição a qualquer restrição estatal senão em virtude de lei — liberdade pública;

b) liberdade de concorrência:

b1) faculdade de conquistar a clientela, desde que não através de concorrência desleal – liberdade privada;

b2) proibição de formas de atuação que deteriam a concorrência – liberdade privada;

b3) neutralidade do Estado diante do fenômeno concorrencial, em igualdade de condições dos concorrentes – liberdade pública.

6. Ora, enquanto não sujeição do agente econômico a qualquer restrição estatal *senão em virtude de lei* (a2), o princípio constitucional da livre iniciativa importa em que, na ausência de lei dispondo nesse mesmo sentido, a Administração não apenas não possa opor dificuldades e obstáculos ao pleno desenvolvimento de suas atividades pelos agentes econômicos, mas também esteja impedida de criar deveres, requisitos ou exigências ao exercício dessa mesma atividade.

Desejo deixar bem claro, a esta altura, que a legalidade na qual se desdobra o princípio da livre iniciativa é aquela consagrada pelo art. 5º, II, da CF/88: "ninguém será obrigado a fazer ou a deixar de fazer alguma coisa senão em virtude de lei".

Por isso algumas vezes se aplicam aos agentes econômicos preceitos dispostos pela própria Administração, no exercício da função normativa, que veiculam a imposição, a eles, de deveres, requisitos ou exigências, porém nos termos e em virtude de lei.[8] Aí se trata de preceitos que impõem deveres,

6. *A Ordem Econômica na Constituição de 1988*, 3ª ed., Malheiros Editores, São Paulo, 1997, pp. 225 e ss.

7. *Il Diritto Privato fra Codice e Costituzione*, Zanichelli, Bologna, 1979, p. 39.

8. No que tange ao preceito inscrito no parágrafo único do art. 170, o que introduz no plano cons-

requisitos ou exigências *em virtude de lei* não obstante essa imposição decorra de ato normativo da Administração, ato que ela porém pratica exercitando autorização para tanto expressamente contida em lei.[9]

Daí dizermos que a postulação primária da liberdade de iniciativa econômica é a garantia da legalidade: liberdade de iniciativa econômica é liberdade pública precisamente ao expressar não sujeição a qualquer restrição estatal senão em virtude de lei — não necessariamente sob a reserva da lei.

Pois bem: basta relembrarmos o quanto acima afirmei — nem o Código de Defesa do Consumidor (art. 106), nem qualquer outra lei atribuiu ao Departamento Nacional de Proteção e Defesa do Consumidor-DNPDC capacidade para dispor normas abstratas e gerais a respeito da proteção e defesa do consumidor — para que resulte bem claro, nítido como a luz solar passando através de um cristal (bem polido), que o "despacho normativo" do Diretor daquele Departamento consubstancia larga e franca violação não somente do princípio da legalidade, mas também do princípio constitucional da livre iniciativa, na medida em que, à margem da lei, opõe dificuldade ao pleno desenvolvimento de suas atividades pelos estabelecimentos comerciais.

7. De resto, o descabido exercício de capacidade normativa pelo Diretor do Departamento Nacional de Proteção e Defesa do Consumidor-DNPDC é ainda adverso ao disposto no art. 24 e seu § 1º da Constituição do Brasil.

O sistema federativo supõe a repartição de competências *legislativas* e *implementadoras*[10] entre as diversas entidades da federação. A legislativa se expressa mediante a emissão de textos legislativos; a implementadora manifesta-se através da prática de atos de execução do quanto definido naqueles textos.

A competência *legislativa* está distribuída entre União, Estados-membros e Municípios, classificando-se em *exclusiva*, *privativa*, *concorrente* e *suplementar*.

À União compete legislar *privativamente* sobre determinadas matérias (art. 22) — podendo essa competência ser delegada aos Estados-membros (art. 22, parágrafo único) — e, *concorrentemente* com os Estados-membros e o Distrito Federal (art. 24), sobre outras. Aos Estados-membros compete legislar *suplementarmente* sobre matérias em relação às quais a União tenha disposto normas gerais (art. 24, § 2º; na hipótese do § 3º, de modo pleno) e aos Municípios compete legislar *suplementarmente*, no que couber, em relação à legislação federal e estadual (art. 30, II). Aos Estados-membros e aos Municípios compete legislar, com *exclusividade*, sobre matérias que não da competência da União e dos Municípios, quanto aos primeiros (art. 25, §§ 1º e 3º), e sobre assuntos de interesse local, quanto aos segundos (art. 30, I).

Esse, em linhas muito amplas, não o critério, mas o conjunto de critérios que distingue as competências legislativas da União, dos Estados-membros e dos Municípios.

8. Dizem o art. 24, V e seu parágrafo único: "Art. 24. Compete à União, aos Estados e ao Distrito Federal legislar concorrentemente sobre: (...) V — produção e consumo; Parágrafo único. No âmbito da legislação concorrente, a competência da União limitar-se-á a estabelecer normas gerais".

Da matéria da proteção e defesa do consumidor cogitam os arts. 5º, XXXII; 24, VIII; 170, V e o parágrafo único do art. 150 da CF/88, bem assim o art. 48 de suas Disposições Transitórias.[11] Nenhum desses

titucional é tão-somente a sujeição ao princípio da legalidade em termos absolutos — e não, meramente, ao princípio da legalidade em termos relativos (art. 5º, II) — da imposição, pelo Estado, de autorização para o exercício de qualquer atividade econômica.

9. Vide nota 5, acima.

10. Ou competência "material", como prefere José Afonso da Silva, *Direito Ambiental Constitucional*, São Paulo, Malheiros Editores, 1994, p. 46.

11. Considere-se ainda o disposto no inc. II do parágrafo único do art. 175 da Constituição, referindo os direitos dos usuários dos serviço público.

preceitos excepciona o disposto no art. 24, V e em seu parágrafo único.

9. O Código de Defesa do Consumidor (Lei 8.078, de 11.9.90) — tal como declara o seu art. 1º — "estabelece normas de proteção e defesa do consumidor, de ordem pública e interesse social, nos termos dos arts. 5º, inc. XXXII, 170, inc. V da Constituição Federal e art. 48 de suas Disposições Transitórias".

A edição do código presta acatamento ao disposto no art. 48 do ADCT da CF/88 e exaure, no que respeita à matéria de proteção e defesa do consumidor, a competência designada à União pelo art. 24, V desta última.

É por certo inquestionável, pois, não deter, a União, nenhuma outra competência legislativa, além da experimentada na produção do Código de Defesa do Consumidor, para dispor sobre a matéria, o que nos conduz à verificação de que ainda que alguma lei autorizasse o Departamento Nacional de Proteção e Defesa do Consumidor-DNPDC a fazê-lo,[12] ainda assim seria juridicamente inadmissível a imposição, aos estabelecimentos comerciais, do dever de "afixarem o 'preço à vista' através de etiquetas ou similares diretamente nos bens expostos á venda, fazendo constar os seus preços à vista em caracteres legíveis, independentemente de outra modalidade de pagamento".

E isso porque essa imposição nitidamente não é veiculada por uma norma geral.

10. Tenho seguidamente observado que a disposição de *normas gerais* supõe a determinação de parâmetros, em um nível maior de generalidade, a serem atendidos na normatividade subseqüente a sua definição.[13]

Essa observação afasta-nos da tradicional oposição entre *norma geral* e *norma especial*, própria à teoria geral do direito, e nos aproxima daquela outra, peculiar à estrutura do Estado federal, que em um primeiro momento distingue entre *leis federais, leis estaduais* e *leis municipais* e, em momento subseqüente, entre essas e as *leis nacionais*.

Da primeira oposição — entre *norma geral* e norma especial – diga-se, desde logo, que os atributos da "especialidade" e da "generalidade", qual anota Natalino Irti[14] derivam de um juízo de comparação entre duas normas. *Norma geral* e *norma especial* não são "geral" e "especial" em si e por si, mas sempre em relação a outras normas. Assim, uma norma que se deve ter como *geral* em relação a outra norma pode dever ser tida como *especial* quando posta em relação a uma terceira norma.

De outra parte, temos também — observa ainda Natalino Irti[15] — que a *norma geral* é dotada de uma compreensão (aqui como conjunto das notas de cada norma) menor e de uma extensão (conjunto de sujeitos aos quais cada norma se dirige) maior, ao passo que a *norma especial* é dotada de uma compreensão maior e de uma extensão menor. E isso de modo que, ab-rogada a *norma especial*, o âmbito de aplicação da *norma geral* se expande e ela passa a disciplinar a situação de que cogitava aquela.

Bastam essas verificações para afastar, no caso, a possibilidade de recurso, senão subsidiário, às construções doutrinárias desenvolvidas em torno daquela tradicional oposição como pauta indicativa do conceito de *norma geral*, para os efeitos do disposto no § 1º do artigo 24 da Constituição do Brasil.

O que importa, pois, é considerarmos a outra contribuição, peculiar à estrutura do Estado federal, que — vimos — em um primeiro momento distingue entre *leis fede-*

12. Neste caso as imposições de deveres que definisse poderiam ser concebidas como em virtude de lei.

13. Meu *Licitação e Contrato Administrativo*, São Paulo, Malheiros Editores, 1995, p. 11.

14. *L'Età della Decodificazione*, Milano, Giuffrè, 1979, pp. 43-44.

15. Ob. cit., p. 46.

rais, *leis estaduais* e *leis municipais* e, em momento subseqüente, entre essas e as *leis nacionais*.

Norma geral, então — termo que designa outro conceito, diverso daquele com trânsito no campo, mais ancho, da teoria geral do direito — é, disse-o, norma que supõe a determinação de parâmetros, em um nível maior de generalidade, a serem atendidos na normatividade subseqüente a sua definição. O que conferiria às *normas gerais* o caráter de "direito sobre direito", conforme, de modo inadequado — no meu sentir — se tem referido.

Mas isso não diz muito. Seria necessário dizermos, ademais, que as *normas gerais* (normas *nacionais*), (i) consubstanciam regras que conferem concreção a princípios[16] jurídicos fundamentais recepcionados, expressa ou implicitamente, na Constituição, e a princípios que o Canotilho denomina "políticos constitucionalmente conformadores"[17] — inobstante as *normas gerais* também veiculem princípios e princípios sejam também veiculados por normas que não se pode qualificar como *normas gerais*; (ii) consubstanciam a ordenação de condutas uniformes, visando prevenir conflitos entre as entidades da federação e/ou entre os que nelas estejam situados; (iii) suprem lacunas constitucionais; e, (iv) no Brasil, respeitam às matérias enunciadas no art. 22 da CF/88. Todas elas são, no Brasil, *normas nacionais/normas gerais*.

Note-se que aqui tratamos de uma *concepção* — não de um *conceito*[18] — de *norma geral*. Aqui a concebemos no quadro da estrutura federal brasileira, como uma *concepção* específica de *norma geral*.

11. De qualquer modo, o que neste passo importa é a determinação, que com nitidez se apura, de que a norma veiculada pelo "despacho normativo" de que cuidamos nitidamente não é norma geral, visto (i) não conferir concreção a princípios jurídicos fundamentais recepcionados, expressa ou implicitamente, na Constituição, e a princípios que o Canotilho denomina "políticos constitucionalmente conformadores", (ii) não consubstanciar a ordenação de condutas uniformes, visando prevenir conflitos entre as entidades da federação e/ou entre os que nelas estejam situados, (iii) não consubstanciar norma que supra lacuna constitucional e (iv) não dizer respeito às matérias enunciadas no art. 22 da Constituição.

De outra parte, se recorrermos ao critério da teoria geral do direito, teremos que a norma que estaria sendo veiculada pelo "despacho normativo" é nitidamente norma especial em relação àquelas veiculadas pelos arts. 6º, III e 31 do Código de Defesa do Consumidor.

Daí portanto a conclusão de que essa norma, contida no "despacho normativo" do Diretor do Departamento Nacional de Proteção e Defesa do Consumidor-DNPDC importa também violação do disposto no § 1º do art. 24 da CF/88.

12. O conjunto de verificações até este momento alinhadas nos permite concluir que a imposição, aos estabelecimentos comerciais, pelo "despacho normativo", do dever de que se cuida é multiplamente inconstitucional, dado que importa violação dos princípios da legalidade e da livre iniciativa e agressão ao disposto no § 1º do art. 24 da CF/88.

Em relação à matéria de fixação de preços nos bens expostos à venda nos estabelecimentos comerciais incidem os preceitos mencionados na consulta — os arts. 6º, III e 31 do Código de Defesa do Consumidor e o art. 1º e parágrafo do Decreto 90.595/84.

16. A respeito dos princípios, vide meu A Ordem..., cit., pp. 73 e 55.

17. *Direito Constitucional*, 3ª ed., Coimbra, Almedina, 1983, pp. 200 e ss. Seriam eles "os princípios constitucionais que explicitam as valorações políticas fundamentais do legislador constituinte" (essa expressão, "legislador constituinte", que não me parece feliz, é do Canotilho), refletindo a ideologia inspiradora da Constituição.

18. A respeito da distinção entre *concepção* e *conceito*, vide Ronald Dworkin, *Taking Rights Seriously*, 5ª imp., London, Duckworth, 1977, pp. 134-136.

Quanto à Portaria SUPER 2/96, da SUNAB, cujos arts. 9º, 10 e 11 definem as regras transcritas na consulta, evidentemente permanece plena de eficácia, apesar da extinção da SUNAB.

Impõe-se relembrar a lição de Bobbio:[19] as normas jurídicas só têm existência em um contexto de normas — o sistema normativo. Uma norma jurídica isolada, destacada, desprendida do sistema jurídico, não expressa significado normativo nenhum.[20]

Recebido o texto normativo pelo ordenamento jurídico, que resulta inovado mercê da integração, nele, desse mesmo texto, o destino do agente estatal que o produziu é inteiramente irrelevante para o quanto diga respeito à sua validade, vigência ou eficácia.

Para demonstrá-lo em duas linhas, dizendo-o de modo direto e incisivo, observo que a extinção da SUNAB não afeta a eficácia dos textos normativos por ela dispostos assim como a circunstância da dissolução da Assembléia Nacional Constituinte imediatamente após a promulgação da Constituição de 1988 não afeta a eficácia dos seus preceitos.

13. Em face do exposto dou as seguintes respostas aos quesitos propostos na consulta:

1. Sim; a competência da União para legislar sobre consumo, no que tange à proteção e defesa do consumidor, exauriu-se com a edição do Código de Defesa do Consumidor (Lei 8.078/90), restando facultado aos Estados legislar sobre a matéria da forma como bem entenderem, observado contudo a lei nacional; assim, o "despacho normativo" viola o disposto no § 1º do art. 24, V da CF;

2. O despacho em referência, obrigando os supermercados a etiquetarem seus preços diretamente nos produtos, importa violação do princípio da legalidade contido nos arts. 5º, II e 37 da CF; o despacho de que se trata, proferido em procedimento administrativo, não poderia ter o cunho normativo pretendido; esse ato administrativo não poderia nem pode gerar efeito contra todos, como se lei fosse;

3. Não; a Portaria SUPER 2/96, da SUNAB, não perdeu sua eficácia com a extinção de referido órgão;

4. Sim; ao intervir na forma de afixação de preços dos supermercados, como feito no despacho em pauta, à margem da legalidade, a autoridade administrativa está violando o princípio constitucional da livre iniciativa.

É o que me parece

São Paulo, 8 de setembro de 1998

19. *Teoria dell'Ordinamento Giuridico*, Giappichelli, Torino, 1960, p. 3.

20. Vide meu *A Ordem...*, cit. pp. 176-177.

PARECERES

NOMEAÇÃO, POR READMISSÃO, DE EX-SERVIDOR PÚBLICO EXONERADO A SEU PEDIDO — LEGALIDADE

VALMIR PONTES FILHO

Professor de Direito Constitucional e de Hermenêutica Jurídica da Universidade de Fortaleza e da Universidade Federal do Ceará — Mestre em Direito Constitucional pela PUC/SP — Ex-Presidente do Instituto Brasileiro de Direito Administrativo

e

CARLOS ROBERTO MARTINS RODRIGUES

Consulta

Consulta a Associação Cearense do Ministério Público sobre a legalidade de readmissão, nos quadros do Ministério Público, em cargo inicial da carreira, de pessoa que havia sido exonerada, anteriormente, de idêntica situação funcional, a seu pedido. Esclarece que o interessado já é aposentado como Procurador da República, tendo averbado todo o tempo de serviço público, de que era possuidor, para a jubilação por ele requerida e deferida. Junta, ainda, a entidade consulente documentação dando conta da tramitação do processo formado com o pedido de readmissão, dela constando o requerimento do interessado, atas das sessões em que os órgãos colegiados do Ministério Público trataram da matéria, os votos favoráveis e discordantes da súplica, o recurso do interessado contra decisão de um dos colegiados do MP estadual e exemplares da Lei Orgânica Nacional do Ministério Público e do Código do Ministério Público do Ceará e, finalmente, as decisões emitidas por aqueles colegiados, inclusive a final, deferidora do pedido e o ato de nomeação do peticionante editado pelo Dr. Procurador-Geral de Justiça do Estado do Ceará. A consulta se deve a pedido de Procurador de Justiça no sentido de que a Associação consulente adote medidas judiciais contra o mencionado ato de provimento.

Resumida a matéria da consulta, passamos a opinar.

1. A questão envolve três aspectos, a saber:

a) a existência, na área da Administração Pública, tendo em vista o direito posto, do instituto da *readmissão*;

b) a questão da nomeação, por readmissão, de ex-servidor público, exonerado, a pedido, de cargo por ele ocupado e para o qual fora nomeado em virtude de aprovação e classificação em concurso de títulos e provas;

c) a acumulação de proventos e vencimentos percebidos em função de situações funcionais diferentes, em face da Constituição.

2. A doutrina consagra duas categorias de provimento de lugar funcional na Administração Pública: a *originária*, que se caracteriza pela primeira inserção de alguém em cargo inicial de carreira, e a *derivada*, sinalizada por uma reabsorção de pessoa afastada, por qualquer motivo, do cargo em que fora provida. Em ambos os casos, o ingresso e/ou retorno de quem fora servidor público se dá por ato formal da autoridade competente, atendidos os requisitos e verificados os pressupostos estabelecidos na regra legal pertinente.

A investidura de caráter original — sempre em cargo inicial da carreira funcional — só se pode considerar válida se realizado, com sucesso, pelo nomeando, o necessário concurso público de *provas e títulos* ou só de provas, nos precisos termos do item II, do art. 37, da vigente Constituição de 1988, além de outros requisitos, como a prova de sanidade, entre outras exigências, mas que não vem a pêlo examinar.

O provimento entendido como de feição derivada se dá nas várias formas previstas nas legislações pertinentes aos diversos tipos de funcionários públicos, variando o esquema formal em função de linhas de política administrativa, adotadas pelos entes estatais interessados.

Na espécie da consulta, está em questão a possibilidade de se prover cargo público, ainda que inicial de carreira, de alguém que já ocupara o mesmo lugar funcional e de onde fora exonerado, a pedido. A ocupação de tal cargo — é bom que se diga — decorreu de concurso público de provas e títulos, a que se submeteu, com sucesso, o interessado na reinserção no quadro de funcionários do órgão do Ministério Público.

3. A CF/88, seguindo linha programática das imediatamente anteriores (1946 e 1967), consagrou o princípio do concurso público como pressuposto essencial e indispensável ao provimento de cargo ou emprego público.

A doutrina se há dividido na exegese do princípio descrito no art. 37, II, da Constituição. Parte entende que a exigência se refere ao primeiro investimento funcional, que sempre se dá em cargo ou emprego iniciais de carreira, parte prefere interpretação mais ampla, afirmando destinar-se a regra impositiva a qualquer tipo de provimento, salvo, naturalmente, os que a própria Lei Maior enumera no mencionado dispositivo.

A análise da verba constitucional — como, de resto, se faz em relação às normas em geral, mesmo as decorrentes da vontade privada, assim nos contratos — *verbi gratia* — para fins de fixação de seu sentido, com vistas à sua aplicação, há que considerar, em conjunto, os vários critérios de interpretação, de modo a se ter uma conclusão homogênea da regra sob crítica. Assim, no caso, investiga-se, em primeiro lugar, a *finalidade* da exigência constitucional: por que e para que o concurso público para o provimento dos lugares funcionais? Primeiro, porque a Constituição tem, como um dos suportes da ordem democrática por ela estabelecida, a igualdade de todos perante a lei (princípio da isonomia), donde o direito de acesso de todos aos lugares funcionais públicos, preenchidas as exigências da lei pertinente. É o que está, de modo claro e expresso, no item I, do art. 37, da Constituição. Segundo, a exigência constitucional implica em restrição ao exercício discricionário do poder de nomear e/ou prover os cargos e empregos públicos, afastando a viabilidade do *arbítrio* e, conseqüentemente, o exercício abusivo ou com desvio de finalidade do mesmo exercício funcional. A determinação constitucional, portanto, é aplicação pura do *princípio da moralidade*, que a própria Lei Magna, em invenção, do seu patamar de hierarquia inseriu no *caput* do seu art. 37.

Enfrente-se, agora, a questão do chamado *provimento derivado*.

Afaste-se, de logo, a possibilidade de *provimento derivado*, qualquer que seja a forma adotada para o preenchimento não originário do cargo, de pessoa que, para o ingresso anterior, em cargo da carreira funcional em que vai incidir o novo *provimento*, não prestou o indispensável concurso, nele sendo aprovado, e do qual decorreu a nomeação inicial. Ressalve-se, entretanto, aqueles servidores beneficiados por normas legais de longínquo passado e os que são beneficiários do *favor* constitucional da efetivação e estabilização das chamadas disposições transitórias de nossas Leis Maiores, e que, por força disso, ingressaram no reino dos direitos adquiridos, devidamente coonestados pelo fator temporal, admitido pelo direito, dadas certas e excepcionais circunstâncias. A Constituição, a rigor, não descreve as várias formas de provimento derivado, deixando-se, por isso, a matéria para as regras do direito positivo subalterno, ainda que obedecidos, em qualquer hipótese, os mandamentos constitucionais pertinentes. Efetivamente, lê-se, na Lei das Leis, dispositivos tratando da reabsorção de quem foi afastado do seu lugar funcional em três hipóteses: a) *reintegração*, para quem tem, em seu favor, sentença judicial transitada em julgado, decretando a nulidade do ato demissório; b) *recondução ao cargo anteriormente ocupado* de servidor que ficara no lugar funcional do demitido, a qualquer título; e c) *o aproveitamento*, em lugar funcional adequado, do servidor posto em disponibilidade, cessado o afastamento por tal motivo. Essas as hipóteses constitucionais do provimento derivado. Não contempla, por exemplo, a Constituição a *reversão* do aposentado à denominada *atividade, nas hipóteses legais em que tal pode ocorrer*.

A doutrina pode nominar tais hipóteses da maneira que entender mais adequada, do ponto de vista científico, uma vez que, como sabido, a linguagem constitucional é a inteligível pelo povo a que se destina, sem embargo da existência, na Carta Magna, de expressões que a ciência e a técnica do direito consagraram. Jamais, a propósito disso, alguém chegou a afirmar que a *reversão do aposentado, que é uma forma derivada de provimento de lugar funcional, é inconstitucional*. Acrescente-se — a propósito da não inclusão, na Constituição, das várias formas de provimento derivado, mas, apenas, de algumas — que, ao tratar do regresso ao serviço de quem era servidor estável e tem sua demissão anulada por sentença judicial transitada em julgado, a Constituição trata apenas da *reintegração*, exclusivamente para a hipótese que ela formula no art. 41, § 1º, item I, *que é a que acaba de ser referida*. Resta a pergunta: qual a forma de provimento derivado de servidor que é demitido sem o devido processo de direito (*due process of law*) e tiver sua demissão anulada pela própria Administração, reconhecendo a incompatibilidade do ato punitivo com a regra jurídica suprema? A prevalecer a tese arbitrária da exclusão da *readmissão*, como forma regular de provimento derivado, por suposta inconstitucionalidade, qualquer outra forma, não escrita na modelação constitucional, seria, igualmente inviável. Nesta referência estariam vários tipos de provimento derivados instituídos pela legislação própria dos funcionários públicos civis da União, como, por exemplo, a *reintegração* de servidor beneficiado por decisão administrativa, nulificadora do ato demissório; a *readaptação* (Lei 8.112/90, art. 24), entre as várias espécies, nas várias leis mencionadas. Observe-se que Hely Lopes Meirelles, antes da Constituição de 1988, tese reafirmada pelos que fizeram a revisão de sua obra clássica, ajustando-a à atual Magna Carta, já firmava o ponto de vista de que a transformação de cargos, funções ou empregos, na área pública, é admissível, desde que realizada por lei. Apenas adverte que se a transformação importar em alteração do título e das atribuições do cargo, configura novo provimento, mas aí terá que ser exigido o concurso público.[1]

Em conclusão, quanto a este primeiro questionamento: o fato de não mencionar a

1. In *Direito Administrativo Brasileiro*, 22ª ed., referindo decisão do STF-Pleno, ADIn 266-0-RJ, de 1993.

expressão *readmissão*, em seu texto, como, de resto e visto, não arrolou a Constituição outras formas derivadas de provimento, além das três que descreve expressamente — como exposto neste parecer, linhas atrás — não significa ter a Lei Maior vedado outras maneiras de prover, derivadamente, os lugares funcionais. Deixou a Constituição para o legislador subordinado o disciplinamento de outras formas, que a dinâmica administrativa impõe, de acordo com as regras de política administrativa, que cada círculo interessado estabelece, dentro dos limites da autonomia, que lhes é dada pela Lei Suprema.

Acrescente-se que mesmo o princípio do concurso prévio, como condição *sine qua non* para o provimento dos cargos e empregos públicos, em caráter originário, está amenizado pela Emenda Constitucional 19, de 5.6.98, que, ao acrescentar o § 3º ao art. 39, da matriz constitucional, admitiu poder a lei estabelecer *requisitos diferenciados de admissão* (linguagem, nesta passagem constitucional, substitutiva de *investidura*, referida no item II, do art. 37, da mesma Carta Maior). Ora, a aprovação em concurso público de provas e títulos ou só de provas é requisito primeiro para o provimento do lugar funcional público. Já, quando trata, especificamente, do servidor público, depois de estabelecer os princípios gerais do art. 37, a Constituição admite possa a lei estabelecer *requisitos diferenciados de admissão, quando a natureza do cargo o exigir*. Quem acompanhou os trabalhos de elaboração da Emenda 19, no próprio âmbito do Poder Executivo federal, sabe que o dispositivo em questão veio para *flexibilizar* o princípio geral da exigência do concurso público, para fins de provimento de cargo ou emprego público.

4. Aceita a *readmissão* como forma derivada de provimento — e que, mesmo abolida ou substituída, em nomenclatura, por denominais formais outras — compatível, como visto, com o desenho constitucional, verifique-se, agora, a questão de sua aplicação a quem, nomeado em virtude de concurso público de títulos e provas, se exonera, assumindo outro cargo público, igualmente aprovado em torneio seletivo de igual natureza, nele se aposenta e pede o seu reingresso no cargo anteriormente ocupado, tendo deferida a súplica, formalizada em sua nomeação formal.

No caso da espécie, o interessado no reingresso, finalmente obtido, a nosso ver, preencheu o primeiro dos requisitos para a investidura, que se deu em cargo inicial da carreira funcional do Ministério Público, como Promotor de Justiça. É que se trata do mesmo cargo já ocupado, anteriormente, pelo nomeado, depois de lograr êxito no concurso pertinente. Logo, ficou preservado, do provimento questionado, o princípio fundamental do art. 37, II, da Constituição, que visa a permitir o acesso de todos quantos demonstrem a necessária aptidão, em concurso público de provas e títulos, ou só de provas (mas não é o caso), aos cargos e empregos do Poder estatal, limitada, como se viu, a discrição administrativa, para que não se transforme em *abuso ou desvio do exercício do poder*.

Não vislumbramos, por isso, no particular nenhuma ofensa à Constituição, inclusive à sua teleologia.

Trazer à colação a lei dos servidores federais, que já não batiza de *readmissão* determinadas formas de provimento derivado por ela estabelecidas — e, nem por isso, silente a Constituição a respeito, reputadas com essa incompatíveis — não melhora os argumentos dos que se opõem ao ato administrativo de investidura praticado. Partem os opositores do fato, que é verdadeiro, de que a lei disciplinadora das relações dos servidores públicos federais com a União deixou de contemplar a *readmissão* — pelo menos com essa titulação — como forma de provimento derivado. Não sendo lei nem sequer subsidiária da legislação própria do Ministério Público, quer a nacional, quer a estadual, não há como se pretender a sua projeção na situação jurídica que se vem analisando. A Lei Orgânica Nacional do Ministério Público (Lei 8.625, de 12.2.93), que não vigia à época do ato administrativo sob análise, não pode, igualmente, ser invocada, ainda que seus princípios gerais sejam obrigatórios para os Ministérios Públicos estaduais, a partir de sua vigência, incluídos, nas respectivas leis orgânicas, de caráter complementar. Invocação por invocação — e a título de reafirmar a perfeita compatibilidade da *readmissão* com as normas constitucionais — mencione-se a lei estabelecedora da organização judiciária do Estado do Ceará (Lei 12.342, de 28.6.94, portanto, já em plena vigência a Constituição de 1988). Este diploma contempla, em seus arts. 204 e 205, a figura da *readmissão*. Até agora, ao que se sabe, nenhum procedimento, visando à declaração de sua constitucionalidade, foi adotado pelos que defendem, pelo menos por aqui, a tese da incompatibilidade de tal forma de provimento derivado com a Lei Magna.

Acrescente-se que é pacífico o entendimento segundo o qual o *nomem iuris* não define o instituto ou negócio jurídico. A forma — e menos, ainda, o nome — pode não coincidir com a verdadeira natureza do ato, geralmente, mais compreensível ou de definição mais fácil por via de determinação de sua finalidade. O exposto suporta afirmação, que fazemos, na espécie, de que, na verdade, o ato que reconduziu ao cargo de Promotor de Justiça a pessoa que do mesmo se exonerara, é *nomeação pura, forma de provimento primário ou originário*, e terá sido perfeito, do ponto de vista do direito positivo, na medida em que o órgão administrativo, que o editou, cumpriu o que determina a Constituição (condição de aprovação do interessado em concurso público de títulos e provas, antecedente ao ato de provimento) e, naturalmente, verificou os demais requisitos para a formalização da nomeação, entendendo-os preenchidos.

5. Neste ponto das várias matérias levantadas pela consulta, convém enfrentar aquela relativa ao prazo de vigência do concurso, havido como expirado e, portanto, imprestável para dar base legal à nomeação impugnada, pelos que ao ato de recondução se opõem.

O prazo de validade dos concursos públicos, condição prévia para a ocupação de cargos públicos, como princípio geral, é matéria de natureza constitucional, posto que fixado, de modo expresso, pela Lei Maior nacional (art. 37, III). Em primeiro lugar, voltemos ao emprego constitucional das palavras e expressões. As Constituições — isso é pacífico na doutrina predominante — utilizam *linguagem coloquial* e não o vocabulário técnico do direito, ainda que, aqui e ali, coincidam os significados. Portanto, embora pudesse fazê-lo, a Constituição não condicionou a perfeição jurídica do concurso a um determinado tempo, mas dirigiu, na verdade, um comando à Administração Pública. No prazo chamado de *validade*, pela Constituição, o Poder Público, preenchidos todos os requisitos para a ocupação do cargo ou do emprego públicos, se entendesse de expedir ato de provimento, deveria reconhecer o direito subjetivo do ou dos candidatos, durante o período de tempo determinado pela Lei Maior. Só depois do interregno, constitucionalmente estipulado, é que a Administração poderia expedir atos de provimento alcançando pessoas de outros concursos. A afirmação — longe de ser gratuita — encontra amparo na própria Constituição. Efetivamente, no item IV, do mesmo art. 37, a Constituição criou *um direito de prioridade* (direito subjetivo público) para os concursados ainda não nomeados em face de outros vitoriosos em procedimentos seletivos anteriores e/ou posteriores. Isto é, enquanto *todos os aprovados e classificados, em determinado concurso, no prazo de validade* (a expressão é da linguagem constitucional) *do torneio, não forem nomeados, outros, ainda que, igualmente concursados, não terão direito ao provimento nos cargos e empregos para os quais fora realizado o concurso do aludido período temporal*. Portanto, não é lógica nem compatível com a finalidade constitucional do concurso tê-lo por *não havido* pelo fato de ter sido ultrapassado o tempo dentro do qual a Administração tinha o *dever* de expedir as pertinentes declarações de vontade, no sentido do provimento dos cargos e empregos, objetos do processo seletivo. Aliás, só para concluir a análise, o nomeado, novamente, o foi à época, porque, além de preencher os demais requisitos, exigidos para o provimento, realizou, com êxito, o concurso que se pretende, agora, imprestável para o fim efetivado pelo órgão competente do Ministério Público do Ceará.

6. No que tange à possibilidade de percepção acumulada de proventos de aposentadoria e de vencimentos de cargo, é forçoso ponderar, de logo, que, até a edição da recentíssima Emenda Constitucional 20, a Constituição não continha qualquer vedação nesse sentido.

A propósito, aliás, vale trazer a lume as passagens seguintes de parecer do Professor Celso Antônio Bandeira de Mello — publicado na *RDA* 199, pp. 317 e ss. — em que o eminentíssimo administrativista, a título de comentar infeliz, desarrazoada e desconcertante decisão isolada do STF, assim se pronunciou: "(...) A Constituição brasileira de 1988, desenganadamente, não proíbe aos servidores públicos acumulação de proventos de aposentadoria com vencimentos de cargo, isto é, com a importância paga a título de contraprestação da atividade funcional presentemente exercida (...). Debalde procurar-se-á da Lei Magna *qualquer dispositivo* cuja dicção estabeleça, sugira, insinue ou fomente, mesmo que de modo velado ou tênue, a suposição de que a acumulação de proventos com vencimentos seja vedada... *Com efeito, quem exerceu um cargo e não mais o exerce, por estar aposentado dele, não pode estar acumulando tal cargo (do qual já está desligado) com algum outro. Acumulação de cargos é a titularização simultânea de mais de um cargo. Logo, acumulação remunerada de cargos é a percepção de retribuição pelo exercício simultâneo de mais de um cargo, não estando em causa a titulação de dois cargos, é impossível estar em causa a acumulação remunerada de cargos*".

E conclui, com notável precisão, Bandeira de Mello: "(...) Não há negar que o direito do aposentado à percepção de proventos resulta de haver ele, no pretérito, desfrutado da qualidade de titular de cargo público, mas daí não se segue que sua paga seja remuneração do cargo exercido. Não é. Tem natureza diversa.

"O servidor ativo, sim, percebe remuneração em razão de seu vínculo com o cargo ou função. Distinta é a situação do aposentado, pois a aposentadoria provoca precisamente a cessação da relação entre o servidor e o cargo (embora não a relação entre ele e o serviço público), o que, desde logo, desautoriza supor que os proventos tenham natureza equivalente a de remuneração do cargo que exerceu (...).

"Por derradeiro, estando em pauta, como está, nada mais que um problema de interpretação — a ser soluto, pois, de acordo com os cânones hermenêuticos que presidem as exegeses normativas em geral é impossível deixar-se de atribuir importância ao princípio segundo o qual as proibições se interpretam estritamente. Nesta consonância, então, não se pode atribuir a uma norma que simplesmente proíbe acumulação remunerada de cargos, um alcance suplementar para fins de proibir também a acumulação de proventos com a de vencimentos.

"Tal conclusão, de resto, é particularmente visível na matéria 'sub examine' porque, como argutamente salientou o Ministro Marco Aurélio, depreende-se da Constituição vigente, de um lado, uma deliberação clara no que concerne à consciente delimitação do âmbito das proibições de acumular e respectivas exceções e, de outro lado, um reconhecimento, também consciente do caráter restrito conferido ao art. 37, XVI — atinente à acumulação de cargos. É que, como ponderou em seu voto, o art. 37, XVII, extensivo da proibição de acumular cargos, funções e empregos em autarquias e outras entidades, revela que o campo abrangido pela regra do inciso XVI, por si mesmo, não possuía amplitude para abrigar senão o que resultava imediatamente de sua dicção. Assim, se o propósito constitucional fosse o de compreender outras limitações — qual a do acúmulo de proventos — haveriam sido igualmente instituídas e não o foram, diversamente do que ocorreu em relação aos colhidos pela regra do inciso XVII. Isto se confirma pela minúcia com que foi tratado o tema de acumulação. É que a Lei Magna, assim como havia delimitado o que desejaria incluir nos acúmulos proibidos, ocupou-se, nas Disposições Transitórias, de excluir situações intercorrentes que reputou oportuno absolver da vedação que as acolheria, tudo a demonstrar a amplitude dos cuidados que dispensou ao assunto.

"Confirma-se, dessarte, que a Constituição externou com largueza seus desígnios na matéria e que, determinadamente, conferiu à disposição constante do art. 37, XVI, um âmbito restrito, isto é, não extrapolável para outras situações não contidas em sua própria linguagem."

No mesmíssimo sentido — é bom fazer ver — existem dois outros pareceres, um da lavra do emérito professor Caio Tácito, da Universidade do Estado do Rio de Janeiro (também publicado na *RDA* 199/313 e ss.) e outro da Consultoria-Geral da Presidência da República (publicado na *RDA* 177/91 e ss.).

7. Mesmo que a vedação se contenha, agora, por via de emenda constitucional (a EC 20/98), na *Lex Fundamentalis*, não é de supor que a nova regra proibitiva possa atingir quem, à luz da normatividade anterior, haja adquirido o direito à percepção simultânea de proventos e vencimentos.

Indiscutível, sob qualquer ótica, a circunstância de gozar a norma constitucional de *supremacia* em relação às demais integrantes do sistema jurídico, as quais nela se fundamentam. Isto também é verdadeiro em relação à Constituição brasileira em vigor, cuja rigidez — pressuposto de sua supremacia — se vê configurada, especialmente, no seu art. 60. Com efeito, ao ali disciplinar as hipóteses em que é possível sua própria alteração ou modificação a Lei Maior de 1988 quis-se proteger, em primeiro lugar, da ação deletéria do legislador comum. Em outras palavras, deixou claro que as leis ordinárias, complementares ou delegadas, assim como qualquer outra espécie legislativa assemelhada (como a "medida provisória") ou de inferior hierarquia (como o decreto regulamentar), jamais podem ter a veleidade de contrariar suas disposições. Todas essas manifestações normativas infraconstitucionais devem, obrigatoriamente, manter-se mesurosas aos princípios e regras da Lei Fundamental, sob pena de invalidade.

Ergueu a Constituição em torno de si mesma, portanto, uma muralha de proteção, fortificada o suficiente para que sua já mencionada rigidez — e sua supremacia, conseqüentemente — não venham a ser abaladas. Nem se diga que se trata de providência desnecessária, ou de uma mera sofisticação imaginada pela mente academicista de alguns doutrinadores. Ao contrário, põe-se como indispensável não apenas para sua própria mantença como norma superior, mas para a sustentação do regime democrático que a Constituição erigiu e daquilo que se pode colocar como a própria razão de ser do Direito: *o princípio da segurança das relações jurídicas*. Sem tal segurança ou estabilidade nas relações que o Direito se propõe a regular (ou, se assim se preferir, das normas jurídicas voltadas à regulação das respectivas relações), sequer se pode falar em convivência harmônica entre os homens. Muito menos em progresso social e econômico. Defender a integridade da Constituição, portanto, não é simples exercício de retórica bacharelesca, mas de salvaguarda da própria civilização humana, cujo desenvolvimento moral e material depende, basicamente, do nível de segurança em que os relacionamentos humanos se desenvolvam.

A Lei Suprema de 1988, todavia, como qualquer outra, não se desejou imutável, intangível às mudanças sócio-políticas impostas pelo próprio decorrer do tempo. Nem o poderia, na medida em que, se assim não fosse, se tornaria logo superada e, muito provavelmente, albergadora de prescrições ineficazes, descompassadas com a realidade. Eis porque admitiu ela ser modificada pelas emendas constitucionais. Mas estas, é claro, têm posição hierárquica inferior, em relação à Constituição mesma.

Ao prever, de modo expresso, a edição de *emendas constitucionais*, a Constituição da República fê-lo exatamente para estabelecer, rígida e minudentemente, normas disciplinadoras de sua alteração. Quis, assim, por intermédio delas, ver-se atualizada, mas sob certos e bem postos parâmetros e gizamentos, absolutamente incontornáveis, por ela mesma, Constituição, positivados. Donde uma óbvia conclusão: as *emendas constitucionais* são manifestações normativas que se hão de subssumir à própria Constituição, porque desta derivadas e a esta subordinadas. Vêm a ser regras *infraconstitucionais*, portanto. E nem poderia ser diferente, já que oriundas de um *órgão constituído* (o Congresso Nacional em nosso caso), estruturado pela Constituição, e não de um órgão *constituinte*, capaz de elaborar a própria Constituição. Assim, não se imagine que uma *emenda*, uma vez formalmente aprovada — e por isso passando a formalmente integrar o texto constitucional — seja intocável, é dizer, não possa ter sua constitucionalidade (ou validade frente à Constituição) questionada.

É claro que pode, exatamente porque sua edição resulta do exercício do *poder constituinte reformador*, cujas competências estão definidas pela Constituição; esta, por seu turno, se origina do exercício do *poder constituinte originário*, aquela "(...) força política incondicionada em termos jurídicos e fixadora de uma nova idéia fundamental de direito".[2] Assim, se as *emendas* emanam de um poder legiferante *condicionado* juridicamente pela Lei Suprema — que as prevê e regula — e não de uma "força política incondicionada em termos jurídicos", como bem disse Paulo Modesto, desarrazoado seria pensar que elas, as *emendas*, não pudessem ter sua inconstitucionalidade decretada (pelas vias anteriormente já indicadas). Não se trataria, aí, como alguns poderiam pensar, de identificar uma "inconstitucionalidade na própria Constituição", coisa que a lógica jurídica de plano refuta. As *aparentes* incompatibilidades entre as regras da Constituição mesma, enquanto originariamente posta, são, em verdade, resultado da equivocada exegese do Texto Supremo, resolvíveis, sempre, pela interpretação lógico-sistemática que dele se faça, privilegiados sempre os seus princípios. Já a contradição entre a Constituição originariamente posta e uma emenda se há de resolver em favor daquela, invariavelmente, em razão de seu superior posicionamento hierárquico. Mesmo que se entenda — como o faz Modesto, com a argúcia de sempre — que o poder reformador "(...) expressa também de forma especial ou incomum a soberania popular través o Parlamento"[3] é preciso bem compreender: a) que as leis — ordinárias ou complementares, por exemplo — igualmente são produzidas pelo Parlamento e refletem (ou hão de refletir, em homenagem ao princípio republicano), a soberania popular; b) que, mesmo elaboradas de forma "especial", as *emendas constitucionais* não se podem nunca pôr no mesmo patamar das normas constitucionais em si mesmas, elaboradas pelo poder constituinte originário, este sim, inconfundível, uno, incindível, supremo, e não só "incomum".

2. Conforme felicíssima definição de Paulo Garrido Modesto, da nova geração de eméritos constitucionalistas, em brilhante artigo (ainda não publicado, infelizmente) intitulado "Reforma administrativa e direito adquirido".

3. V. artigo citado, p. 7.

Dentre os limites (formais, materiais e implícito) impostos à edição das emendas, vale especialmente referir ao pertinente aos *direitos e garantias individuais (CF, art. 60, § 4º, IV) que, previstos expressamente no próprio art. 5º da Constituição ou decorrentes do regime e dos princípios que ela adota, assim como dos tratados internacionais de que o Brasil seja signatário (art. 5º, § 2º), igualmente se encontram na categoria das matérias vedadas à ação reformadora. Quanto a este ponto, é dizer, às limitações materiais expressas, impende notar — como o faz, com inteira propriedade e a autoridade de sempre, José Afonso da Silva — que a utilização, pelo § 4º do art. 60, do vocábulo "abolir", não significa apenas "extinguir", mas qualquer ação voltada a promover vulneração ou alteração desses princípios superiormente resguardados.*[4]

8. Resta concluir, pois, pela prevalência dos direitos adquiridos (e das coisas julgadas) frente às emendas constitucionais.

Em trabalho escrito pelo segundo subscritor deste parecer, em parceria com o ilustre constitucionalista sergipano Carlos Ayres Britto, sustentou-se a tese de que há direito adquirido, sim, contra as emendas constitucionais. Ali se afirma que "(...) o que não há é direito adquirido contra a Constituição, tal como originariamente posta, porque a Constituição originariamente posta é o começo lógico de toda a normatividade jurídico-positiva de um Estado soberano (Kelsen), é a 'lei que diz como se fazem as demais leis' (Achával). Logo, não tem compromisso com a ordem jurídica anterior, justamente por ser inaugural de uma nova ordem, cujo primeiro efeito é sepultar a própria Constituição primitiva.

"Noutros termos, então, somente a Constituição originária é que se põe na linha de largada do Direito Positivo. Sua irrupção no cenário jurídico significa a postura do começar tudo de novo, e não simplesmente a do ajeitar as coisas. Isto, pelo fato de que seu órgão de elaboração (Assembléia Nacional Constituinte, no caso brasileiro) é o único a se caracterizar como instância capaz de normar sem ser normada; vale dizer como instância que tem a exclusiva força de preservar, ou deixar de fazê-lo, toda e qualquer norma produzida à luz da velha ordem jurídica. É ela, enfim, a única norma do sistema produto do exercício do poder constituinte originário, de índole política e, por tal circunstância, insubmisso a qualquer regramento jurídico anterior.

"Nada escapa à força de construção e ao mesmo tempo de demolição normativa da Constituição originária, no sentido de que tudo que ela disser de forma expressa, ou até mesmo implícita, passa a vigorar como norma jurídica e tudo o que não estiver de acordo com ela deixa de vigorar como norma jurídica (princípio da instantânea perda de eficácia das normas não recepcionadas pela nova ordem constitucional). É exprimir: todas as relações possíveis e imagináveis se devem quedar mesurosas à Constituição e por isso é que se pode ajuizar que contra ela não há direito adquirido.

"Não é bem isto o que sucede com as emendas à Constituição, que já se encontram a meio caminho do Direito Positivo. Seu órgão de deliberação é destituído da característica de instância exclusivamente normante, exatamente porque já derivado da primária manifestação de vontade normativa daquele que elabora a Constituição. Daí não se lhe poder reconhecer a natureza de um verdadeiro poder constituinte, como ensinava George Burdeau e como insistem na diferenciação Jorge Miranda e José Gomes Canotilho.

4. Veja-se a lição de José Afonso da Silva a respeito: "É claro que o texto não proíbe apenas emendas que expressamente declarem: 'fica abolida a Federação (...) ou fica extinta a liberdade religiosa (...)'. A vedação atinge a pretensão de modificar qualquer elemento conceitual da Federação, ou do voto direto, ou indiretamente restringir a liberdade religiosa, ou de comunicação ou outro direito e garantia individual; basta que a proposta de emenda se encaminhe ainda que remotamente, 'tenda' (emendas tendentes, diz o texto) para sua abolição (*Curso de Direito Constitucional Positivo*, Malheiros Editores, 14ª ed., p. 69).

"Pois bem. Não sendo possível reconhecer ao órgão de produção das emendas constitucionais a ontologia de um verdadeiro poder constituinte, mas apenas de um poder reformador a ele não se pode creditar o exercício pleno de um poder correlatamente desconstituinte. Ele não zera a contabilidade jurídica anterior e daí a compreensão de se tratar de um aparelho decisório que não tem a força de ignorar de todo a Constituição preexistente, pois somente pode normar *nos termos em que pela Constituição mesma já se encontra normado*. Tal órgão (o Congresso Nacional, entre nós), afinal, é constituído pela Constituição!

"Daqui se concluiu, obviamente, que a permanência ou não de um direito já adquirido é matéria que se equaciona, antes de tudo, à face do originário Texto Maior, e não das emendas à Constituição, propriamente. É preciso ver se existe, no nascedouro da própria Constituição, um regime jurídico do direito adquirido, imune à incidência das próprias emendas.

"Anotada a diferenciação, é de se ver que a afirmativa dos que negam a sobrevivência do direito adquirido ante as emendas constitucionais é feita com apoio na intelecção de que a lei é que está proibida de desrespeitar esse tipo de direito. Não as emendas, que têm hierarquia superior à da lei. É como se pronuncia Paulo Modesto, em precioso estudo sobre o tema, do qual reproduzimos o seguinte trecho: 'O direito adquirido, por conseguinte, ao contrário do que alguns órgãos de imprensa teimam em dizer, não é garantia dirigida ao poder constituinte, originário ou reformador. É garantia do cidadão frente ao legislador infraconstitucional, utilizável para impedir a eficácia derrogatória da lei nova em face de situações jurídicas constituídas no passado por leis ordinárias ou leis complementares' (em *Reforma Administrativa e Direito Adquirido ao Regime da Função Pública*, p. 7).

"Ocorre que não nos parece inteiramente acertado esse modo de pensar a Constituição de 1988, mesmo contando ele com o prestígio de vários julgados do Supremo Tribunal Federal. As emendas têm força impositiva superior à da lei — certo é dizê-lo — mas nem por isso estão liberadas da vedação constitucional da imposição de prejuízo ao direito já adquirido pelo respectivo titular. Se elas não foram incluídas na disposição literal do inciso XXXVI do art. 5º da Magna Carta ('a lei não prejudicará o direito adquirido, o ato jurídico perfeito e a coisa julgada'), isto se deu pela principal razão de que o direito ali referido é exclusivamente o concedido por lei. Não o concedido pela Constituição, diretamente.

"Com efeito, o direito adquirido a que se referiu o mencionado dispositivo constitucional foi o conferido por lei, exclusivamente, pois os direitos conferidos pela Constituição mesma, de modo pronto e acabado, *não se encontram à mercê da lei*. A lei não tem, nem pode ter, o condão de desconsiderar os direitos subjetivos que o próprio Texto Supremo plasmou de todo, sem que ele mesmo admitisse a menor constrição, como, por exemplo, os constitutivos da liberdade de manifestação do pensamento, de reunião e de sindicalização, ou os consistentes na estabilidade dos servidores públicos civis e na irredutibilidade dos respectivos vencimentos.

"Agora, como a lei poderia tomar o que ela mesma deu, segundo o princípio de que a lei posterior revoga a anterior, a Constituição entrou no circuito para impedir o 'toma-lá-dá-cá'. Isto, sempre que o titular do direito abstratamente concedido já houver preenchido, em concreto, as respectivas condições de exercício (direito adquirido, portanto, a significar permanência de efeito pontual de norma já riscada do mapa jurídico).

"Assim dispôs a Constituição, no prefalado inc. XXXVI do art. 5º, como uma das formas de manifestação do princípio da segurança jurídica. Princípio, esse, desde logo entalhado no *caput* do mesmo artigo, no capítulo versante sobre direitos e garantias marcantemente individuais e, por isso mesmo, subtraído ao poder legiferante do

Congresso Nacional, ainda que agindo este como poder reformador. É a vedação que se contém no inciso IV do § 4º do art. 60, nestes esclarecedores termos 'Não será objeto de deliberação a proposta de emenda tendente a abolir: (...) IV — os direitos e garantias individuais".

"Ora bem, *se o princípio constitucional da segurança inflete sobre o direito que se adquire por simples disposição legal, quanto mais sobre o direito que se adquire por disposição nuclearmente constitucional...* Ou, por outra, se a Constituição recusasse aos direitos por ela mesma conferidos a cota de segurança que emprestou aos direitos adquiridos por lei, estaria a hierarquizar os direitos adquiridos em constitucionais e legais, para privilegiar estes últimos.

"Em diferentes palavras, a Constituição estaria a se proclamar lei menor, em tema de direitos adquiridos, reservando o designativo de lei maior para a lei ordinária ou complementar, em igual matéria. Linha de interpretação que nos parece rejeitável, por desconhecer o vínculo funcional direto entre a obra do verdadeiro poder constituinte e a maior estabilidade das relações jurídicas nela substanciadas, quando comparadas com as relações instituídas por leis de um poder simplesmente constituído, como é o Congresso Nacional.

"Não nos parece demasiado lembrar, a esta altura, que o princípio das relações jurídicas exsurge, latente, da Constituição. É um dos que ela adota, posto que deseja o conjunto normativo por ela encimado, como um todo funcional, tendo como objetivo primordial oferecer segurança às relações que sob sua égide se hajam estabelecido. E tal princípio, ele próprio, integra, a desdúvidas, o rol dos direitos e garantias individuais, nos termos do § 2º do seu art. 5º, o qual já se viu ser infenso às emendas.

"Com este nosso modo de ver as coisas, não estamos negando que as emendas possam prejudicar (por modificação ou supressão) certos direitos subjetivos que não façam parte da relação dos expressamente nominados como 'direitos e garantias individuais'. O que estamos a afirmar é que tais direitos, uma vez adquiridos, seja qual for a natureza (direito social, político, funcional etc.) não podem mais ser lesionados por efeito de reforma constitucional. As emendas, no caso, já nascem com o timbre do 'doravante', e jamais com o timbre do 'desde sempre'.

"É enganoso pensar, assim, que a interdição da lei para ofender certos direitos ou garantias venha sempre a significar liberação das emendas constitucionais para fazê-lo. Uma coisa não puxa a outra, necessariamente, por que há justificativa lógica para o fato em si da remissão constitucional explícita à lei.

"Só para ilustrar este nosso enunciado, pense-se na regra constitucional que proíbe a retroatividade da lei penal, salvo para beneficiar o réu. Ou no preceito de que não há crime sem lei anterior que o defina, sem prévia cominação legal. Ou, ainda, no dispositivo que veicula a norma interditante da lei quanto à possibilidade de excluir da apreciação do Poder Judiciário lesão ou ameaça a direito. Por que tanto chamamento expresso à lei? Simplesmente, porque a Constituição reserva para a lei a conformação de matéria penal, assim como da matéria processual, seja esta de natureza igualmente penal, ou civil (inc. I do art. 22, combinado com o art. 48, cabeça)... Pois é esse mesmo fundamento racional que está na base da citação da lei, alusivamente à interdição de ofensa ao direito adquirido. É que a Constituição convocou expressamente a lei para criar direitos subjetivos, como, *verbi gratia*, os atinentes a trabalhadores urbanos e rurais (art. 7º, I, X, XI, XIX...) e à isonomia entre servidores públicos civis da Administração Direta (§ 1º do art. 39). Se não proibiu literalmente as emendas de retroagirem, foi porque não autorizou expressamente que elas ampliassem a pauta dos direitos já constitucionalmente assegurados.

"Salta à evidência, então, que não é pelo fato de haver citado a lei, e não as emendas, que a Constituição esteja a liberar estas últimas quanto àquelas proibições. Além de dever pesquisar sobre a razão específica da citação constitucional da lei, o intérprete não pode esquecer que é justamente a lei a forma usual ou cotidiana de inovar a Ordem Jurídica (não de se fundar essa Ordem, claro). As emendas são extraordinárias, episódicas, e não é por outra causa que a *Lex Fundamentalis* deixa de indicar os assuntos por ela reguláveis (assim é que, sem embargo do silêncio constitucional, não se pode ter como admissível que uma emenda altere exatamente os dispositivos da Constituição que aviam a receita de elaboração das próprias emendas).

"Deveras, as emendas constitucionais se caracterizam, não pela indicação das matérias que lhe são reservadas, *mas pela indicação das matérias que lhes são proibidas (cláusulas pétreas)*. Já as leis, estas são numerosamente referidas pela Constituição, tanto para o efeito de poder conformar certas relações, quanto para o efeito de não poder fazê-lo, exatamente porque a Ordem Jurídica tem na lei o seu elemento próprio de dinamização, a partir da peregrina regra de que 'ninguém é obrigado a fazer ou deixar fazer alguma coisa senão em virtude de lei' (inciso II do art. 5º da Carta de Outubro).

"Seria até o caso de se perguntar: *só porque a Constituição mencionou apenas a lei como fonte de obrigação positiva ou negativa, as emendas estariam proibidas de obrigar alguém a fazer ou deixar de fazer alguma coisa? Clarissimamente que não!* A Constituição calou quanto às emendas, tão-somente porque em nenhum momento delas falou como veículo de concessão de direitos subjetivos, ou instrumento de imposição de deveres. E também porque delas não fez — insista-se — mecanismo usual de regulação jurídica da vida coletiva, tanto que dificultou sobremodo o processo da respectiva gestação. Ao contrário do que fez com a lei, cujo processo de elaboração é comparativamente simplificado e cuja aptidão conformadora é abrangente de todas as matérias de competência da União (tal como se deduz da letra do art. 48, ao falar de 'sanção do Presidente da República').

"Isto mesmo é se entender quanto à interdição da lei para prejudicar o direito já adquirido. A omissão do vocábulo 'emenda' não significa ordem diversa daquela que prevalece para a lei. 'O vento que venta lá é o mesmo que venta aqui', pois o que importa preservar é a inteireza do princípio das relações jurídicas, que tem na intocabilidade do direito adquirido uma das suas mais expressivas expressões pontuais.

"Daqui resulta que defender a tese da aptidão das emendas constitucionais para a infligência de dano ao direito adquirido, ou para definir crimes ou cominar penas inexistentes à época da materialização dos atos humanos que venha a sancionar, ou ainda para agravar penalidade já fixada por sentença condenatória em fase de execução, sob o fundamento do silêncio da Constituição quanto à palavra 'emenda' é descambar para o reducionismo ou a dessubstancialização do princípio da segurança jurídica, relativizando o que a Lei Maior concebeu, a esse respeito, como princípio absoluto. Numa frase, incorrer nessa prática relativizadora ainda não é abolir pura e simplesmente o direito individual da segurança jurídica, mas não foi apenas isso o que a Constituição proibiu. A Constituição fez muito mais, porque proibiu que se discutisse a proposta de emenda tendente a abolir os direitos e garantias daquela espécie individual (entre outras matérias intangíveis). E por tendência há de se entender a propensão, a vocação, a inclinação, o propósito velado, ou oblíquo, ou diferido, de infligir redução de substância na originária carga protetiva da norma constitucional erigida à suprema dignidade de cláusula pétrea.

"Em síntese, a norma constitucional veiculadora da intocabilidade do direito adquirido é norma de bloqueio de toda função legislativa pós-Constituição. Impõe-se a qualquer dos atos estatais que se integram no 'processo legislativo', *sem exclusão das emendas*.

"À guisa de remate, não se estranhe o fato de a subsistência do direito adquirido implicar ultra-operatividade tópica de uma lei que se tornou incompatível com emenda constitucional, porque esse tipo de ultra-operatividade foi antecipadamente ressalvado pela Constituição originária, no estratégico inc. XXXVI do art. 5º. Mera conseqüência lógica do irrefutável juízo de que a Constituição originária tudo pode, inclusive para esse efeito de não permitir o desfazimento de um direito cuja lei de concessão venha a colidir com futura emenda constitucional. *Mutatis mutandis*, é a razão pela qual a lei já declarada inconstitucional não recobra eficácia por força do surgimento de emenda que faça desaparecer a sua antiga incompatibilidade com a Constituição.

"Em rigor de interpretação, a lei cuja materialidade venha a ser abalroada por emenda constitucional, já não prossegue como centro de imputação jurídica. Perde a eficácia. Mas o direito por ela outorgado a ela mesma sobrevive, incólume, desde que por alguém já tenha sido adquirido. Com o que não se tem a 'invenção' de uma nova cláusula pétrea, mas simplesmente a compreensão de que a cláusula pétrea dos direitos e garantias individuais é suficientemente lata para incorporar a ultratividade de norma legal produtora de um direito subjetivo cujas condições de gozo já se encontrem factualmente preenchidas. Só e só.

"É como visualizamos o tema, sem nos impressionar com a jurisprudência que se formou à sombra de passadas Constituições, não da atual, exigente da formação de novos quadros mentais. Os antigos holofotes já não aclaram o caminho dos esquadrinhadores da Carta de Outubro."

É o que nos parece.

Fortaleza, 14 de janeiro de 1999

POSSE, PROPRIEDADE E ESTADO DE DIREITO*

SÉRGIO SÉRVULO DA CUNHA

Advogado em Santos

1. Não deixei de estranhar o tema desta palestra: o que têm posse e propriedade — figuras evidentemente de Direito Civil — a ver com o Estado de Direito? Notei porém que os temas das demais palestras alinhavam igualmente questões de direito privado e de direito público, revelando o critério e objetivo dos organizadores deste Congresso. Docemente induzido, ponho-me a repensar aquilo a que se costuma chamar a *summa divisio* do direito.

Em livro precioso (*The Construction of Social Reality*, The Free Press, New York, 1995), John R. Searle examina o que designa como "fatos institucionais": "Este livro é sobre um problema que me perturbou durante muito tempo: há porções do mundo real, fatos objetivos no mundo que somente são fatos em virtude de um acordo entre as pessoas" (p. 1). "Se todos pensam que uma determinada espécie de coisa é moeda, usam-na e tratam-na como moeda, então ela é moeda. Mas se ninguém jamais pensa que essa coisa é moeda, então ela não é moeda. O que se passa com a moeda vale para eleições, propriedade privada, guerras, promessas, casamento, compra e venda, cargos públicos etc." (p. 32).

Pierre Bourdieu leva adiante essa análise, a propósito da família, que é ao mesmo tempo o resultado de um longo trabalho de construção jurídico-política e um princípio de construção da realidade social; como resultado dessa construção ela é uma "categoria social objetiva"; ao mesmo tempo, ela é também uma "categoria social subjetiva", uma categoria mental "que é a base de milhares de representações e de ações (casamentos, por exemplo) que contribuem para reproduzir a categoria social objetiva. Esse é o ciclo de reprodução da ordem social. O acordo quase perfeito que se estabelece então entre as categorias subjetivas e as categorias objetivas funda uma experiência do mundo como evidente, *taken for granted*. Nada parece mais natural do que a família: essa construção social arbitrária parece situar-se no pólo do natural e do universal" (*Razões Práticas*, Papirus, Campinas, 1997, p. 128).

Com relação à propriedade acontece o mesmo. A ela também se aplica essa afirmação do mesmo autor: "Uma história social do processo de institucionalização estatal da família mostraria que a oposição tradicional entre o público e o privado mascara a que ponto o público está presente no privado, no próprio sentido de *privacy*. Sendo produto de um longo trabalho de construção jurídico-política, do qual a família moderna é o resultado, o privado é um negócio público" (id., p. 135).

2. Algumas dificuldades terminológicas, na operacionalização do conceito de

* Texto elaborado a partir de palestra no 3º Encontro Nacional de Direito Civil Alternativo, realizado em Cáceres (MT), de 24 a 26.9.98.

propriedade, fornecem-nos uma pista para desembaraçar as relações entre posse e propriedade. Fixemo-nos na primeira, e mais evidente: se existe o verbo (possuir) correspondente ao substantivo "posse", não existe o verbo correspondente ao substantivo "propriedade". O possuidor possui, mas o proprietário não *proprieta*: ele também "possui". Quando se criou, por cima da posse, o neologismo "propriedade", a tarefa de encobrimento desses conceitos não precisou ou não conseguiu ir tão longe a ponto de criar o verbo correspondente.

A definição da posse através da propriedade, tentada pela doutrina tradicional — e que a meu ver se assemelha à teoria geocêntrica — é o passo mais explícito nessa estratégia de encobrimento. Mesmo a Pontes de Miranda, tão extrema e minuciosamente preciso na conceituação da posse (v. *Tratado de Direito Privado*, v. 10, *passim*), escapou esse aspecto historicamente evidente, que a pátina doutrinária em pouco mais de duzentos anos conseguira ocultar. Pontes define o conteúdo do direito de propriedade como um "feixe de poderes"; ora, esse feixe de poderes (os poderes de usar, de fruir, de dispor da coisa) não é outra coisa senão a posse plena, sendo o proprietário, a rigor, quem tem direito à posse plena. E não obstante todo seu cuidado em distinguir, em primeiro lugar a posse como fato social, e, em segundo, em distinguir a posse do direito de possuir, ao classificar a posse ele não escapa de fazê-lo por referência aos desmembramentos do domínio: a posse "própria", por exemplo, é a posse "como de dono". Não existia na sociedade primitiva uma pretensa "propriedade coletiva" porque, na sociedade primitiva, não existia propriedade. Posse, sim, que é poder sobre a coisa. Posse coletiva dos bens coletivos (basicamente da terra), instituição bastante à produção dos bens sociais; posse individual dos bens individuais. A propriedade — que nasce como propriedade individual — é fato relativamente recente, associado menos à diferenciação social (a fratura da gens, do clã, da tribo) do que à expansão do poder político e do capitalismo. A posse, condição de utilização da coisa — não a propriedade — é fator da produção; a posse é princípio produtivo, a propriedade é princípio especulativo.

A posse é fato natural: vai até onde alcança o braço ou a vista, até onde chega a possibilidade de utilização da coisa; corresponde ao espaço natural da pessoa, da família, da comuna, e daí sua naturalidade. Ela é, por isso, instituição de Direito Civil. A principal diferença entre a propriedade e a posse, portanto, não está nos seus efeitos: a perpetuidade daquela, a visibilidade registrária, a pretensão reivindicatória (a possibilidade jurídica de reaver a coisa de quem a possua injustamente), mas na sua causa e no seu caráter politicamente excludente. A propriedade vai até onde chega o poder político do dono, mesmo que inexista poder fático sobre a coisa, seu aproveitamento, ou sequer a possibilidade do seu aproveitamento; ela nasce no momento em que se transforma a coisa em capital, em algo para ser entesourado ou reproduzido.

3. Na história brasileira está o melhor exemplo desse caráter politicamente excludente da propriedade. O que faz o Tratado de Tordesilhas é assegurar à coroa portuguesa o direito perpétuo de exploração do que *viria a ser* o território brasileiro. Os representantes dos reis de Espanha reúnem-se na vila de Tordesilhas com os representantes do rei de Portugal para "entabolar e tomar assento (...) sobre a divergência que (...) há sobre o que a nós e a ele pertence *do que até agora está por descobrir no mar Oceano*". Antes sequer de saber da existência da coisa, seu aspecto, extensão, e inclusive se é habitada, o soberano dela se apropria.

O modelo da propriedade moderna está menos no Direito Romano do que no feudalismo. Ao contrário da posse, a propriedade é um produto do poder político, e antes de pertencer ao Direito Civil é uma instituição de direito público. Essa propriedade política, aproveitada pela revolução francesa como instrumento de classe, passa a ser garantida pelo Estado, segundo a fórmula do Código Napoleônico. O que as declarações de direitos passam a proclamar como um direito natural e sagrado não é a posse, mas a propriedade excludente, revestida com as virtudes daquela, e o Estado mínimo é expressão desse regime de propriedade excludente.

4. No Direito Romano pré-clássico, ao tempo da Lei das XII Táboas, era exceção aquilo que mais tarde se designaria como domínio, sendo regra o poder de fato sobre os prédios, principalmente rústicos (v. Bozza, "Sull'origine del possesso", in *Annali della R. Università di Macerata*, v. VI, pp. 189 e ss., e *Il Possesso, Parte Prima*, ns. 8 a 20, pp. 22 a 89, cit. por José Carlos Moreira Alves, Posse, Forense, Rio, 1985, p.16).

O conceito romano de domínio (direito de possuir) pressupõe o conceito de posse tanto quanto, sob o ponto de vista histórico, a existência do domínio pressupõe a existência da posse. O poder de direito sobre a coisa constrói-se sobre o modelo preexistente do poder de fato. Como observa Moreira Alves, "a palavra *dominium* como expressão técnica para traduzir o direito de propriedade só surge tardiamente no latim" (ob. cit., v. 1, p. 14, nota 24). Para designar-se esse tipo de relação dizia-se *meum esse* ou *in bonis esse* ou *in bonis habere*; ou então designava-se o conteúdo desse poder: *habere possidere uti frui licere.*

Arangio-Ruiz (*Instituciones de Derecho Romano*, Ed. Depalma, Buenos Aires, 1973), afirma que "essencialmente, soberania e propriedade fundiária eram, na concepção originária, a mesma coisa; de modo que a terra não podia pertencer ao particular, mas ao monarca despótico, ou coletivamente, aos *civis* de uma cidade. Só mais tarde e unicamente no regime do Estado-cidade, a co-propriedade soberana de todos se transforma em propriedade do particular sobre a fração que se lhe tenha assinado como sua parte (ou suposta como tal). Nos princípios de Roma, com efeito, não temos como provada a existência de uma propriedade privada dos fundos cultiváveis; quando muito, uma propriedade imobiliária dos particulares se reconheceu na cidade somente sobre as casas, como também sobre pequenos lotes cultivados como hortos" (pp. 203-204).

É equivocada, portanto, a perspectiva do nascimento da posse, como instituto de direito material, a partir da tutela interdital.

Como é sabido, os romanos não classificavam os bens barbaramente, segundo sua natureza física, mas de acordo com o tipo de utilização a que se prestavam. As coisas ou eram suscetíveis de estar no poder de alguém — e nesse caso eram *mancipi* — ou não eram suscetíveis de estar no poder de alguém, e nesse caso eram *nec mancipi*. Segundo Ugo Brasiello (*Lineamenti di Storia del Diritto Romano*, Bulzone Ed., Roma, 1972), "la signoria sulle cose fa parte di quel *mancipium*, che doveva costituire un potere più generale del *paterfamilias*" (p. 70). Esclarece o mesmo autor que o *mancipium* era um poder de comando assemelhado ao *imperium*, como uma espécie de *imperium* doméstico, que o *paterfamilias* exercitava sobre dependentes livres, sobre servos e sobre coisas. Esse poder vinha do próprio fato de ser *paterfamilias*, compreendendo as coisas que fazem parte da vida familiar, mas ainda não era a propriedade. "Questo potere si esercita sulle persone dipendenti e sulle cose, ed è indicato dalle espressioni *manus mancipium potestas*, che si trovano talora separate, talora tutte e tre insieme: *manus mancipium potestas* (Valerio Probo); *in potestate manu mancipioque* (Ulp. Reg. XIX, 18 e XXIV, 23); *in manu mancipioque*. Il potere si esercita sulla moglie, e verrà poi chiamato più propriamente *manus*; sui figli, e verrà chiamato *patria potestas*; sui servi, e verrà chiamato *potestas dominica.* Se esercita pure sulle *res mancipi* e più tardi su tutte le cose (e verrà chiamato ancora *mancipium*, cui si aggiunse più tardi il *dominium*)" (p. 138). Nessa patrimonialidade — fato, costume, direito — está a origem da propriedade fundiária, principalmente sobre imóveis urbanos, a que se dava a proteção da *rei vindicatio*.

Sabe-se também que não há nas fontes uma definição do domínio, e que não é romana a definição da propriedade como *ius utendi et abutendi*. O que foi recebido no direito europeu medieval, como informa Wieacker, "não foi o direito romano clássico (então desconhecido na sua forma original); também não o direito histórico justinianeu como tal, mas o *jus commune* europeu, que os glosadores e sobretudo os consiliadores tinham formado com base no *Corpus Juris* justinianeu, mas com a assimilação científica dos estatutos, costumes e usos comerciais do seu tempo, sobretudo da Itália do Norte" (*História do Direito Privado Moderno*, Fundação Calouste Gulbenkian, Lisboa, 1980, p. 139). O trabalho dos glosadores, efetuado a partir de Bolonha em fins do século XI, não consistia apenas em comentários punctuais ao *Corpus Juris* mas também numa tarefa de articulação e costura sistemática: "al di là di un ragionamento formalistico, al di là di un inserimento in categorie logiche, l'interprete sente il loro carattere di 'quasi-padroni' e lo constata senza preoccuparsi troppo di coerenze formali ma preoccupandosi invece della coerenza — che gli sembra superiore — tra il propio discorso e l'esperienza che il medioevo sta vivendo" (Paolo Grossi, *Le Situazioni Reali nell'Esperienza Giuridica Medievale*, Cedam, Padova, 1968, p.149).

5. Não se pode imaginar poder maior, com relação a uma sorte de terras, que o do senhor feudal. Na Idade Média, a terra não possuía valor especulativo: era fator de produção e fonte de poder político. O senhor não se dedicava pessoalmente à exploração dos seus domínios, senão pela pessoa dos servos que aí viviam. Mas desde o fim desse período histórico suavizara-se o estado de servidão, passando muitos daqueles súditos praticamente à condição de parceiros, segundo várias figuras e fórmulas costumeiras, com ênfase no desdobramento da posse.

Na Inglaterra, informa J. H. *Baker (An Introduction to English Legal History*, Butterworths, London, 1979), "o fato de acharse na posse como *tenant* feudal chamava-se saisina; e o modo de adquiri-la era ser admitido a prestar vassalagem (*homage*) ao senhor". Caso alguém perguntasse se no sistema feudal o proprietário era o senhor ou o *tenant*, não se poderia dar uma resposta direta. A *tenure* feudal era a antítese da propriedade tal como a conhecemos. A posse pertencia sem dúvida ao *tenant*; mas ele desfrutava de poucos dos privilégios de um proprietário: não podia fazer o que quisesse com a terra; não poderia vendê-la, transferi-la a outros por ato de vontade, nem tinha a garantia de que passasse à sua família, ao morrer. Sua única proteção contra o desapossamento pelo senhor era a obrigação de proteção por parte deste, decorrente da vassalagem feudal (*homage*) (pp. 198-199).

Não era diversa a situação na Alemanha. Segundo Rudolf Huebner (*A History of Germanic Private Law*, A. M. Kelley Publ., New York, 1968), "a concepção de propriedade não tinha de modo algum, no direito agrário medieval, a definição estrita que nos é familiar no romanizado direito moderno" (p. 227). Além da persistência da antiga comunhão do solo, desenvolveramse várias espécies de tença que conduziram a uma larga distribuição, entre diversas pessoas, da produção econômica do solo, e transformaram em exceção a concentração em uma só pessoa de todos os direitos de fruição.

Tocqueville, contudo, mostra quanto de subordinação ainda havia na relação feudal na Alemanha, em 1788: o camponês que abandonasse o domínio podia ser reconduzido à força; devia obediência à justiça dominical, que vigiava sua vida privada, punindo-lhe a intemperança ou preguiça; não podia casar nem mudar de profissão sem autorização do senhor; a serviço deste devia consagrar boa parte de seu tempo, o que incluía a prestação de serviço doméstico durante a juventude, a reedificação e conservação dos prédios senhoriais, o transporte dos gêneros ao mercado, a condução do senhor e a entrega de suas mensagens; a corvéia era exigida, e podia corresponder a até três dias da semana (*O Antigo Regime e a Revolução*, Ed. UnB, 2ª ed., 1982, p. 71). Isso já não ocorria na França, onde, segundo esse excepcional observador, o feudalismo deixara de ser uma instituição política para ser a maior das instituições civis; ocorrera aí, imperceptivelmente, uma revolução referente à condição do povo; o camponês não tinha apenas deixado de ser um servo: tornara-se proprietário rural; ia e vinha onde queria, comprava, vendia, negociava como queria. "Entre todas as novidades que Arthur Young observa em nosso país, ao visitar-nos pela primeira vez, nenhuma o impressiona mais que a grande divisão do solo entre os camponeses; afirma que metade do solo a eles pertence" (id., pp. 71 e 72). De sua antiga situação, os senhores haviam conservado a posição honorífica, a administração da justiça, e os privilégios pecuniários chamados direitos feudais.

A revolução de 1789 não se fez apenas contra a monarquia absoluta, mas principalmente contra o sistema feudal, extinto pela Assembléia Nacional em 4 de agosto de 1789. Contudo, ela efetuou uma distinção entre "direitos de feudalismo dominante" (os que implicavam sujeição política), abolidos pura e simplesmente, e "direitos de feudalismo contratante" (os de natureza civil) que foram declarados resgatáveis; como o camponês não tinha como suportar o valor do resgate, "a supressão do feudalismo assim concebida beneficiava a burguesia e a massa rural proprietária, mas não podia satisfazer a massa camponesa" (A. Soboul, *A Revolução Francesa*, Zahar, 1964, pp. 127, 162). "A concepção da propriedade que se impôs foi a dos camponeses proprietários — aquela mesma da burguesia. A massa rural não era hostil ao princípio da propriedade individual, mas a limitava estritamente pelas suas concepções costumeiras: os direitos coletivos, pastagem livre e segunda erva, respiga, direitos de uso das florestas e os comunais equivaliam, aos olhos do pequeno camponês, a uma co-propriedade do solo. A Assembléia Nacional proclamou a liberdade de cultivar e de cercar, suprimindo qualquer regulamentação (...) A Revolução fortaleceu, assim, a grande propriedade e a grande exploração (...)" (id., p. 501). O mesmo aconteceu com a venda dos bens nacionais e dos bens do clero, que "reforçou a preponderância dos proprietários" (id., p. 179).

Seria um erro, diz Tocqueville, "pensar que a divisão da propriedade rural data da França e da Revolução: o fato é muito mais antigo. É verdade que a Revolução vendeu todas as terras do clero e uma grande parte das terras dos nobres; mas se quisermos consultar os processos verbais dessas vendas, como tive, às vezes, a paciência de fazer, ver-se-á que a maioria foi comprada por pessoas que já possuíam outras terras, de maneira que, se a propriedade mudou de mãos, o número de propriedades aumentou muito menos do que imaginamos" (ob. cit., p. 72).

Soboul conclui que "o direito de propriedade, a burguesia pretendia, doravante, reservá-lo ciumentamente para si" (ob. cit., p. 401), uma propriedade na acepção burguesa da palavra: livre, individual, total, permitindo seu uso e abuso (id., p. 163). Essa a propriedade que é inscrita entre os direitos naturais e imprescritíveis do homem, segundo o art. 17 da Declaração dos Direitos do Homem e do Cidadão, de 1789: "Sendo a propriedade privada um direito inviolável e sagrado, ninguém dela poderá ser privado senão quando a necessidade pública, legalmente constatada, evidentemente o exigir e mediante justa e prévia indenização".

Em discurso de 24 de abril de 1793, Robespierre apresentava um projeto de declaração segundo o qual "a propriedade é o direito que todo cidadão tem de desfrutar e dispor da porção de bens que lhe tenha sido garantida por lei" (art. 7º); "o direito de propriedade está limitado, como todos os demais, pela obrigação de respeitar o direito alheio" (art. 8º). "Esse direito não pode prejudicar nem a segurança, nem a liberdade, nem a existência, nem a propriedade de nossos semelhantes" (art. 9º). Diz ele, dirigindo-se à Convenção Nacional: "Ao definir a liberdade, o primeiro dos bens do homem, o direito mais sagrado que a natureza outorga, dissestes, com razão, que tinha por limite os direitos dos demais. Por que não aplicastes esse princípio à propriedade, que é uma instituição social? (...) Multiplicastes o número de artigos para assegurar a maior liberdade no exercício da propriedade, e, ao contrário, não dissestes uma só palavra para determinar sua legitimidade; dessa forma, vossa Declaração não parece feita para os homens, mas para os ricos, para os açambarcadores, para os especuladores e para os tiranos" (cf. *La Revolución Jacobina*, Edicións 62, Barcelona, 1992, pp. 104 e 107).

As disposições sobre a propriedade foram convenientemente acompanhadas de certas garantias políticas quanto ao voto, à organização dos trabalhadores e à liberdade de imprensa. A própria Declaração dos Direitos do Homem e do Cidadão (26 de agosto de 1789) previu a repressão legal aos "abusos dessa liberdade". Lei de 22 de dezembro de 1789 limitou o direito de sufrágio aos proprietários, dividindo os cidadãos em passivos de um lado (sem capacidade eleitoral), e ativos de outro lado, os "verdadeiros acionadores da grande empresa social", no dizer de Syeyès; por fim, a lei Le Chapelier, votada em 14.6.1791 após uma série de greves nas oficinas parisienses, vedou a associação aos membros da mesma profissão, e proibiu-lhes "tomar decisões ou deliberações sobre seus pretendidos interesses comuns".

6. Bastava, aos propósitos políticos da propriedade, que seu objeto fossem apenas os bens imóveis. O Código Civil francês contém inconsciente denúncia desse fato, ao dizer que tratando-se de bens móveis a posse vale como título (art. 2.279). Na verdade, ou inexiste esse título, ou ninguém guarda ou carrega consigo o título de propriedade de seu relógio, de sua televisão ou de sua carteira; a transmissão desses bens opera-se pela simples tradição. Mesmo onde o ordenamento fala em propriedade de bens móveis, em caso de litígio a prova do poder sobre a coisa é testemunhal, e versa sobre a existência do poder de fato, e não sobre o fato da aquisição ou sobre a existência da cadeia sucessória. Mesmo quando o ordenamento fala em propriedade de bem móvel, o que existe de fato é posse dos bens móveis, no que se mostra a artificialidade da distinção.

Contudo, um capítulo relevante nessa matéria, principalmente tendo em vista a atividade industrial e comercial moderna, é o que diz respeito à "propriedade de direitos", aí incluída a "propriedade imaterial". As expressões vão entre aspas porque tradicionalmente se entendiam como objeto de propriedade somente os bens corpóreos; é tradicional também a distinção entre direitos reais e direitos pessoais. A "propriedade de direitos" poderia ser designada como titularidade ou patrimonialidade, salvo o caso de que se pretendesse estender, a essas situações de titularidade ou patrimonialidade, o prestígio de que goza a propriedade, e principalmente sua proteção constitucional; haveria, assim, um conceito civil de propriedade, mais estreito, e um conceito constitucional de propriedade, mais alargado. É verdade que os créditos, o fundo de comércio, as marcas e patentes, as participações societárias, o poder de controle de sociedades comerciais "pertencem" ao seu titular tanto quanto as coisas, e deles também se pode dizer *mea esse* como faziam os romanos; mas não é menos verdade, conforme assinala Michel Miaille, a ambigüidade do possessivo, que nos permite dizer "minha caneta" tanto quanto "minha mão" (*Introdução Crítica ao Direito*, Ed. Estampa, Lisboa, 1989, p. 167).

Benjamin Cardozo lembra que a Lei de Indenização aos Trabalhadores (*Workmen's Compensation Act*), de 1910, foi julgada inconstitucional; ela exigia que o empregador contribuísse para um fundo de previdência para indenizações de acidentes no trabalho. Sustentou-se então que a propriedade fora desapropriada sem o devido processo legal (*A Natureza do Processo e a Evolução do Direito*, Ed. Nacional de Direito, São Paulo, 1956, p. 157).

No Brasil, essa questão veio a ser examinada a propósito do que popularmente se chamou "confisco das poupanças", efetuado no governo Collor. Face a decisões judiciais que viram, na Lei 8.024, de 12.4.90, ofensa à garantia constitucional da propriedade (CF, art. 5º, XXII), o procurador da República Gilmar Ferreira Mendes examinou a estrutura básica do direito de propriedade, seu conceito constitucional, a alteração de padrão monetário e a garantia da propriedade, concluindo que o bloqueio temporário dos ativos financeiros não acarretava a perda ou o cancelamento de direitos sobre esses ativos; que a propriedade desses ativos "está submetida ao poder de conformação do legislador, que poderá, eventualmente, redefinir o conteúdo do núcleo ou âmbito de proteção ou optar pela imposição de outras limitações a esse direito" (p. 32); que "o legislador não está impedido de redefinir o conteúdo do direito de propriedade, emprestando-lhe nova conformação; esse poder de conformação é limitado pelo princípio da garantia do núcleo essencial do direito (*Wesensgehaltsgarantie*) e pela garantia institucional do direito de propriedade" (p. 61); embora "disposições de conteúdo conformativo-restritivo possam provocar uma diminuição ou redução no patrimônio do titular do direito, não há como deixar de reconhecer que tal redução ou diminuição resulta das próprias limitações impostas pelo constituinte à garantia da propriedade" (ib.); e que se o legislador pode adotar novo padrão monetário, com substancial alteração intrínseco da moeda, pode preservar a paridade entre o velho e o novo padrão monetário, estabelecendo as condições para a respectiva conversão ("A reforma monetária de 1990. Problemática jurídica da chamada 'Retenção dos ativos financeiros' — Lei 8.024, de 12.4.90", *Revista de Direito Administrativo* 186/26-92).

Essa questão é mais fundamental do que parece à primeira vista porque, na verdade, a propriedade imobiliária perde sua importância econômica e política à medida em que a terra deixa de ser o principal fator de produção. Somente em países subdesenvolvidos o acesso à terra continua sendo condição necessária à subsistência. Quando os principais fatores de produção passam a ser o capital financeiro, a tecnologia e a informação, há-de necessariamente transformar-se a natureza do Estado. A função social do sistema financeiro, por exemplo, não é referida na Constituição brasileira, mas o governo a coloca, com o Proer ou com o privilegiamento de especuladores internacionais, por cima da função social da propriedade fundiária. Ser proprietário da terra é algo sólido, mas ser proprietário de moeda é como entesourar fumaça; não basta, à tranqüilidade do capital financeiro, a existência de garantias jurídicas contra sua desvalorização. O objeto da propriedade financeira — basicamente a moeda — não pode ficar dependente dos interesses oscilantes do governo, da burocracia e da classe política. Por isso, a classe financeira vê como necessário o controle do objeto do seu direito de propriedade, subtraindo ao governo a possibilidade de emitir e controlar a moeda; isso pode significar, por exemplo, internacionalizar a moeda, ou retirar ao governo a direção do banco central.

7. As relações entre o sistema de propriedade e o Estado de Direito apresentam, entre outros, um problema conjuntural e um problema estrutural. O problema conjuntural diz respeito à subversão neoliberal, que acentua o caráter excludente da propriedade. Considerado o Estado de Direito como uma projeção da cidadania e dos direitos humanos, ele é necessariamente includente. Politicamente includente na medida em que a legitimidade reclama a aceitação da ordem estatal e a participação, em sua organização, dos membros da sociedade política. Socialmente includente na medida em que deve assegurar a todos as condições de subsistência.

O problema estrutural diz respeito à nova sociedade, que nasce da revolução tecnológica. Sobre a primitiva e divina natureza, bem comum de todos, o homem está edificando uma segunda natureza, fruto do trabalho das gerações. À sociedade *do ter* substitui-se a sociedade *do ser*, em que necessário à subsistência é menos o apossamento de coisas materiais do que a assimilação de informações, conhecimentos, habilidades.

No feudalismo ninguém podia viver — lavrar, semear, colher — sem licença do barão e sem pagamento do foro. Se o entendermos como o regime em que prevalece a propriedade excludente da terra, esse ciclo econômico somente se encerra quando a subsistência passa a depender não mais diretamente da terra, mas dos fatores institucionais de produção: a informação, a tecnologia, o capital financeiro. A persistência do antigo modelo de propriedade excludente com relação aos bens culturais de subsistência cria o risco de um novo feudalismo, em que o acesso aos bens da vida dependerá da vassalagem ao capital financeiro. A persistência do antigo modelo depende, neste momento, exclusivamente de sua força. Mas não há nada que o justifique, no interior do homem, na razão, nos céus ou na história.

PARECERES

CONTRATAÇÃO DE ATIVIDADES ARTÍSTICAS

Marcos Augusto Peres

Advogado em São Paulo

O diretor do Teatro Municipal de São Paulo (TMSP) indaga-nos acerca do regime jurídico de contratações a que se subordina a referida casa de cultura, apresentando-nos os seguintes quesitos:

1. Qual o regime jurídico a que se subordina a contratação de artistas? É possível a contratação direta ou há necessidade de se licitar?

2. Quando há a contratação de serviços artísticos de estruturação de um espetáculo (figurinistas, cenógrafos etc.) há a necessidade de se licitar a matéria-prima usada por esses artistas no seu trabalho, como tecidos, madeira, tintas etc.?

3. É possível a contratação direta de companhias de espetáculos para que se apresentem no Teatro?

4. É possível a contratação direta de uma empresa a fim de que produza determinado espetáculo (notadamente para a produção de óperas)?

Observações gerais

A Constituição da República estabelece em seu art. 23, V que compete aos entes da Federação proporcionar à população do país os meios de acesso à cultura, à educação e à ciência.

O Teatro Municipal de São Paulo atende a esta imposição constitucional. Enquanto casa estatal de cultura ou de espetáculos, o TMSP tem a obrigação de promover o acesso dos cidadãos à cultura, tomada esta em sua mais ampla acepção.

Conforme assinala o emérito José Afonso da Silva[1] a Carta de 1988 colocou esta obrigação de promoção da cultura num dos mais altos patamares do ordenamento constitucional.

Manoel Gonçalves Ferreira Filho[2] também assevera esta obrigação dos entes Federativos em breve, porém preciso, arrazoado que convém citar: "Transparece neste ponto a preocupação de fazer do Estado o protetor de todas as manifestações culturais. Em especial do patrimônio cultural brasileiro, o

1. José Afonso da Silva, *Curso de Direito Constitucional Positivo*, 7ª ed., Ed. RT, p. 702, onde se lê: "A Constituição de 1988, como observamos antes, deu relevante importância à cultura, tomado esse termo em sentido abrangente da formação educacional do povo, expressões criadoras da pessoa e das projeções do espírito humano materializadas em suportes expressivos, portadores de referências à identidade, à ação, à memória dos diferentes grupos formadores da sociedade brasileira, que se exprimem por vários de seus artigos (5º, IX, 23, III-V, 24, VII-IX, 30, IX, e 205-217), formando aquilo que se denomina ordem constitucional da cultura, ou constituição cultural, constituída pelo conjunto de normas que contém referências culturais e disposições consubstanciadoras dos direitos sociais relativos à educação e a cultura".

2. Manoel Gonçalves Ferreira Filho, *Curso de Direito Constitucional*, 17ª ed., Saraiva, p. 313, *verbis*.

qual incumbe preservar de todos os modos. Cabe-lhe, também, estimular-lhe o desenvolvimento pelo incentivo para a produção e a divulgação de bens e valores culturais".

Emerge, portanto, do Texto Constitucional a obrigação da Administração Pública de incentivar à produção e divulgação cultural seja ela através do sistema educacional público, seja através do incentivo a todas as formas de manifestações artísticas: individuais ou coletivas; populares ou eruditas etc.

No cotidiano da Administração Pública esta obrigação vai consubstanciar-se numa atividade muito específica com a finalidade de proteger, incentivar, divulgar e produzir a cultura. Formam-se, ao comando da lei, desse modo, os balés, orquestras e companhias teatrais públicos; constituem-se, do mesmo modo, as casas de cultura, bibliotecas, casas de espetáculo, museus e redes de comunicação públicos. Tudo no afã de se cumprir a imperativa "constituição cultural".[3]

Isso vai implicar basicamente em dois problemas a serem equacionados tanto pelo Administrador quanto pelo Jurista: O primeiro, intrínseco, refere-se ao fato de que a atividade burocrático-administrativa, tão necessariamente presa às formalidades, tão necessariamente vinculada às normas e procedimentos legais, deverá comportar em seu colo, especificamente no tocante às atividades artísticas e criativas, a imprevisão, a multiplicidade das formas, o sonho, todos, enfim, ao mesmo tempo resultado e propiciadores da criação artística.

O segundo problema, extrínseco, refere-se à atuação do Estado num terreno que não é naturalmente o seu, mas dos agentes privados, o terreno da produção cultural. Sabe-se que hoje a produção cultural constitui-se num grande mercado internacional, gravado pelas regras de concorrência e eficiência. A Administração Pública, para cumprir as finalidades que lhe atribuiu a Magna Carta, deve colocar-se nesse mercado enquanto competidora eficiente, sob pena de incorrer na malversação dos dinheiros públicos, provenientes do cidadão através da arrecadação de impostos.

É através desse prisma que deverá olhar o estudioso do direito, seja quando empreender a regulamentação das atividades culturais da Administração Pública, seja para interpretar o ordenamento vigente sobre a matéria. Essa é, como salienta Canotilho,[4] a perspectiva jurídico-funcional, da atividade cultural do Estado. Esse é o enfoque que norteará nossa abordagem, em seguida, sobre as questões que nos foram colocadas.

Dispensa e inexigibilidade de licitar

Colocada a Administração Pública na posição, conforme acima se expôs, de agente cultural, tem esta, certamente, para atender às suas tarefas, que realizar contratações dos mais variados matizes.

Interessa-nos, no presente estudo, identificar algumas hipóteses, adstritas às necessidades de contratação do Teatro Municipal de São Paulo, em que a referida casa de espetáculos estaria exonerada da obrigação de licitar, seja por dispensa ou inexigibilidade do certame pelo ordenamento jurídico vigente.

A matéria da dispensa e inexigibilidade de licitar já é bastante conhecida, estando

3. José Afonso da Silva, ob. cit.

4. J. J. Gomes Canotilho, *Direito Constitucional*, 5ª ed., Coimbra, Livraria Almedina, p. 222, onde se lê: "Fala-se de perspectiva metódica jurídico-funcional quando, na interpretação-concretização das normas constitucionais, se toma, como ponto de partida, as características funcionais específicas das competências de decisão dos vários órgãos constitucionais. A base metódica do trabalho interpretativo concretizador seria, portanto, esta: as funções do Estado são exercidas por aqueles órgãos que, segundo a sua estrutura interna, composição e métodos de trabalho, estão legitimados para tomar decisões eficientes segundo procedimentos justos e para suportar a responsabilidade pelos resultados da decisão".

cercada normativamente pelas disposições do Decreto-lei 2.300, de 21.11.86, no plano Federal, e pela Lei 10.544, de 31.5.88, no que concerne ao Município de São Paulo.

Dispõe este último diploma legal em seus arts. 64/68, com as alterações perpetradas pela Lei 11.100, de 25.10.91, sobre as hipóteses de dispensa e inexigibilidade de licitação no âmbito das contratações a serem realizadas pela Administração Municipal da cidade de São Paulo.

O problema estaria portanto resolvido, sem comportar maiores delongas, no caso da legislação ser completamente taxativa com relação às hipóteses de dispensa e inexigibilidade. Mas não é isso o que acontece, e nesse sentido inclinam-se as mais autorizadas vozes da doutrina. Isto é, o elenco legislativo das figuras de dispensa e inexigibilidade não encontra-se arrolado em *numerus clausus*.[5]

Sendo assim há uma seara de trabalho ao intérprete que, orientado pelos princípios constitucionais, conforme já salientamos, irá identificar caso a caso a possibilidade ou não de o Administrador proceder à contratação direta com particulares, eximindo-se da obrigação de implementar o certame concorrencial.

Ressalve-se que esse trabalho é revestido de infinita importância e responsabilidade, pois estamos diante de uma exceção ao comportamento normal da Administração Pública. Isso porque a obrigação de licitar é universal, abrangente e indissociável do princípio da igualdade,[6-7] constituindo-se em uma das pedras basilares para a realização deste princípio no seio da Administração Pública.

Cumpre-nos, antes de prosseguir, fazer uma distinção entre os institutos da dispensa e da inexigibilidade, para que se melhor compreenda o que virá em seguida.

A finalidade da licitação é a seleção da melhor proposta pelo Poder Público, a fim de realizar determinada contratação. Essa finalidade realizar-se-ia, desse modo, a partir da competição pública dos interessados em contratar com a Administração. Os casos excepcionais de dispensa de licitação são aqueles em que, apesar de possível, a competição deverá ser afastada em virtude da supremacia de outros interesses públicos mais relevantes na situação. Ao passo que nos casos de inexigibilidade há inequívoca impossibilidade de se licitar, pois é inviável qualquer espécie de competição.[8] Lucia Valle Figueiredo e Sérgio Fer-

5. Lucia Valle Figueiredo e Sérgio Ferraz asseguram-nos: "Assim, o elenco legal não é fechado, no sentido de que outros rótulos de dispensa ou inexigibilidade são admissíveis, mesmo não arrolados expressamente em lei. Mas é fechado, no sentido de que tais rótulos não podem ultrapassar os conteúdos legalmente traçados e não podem comportar hipóteses infratoras aos princípios norteadores do instituto, refletidos no casos expressamente agasalhados em Direito Positivo. Nessa estreita acepção, mas só nela, nada impede que Estados e Municípios elasteçam os elencos federais de dispensa e inexigibilidade" (*Dispensa e Inexigibilidade de Licitação*, 2ª ed., Ed. RT, p. 34).

6. Dispõe a Constituição Federal: "Art. 37. A Administração Pública direta, indireta ou fundacional, de qualquer dos Poderes da União, dos Estados, do Distrito Federal e dos Municípios obedecerá aos princípios de legalidade, impessoalidade, moralidade, publicidade e, também, ao seguinte: (...) XXI — ressalvados os casos especificados na legislação, as obras, serviços, compras e alienações serão contratados mediante processo de licitação pública que assegure igualdade de condições a todos os concorrentes, com cláusulas que estabeleçam obrigações de pagamento, mantidas as condições efetivas da proposta, nos termos da lei, o qual somente permitirá as exigências de qualificação técnica e econômica indispensáveis à garantia do cumprimento das obrigações".

7. Celso Antônio Bandeira de Mello, analisando o tema com costumeira maestria, diz: "O princípio da igualdade implica o dever não apenas de tratar isonomicamente todos que afluírem ao certame, mas também o de ensejar oportunidade de disputá-lo a quaisquer interessados que ofereçam as indispensáveis condições de garantia. É o que prevê o já referido art. 37, XXI, do Texto Constitucional" (*Elementos de Direito Administrativo*, 3ª ed., Malheiros Editores, p. 178).

8. Maria Sylvia Zanella Di Pietro resume: "A diferença básica entre as duas hipóteses está no fato de que, na dispensa, há possibilidade de competição

raz[9] fazem um exame classificatório das hipóteses de dispensa e inexigibilidade apontando com vista no Decreto-lei 2.300 o seguinte:

"As causas ensejadoras de dispensa de licitação podem ser classificadas como seguem: a) pequeno valor da contratação; b) situações excepcionais; c) peculiaridades da pessoa contratada; d) peculiaridades do objeto que se busca obter.

"Na primeira categoria identificam-se a hipóteses dos incs. I e II do art. 22, do Decreto-lei 2.300; os incs. III e VI e os incs. VIII e IX abrigam-se na segunda categoria; a terceira corresponde aos incs. VII e X do mesmo preceptivo; e o inc. XI se aloja no último dos escaninhos classificatórios acima deduzidos.

"A seu turno, as causas da inexigibilidade podem ser assim codificadas: a) exclusividade do fornecimento do bem necessário (Decreto-lei 2.300, art. 23, I); b) notória especialização (art. 23, II); c) singularidades da pessoa contratada (art. 23, III); d) singularidades do objeto que se busca obter (art. 23, IV e V); e) situações excepcionais (art. 23, §§ 1º e 2º)."

Sendo assim, vale tirar desde já algumas conclusões tópicas: A Administração enquanto agente cultural está obrigada a licitar a fim de implementar as contratações que se fizerem necessárias; excepcionalmente, no entanto, é possível a contratação direta atendendo-se às hipóteses legais de dispensa e inexigibilidade de licitação; essas hipóteses são de conteúdo jurídico distinto e a lei não as elenca em quadro fechado ou definitivo o que torna muito importante a tarefa do intérprete, identificando caso a caso a exoneração da obrigação de licitar.

Da contratação de artistas — Inexigibilidade de licitação

A contratação de artistas está elencada entre as hipóteses legais de inexigibilidade de licitação não ensejando maiores dificuldades ao intérprete. Diz a Lei Municipal 10.544, de 31.5.88, com redação alterada pela Lei 11.100, de 25.10.91:

"Art. 65. É inexigível a licitação quando houver inviabilidade de competição e, em especial: (...) II — para a contratação de profissional de qualquer setor artístico ou esportivo, diretamente ou através de empresário, desde que consagrado pela crítica especializada ou pela opinião pública; (...)".

A lei nada mais fez que consagrar uma antiga posição doutrinária sobre a matéria. A contratação de artistas é ilicitável pois o produto da atividade do contratado é gravado por uma inarredável singularidade, proveniente de seu talento e dom artísticos.

Essa singularidade dá-se em virtude do caráter pessoalíssimo de uma exibição artística. Determinada peça musical pode obter interpretações completamente diversas em virtude do instrumentalista ou cantor que a executa.

Observe-se que não questionamos se outros poderiam executar a referida peça musical, até com brilhantismo, pois é evidente que sim. O que se explicita aqui é o fato de que outro não poderia executá-la com as particularidades que lhe imprimiria determinado artista.

De longa data vem a intelecção de Celso Antônio Bandeira de Mello[10-11] sobre o tema, que, com precisão cirúrgica, se expressou da seguinte forma:

que justifique a licitação; de modo que a lei faculta a dispensa, que fica inserida na competência discricionária da Administração. Nos casos de inexigibilidade, não há possibilidade de competição, por que só existe um objeto ou uma pessoa que atenda às necessidades da Administração; a licitação é, portanto, inviável" (*Direito Administrativo*, Atlas, 1989, p. 234).

9. Lucia Valle Figueiredo e Sérgio Ferraz, ob. cit., pp. 37 e 38.

10. Celso Antônio Bandeira de Mello, "Licitação...", artigo publicado em *RDP* 8/97-98, 1969.

11. Celso Antônio Bandeira de Mello em obra atual repete a lição: "Serviços singulares são os que

"Serviços singulares são os que se revestem de análogas características. A produção de um quadro, por um artista, é singular pela *natureza íntima do trabalho* a ser realizado. De modo geral, são singulares todas as produções intelectuais, realizadas isolada ou conjuntamente — por equipe — sempre que o trabalho a ser produzido se define pela marca pessoal (ou coletiva) expressada em características técnicas e ou artísticas. Neste quadro cabem os mais variados serviços: uma monografia escrita por jurista, uma intervenção cirúrgica praticada por experiente cirurgião, uma pesquisa sociológica empreendida por uma equipe de planejamento urbano, uma reforma administrativa implantada por técnicos em administração, uma cobertura jornalística efetuada por empresa de notoriedade, um curso de alfabetização promovido por educadores qualificados, um ciclo de conferências efetuado por professores, uma exibição de orquestra sinfônica, uma perícia técnica sobre o estado de coisas ou das causas que o geraram.

"Todos estes serviços se singularizam por estilo ou por uma orientação pessoal. Note-se que a singularidade mencionada não significa que outras não possam realizar o mesmo serviço. Isto é, são singulares, embora não sejam necessariamente únicos."

Vale recordar, ainda, que essas particularidades da prestação de serviços artísticos não prescindem de uma verdadeira capacidade do artista em produzi-las. Esse elemento subjetivo do instituto da inexigibilidade de licitação, na hipótese ora abordada de contratação de serviços artísticos, está expresso na segunda parte do artigo constante da Lei Municipal de Licitações, que exige a consagração do artista pela crítica especializada ou pela opinião pública.

É certo que não é qualquer um que possui a capacidade de singularizar determinada obra artística. A consagração ou notoriedade do artista a ser contratado se impõe para a configuração da inexigibilidade em virtude de o instituto ser informado pelos princípios da moralidade e do interesse público. A consagração pública visa impedir a contratação de apaniguados sem talento para a condução dos projetos artísticos da Administração, fato que deturparia totalmente a finalidade do instituto em comento. Sobre isso, aliás, já discorrera o inolvidável Oswaldo Aranha Bandeira de Mello,[12] que considerava inafastável das atitudes administrativas o princípio da moralidade administrativa identificado como a "honestidade de propósitos".

Neste sentido vão as recentes observações de Lucia Valle Figueiredo:[13] "O instituto da licitação fundamenta-se, como já reiteradamente afirmado, em princípios que consideramos basilares: a isonomia e moralidade administrativa (nele se contendo a concorrência). (...)

"Alia-se, de conseguinte, à notoriedade do contratado, o tipo de serviço, e, no caso concreto, as especificidades. Vale dizer: porque precisa a administração de tal singularidade, afasta-se a licitação por ser impossível.

"Nota-se novamente a relação de causa e efeito, de pertinência lógica entre a contratação direta e a necessidade administrativa. (...)

"Doutra parte, a licitação pode ser afastada para contratação de profissionais do

se revestem de análogas características. De modo geral são singulares todas as produções intelectuais, realizadas isolada ou conjuntamente — por equipe — sempre que o trabalho a ser produzido se defina pela marca pessoal (ou coletiva) expressada em características científicas, técnicas e ou artísticas. Neste quadro cabem os mais variados serviços: uma monografia escrita por experiente jurista, uma intervenção cirúrgica realizada por qualificado cirurgião, uma pesquisa sociológica empreendida por uma equipe de planejamento urbano, um ciclo de conferências efetuado por professores, uma exibição de orquestra sinfônica (...)" (ob. cit., em nota 7, pp. 184 e 185).

12. Oswaldo Aranha Bandeira de Mello, *Da Licitação*, Ed. José Bushatsky, 1978, pp. 38 e 39.

13. Lucia Valle Figueiredo, *Direitos dos Licitantes*, 3ª ed., Malheiros Editores, 1992, p. 29.

setor artístico, quando consagrados pela crítica especializada ou opinião pública. O artista é alguém *absolutamente singular*. A licitação torna-se praticamente impossível."

É necessário lembrar, para total elucidação da matéria, a lição de Hely Lopes Meirelles[14] segundo o qual a lei teria equiparado os trabalhos artísticos aos serviços técnicos especializados exigindo a consagração pública do artista contratado.

Na prática, os procedimentos de averiguação dessa consagração são bastante simples. Deve a Administração basear-se em currículo apresentado pelo artista ou pelo seu empresário e em pareceres de seus assessores técnicos que, procedendo às confirmações de praxe, poderão avalizar a contratação.

Não há dúvida, portanto, que há a possibilidade de contratação direta pela Administração Pública Municipal, sem licitação, de artistas consagrados a fim de prestarem serviços ao Teatro Municipal de São Paulo.

Em remate é impositivo esclarecer que a contratação de artistas se assimila no seu conteúdo obrigacional à contratação de qualquer prestador de serviços pelo Poder Público. Estará ao contratar a Administração colocando as condições que lhe convier, ou melhor, que convier ao interesse público, para realizar a contratação, e a essas cláusulas terá que aderir o contratado, preservados seus interesses econômicos.[15]

Desse modo, conforme o caso, poderá o Teatro Municipal avençar que os chamados serviços artísticos de estruturação (figurinistas, cenógrafos etc.) serão realizados por conta e risco do contratado que deverá arcar com os custos e a qualidade do material empregado na confecção de suas obras; como também poderá avençar, em outro caso, que serão empregados na confecção das obras os tecidos, madeirames etc. presumivelmente estocados nos depósitos do próprio Teatro.

Veja-se que, por se tratar de uma contratação direta, haverá muito mais liberdade para que as partes discutam o conteúdo dessas cláusulas contratuais, fato que deve facilitar, caso a caso, a realização do interesse público. Essa tese, que pode causar arrepios aos administrativistas mais tradicionais é defendida pelo moderníssimo Augustín Gordillo[16] nos seguintes termos:

"Hace muchos años que habíamos observado el disfuncionamiento de la preparación de proyectos por el mismo Estado. El proyecto oficial, casi siempre preparado en el secreto o la reserva de la administración, no era sometido en momento alguno al procedimiento de la audiência pública y era la base con la cual se hacia el llamado a licitación.

"Normalmente no se admitiam variantes o alternativas en las ofertas, y entonces la sociedad se veía privada de la posible mejor ídea que pudieran tener la totalidad de las empresas privadas del ramo, acerca de qué era lo más conveniente o cual era la forma más conveniente de realizar-lo."

Quer nos parecer, ademais, por se tratar da encomenda de uma obra artística (figurinos, cenários etc.) a regra, como nos contratos propriamente ditos de "obra pública", "prestação de serviços" ou "empreitada"[17] é a de que o contratado a faça por sua

14. Hely Lopes Meirelles, *Licitação e Contrato Administrativo*, 10ª ed., Ed. RT, p. 113.

15. Celso Antônio Bandeira de Mello define o contrato administrativo como: "À vista das considerações precedentemente feitas, pode-se conceituar contrato administrativo da seguinte forma: é um tipo de avença travada entre a Administração e terceiros na qual, por força de lei, de cláusulas pactuadas ou do tipo de objeto, a permanência do vínculo e as condições preestabelecidas assujeitam-se a cambiáveis imposições de interesse público, ressalvados os interesses patrimoniais do contratante privado" (ob. cit., p. 220).

16. Augustín Gordillo, "La concesión de obras publicas...", conferência publicada em *RDP* 98/144, 1991.

17. O Código Civil brasileiro preceitua em seu art. 1.237: "O empreiteiro de uma obra pode contribuir para ela ou só com seu trabalho, ou com ele e os materiais".

conta e risco. O que implica dizer que, não havendo expressa avença com relação a esse ponto, subentender-se-ia não possuir a Administração a obrigação de fornecimento da matéria-prima para a realização da obra.

Hely Lopes Meirelles[18] com conhecida objetividade sistematiza a matéria da seguinte forma:

"A empreitada, quando ao modo de execução, pode ser de *material* ou de *lavor* (...).

"Empreitada de material é aquela em que o empreiteiro concorre com a mão-de-obra e os materiais, correndo ambos por sua conta. É a modalidade mais freqüente, na qual o empreiteiro assume os riscos integrais pela execução da obra, respondendo, assim, pela boa qualidade de tudo que empregou na construção, como pela perfeição de seu trabalho.

"Empreitada de lavor é a que o empreiteiro entra exclusivamente com o trabalho, recebendo os materiais do dono da obra. Embora esta modalidade de contrato muito se aproxime da locação de serviços, com ela não se confunde, porque, na empreitada de lavor, contrata-se o resultado do trabalho, e, na locação de serviço, ajusta-se o trabalho em si mesmo, o que levou Costa Sena a observar, com inteiro acerto, que 'na empreitada paga-se o produto do serviço; na locação de serviço, remunera-se a pessoa que põe à disposição de outro sua atividade'."

Avençada a intenção de contratar a obra como um todo, empreitada de material nas palavras do eminente mestre citado, o sujeito privado da relação contratual, o artista ou sua empresa, deverão escolher e comprar os materiais a serem usados na obra artística. O particular, por sua vez, não está obrigado a licitar a compra de seus materiais, procedimento atinente ao regime jurídico público. Dizer o contrário seria o mesmo que indagar se uma construtora estaria obrigada a realizar concurso público para a contratação dos seus empregados, pedreiros, serventes, engenheiros etc., hipótese, de resto, absurda.

A partir dessa constatação, fica bastante óbvia a resposta ao quesito sobre a necessidade de licitação para a compra de matéria-prima que será utilizada por figurinistas, cenógrafos etc. No caso do contrato avençar a obrigação da Administração de fornecer a matéria-prima, certamente teria o Poder Público que proceder a sua compra através de certame concorrencial (ressalvada alguma hipótese de dispensa). Em caso contrário, a responsabilidade pela aquisição da matéria-prima é do contratado que, evidentemente, não está obrigado a licitar.

Da contratação de companhias de espetáculos

A questão relativa à contratação de companhias de espetáculos para apresentações ou temporadas no Teatro Municipal de São Paulo encontra singelo deslinde através do exame da Lei Municipal de Licitações.

A hipótese é bastante curiosa. Quando se contrata um balé, uma orquestra ou um grupo teatral estruturados como companhia de espetáculos, está a se contratar uma determinada empresa para que exiba, em público, uma determinada obra de seu repertório artístico.

Desse modo, quer nos parecer que não há, no caso, uma contratação de artistas propriamente dita, mas a contratação de exibição de uma obra artística. Quem são os artistas que realizarão o espetáculo não é o objeto central dessa contratação. O objeto dela é a exibição de uma obra artística.

Há, portanto, completa impossibilidade de se implementar uma licitação no caso, pois trata-se de contratação de um objeto singular, uma obra de arte (peça teatral, ópera, balé etc.) pré-concebida e realizada.

É evidente que no trabalho da companhia artística é o trabalho dos artistas, conjuntamente, que acaba por marcar a singula-

18. Hely Lopes Meirelles, ob. cit., p. 266.

ridade da obra. Mas não é esse trabalho individual o objeto jurídico da contratação de uma companhia de espetáculos, ao nosso ver.

Lucia Valle Figueiredo[19] atentou para essa sutil diferença: "(...) uma banda de músicos. Seus músicos, no conjunto, formam algo singular, incotejável com outra banda de música. Porém isso não quererá dizer sejam esses músicos notoriamente especializados."

Uma companhia artística possui um repertório de obras já concebidas, ensaiadas, montadas que constituem verdadeiras "obras de arte" prontas e acabadas.

Sua contratação fica adstrita à discricionariedade do Administrador, cujo limite será dado, unicamente, pela adequação da contratação às finalidades da exibição.[20]

Destarte, a contratação de companhias de espetáculos atende ao instituto da inexigibilidade de licitação, em hipótese ao nosso ver não contemplada expressamente pela Lei 10.544/89, mas assemelhada à hipótese de aquisição de obra artística e não à contratação de artistas.

Da contratação de empresas para a produção de espetáculos

Mais complexa, parece-nos, é a discussão sobre a contratação de empresas visando a produção de espetáculos e, mais especificamente, a produção de óperas.

Isso porque uma ópera é um espetáculo gigantesco que demanda a conjugação de inúmeros elementos para a sua realização. A atividade de produção possui no mínimo duas facetas, uma voltada para a concepção artística do espetáculo, outra voltada para a execução de detalhes técnicos, administrativos, jurídicos e financeiros do empreendimento.

Essas atividades envolvem uma conjugação de esforços bastante complexos que vão desde a contratação de artistas, obtenção de partituras, decisão sobre os figurinos etc. até a garantia de hospedagem para artistas de outras regiões do país ou mesmo estrangeiros, divulgação do evento, confecção de libretos etc.

Todas essas atividades, que devem ser desempenhadas com profissionalismo ímpar, estão ligadas de antemão à concepção artística do produtor. Ao que nos parece, na produção de um evento artístico de tamanha grandeza, fundamental é o entendimento que o produtor deverá obrigatoriamente possuir da obra artística que será executada. Aí, em nosso entender, reside o conteúdo criativo da atividade de produção: a contextualização da obra artística.

Para melhor elucidar o que dizemos, é bastante que reflitamos sobre um exemplo: será executada uma ópera de Wagner. Não basta, evidentemente, que o produtor execute as tarefas administrativas, contratando artistas, divulgando o evento etc. É necessário para a perfeição do espetáculo, da produção, que o produtor possua uma determinada leitura da obra de Wagner, que consiga contextualizar artisticamente a obra a fim

19. Lucia Valle Figueiredo e Sérgio Ferraz, ob. cit., p. 70.

20. Lucia Valle Figueiredo nos traz esclarecedor exemplo para ilustrar essa adequação; diz:

"De conseguinte, o primeiro limite será, para a Administração, a natureza do que pretenda contratar. Vale dizer: o objeto do contrato deve necessitar, para sua execução, de alguém com capacidade excepcional.

"Poderíamos, à guisa de exemplo, ilustrar da seguinte maneira: se a Administração contratasse Burle Marx (se a isto ele se submetesse) para fazer paisagismo de uma escola municipal, não poderia fazê-lo utilizando-se da regra de exceção, por ocorrência de desvio de finalidade, muito embora ninguém duvide da notoriedade da especialização de Burle Marx. Mas, se outro sentido não houvesse nesta contratação, além do embelezamento desejável que se pretende para toda escola municipal, tal contratação não seria lícita.

"Diferente, certamente, seria a hipótese da contratação de Burle Marx para um projeto especial de paisagismo que necessitasse de suas características excepcionais. Nesta segunda hipótese, teríamos, indiscutivelmente, contratação válida" (ob. cit., p. 36).

de produzir sua montagem. A partir daí é que o produtor contratará artistas, que serão pinçados entre aqueles que particularmente harmonizarão seu modo de tocar, cantar, esculpir etc. com o objetivo alçado pelo produtor a partir da contextualização da obra a ser produzida.

O que queremos dizer é que, além de uma esplêndida capacidade organizativa, o "produtor" possui também e em mesmo grau de importância uma capacidade criativa, exercendo uma atividade técnica especializada muito próxima à atividade artística propriamente dita.

Mais um exemplo dessa característica da atividade de produção podemos citar, e ele é bastante contundente: suponha-se que o governo norte-americano queira contratar a produção de uma película sobre a Guerra da Secessão. Várias empresas de produção cinematográfica poderiam ser escolhidas, mas seria simplesmente impossível licitar entre os estúdios de Spielberg, Francis F. Copola e Walt Disney, pois embora todos eles produzam obras cinematográficas, suas empresas produzem objetos evidentemente marcados por uma singularidade advinda do seu modo de entender a sétima arte, de suas concepções, história etc.

Despiciendo é, nesse ponto, insistir na necessidade do Teatro Municipal de São Paulo de implementar a contratação de produções artísticas. Tamanha é a complexidade e profissionalismo dessa atividade que seria quase impossível pensá-la tocada exclusivamente pela Administração Pública, dentro da ótica, já tratada em tópico *supra*, de atendimento eficiente da demanda cultural da cidade.

Estamos, desse modo, mais uma vez sobre a hipótese da inexigibilidade. Fatores, portanto, objetivos e subjetivos concorrem para essa tipificação:

a) a natureza técnico-criativa e não meramente administrativa da atividade de produção de espetáculos;

b) o conteúdo gerencial complexo da atividade de produção de espetáculos; e

c) a consagração da empresa na produção de espetáculos teatrais, musicais e, principalmente, de óperas.

O primeiro e o segundo fatores nos indicam que a escolha do produtor de espetáculos influenciará sobremaneira nas características da obra artística que se visa produzir e apresentar. Evidenciam a singularidade dos serviços que se está a contratar. O terceiro baliza a moralidade do procedimento de contratação, conforme já foi afirmado em tópico *supra*.

Sendo assim, mais uma vez, estamos diante do instituto da inexigibilidade de licitação em hipótese não contemplada pela Lei Municipal de Licitações, qual seja a de contratação de empresas de produção artística, muito embora, pelo que se disse, o caso ligeiramente se assemelhe à hipótese de contratação de artista (art. 65, II).

Respostas objetivas aos quesitos

1. A contratação de artistas para apresentações no Teatro Municipal de São Paulo é subordinada ao regime jurídico da Lei Municipal de Licitações, Lei 10.544, de 31.5.88, com alterações introduzidas pela Lei 11.100, de 25.10.91. A contratação atende a uma das hipóteses expressas de inexigibilidade de licitação, elencada no art. 65, inc. II da referida Lei. Não é permitido, portanto, à Administração licitar, na espécie, devendo proceder à contratação direta desses serviços.

2. A necessidade de licitar-se a compra de matéria-prima para a execução de obras artísticas nos casos de contratação de serviços de estruturação de espetáculos: figurinos, cenários etc. depende da modalidade de contrato firmado pela Administração. Se o contrato estabelece que a atividade será feita com fornecimento do material pela Administração, esta estará obrigada a licitar a compra dos materiais. Se o contrato silenciar, ou se dispuser expressamente que a obra será feita por conta do artista, este será responsável pela compra e escolha dos materiais empregados.

3. Sim. Para a contratação de companhias de espetáculos é inexigível a licitação nos termos do art. 65, *caput*, da Lei 10.544/88 (alterada pela Lei 11.100/91).

4. Sim. A contratação direta impõe-se no caso de serviços de produção artística de espetáculos, notadamente na hipótese de produção de óperas, observada a consagração pública da empresa, tendo em vista a inexigibilidade de licitação nos termos do art. 65, *caput*, da Lei 10.544/88 (alterada pela Lei 11.100/91).

É o que nos parece, s. m. j.

São Paulo, 1º de setembro de 1992

ESTUDOS E COMENTÁRIOS

UM NOVO PROCESSO DE REVISÃO CONSTITUCIONAL?

Visão dogmática do problema

JACINTHO DE ARRUDA CÂMARA
Professor da Faculdade de Direito da Pontifícia Universidade Católica de São Paulo — Secretário-Geral da Sociedade Brasileira de Direito Público — Advogado

Introdução

A Constituição do Brasil já passou por uma revisão em 1994 (a única prevista no texto original, art. 3º do Ato das Disposições Constitucionais Transitórias). Do ponto de vista político dita revisão foi frustrante. Foram aprovadas 6 (seis) Emendas, sem que se fizesse qualquer mudança estrutural no ordenamento jurídico do País. O insucesso dessa revisão, desde logo, deu azo a propostas no sentido de que se fizesse novo processo revisional na Constituição brasileira.

A idéia (de instaurar um novo processo revisional), num primeiro momento, foi esquecida, com o governo buscando realizar as reformas utilizando o meio constitucionalmente previsto das Emendas (art. 60, da CF). Assim foi em matéria de telecomunicações, de exploração de petróleo, de reeleição dos chefes do executivo etc. Todavia, ultimamente, o debate em torno da implementação de uma nova revisão constitucional ressurgiu, com sugestões e especulações sobre o assunto vazadas a toda hora na imprensa.

Nessas especulações encontramos o tema de nossa monografia. Atual, polêmico, de forte apelo político, o tema revisão constitucional pode ser tratado sob vários enfoques. Prestigiamos um: o dogmático-jurídico.

Diante desta postura pretendemos diagnosticar o que seria, dentro do ordenamento jurídico brasileiro, a adoção de um novo processo revisional.

O estudo divide-se estruturalmente em três partes.

Na primeira trataremos da delimitação do nosso objeto de estudo e da metodologia a ser empregada. Nesta parte também serão firmados os conceitos básicos que servirão de arrimo para a construção da nossa tese. Serão dadas noções gerais acerca de *ordenamento jurídico* e *norma fundamental*. O termo *Constituição*, de plurivocidade inconteste, será esquadrinhado de modo a servir a um só sentido, o que nos melhor servir cientificamente. Traremos também os conceitos de *poder constituinte* e *poder reformador* para o terreno da dogmática jurídica.

Finda a primeira parte, em que almejamos firmar todas as diretrizes a serem seguidas no restante da monografia, partiremos para a colocação do problema em face da teoria exposta. A segunda parte também servirá para dar início à formulação de proposta para a solução do problema que nos dispusemos a enfrentar. Abordaremos a questão da *auto-referência* confrontando-a com os chamados limites do *poder reformador*. Arrematando esse quadro traremos à baila o conceito de *efetividade* e sua contribuição na solução da questão.

A terceira e última parte conterá uma análise global da situação posta e a conclusão a que chegamos.

2. *Objeto e metodologia do estudo*

Sendo o Direito um objeto complexo, com significações diversas, merecendo enfoques e abordagens distintas, variando de acordo com a metodologia empregada, faz-se por bem, de início, demarcar o campo de nosso objeto de estudo, bem como esclarecer qual a metodologia a ser utilizada.

Adotaremos uma postura predominantemente dogmática. É bom que se destaque que a "predominância" a qual nos referimos não é vazia de conteúdo. Ao eleger uma concepção a ser seguida em caráter predominante estamos a reconhecer a complexidade do Direito enquanto sistema,[1] cientes da insuficiência da dogmática em explicar o fenômeno jurídico em sua inteireza. Com esta opção estamos elegendo uma linha, uma forma de analisar o Direito, sem, contudo, incorrer num reducionismo radical.

O pensamento de Kelsen, indiscutivelmente um dos maiores juristas deste século, servirá de norte para nosso estudo, sem que esta postura implique a aceitação inquestionável de todas as suas posições.[2]

Elegemos como objeto o ordenamento jurídico brasileiro. Trilhando o caminho da Teoria Pura do Direito de Hans Kelsen, tentaremos expor a fenomenologia da reforma constitucional. Para esse desenvolvimento a norma fundamental será de imprescindível importância. Cumpre-nos ainda salientar, na esteira do que já foi dito, que não será adotada uma posição de recepcionismo sem análise em relação à teoria de Kelsen. Neste particular, ao contrário do que sugere Kelsen, não faremos nossa abordagem enfatizando uma norma (a norma constitucional, no caso) e sua estrutura, para daí extrair a solução do problema posto. Não. Nosso foco de análise será mais amplo, será um complexo orgânico de normas (ordenamento jurídico brasileiro), normas postas (o Direito Positivo, a começar pela norma constitucional) e uma norma pressuposta (a norma fundamental).

Numa visão semiótica da questão, dado os planos pragmático, semântico e sintático da linguagem jurídica, podemos afirmar que este trabalho se voltará, com maior ênfase,

1. Marcelo Neves, em sua *Teoria da Inconstitucionalidade das Leis*, Saraiva, 1988, trata com brilhantismo do conceito de sistema e de sistema jurídico. Em sua classificação o autor desfaz a confusão que grande parte da doutrina insiste em incorrer entre Direito Positivo (conjunto de normas pertencentes a um ordenamento jurídico) e Ciência do Direito.

Ressaltando suas diferenças inconciliáveis, tais como as linguagens que adotam e os fins aos quais estão atrelados, o autor classifica o sistema do Direito Positivo como sendo um sistema nomoempírico prescritivo, enquanto a Ciência do Direito integra um sistema nomoempírico descritivo. Neste contexto é demonstrada a insuficiência de quaisquer das concepções reducionistas (idealista, formalista ou realista) em firmar a compreensão do universo jurídico, concluindo, por fim, que "a metodologia a ser utilizada há de se basear no critério de *predominância*, nunca de *exclusividade*" (os grifos são do autor).

2. Essa análise crítica do pensamento kelseniano repute-se, desde já, ao nosso incurso na obra do jusfilósofo Lourival Vilanova (*Estruturas Lógicas e o Sistema do Direito Positivo*, Ed. RT, São Paulo, 1977 e *Causalidade e Relação no Direito*, Saraiva, São Paulo, 1989), sem deixar de ressaltar a influência em nós exercida pela *Teoria do Ordenamento Jurídico*, de Norberto Bobbio (trad. de Cláudio de Cicco e Maria Celeste C. J. Santos; revisão técnica João Ferreira, Editora UnB, 4ª ed., 1994).

ao plano sintático, ou seja, terá seu enfoque nas relações entre as normas do ordenamento jurídico.

3. *Ordenamento jurídico: noções gerais*

O conceito de ordenamento jurídico é fundamental em qualquer abordagem do Direito. Tal fato já é suficiente para justificar a inclusão deste tópico ao se analisar o problema da reforma constitucional. Não bastasse isso, este conceito será constantemente utilizado nesta monografia, o que exige sua demarcação, no sentido de explicitar a acepção na qual será empregado.

Um sistema normativo pode ser de duas formas. Em terminologia kelseniana esta análise pode verter-se em dinâmica jurídica ou estática jurídica. O critério utilizado para se fazer essa distinção decorre da natureza do fundamento de validade de cada sistema. Num sistema estático, o fundamento de validade atua determinando o conteúdo da norma; as normas estão relacionadas umas com as outras como proposições de um sistema dedutivo (é o caso do sistema de normas que rege o Direito Natural, o ordenamento moral etc.). Enquanto isso, num sistema dinâmico, o fundamento de validade das normas não é material, mas sim formal. As normas que compõem dito sistema derivam umas das outras por delegação de poder, ou seja, as normas de inferior hierarquia são válidas porque são produzidas por autoridades competentes, determinadas por uma norma superior. O ordenamento jurídico é um sistema dinâmico.[3]

Além da dinamicidade, outro ponto que merece destaque no conceito de ordenamento jurídico é a sua unidade. É pacífico o entendimento de que o ordenamento jurídico pressupõe unidade, mas de onde vem essa unidade? É uma unidade meramente epistemológica ou pode ser estendida ao âmbito jurídico-positivo?

A unidade do ordenamento jurídico não advém da coerência de suas normas, mesmo porque elas não possuem essa característica.[4] A unidade diz respeito ao fundamento de validade comum que todas as normas do ordenamento hão de ter. Epistemologicamente falando, esta norma que dá unidade ao ordenamento jurídico é a norma fundamental, que não é posta, positivada, mas pressuposta. No plano do ordenamento jurídico positivo o que dá unidade ao sistema é a Constituição, pois dela são extraídos os fundamentos de validade (formal) das demais normas.

Respondendo à questão colocada anteriormente, o ordenamento jurídico possui tanto unidade epistemológica quanto jurídico-positiva. Uma dada pela norma fundamental, outra garantida pela Constituição. Essas noções são imprescindíveis ao tratamento que queremos dar ao tema da revisão constitucional, pois demarcam o limite entre ruptura e manutenção de um ordenamento.

4. *A norma fundamental*

As normas jurídicas, todas elas, sem exceção, advêm de um fato jurídico (senti-

3. Neste sentido ver Kelsen (*Teoria Pura do Direito*, trad. de João Baptista Machado, 3ª ed., Martins Fontes, São Paulo, 1991, pp. 207-210). Em relação ao caráter dinâmico do ordenamento jurídico sustenta o autor: "O sistema de normas que se apresenta com ordem jurídica tem essencialmente um caráter dinâmico. Uma norma jurídica não vale porque tem um determinado conteúdo, quer dizer, porque o seu conteúdo pode ser deduzido pela via de um raciocínio lógico do conteúdo de uma norma fundamental pressuposta, mas porque é criada de uma forma determinada — em última análise, por uma forma fixada por uma norma fundamental pressuposta" (ob. cit., p. 210). Norberto Bobbio, conforme nos parece, compartilha do pensamento de Kelsen: "O ordenamento jurídico é um ordenamento no qual o enquadramento das normas é julgado com base num critério meramente formal, isto é, independente do conteúdo" (ob. cit., p. 73).

4. Sobre o assunto aprofundar em Marcelo Neves, ob. cit., pp. 16-38.

do genérico). Estes fatos jurídicos produtores de normas são as "fontes do Direito", para usar uma terminologia própria da doutrina tradicional. Tais fatos, por seu turno, têm relevância jurídica e são aptos a constituírem normas jurídicas porque outras normas jurídicas assim prescrevem. Um fato adquire a qualificação de fato jurídico por meio de uma norma. Fazendo uso da lição precisa de Lourival Vilanova: *"não há fato jurídico 'fora' de sistema normativo"*[5] (os grifos são do autor). Esse processo dialético de derivação *fato-norma* levaria ao infinito não fosse a criação epistemológica da norma fundamental.

A norma fundamental vem a ser o último fundamento de validade do ordenamento jurídico (é o fundamento de validade da Constituição, norma de mais alta hierarquia do ordenamento jurídico positivo). Não é uma norma posta, positivada, escrita ou constituída consuetudinariamente. É uma norma criada pelo cientista do Direito, é pressuposta, concebida com o fim de dar unidade ao sistema e fechamento no plano sintático. Como norma pressuposta prescinde de fundamento de validade, é o ápice do ordenamento. O corte metodológico proposto pela dogmática (ou Ciência do Direito *stricto senso*) a coloca como axioma, ponto de partida para efetuar-se o estudo do ordenamento jurídico positivo.

Para aclarar essa construção tomemos um exemplo: a busca do fundamento de validade de uma sentença (norma de caráter individual e concreto). A sentença (norma) tem sua origem num fato (a sentença como um fato jurídico tido no cerne de um processo judicial); esse fato jurídico é juridicizado por normas processuais e de direito material; essas normas, por seu turno, são produto de outros fatos (os resultantes do processo legislativo que desencadeou a edição das leis processuais e materiais); os fatos que geraram as leis são juridicizados pela norma constitucional que delega as competências legislativas; mas a norma constitucional também deriva, necessariamente, de um fato (no caso brasileiro, do fato da promulgação da Constituição de 1988, pela Assembléia Nacional Constituinte). Quem juridiciza o fato mais importante de um ordenamento jurídico, o fato que estabelece a Lei Suprema, a Constituição, é a norma fundamental. Esta norma é o fundamento de validade da Constituição no sentido de que é ela que legitima (no sentido kelseniano) o fato jurídico da Lei Maior. O processo de derivação termina por aqui, na norma fundamental. A Ciência do Direito (sentido estrito) não se ocupa dos fatos situados além da norma fundamental, pois são fatos não-jurídicos. O corte metodológico da dogmática jurídica parte da norma fundamental para o Direito positivado. O que nisso não estiver incluído não será objeto de sua análise.

O fundamento de validade outorgado pela norma fundamental é simplesmente formal, não há qualquer vínculo ou restrição quanto ao conteúdo que venha a ter a norma imediatamente derivada da norma fundamental (natureza dinâmica do ordenamento jurídico). Donde a pertinência das assertivas de Kelsen:[6] "qualquer conteúdo pode ser direito" e "o conteúdo de uma ordem jurídica positivada é completamente independente da sua norma fundamental".

É bom que se ressalte que a realização de um corte metodológico é instrumento necessário a qualquer ciência, pois é por esse intermédio que se delimita o objeto cognoscitivo de cada uma. Em Sociologia, por exemplo, a intersubjetividade é requisito indispensável, uma vez que tem como objeto a relação entre pessoas, a relação social.

Até a Teoria do Direito Natural que, ao contrário da doutrina dogmática, procura condicionar a validade das normas do Direito Positivo ao conteúdo das normas

5. *Causalidade e Relação no Direito*, 2ª ed., Saraiva, São Paulo, 1989, p. 22.

6. Ob. cit., pp. 210 e 235.

imanentes da natureza, mesmo essa teoria, não prescinde de uma norma fundamental para ganhar contornos científicos. É Kelsen, mais uma vez, quem demonstra a necessidade de norma fundamental também no Direito Natural: "Mas também a suposição de que uma Teoria do Direito Natural poderia dar uma resposta incondicional à questão do fundamento de validade do Direito Positivo se baseia sobre uma ilusão. Uma tal doutrina vê o fundamento de validade do Direito Positivo no Direito Natural, quer dizer numa ordem posta pela natureza como autoridade suprema colocada acima do legislador humano. Neste sentido, o Direito Natural é também Direito posto, isto é Positivo. Direito posto, porém, não pela vontade humana, mas por uma vontade suprahumana. Uma doutrina do Direito Natural pode, na verdade, afirmar com fato — se bem que não possa demonstrar — que a natureza ordena que os homens se conduzam de determinada maneira. Como, porém, um fato não pode ser o fundamento de validade de uma norma, uma teoria jusnaturalista logicamente correta não pode negar que apenas podemos pensar um Direito Positivo harmônico com o Direito Natural como válido se pressupusermos a norma: devemos obedecer aos comandos da natureza. É esta a norma fundamental do Direito Natural".[7]

5. A Constituição

O vocábulo *Constituição* é detentor de várias significações, é um termo plurívoco. Entre as diversas acepções que o acompanham é salutar que se escolha uma com a qual se vá trabalhar. Com isso, preserva-se a precisão do discurso, o vocábulo deixa de ser vago e impreciso passando a ganhar operatividade. Antes de determinar aquela escolhida e os motivos de sua escolha, façamos um breve relato acerca das diversas acepções em que o termo é empregado.

7. Ob. cit., p. 239.

5.1 Acepções do vocábulo "Constituição"

A doutrina, ao definir o conceito de Constituição, elenca uma série de acepções em que o termo é tomado.

O prof. Celso Ribeiro Bastos, em seu *Curso de Direito Constitucional* (15ª ed., Saraiva, São Paulo, 1994. pp. 40-47), destaca quatro sentidos nos quais o vocábulo é adotado: *Constituição num sentido muito amplo*, significando a particular estrutura de qualquer coisa; *Constituição em sentido material*, que quer dizer o conjunto de forças políticas, econômicas, ideológicas etc. que configuram a particular maneira de ser de um Estado; *Constituição em sentido substancial*, que se refere ao conjunto de normas estruturais de uma dada sociedade política; e, por fim, *Constituição em sentido formal*, que é o conjunto de normas legislativas produzidas por um processo mais árduo e mais solene que o ordinário. Opta o autor, reputando-o mais relevante para o Direito, pelo critério formal.

José Joaquim Gomes Canotilho (*Direito Constitucional*, 5ª ed., Almedina, Coimbra, 1992, pp. 59-73) coleciona outros critérios e acepções do termo: Constituição como modo de ser da comunidade; Constituição como organização jurídica do povo; Constituição como *lex fundamentalis*; Constituição como ordenação sistemática e racional da comunidade política através de um documento escrito; findando com um conceito ideal de Constituição.

Poderíamos nos alongar nesse desfile de significações que podem tomar o vocábulo *Constituição*. Não é esse, porém, o objetivo do trabalho. Trazendo lições de representantes da doutrina nacional e estrangeira pretendemos demonstrar o quão disperso é o conceito de *Constituição*. Como complicador da *erro* que o macule.

Não é critério avaliador de uma classificação sua veracidade. Uma classificação, desde que estabelecida coerentemente (como é o caso dos exemplos acima elencados), não é susceptível de ser avaliada como falsa ou verdadeira, certa ou errada. Podemos sim, julgar se uma classificação nos é útil ou inútil.

As diversas acepções do vocábulo *Constituição* não passam de classificações variantes de acordo com a destinação que o doutrinador, utente da classificação, dar-lhe-á dentro do contexto de sua obra. Não há motivo, por exemplo, para taxar de equívoca a definição de *Constituição* dada por Lassale,[8] analisando-a fora do contexto de sua obra, de cunho eminentemente sociológico.

Sendo assim, queremos reforçar que a opção a ser adotada não implica a exclusão das outras significações que o termo guarda. Elegeremos, tão-só, a acepção mais conveniente à linha adotada nesta monografia, a que nos será mais útil na elucidação do problema em foco.

5.2 Definição operacional de "Constituição"

Por tudo isso resolvemos adotar uma "definição operacional", o que significa dizer que a definição prestigiada servirá como *instrumento* no desenvolvimento do trabalho. Não que esta definição seja excludente das demais, mas apenas que é a mais adequada à postura seguida no presente estudo.

Como já definimos, nosso objetivo está voltado para o aclaramento de duas questões: a juridicidade (ou não) da adoção de uma nova revisão constitucional no Brasil e, por conseqüência, qual o diagnóstico jurídico a ser dado no caso de efetiva instalação de tal processo.

O objeto estudado, como não poderia deixar de ser, é o ordenamento jurídico brasileiro, a ser analisado numa postura predominantemente dogmática.

8. Ferdinand Lassalle, *Que é uma Constituição?*, 2ª ed., Kairós Livraria e Ed., São Paulo, 1985.

Dadas essas características do trabalho, que já foram demonstradas, cabe-nos encontrar a acepção de *Constituição* compatível com a problemática a ser enfrentada e a linha metodológica escolhida.

Partindo da análise do objeto de estudo, a Constituição do Brasil, temos já algumas características a serem acentuadas que, sem dúvida, servirão para nortear nossa escolha. Nossa Constituição é escrita (expressa), do tipo rígido, o que elimina a dificuldade existente em países de Constituição não-escrita, como a Inglaterra, ou que seja do tipo flexível.

Outro aspecto que deve influenciar na escolha da definição operacional de *Constituição* é o método de pesquisa empregado. Como foi dito, seguiremos uma postura dogmática, o que, podemos desde logo adiantar, nos inclina a proceder a uma análise mais detida no plano sintático das normas, ou seja, da relação das normas entre si, dentro de um ordenamento jurídico.

Tudo isso nos leva a ter o *critério formal* como o mais adequado para se definir o sentido de Constituição. Além de adequar-se à proposta desse trabalho, o critério formal, tendo-se em conta uma abordagem jurídica, leva vantagens sobre os demais, inclusive em relação ao critério material (ou substancial, na classificação do prof. Celso Bastos), por conferir ao utente maior certeza e segurança. Nesse sentido leciona Celso Bastos: "(...) cumpre salientar que a exata delimitação do que seja substancialmente constitucional não nos pode ser fornecida, na sua totalidade, *a priori*, isto é, de forma desvinculada de uma determinada sociedade política. Muitas vezes, o que é por esta entendida como matéria de extrema relevância, devendo, em conseqüência, figurar no Texto Maior em uma dada época, deixa de o ser em outro momento histórico. Da mesma forma, sociedades contemporâneas, em razão da adoção de princípios ideológicos diferentes, chegam a conclusões manifestamente diversas no que concerne à classificação de uma matéria como substancialmente constitucional".[9]

A Constituição, portanto, será tratada com o documento designado como tal (Constituição) cujas normas não podem ser revogadas ou alteradas do mesmo modo que são as demais normas componentes do ordenamento jurídico, servindo, ainda, de fundamento de validade para estas.

6. O poder constituinte

Tratando de um tema como "revisão constitucional", não se pode deixar de abordar o "poder constituinte". Não que estejamos, com essa assertiva, a admitir que o poder de reformar a Constituição seja uma espécie do gênero "poder constituinte". Não. Neste tópico e no seguinte (poder reformador) procuraremos evitar confusão com o uso dessas expressões, definindo as acepções em que estes termos serão empregados.

Geralmente se julga inconciliável o conceito de "poder constituinte" com um estudo de cunho dogmático, por ser tido o "poder constituinte" como fato "pré-jurídico".[10] Embora adotando uma postura predominantemente dogmática, não concordamos com o desprezo que se tem dado ao tema. É preciso, antes de expurgar por completo a noção de poder constituinte, diferençá-la da teoria do poder constituinte, esta sim, reconhecemos, extra-dogmática.

Esforçamo-nos para demonstrar nas primeiras linhas desse estudo a importância da norma fundamental para a dogmática jurídica, seu funcionamento, a noção de ordenamento jurídico e sua dinamicidade. Tudo isso nos serve agora para justificar a importância da noção de poder constituinte. Vimos que a norma fundamental é o fundamento de validade de todo o ordenamento jurídico, é norma jurídica hipotética, mas norma jurídica. É a norma que juridiciza o fato que gera a norma constitucional. Neste sentido a norma fundamental emana um poder, o poder de criar a norma constitucional, o *poder constituinte*.[11] Assim será empregado o termo *poder constituinte*, como o poder emanado da norma fundamental a fim de que seja criada a norma constitucional. Como já foi consignado, o caráter dinâmico do ordenamento jurídico confere à norma fundamental *status* de fundamento de validade *formal*, o que livra o poder constituinte de qualquer limitação referente ao conteúdo (como sustenta com propriedade o prof. Celso Antônio Bandeira de Mello — cf. nota de rodapé n. 10).

Esta acepção "dogmática", digamos assim, do poder constituinte, não pode ser desprezada. Com ela pode ser definida a diferença entre a inconstitucionalidade ou a ruptura de um ordenamento jurídico.

O que insistimos para que não se despreze é a diferença entre o *poder constituinte*, tal qual foi aqui definido, e o *poder constituinte* estudado na teoria do poder constituinte, potencializada com o Abade Sieyés. Quem bem faz essa distinção é Paulo Bonavides:

9. Ob. cit., p. 45. Vale salientar que o critério substancial a que se refere o prof. Celso Bastos corresponde ao critério material de Hans Kelsen. Noutros termos, o que seja substancialmente constitucional para Celso Bastos corresponde ao que seja materialmente constitucional para Kelsen (cf. Kelsen, *Teoria* ..., p. 240).

10. Neste sentido o prof. Celso Antônio Bandeira de Mello ("Poder Constituinte", in *Revista de Direito Constitucional e Ciência Política* n. IV, pp. 69-104) assevera: "Em rigor as características, as notas que se apontam para o Poder Constituinte, o ser incondicionado, o ser ilimitado, de conseguinte, o não conhecer nenhuma espécie de restrição, já estão a indicar que ele não tem por referencial nenhuma norma jurídica. E se ele não tem por referencial nenhuma espécie de norma jurídica, pelo contrário, é a partir dele que vai ser produzida a lei suprema, a norma jurídica suprema, o texto constitucional, tem-se que concluir que o poder constituinte é algo pré-jurídico, precede, na verdade, a formação do direito. E, por esta razão, é, ao meu ver, absolutamente irrelevante a circunstância de que exista, precedendo ao exercício deste Poder Constituinte, um ato que confira Poder Constituinte a alguém".

11. Ver Bobbio, ob. cit., p. 51.

"Convém advertir, desde logo, que o poder constituinte e a sua teoria são cousas distintas conforme já acima assinalamos. Poder constituinte sempre houve, porque jamais deixou de haver o ato de uma sociedade estabelecendo os fundamentos de sua própria organização. O que nem sempre houve, porém, foi uma teoria desse poder, cuja aparição configura um traço de todo original, ou seja, uma peculiaridade digna talvez de justificar o pasmo e a vaidade do orador constituinte, ao formulá-la em fins do século XVIII. (...)

"Do ponto de vista formal, isto é, considerado apenas de uso instrumental, o poder constituinte sempre existiu e sempre existirá, sendo assim um instrumento ou meio com que estabelecer a Constituição, a forma de Estado, a organização e a estrutura da sociedade política. (...)

"Do ponto de vista material ou de conteúdo, considerando porém como espécie e não como gênero, individualizado e não generalizado, formulados já em termos históricos no âmbito de uma teoria, que dele toma consciência, conforme aconteceu durante o século XVIII, o poder constituinte é conceito realmente novo, com o objetivo de exprimir uma determinada filosofia do poder, incompreensível fora de suas respectivas ideologias."[12]

Deixamos firmado, pois, que o poder constituinte que aqui nos referimos é aquele tomado do ponto de vista formal, para usar uma terminologia de Paulo Bonavides, em detrimento do poder constituinte cujo conceito formulou-se a partir da teoria do poder constituinte (poder constituinte do ponto de vista material ou de conteúdo).

7. Poder reformador

Desde que tratamos da definição operacional de Constituição já ficou estabelecido que esta se sujeita a mudanças, reformas. Muito embora no início do constitucionalismo tenha se sustentado o caráter perene e imutável da Constituição, essa idéia não resistiu à necessidade de adequação da norma constitucional à realidade, em intensa e constante mutação. A sustentar o caráter imutável da Constituição, o que exigiria uma ruptura no ordenamento jurídico a cada alteração realizada no texto constitucional, preferiu-se a adoção de meios constitucionais de se fazer as mudanças. Surge o poder reformador. Sobre a necessidade de modificar as constituições, assim disserta Jorge Miranda: "A modificação das Constituições é um fenômeno inelutável da vida jurídica, imposta pela tensão com a realidade constitucional e pela necessidade de efectividade que as tem de marcar. Mais do que modificáveis, as Constituições são modificadas".[13]

Como já salientamos no tópico anterior, não confundimos o poder de reformar a Constituição com uma espécie do gênero poder constituinte. Entre eles (poder constituinte e poder reformador) há mais diferenças que semelhanças. Exprimem momentos distintos da dinâmica do ordenamento jurídico. Entre aqueles que rechaçam a idéia de poder constituinte reformador, destacamos os argumentos de Nelson Saldanha, que diz: "Há todavia autores, e dos mais notáveis e ilustres, que identificam o *poder de reforma* com o *poder constituinte*. (...) É todavia inaceitável esta identificação, e logicamente estranha a expressão 'poder constituinte de revisão'. Pois fazer Constituição é uma coisa; emendar é outra. O poder constituinte tem um alcance muito maior; é ele que provoca a vida constitucional, que pretende toda existência constitucional. Mesmo se tratando de Constituição nova, o sentido do ato constituinte é muito mais profundo do que o ato de revisão, que o pressupõe e que é colocado por ele. Dizer que o poder constituinte é poder de fazer ou de revisar Constituição significa afirmar que é um poder que

12. *Curso de Direito Constitucional*, 4ª ed., Malheiros Editores, São Paulo, 1993, pp. 120-122.

13. *Manual de Direito Constitucional*, t. II, 2ª ed., Coimbra Ed., Coimbra, 1988, p. 108.

pode ser constituinte... ou não. Chamar de reforma 'poder constituinte derivado' consiste em continuar vendo as reformas constitucionais como atos constituintes. O que não é admissível"[14] (os destaques são do autor).

Efetuando uma análise sob o plano sintático da questão, que é a proposta desse estudo, verifica-se que o poder constituinte é uma emanação da norma fundamental, uma norma que apenas dá validade formal às normas que dela diretamente derivam, enquanto que o poder reformador deriva de uma norma posta, positivada, a norma constitucional que, ao contrário da norma fundamental, além de validade formal pode conferir limites materiais a condicionar a validade das normas que dela derivam.

Mais do que uma disputa terminológica, que também é relevante quando se trata de discurso científico, a distinção entre o poder constituinte e o poder reformador salienta importantes pontos no plano efectual. O poder constituinte, derivado que é da norma fundamental, uma norma hipotética — repita-se —, de natureza epistemológica, materialmente vazia, desprovida de conteúdo, se vê ilimitado juridicamente. A norma jurídica que lhe dá fundamento de validade (a norma fundamental) não determina o conteúdo que deve tomar a norma derivada imediatamente dela, nem sequer estipula a forma pela qual deva ser criada. Os que detiverem o poder constituinte não encontram na norma fundamental limites ou sequer diretrizes a seguir na elaboração da norma constitucional. Como afirma Kelsen, "o conteúdo de uma norma jurídica positiva é completamente independente da sua norma fundamental".[15]

O mesmo não se passa com o poder reformador. Este vem subordinado à vontade estabelecida através da norma constitucional, pelo poder constituinte. Seu fundamento de validade está contido na própria Constituição que pode estipular limites formais e materiais para o seu exercício. O cumprimento desses limites é garantido pelo próprio ordenamento que prevê órgãos (constituídos) detentores de competência para julgar a constitucionalidade ou não das alterações.

Por fim queremos destacar como critério identificador-discriminador entre poder constituinte e poder reformador os seus respectivos fundamentos de validade. Quando houver como fundamento de validade a norma hipotética fundamental teremos o exercício do poder constituinte, com todos os seus efeitos e conseqüências. No caso do exercício do poder reformador, seu fundamento de validade será uma norma posta, uma norma constitucional.

7.1 Reforma, revisão, emenda: delimitação semântica dos termos

Os diferentes modos de utilização acima destacados nos forçam a proceder, mais uma vez, a uma delimitação semântica de expressões a serem empregadas nesta monografia, visando, com isso, a precisão da linguagem e a clareza na exposição de nossas idéias.

Não só a doutrina[16] faz uso de designações diversas para referir fenômenos semelhantes. O emprego das expressões reforma, revisão, emenda, alteração, vicissitudes etc., também é desuniforme nos diversos ordenamentos jurídicos,[17] o que justifica, em alguns casos, a discrepância terminológica.

Para superarmos essa dificuldade é preciso eleger um critério que sirva de base para se efetuar uma classificação útil para nos-

14. *O Poder Constituinte*, Ed. RT, São Paulo, 1986, pp. 86-87.

15. Ob. cit., p. 235.

16. Tem-se uma idéia da distorção entre os vocábulos designadores para demarcar um mesmo fenômeno principalmente da comparação entre autores estrangeiros (as vezes com suas classificações recepcionadas indiscriminadamente por autores nacionais).

17. Para um confronto do ordenamento jurídico do Brasil com diversos outros acerca do tema ver Jair Eduardo Santana, *Revisão Constitucional — Reformas e Emendas*, Del Rey, Belo Horizonte, 1993, pp. 55-75.

sos fins. Esse critério é encontrado no ordenamento jurídico.

Seguindo o ordenamento jurídico brasileiro, podemos ter como gênero a estabelecer os modos pelos quais a Constituição é formalmente alterada o vocábulo "reforma". Registre-se que, com "reforma", estamos a designar os meios formais de alteração da Constituição, as alterações "informais", ou seja, aquelas que são obtidas por intermédio de uma nova compreensão ou interpretação do texto constitucional,[18] não se inclui no que designamos por *reforma constitucional*.

Dentro do ordenamento jurídico brasileiro encontramos dois modos de se efetuar a reforma constitucional: a emenda e a revisão. A primeira espécie está prevista no art. 60 da CF, é o meio próprio de se reformar a Constituição; há limites formais (quórum privilegiado, p. ex.), materiais (estipulação de cláusulas pétreas) e circunstanciais (proibição de reforma à Constituição durante estado de sítio) para tanto. O outro modo de reformar a Constituição pode ser qualificado como excepcional; trata-se da revisão prevista no art. 3º do Ato das Disposições Constitucionais Transitórias. É um modo menos rigoroso que o previsto no art. 60 e, por isso, com exercício circunscrito àquela ocasião específica.

Definida que está a reforma como gênero do qual são espécies a emenda e a revisão, concluímos a primeira parte desse estudo, em que se procurou firmar os principais conceitos a serem utilizados na colocação e na proposta de solução do problema em foco.

8. *Colocação do problema: que representa uma nova revisão constitucional?*

A questão que nos propusemos analisar refere-se à adoção de um novo processo de revisão a incidir sobre a Constituição de 1988. Isto é, a criação de um processo de revisão constitucional, nos termos dispostos no art. 3º do ADCT, processo este a ser instituído por meio de emenda constitucional (emenda que teria como fundamento de validade o art. 60 da atual Constituição brasileira).

Vindo isto a se efetivar, qual o diagnóstico que o cientista do Direito pode dar a esse fenômeno? Essa é a questão que buscaremos enfrentar.

Procuramos demonstrar desde o início do estudo que uma norma tem fundamento de validade em outra norma, sempre. Podemos agora observar que dentre as normas constitucionais existem normas que não buscam seu fundamento de validade diretamente na norma fundamental, mas sim em normas do Direito posto, positivadas. Estas normas são as normas advindas de reforma à Constituição. O fundamento de validade de tais normas é o artigo que prevê e delimita a reforma constitucional. São normas com hierarquia semelhantes às demais, mas com fundamento de validade diverso. Umas têm seu fundamento de validade extraído imediatamente da norma fundamental. Outras buscam fundamento na norma estipuladora da reforma constitucional.

Esta distinção, longe de ser mero preciosismo acadêmico, traz subsídios indispensáveis para esta análise. Vejamos os efeitos que tal distinção acarreta: as normas que buscam seu fundamento de validade diretamente na norma fundamental não sofrem qualquer limitação de conteúdo jurídico, uma vez que, como vimos, a norma fundamental não vincula materialmente as normas que dela derivam, aceitando qualquer conteúdo; as normas constitucionais criadas através de reforma à Constituição, ao contrário, não derivam de uma norma hipotética, têm, sim, fundamento no próprio ordenamento jurídico positivo, sofrendo as limitações *jurídicas* que este porventura imponha.

Não bastasse essa distinção, temos o problema da auto-referência, ou seja, quando uma norma constitucional instituída por

18. Refirimo-nos ao que Konrad Hesse trata por mutação constitucional (*Escritos de Direito Constitucional*, pp. 24-26).

meio de reforma, altera o seu próprio fundamento de validade, isto é, altera a norma que dispunha acerca da reforma à Constituição. É a auto-referência, inconciliável, em princípio, com uma teoria dogmática. Neste caso a norma serviria de sustentação a si mesma, o que seria um contra-senso.[19]

Na hipótese sob análise ocorreria esse fenômeno. Buscando fundamento de validade no art. 60, surgiria emenda a alterar o próprio art. 60, na medida em que cria novos meios de se fazer a reforma que não aquele previsto em seu escopo.

Em suma, a instituição de um novo processo de revisão encerra uma auto-referência.[20] Pois a atual Constituição estipula um e somente um meio para sua reforma (estamos excluindo a revisão proposta no art. 3º do ADCT, por entender que a mesma esgotou-se com o seu encerramento em 1994): a Emenda Constitucional, nos termos previstos no art. 60. Se for criado um novo meio de reforma a partir de uma Emenda Constitucional, o que se estará fazendo é alterar, implicitamente, o próprio artigo que deu fundamento à mudança, acrescendo nova hipótese ao texto original, o que caracterizaria a auto-referência.

Postos os problemas acerca da hipótese levantada, passemos a analisá-los.

9. Os limites ao poder reformador e a questão da auto-referência

Recordemos que, ao delimitar o campo semântico do que trataríamos por *poder reformador*, deixamos demonstrado que nos referíamos a um poder-competência derivado de uma norma positivada, a norma constitucional estipuladora dos meios pelas quais se reforma a própria Constituição.

Diferentemente do que ocorre com o exercício do poder constituinte, que não encontra limites jurídicos, o poder reformador pode ser limitado pela norma que o prevê (norma positivada, não hipotética). É o que ocorre no ordenamento jurídico nacional. O art. 60 prevê, além da possibilidade de se reformar a Constituição, as suas limitações. Limitações de cunho material, formal e circunstancial.

Além dessas, explícitas no texto constitucional, os autores elencam limitações implícitas ao poder reformador,[21] dentre as quais as chamadas limitações lógicas (a proibição de se fazer uma dupla revisão, na expressão de Jorge Miranda), a auto-referência a qual nos referimos. Com esta proibição veda-se a reforma que venha a alterar os limites já outorgados pelo poder constituinte.

Acontece que, mesmo com essa vedação ao poder de reforma à Constituição, não se impede que efetivamente tais mudanças ocorram.

A atual Constituição de 1988 é fruto de fenômeno deste tipo. A emenda que previu a instauração da Assembléia Nacional Constituinte é um caso inconteste de auto-

19. Tércio Sampaio Ferraz Júnior (*Introdução ao Estudo do Direito*, Atlas, São Paulo, 1993, p. 177) trata da questão num enfoque comunicacional constatando, também, um aparente paradoxo: "serra o galho sobre o qual está sentado".

20. Sobre auto-referência ver Maria Helena Diniz, *Norma Constitucional e seus Efeitos*, 2ª ed., Saraiva, São Paulo, 1992, pp. 86-88.

21. Paulo Bonavides (ob. cit., p. 178) coloca como limitações tácitas ao poder de reforma constitucional "aquelas que se referem à extensão da reforma, à modificação do processo mesmo de revisão (reforma, na terminologia que adotamos nessa monografia) e a uma eventual substituição do poder constituinte derivado (poder reformador, para nós) pelo poder constituinte originário (que corresponde, em nossa classificação, a poder constituinte)". No que se refere à questão de se saber se o poder reformador é competente para modificar o próprio sistema de reforma, o autor rechaça a possibilidade sustentando que seria o mesmo que "conferir ao poder constituinte derivado (poder reformador) características que ele não possui de poder constituinte originário (poder constituinte)".

Nelson de Souza Sampaio ("Inconstitucionalidade de Emenda Constitucional", *RDP* 67/8) admite a alteração do processo de reforma, pela própria reforma, apenas quando as alterações pretendidas visarem a tornar mais rigorosos os requisitos da reforma.

referência. Mesmo assim, não se tem notícia de questionamentos à sua juridicidade, pelo menos que tenha chegado aos Tribunais. Como explicar esse fenômeno?

O que aparece como paradoxo, auto-referência, na verdade não ocorre. Isto se explica. O que aparentemente é o exercício do poder reformador, na realidade se mostra uma atuação do poder constituinte. A norma que estabelece alterações no processo de reforma não pode buscar seu fundamento de validade na mesma norma a que visa alterar. Seria um paradoxo, uma auto-referência. Esta norma, então, busca seu fundamento de validade diretamente na norma fundamental. É, por isso, atuação do poder constituinte e não do poder reformador, como aparenta.

Temos, na verdade, duas situações: uma, quando há o exercício do poder reformador, condicionado por limites jurídicos (circunstanciais, materiais, formais expressos, implícitos), em que se vê a auto-referência, uma situação que o ordenamento repele; outra, aquela sobre a qual atua o poder constituinte, ilimitado juridicamente. Como diferençar essas duas situações? Quando encontraremos inconstitucionalidade? Quando será visto um novo exercício do poder constituinte?

Essa questão se aproxima, no que se refere aos fundamentos, àquela proposta no início do presente estudo: qual diagnóstico dar na hipótese de ser instaurado um novo processo revisional da Constituição de 1988?

Encontraremos a resposta para ambas, num lugar comum: a efetividade.

10. A efetividade

Estudamos até agora o ordenamento jurídico como sistema dinâmico, em que o critério para aferir se determinada norma faz parte ou não do ordenamento é dado pela legitimidade,[22] ou seja, uma norma pertence a um dado sistema se houver outra, de superior hierarquia, que a legitime.

Quando tratamos de normas que extraem seu fundamento de validade diretamente da norma fundamental carecemos de um critério que venha a juntar-se ao da legitimidade a fim de que se possa diferençar o exercício legítimo do poder constituinte, de uma inconstitucionalidade, ou seja, da norma posta em desacordo com o que preceitua a Constituição positivada. Esse critério é o da efetividade ou da eficácia.[23]

Por tal critério, entretanto, não se pode determinar a natureza da norma aprioristicamente. A análise da eficácia ou efetividade da norma só pode se fazer retrospectivamente, ou seja, depois que ela for posta.

Na hipótese de uma revolução[24] armada, com o intuito de estabelecer uma nova ordem jurídica, o futuro desta ordem revolucionária dependerá do sucesso que obtiver a própria revolução. Se o ordenamento proposto pela revolução tornar-se eficaz, ficará constatada uma ruptura do ordenamento anterior com o surgimento de uma nova ordem. Caso contrário, isto é, se o movimento revolucionário não vingar e o ordenamento por ele proposto não se efetivar, impossível dizer que houve ruptura no ordenamento anterior, tratar-se-á, sim, de uma insurreição contra a ordem vigente, a ser repelida como tal. Aprioristicamente nada pode ser dito sobre o futuro do ordena-

22. Estamos empregando "legitimidade" no sentido kelseniano. Para uma análise crítica da legitimidade tratada dogmaticamente, ver Eros Roberto Grau, *A Constituinte e a Constituição que Teremos*, Ed. RT, São Paulo, 1985.

23. Lourival Vilanova ("Teoria jurídica da revolução", *RDP* 70/52) prefere o termo "eficacidade" ao "efetividade", utilizado por Kelsen. Empregaremos ambos num mesmo sentido.

24. O termo "revolução" é dotado de conteúdos diversos (ver Lourival Vilanova, *Teoria ...*, pp. 33-58), um deles o toma num sentido jurídico, significando uma ruptura no ordenamento jurídico vigente. Entretanto, para evitar ambigüidades, optamos por caracterizar o fenômeno jurídico simplesmente como "uma atuação do poder constituinte", deixando "revolução" para designar situações de ordem fática.

mento jurídico proposto, isto só o tempo responderá, ou seja, a *efetividade*. A única afirmação que pode ser feita com certeza é a de que se trata de uma tentativa de estabelecimento de uma nova ordem.

O estabelecimento de um novo processo de reforma da Constituição pode ser caracterizado de duas formas: como uma nova atuação do poder constituinte (o que eliminaria o problema da auto-referência e de qualquer outro limite jurídico à sua existência); ou, em caso contrário, ser entendido como uma atuação do poder reformador (sujeito às limitações jurídicas impostas pelo poder constituinte) que, por desrespeitar os limites implícitos de reforma, deveria ser expurgado.

Essa dicotomia só será resolvida com o passar do tempo, quando poderá ser feira uma análise vislumbrando a eficácia da norma que pretenda instituir a mudança no processo de reforma à Constituição.[25]

Vejamos o que aconteceu com a Emenda Constitucional 26, de 27 de novembro de 1985, que, com base na Constituição de 1967, instituiu a Assembléia Constituinte que redundou na atual Constituição de 1988. Como já salientamos, tratava-se, aparentemente, de um caso de auto-referência. No momento em que foi editada, tal Emenda poderia ter sido impugnada, poder-se-ia ter alegado desrespeito aos limites implícitos ou lógicos de reforma, ou uma série de outras coisas. O fato é que não houve qualquer tipo de impugnação; a Emenda efetivou-se, deu azo a uma nova Constituição. Por tudo isso podemos, hoje, afirmar que ali houve atuação do poder constituinte. Caso a mesma emenda não produzisse eficácia, fosse julgada inconstitucional (digamos assim para facilitar o argumento), nossa análise haveria de ser diferente. Não poderíamos mais vislumbrar a atuação de um poder constituinte (ilimitado juridicamente), mas sim um exercício irregular do poder reformador.

Com tudo isso queremos afirmar que a questão proposta poderá tomar dois caminhos. Uma Emenda que venha a prever uma alteração no processo de reforma poderá ser declarada inconstitucional, não produzir efeito algum. Neste caso poderá se dizer que o que houve não passou de um exercício irregular do poder reformador. Em contraponto, Emenda desta natureza pode ser posta no sistema jurídico e ser eficaz, pode até vir a ser declarada constitucional. Em casos tais o cientista do Direito deverá reconhecer a atuação do poder constituinte e não mero exercício do poder reformador.

11. Análise da situação

A postura adotada no presente estudo, apesar de inclinar-se para o dogmatismo, não implica ceticismo, nem significa quebra de vínculo com a realidade que visamos a descrever (a realidade jurídica, o mundo do dever-ser). Com isso, não usamos a dogmática como argumento de quem não tolera ou propugna por mudanças. Ao contrário disto, procuramos ao longo deste trabalho demonstrar como tais mudanças poderiam, ou melhor, como podem ser feitas à luz da dogmática.

Por entender que a escolha por qualquer das opções aqui analisadas tem muito mais de político do que de jurídico, buscamos não nos inclinar a favor de nenhuma delas. Descrevemo-las, só.

Diagnosticamos o que, em nossa óptica, implicaria cada uma das possibilidades levantadas. Para concluir o nosso estudo faremos uma análise dessa situação, isto é, das possibilidades de sucesso cogitadas para

25. Nesse sentido, ver Genaro R. Carrió, que diz: "Si para saber si estamos o no en presencia de un acto del poder constituyente originario (só poder constituinte, em nossa classificação), de un ejercicio de su incondicionada y ilimitada competencia, hace falta la plena consumación del hecho, los enunciados que firman que algo es (ha sido) una manifestación o ejercicio del poder constituyente originario sólo puenden referirse al pasado" (*Sobre los Límites del Lenguaje Normativo*, Astrea, Buenos Aires, 1973, pp. 51-52).

uma Emenda que prescrevesse a alteração no processo de reforma constitucional.

Como já foi demostrado, atualmente o meio previsto de se reformar a Constituição é através de Emendas Constitucionais, tal como disposto em seu art. 60 (a revisão prevista no art. 3º do ADCT já foi encerrada, não mais figurando como meio de se fazer reforma constitucional). Reformar a Constituição por meio de Emendas, seguindo o processo previsto no art. 60, é privilegiar o ordenamento jurídico vigente, é dar prestígio a valores como a segurança e a estabilidade jurídica.

Havendo Emendas ou propostas de Emendas que visem a alterar o processo de reforma constitucional (incluindo a proposta de uma nova revisão constitucional) duas podem ser as atitudes. Prestigiar o ordenamento vigente e não se admitir Emendas (ou propostas) desse tipo, por incompatíveis com o ordenamento atual; ou as admitir, o que implica a atuação de um poder constituinte, gerando, formalmente, novo ordenamento jurídico.

Dependendo do caminho a ser *efetivamente* seguido varia a análise do jurista. Ou seja, é o plano eficacial que deve nortear a análise do cientista do Direito. Não teria o menor sentido a postura de um descritor da realidade jurídica bradando contra o que *efetivamente* se fez no mundo do Direito. Que sentido teria um raciocínio jurídico que vá de encontro à própria realidade descrita? De que valeria infirmar o estabelecimento de um novo processo revisional se, *efetivamente*, isto vier a ocorrer?

Assim, havendo rechaço à alteração do processo de revisão constitucional (o que só é confirmado no plano eficacial, da efetividade, imprevisível juridicamente) o cientista do Direito verterá sua análise numa atuação irregular do poder reformador (à Emenda ou proposta de Emenda rechaçada). Ocorrendo o inverso, estar-se-á diante de um caso de atuação de poder constituinte, não cabendo ao jurista cogitar de limites jurídicos, pois não os tem. A norma que prevê a reforma derivaria imediatamente da norma fundamental, é incondicionada. A reforma nela prevista é que pode ser confrontada com alguns limites, os limites estabelecidos na própria norma reformadora. A norma que institui o novo processo de reforma é incondicionada, é fruto do poder constituinte. As normas instituídas com base nesse novo processo são incondicionadas pela própria norma que o criou, são frutos do poder reformador. A instituição de um novo processo de reforma é poder constituinte. A reforma é expressão do poder reformador.

Cada situação que vier a efetivar-se exige análise própria.

12. Síntese

Utilizando como instrumento a dogmática (Ciência do Direito em sentido estrito) procuramos fazer uma análise de como seria assimilada uma nova revisão constitucional no ordenamento jurídico brasileiro.

Para tanto, tentamos operacionalizar diversos conceitos, escolhendo acepções a serem empregadas, eliminando a ambigüidade que lhes marcam. Com isso, buscamos a precisão terminológica, único meio de se fazer entender em campo tão marcado pela plurivocidade dos termos.

Demos noções gerais acerca de ordenamento jurídico e norma fundamental. Elegemos um critério classificador para "Constituição", o formal, por ter sido este o mais adequado às finalidades do presente estudo. Por fim, definimos os conceitos de "poder constituinte" e "poder reformador", de modo a serem úteis para uma abordagem científica do problema. O "poder constituinte" ficou definido como processo de produção jurídica[26] (produção de normas) advindo imediatamente da norma fundamental,

26. A noção de "poder" como processo de produção jurídica foi extraída de Norberto Bobbio (*Teoria do Ordenamento Jurídico*, p. 51).

por isto ilimitado juridicamente. O "poder reformador", seguindo o mesmo critério formal de definição, também corresponde a um processo de produção de normas, só que derivado de uma norma positivada, a norma constitucional que prevê a reforma da Constituição, sujeito, por esta razão, a limites jurídicos.

De posse de todos esses conceitos instrumentais, sem os quais seria impossível trabalhar na análise da questão nos termos em que foi proposta, fizemos a colocação precisa do problema. Esclarecemos que o estabelecimento de uma nova revisão constitucional está posicionado na linha fronteiriça entre a atuação do poder constituinte e do poder reformador. Nesse enfoque inserimos o conceito de auto-referência, um paradoxo jurídico-dogmático que impossibilitaria qualquer alteração no processo de reforma utilizando-se do próprio processo de reforma que se quer alterar. São os limites lógicos, implícitos, tácitos, que a doutrina elenca. Relativizando a questão, procuramos demonstrar que a vedação só existe se se tratar de atuação do poder reformador; quando se tratar de atuação do poder constituinte, tal fenômeno não ocorre, uma vez que a norma que visa a alterar o processo de reforma não buscaria seu fundamento de validade na própria norma alterada (auto-referência), mas sim diretamente na norma fundamental.

A questão, posta dessa forma, transferiu-se para outro plano.[27] Como se identifica a atuação do poder constituinte e do poder reformador? Para responder à nova indagação recorremos à efetividade. Reconhecemos a incapacidade da dogmática em prever uma solução; de tal modo que recorremos à efetividade. À dogmática cabe a descrição do fenômeno já ocorrido, efetivado. Em casos tais, antevisões dogmáticas não passariam de exercício de futurologia, exercício de política, via ciência do direito.

Desenvolvido o trabalho, chegamos à conclusão de que seja qual for a postura adotada politicamente em relação à implementação ou não de alterações no processo de reforma constitucional, merece um estudo em nível dogmático. A dogmática não servirá para rechaçar esta ou aquela postura, mas sim para analisá-las, descrevê-las.

Nessa esteira de pensamento, concluímos que, dependendo do desfecho a ocorrer (efetividade), variará o diagnóstico a ser apresentado. Adotando-se alterações no processo de reforma à Constituição, identificar-se-á a atuação do poder constituinte. Noutro toque, havendo propositura de alteração no processo de reforma e sendo a mesma rechaçada, estar-se-á diante de uma atuação irregular do poder reformador. As distinções não são preestabelecidas, estas se dão tão-somente no plano eficacial. É a efetividade que nos dirá de qual fenômeno se trata.

27. É o que Tércio Sampaio Ferraz Júnior (*Introdução ao Estudo do Direito*, p. 176), vertendo sua análise para o aspecto pragmático do problema, chama de "troca de padrão". No caso estamos substituindo o "padrão-legalidade", pelo "padrão-efetividade".

ESTUDOS E COMENTÁRIOS

DAS SANÇÕES DA LEI 8.429/92 AOS ATOS DE IMPROBIDADE ADMINISTRATIVA

FÁBIO MEDINA OSÓRIO

Promotor de Justiça no Rio Grande do Sul — Mestre em Direito Público pela Faculdade de Direito da Universidade Federal do Rio Grande do Sul — Professor na PUC/RS e na Escola Superior do Ministério Público/RS

Introdução

Desde o advento da Lei 8.429/92, com a irônica sanção do ex-Presidente da República Fernando Collor de Mello, a sociedade brasileira tem vivenciado crescente aumento no combate à impunidade de poderosas figuras públicas e particulares antes tidas como "intocáveis".

Não são poucos os casos de condenações de agentes públicos e particulares à perda de cargos públicos, suspensão de direitos políticos, ressarcimento ao erário, perda de bens havidos ilicitamente, vedação de contratarem ou receberem benefícios, fiscais ou creditícios, com a Administração Pública, pagamento de multa civil, tudo independentemente das responsabilizações nas esferas administrativas, política e penal.

Merece aplauso o sistema de divisão das esferas de responsabilidade de agentes públicos e particulares.

Muito se discutiu a respeito do caráter penal das sanções previstas no art. 12, I, II e III, da Lei 8.429/92, resultando consagrado o entendimento de que não se trata de normas típicas penais ou sanções rigorosamente penais, seja pela dicção inquestionável do constituinte de 1988 (art. 37, § 4º, CF/88), seja pela legítima opção do legislador ordinário, seja, finalmente, pela ausência de vedação constitucional a que se consagrem sanções extrapenais nos moldes previstos na Lei 8.429/92.

Parece-me que o veículo da ação civil pública tem se revelado, no combate à improbidade administrativa, eficaz, célere, compatível com os direitos fundamentais da pessoa humana acusada da prática de atos ímprobos e satisfatório aos anseios da comunidade.

Oportuno, sem dúvida, examinar com maior atenção, uma a uma, as sanções descritas no art. 12, incs. I, II, III, da Lei 8.429/92, com o objetivo de suscitar maior debate na comunidade jurídica, aprimorando-se, crescentemente, importante instrumento legal de tutela da probidade administrativa.

Das sanções aos atos ímprobos em espécie

Cumpre percorrer, uma a uma, as sanções previstas pelo legislador, inclusive visualizando o princípio da proporcionalidade em toda sua extensão hermenêutica, subjacentemente às normas, sem olvidar que nem sempre o interesse individual do agente ímprobo haverá de triunfar em detrimento do interesse coletivo de impor correta, proporcional e justa punição. A proporcionalidade nem sempre se inclina a favor do direito individual do agente em receber uma punição branda, muito antes, pelo contrário. A regra, como se sabe, é a imposição cumulativa das sanções, bem como o rigor na proteção da combalida probidade administrativa.

Da suspensão dos direitos políticos

O gozo dos direitos políticos integra categoria de direitos fundamentais. Trata-se de matéria relacionada, inclusive, ao princípio democrático, na medida em que "cada um deve poder exercer o seu direito eleitoral ativo e passivo de modo formal com o máximo de igualdade".[1]

Nem seria necessário dizer, por óbvio, que os direitos políticos sofrem limitações cujas raízes se assentam na ordem constitucional, pois nenhum princípio ou direito fundamental é desprovido de limites, até pela necessária incidência simultânea de outros princípios e direitos fundamentais limitativos. Há limitações recíprocas de princípios e direitos fundamentais.

É possível dizer que o abuso de direitos fundamentais pode ser sancionado, no Direito germânico, com a perda de alguns desses direitos. Não se trata de pleitear responsabilidade criminal do agente, "uma vez que não se trata, na perda de direitos fundamentais, de uma pena, senão de uma medida conservativa com a função de proteção à Constituição. Por isso, essa perda não depende de uma possível culpabilidade do agente e, sim, da sua periculosidade, mirando o futuro". O Tribunal Constitucional Federal alemão determina quais os direitos fundamentais perdidos pela parte passiva, assim como o prazo de sua duração, aí incluindo-se o "direito eleitoral, ativo e passivo, da aptidão para o desempenho de cargos públicos e ordenar a sua desassociação de pessoas jurídicas", com efeitos *ex nunc*, necessitando da maioria de dois terços do Senado que pronuncia a decisão.[2]

No sistema brasileiro, diga-se que até a Magna Carta de 1946, inclusive, a suspensão ou perda dos direitos políticos, não poderia ser decretada nos casos de corrupção, pela via cível, mas apenas, incidentalmente, obtido pela condenação criminal, enquanto perdurassem seus efeitos.[3]

Mas a Carta Constitucional de 1967 previa a suspensão dos direitos políticos quando houvesse "abuso de direito individual ou político, com o propósito de subversão do regime democrático ou de corrupção", pelo período de dois a dez anos, perante o Supremo Tribunal Federal, mediante representação do Procurador-Geral da República, sem prejuízo da ação cível ou penal que coubesse, assegurada ao paciente ampla defesa.[4]

E, a partir da Carta de 1988, consta, expressamente, que é vedada a cassação de direitos políticos, cuja perda ou suspensão, todavia, somente se admite nas hipóteses estritas do art. 15, incs. I, II, III, IV, V, da CF, ali estando consagrada, modo expresso, a improbidade administrativa, criando-se uma hipótese de sanção político-civil.

Daí que o art. 37, § 4º, da Magna Carta, estabelece que a improbidade adminis-

1. Luís Afonso Heck, *O Tribunal Constitucional Federal e o Desenvolvimento dos Princípios Constitucionais — Contributo para uma Compreensão da Jurisdição Constitucional Federal Alemã*, Fabris Editor, Porto Alegre, 1995, p. 248.

2. Luís Afonso Heck, *O Tribunal Constitucional...*, cit., pp. 158-159.

3. Ver Francisco Cavalcanti Pontes de Miranda, *Comentários à Constituição de 1946*, v. III (arts. 129 e 144), Henrique Cahen Editor, Livraria Boffoni, Rio de Janeiro, pp. 131 a 144.

4. Francisco Cavalcanti Pontes de Miranda, *Comentários à Constituição de 1967, com a Emenda 1, de 1969*, t. V, 3ª ed., Forense, Rio de Janeiro, pp. 663-664. Parece-me que tal dispositivo, em contexto histórico francamente anti-democrático, poderia se prestar a abusos de poder.

trativa gera a suspensão dos direitos políticos na forma e gradação previstas em lei.

A Lei 8.429/92 regula a forma e a gradação da sanção relativa a suspensão dos direitos políticos decorrente de condenação por improbidade administrativa, devendo incidir, aqui, o princípio da proporcionalidade na eleição dessa modalidade sancionatória, tendo em vista sua especial intensidade e peculiar força.

Quanto à forma, não há dúvidas de que o legislador instituiu claramente a ação civil pública para obtenção das sanção em exame.

No que diz respeito à gradação, também há claros limites às operações judiciárias, sendo necessário registrar que o decreto condenatório deve partir da constatação do dolo ou culpa, dependendo do tipo proibitivo, com expresso enquadramento do agente na Lei 8.429/92, não bastando o mero juízo de periculosidade. Não se admite, como se sabe, responsabilidade objetiva neste terreno.

Na hipótese de efetivo enriquecimento ilícito, a suspensão dos direitos políticos pode ocorrer de oito a dez anos. O julgador fixa o *quantum* dentro desses limites (art. 12, I, da Lei 8.429/92), atento ao conjunto amplo de peculiaridades do evento.

Quando houver lesão ao erário, o prazo obrigatório de suspensão dos direitos políticos varia de cinco a oito anos. O juiz fundamenta dentro desses patamares e opta pelo *quantum* da suspensão (art. 12, II, Lei 8.429/92).

No caso de "mera" agressão aos princípios da Administração Pública, sem danos ao erário e sem enriquecimento ilícito, a suspensão pode oscilar entre três e cinco anos, inclusive (art. 12, II, Lei 8.429/92).

A regra, portanto, é a imposição da sanção nos limites mínimo e máximo previstos pelo legislador. Não há falar-se em poder discricionário da autoridade judiciária na aplicação da sanção. O ato deve ser fundamentado e, em tal caso, há de ser feita a escolha correta pelo *quantum* sancionatório.

Não se mostra possível ao julgador, *data venia*, em tese, após concluir pela presença dos requisitos autorizados de reconhecimento da improbidade administrativa, em qualquer de suas modalidades, optar pela exclusão da sanção relativa a suspensão dos direitos políticos, ou reduzir o *quantum* sancionatório a um patamar aquém do mínimo legal.

Com efeito, o legislador determina a imposição cumulativa obrigatória das sanções legais, donde incabível ao juiz reduzir a aplicabilidade da lei, sob pena de criar campo fértil às arbitrariedades e às desigualdades, emergindo falta de critérios na escolha das sanções incidentes nos casos concretos.

Note-se que os critérios judiciais devem ser utilizados na escolha — que tampouco é discricionária — do *quantum* sancionatório de suspensão dos direitos políticos, observando os patamares mínimo e máximo estabelecidos pelo legislador.

Decorre de expressa previsão constitucional a necessidade de suspensão dos direitos políticos (arts. 15, inc. V e 37, § 4º, da CF), não havendo margem de liberdade para que o juiz opte pela não suspensão dos direitos políticos daqueles que são condenados por improbidade administrativa.

Os juízes, nesse passo, não podem desprezar comandos constitucionais e legais inequívocos. A individualização da sanção há de ocorrer nos limites previstos pelo legislador.

O constituinte de 1988 estabeleceu, de modo expresso, que a condenação por improbidade administrativa importaria, necessariamente, a suspensão dos direitos políticos (art. 37, § 4º, da CF/88), cuja gradação está claramente estabelecida pelo art. 12, incs. I, II e III, da Lei 8.429/92, não sendo lícito — e tampouco recomendável — ao julgador optar pelo desprezo de tais dispositivos jurídicos.

Por evidente — e isso já se disse alhures — que pode incidir o princípio constitucional da proporcionalidade, cortando o rigor da aplicação dessa sanção ou mitigando-a, em face de peculiaridades do caso concreto,[5] o que somente pode ser feito excepcionalmente, com controle difuso de constitucionalidade.

Alerte-se, nesse tópico, que a improbidade administrativa também está afirmada na Lei Complementar 64/90, art. 1º, I, *h*, ensejando, naqueles moldes, suspensão de direitos políticos, não prescindindo, em tal hipótese, de decisão judicial específica. "A inelegibilidade deve ser declarada em ação que tenha por objeto específico essa espécie de provimento jurisdicional".[6]

A ação popular, por si só, quando julgada procedente, não acarreta, automaticamente, suspensão dos direitos políticos, mas apenas a nulidade do ato administrativo.

Quer-se dizer, aqui, que a sanção de suspensão dos direitos políticos, ao menos no que se refere ao ato de improbidade definido na Lei 8.429/92, há de ser expressamente declarada em sentença, descabendo cogitar de que a "mera" declaração de improbidade, sem a aplicação dessa específica sanção, pudesse, *a posteriori*, ensejar reconhecimento de inelegibilidade do agente tido como ímprobo, sem o devido processo legal.

Operado o trânsito em julgado do decisório, o certo é que a suspensão dos direitos políticos é auto-executável, bastando a comunicação aos órgãos públicos competentes, com as anotações cabíveis, inclusive, na Justiça Eleitoral. Não há que se falar, evidentemente, na eventual necessidade de ajuizamento de outra demanda para "executar" a sanção já estabelecida na sentença decretadora da suspensão dos direitos políticos. Inexiste necessidade de outro processo judicial. A coisa julgada, aqui, permite a adoção das providências administrativas necessárias ao cumprimento do *decisum*.

Parece-me certo sublinhar, ainda, que a suspensão dos direitos políticos pode ser obtida por outros caminhos que não aquele previsto na Lei 8.429/92, bastando lembrar as disposições da Lei Complementar 64/90. Nesse caso, a tipicidade do ato ímprobo até pode estar coincidentemente descrita em diversos diplomas legais.

Ressarcimento integral do dano e perda dos bens havidos ilicitamente

Ressarcimento do dano e perda dos bens são supostas "sanções" que atingem o direito de propriedade e, como tais, submetem-se ao devido processo legal.

As limitações ao direito de propriedade devem se ajustar ao preceito da proporcionalidade. A limitação das faculdades do domínio "deve ser apropriada e necessária para o alcance dos fins desejados e não deve, para não ser inexigível, onerar em excesso".[7]

Ocorre que ressarcimento do dano não seria, rigorosamente, sanção, mas restitui-

5. No campo penal, sabe-se que existe o chamado princípio da insignificância, excluindo tipicidade material de fatos ilícitos. Suas origens residem no princípio da proporcionalidade. Sobre o tema, leia-se Francisco de Assis Toledo, *Princípios Básicos de Direito Penal*, 3ª ed., Saraiva, 1987 p. 121; Maurício Antônio Ribeiro Lopes, *O Princípio da Insignificância no Direito Penal Brasileiro*, Ed. RT, 1997, pp. 51-65. A respeito do princípio da proporcionalidade, consulte-se José Joaquim Gomes Canotilho, *Direito Constitucional*, Almedina, Coimbra, 1993, pp. 382-384,; Suzane de Toledo Barros, *O Princípio da Proporcionalidade e o Controle de Constitucionalidade das Leis Restritivas de Direitos Fundamentais*, Ed. Brasília Jurídica, 1996, pp. 93-94. Enrique Alonso Garcia, *La Interpretación de la Constitución*, Centro de Estudios Constitucionales, Madrid, 1984, p. 226; Luís Afonso Heck, *O Tribunal Constitucional...*, cit., pp. 176 e ss.

6. Ver processos CI.IX, números de 1 a 14/97, São Borja-RS, Tribunal Regional Eleitoral do Rio Grande do Sul, relator designado, prolator do primeiro voto vencedor, Des. Élvio Schuck Pinto, julgado em 23 de junho de 1997.

7. Luís Afonso Heck, *O Tribunal Constitucional...*, cit., 1995, p. 184.

ção ao estado anterior. De igual modo se deve raciocinar com relação à perda dos bens havidos ilicitamente. Aparentemente, tais restrições atingem o direito de propriedade privada que, todavia, é resguardado pela necessária obediência ao devido processo legal. Não há direito de propriedade aos bens obtidos ilicitamente ou aos bens que devem garantir ressarcimento ao erário. Não há falar-se em excesso, eis que se trata de medidas estritamente vinculadas às finalidades legais, a saber: ressarcimento ao erário e recuperação dos bens incorporados ilicitamente ao patrimônio do agente ímprobo.

As sanções — embora esta não seja a melhor denominação técnica — de ressarcimento integral do dano e perda dos bens acrescidos ilicitamente ao patrimônio do agente público ou, melhor dizendo, do causador do ato de improbidade, estão previstas no art. 12, incs. I e II, da Lei 8.429/92 para as hipóteses em que haja enriquecimento ilícito e danos ao erário. Nesse sentido se fala em dano material.

Porém, no art. 12, III, a Lei 8.429/92 também trata do dano moral, quando aventa a possibilidade de a improbidade definida no art. 11 e incisos ensejar perspectiva de reparação de dano. Aqui, embora o silêncio aparente do legislador, verifica-se que interpretação sistemática conduz à conclusão de que a lei está a tratar do dano moral.

Ressarcimento do dano, repito, abrange, por certo, dano moral, até porque a lei fala, no art. 12, III, em ressarcimento do dano, se houver, nos casos em que a improbidade traduz mera agressão aos princípios. Caso se tratasse de dano material, a questão seria contemplada no art. 12, incs. I e II, da Lei 8.429/92.

Há quem sustente a viabilidade do ressarcimento do dano moral, sublinhando, todavia, que este estaria bem tutelado pela multa civil, veículo próprio e adequado a esse ressarcimento, submetendo-se aos prazos prescricionais, diferentemente do que ocorre com o dano material, que é imprescritível à luz do art. 37, § 5º, da Carta Magna.[8]

Ouso discordar do entendimento de que a multa civil basta para reparar o dano moral. Multa civil é conseqüência jurídica certa da improbidade, sancionamento autônomo que independe da comprovação de dano moral ou material, prevista a toda e qualquer modalidade de ato ímprobo, ao passo que o dano moral à entidade lesada, se houver, deve ser reparado à luz dos critérios que têm orientado os julgadores nessa seara, sem prejuízo da incidência cumulativa da multa civil e, mais ainda, sem submissão ao prazo prescricional, por força expressa do art. 37, § 5º, da Carta de 1988. Aí reside importância fundamental da norma jurídica em comento, dado que permite reparação de dano moral independentemente da multa civil. Aqui, visão sistemática permite tal conclusão, na medida em que a doutrina, de longa data, vem admitindo reparação de dano moral à pessoa jurídica, dano este que pode ocorrer com gravidade em se tratando de determinados atos de improbidade atentatórios aos princípios da Administração Pública.

Deve-se destacar a possibilidade de dano moral cumulativo com dano material. Se é possível o dano moral na mais tênue modalidade de ato ímprobo, por certo que idêntica possibilidade se faz presente nos casos de enriquecimento ilícito ou lesão ao erário. A lei, em tais situações, engloba o dano moral na perspectiva de ressarcimento do dano *lato sensu*. Ao julgador, em casos tais, competiria fixar o montante do dano material e o montante do dano moral, estipulando o valor total da indenização a partir de procedimento somatório.

Por óbvio que descaberia ao julgador, presentes os requisitos do dano ou do enriquecimento ilícito, deixar de impor tais san-

8. Juarez Freitas, "Ilustração do papel concretizador da interpretação jurídica", in *O Ensino Jurídico no Limiar do Novo Século*, Faculdade de Direito da PUC/RS, EDIPUC/RS, 1997, pp. 80-81.

ções. Em realidade, sequer se trata de sanções, pois tais conseqüências jurídicas do ato ímprobo apenas restabelecem o *status* anterior, restauram o patrimônio público lesado. O infrator devolve aos cofres públicos aquilo que foi indevidamente retirado. Repara o prejuízo. Não é sanção, mas reparação.

A diferenciação que se faz, no entanto, diz respeito aos bens passíveis de sujeição aos efeitos da lei.

De fato, para o ressarcimento ao erário, podem ser alcançados bens adquiridos inclusive em período anterior à prática de improbidade administrativa, ou em tempo anterior à vigência da Lei 8.429/92, pois o que importa, aqui, é o efetivo ressarcimento ao erário, ou seja, ressarcimento integral do dano, independentemente da origem lícita ou incomprovada dos bens em si mesmos. Nesse sentido, o preceito do art. 37, § 4º, da Carta de 1988 já se mostrava inteiramente auto-aplicável, independentemente de regulações posteriores, desde que houvesse, por evidente, ao tempo do fato, tipicidade repressiva.

Imagine-se que o agente condenado por improbidade tivesse dilapidado os bens acrescidos ilicitamente ao seu patrimônio, restando-lhe, no entanto, bens de origem lícita. Nesse caso, havendo dano ao erário, deve ocorrer ressarcimento integral. Pouco importa a concreta origem dos bens, pois estes, de qualquer sorte, ficam sujeitos à indisponibilidade.

O raciocínio, aqui, é muito simples. Trata-se de pretensão patrimonial do Estado, o qual fica legitimado, nos limites legais, a investir sobre o patrimônio do devedor. Pouco importa, em tal contexto, que esse patrimônio tenha origem lícita. Trata-se, apenas, de assegurar uma dívida do agente causador de improbidade perante o Estado e, via reflexa, toda a sociedade. O patrimônio do devedor garante suas dívidas. Eis o fundamento deste posicionamento.

Quanto aos bens produto do enriquecimento ilícito, evidentemente que se faz necessário comprovar o nexo entre o exercício público indevido e a aquisição dos bens, salvo quando se trate da hipótese do art. 9º, inc. VII, da Lei 8.429/92, eis que a dicção do legislador é inequívoca, vale dizer, direcionada especificamente aos bens ou valores acrescidos ilicitamente ao patrimônio do agente.

Neste terreno, quando o legislador trata da perda dos bens acrescidos ilicitamente ao patrimônio do agente da improbidade, é evidente que se exige o nexo lógico e a comprovação da origem ilícita desses bens, vale dizer, ligação com o exercício indevido da função pública ou, mais abrangentemente, vinculação direta ou indireta com a prática da improbidade administrativa lesiva ao erário.

Consigne-se, ainda, que o sucessor daquele que causar lesão ao patrimônio público responde, nos limites da herança, pelo ressarcimento ao erário (art. 8º da Lei 8.429/92).

Por óbvio que, se o sucessor ou os sucessores tiverem, de algum modo, colaborado para a improbidade, inclusive através da ocultação dos lucros, como, *v.g.*, recebendo transferências de bens ilicitamente adquiridos para seus nomes, ou auxiliando, de qualquer forma, a prática da improbidade, estarão sujeitos às sanções legais em sua integralidade.[9]

9. Veja-se caso em que a Justiça espanhola condena Gabriel Urrabalru — ex-Presidente do Governo de Navarra de 1983 a 1991 e Secretário-Geral do PSN-PSOE até que, no verão europeu de 1994, se viu obrigado a abandonar o cargo, em face de seu envolvimento em fatos defeituosos — a 11 anos de prisão, por corrupção, e ao pagamento de 780 milhões de pesetas de multa. Houve, ainda, outras condenações. Os fatos delitivos consistiram em cobrança de comissões indevidas "por la adjudicación de obras públicas", reconhecendo-se que o enriquecimento dos acusados foi fácil e rápido, quase com frenesi. Interessante que o próprio juízo criminal fixou, também, a responsabilidade civil dos réus, fixando o montante de indenização à Fazenda Pública. Houve "concerto previo de adjudicar una obra para obtener dádivas por ello". Note-se que as esposas de vários acusados também foram condenadas, por serem consideradas favorecedoras ou "encubridoras de un delito de

A multa civil

O pagamento de multa civil é sanção prevista invariavelmente para qualquer espécie de improbidade administrativa, o que se ajusta à idéia de que tal prática acarreta, por força constitucional, indisponibilidade de bens (art. 37, § 4º, da Carta Magna).

A multa é prevista para quaisquer das três modalidades fundamentais de improbidade administrativa. Não se vê em que medida e de que forma poderiam os julgadores deixar de impor a multa civil, salvo na descaracterização da própria tipicidade do ato ímprobo. Do contrário, a ação civil de improbidade ficaria equiparada a uma ação popular, o que seria inadmissível.

Evidente que a cobrança dos valores relativos a qualquer multa civil é de ser feita dentro do devido processo legal de execução. Daí que a ausência de bens ou de patrimônio passível de execução liberará o demandado dos efeitos dessa sanção, observado o prazo prescricional comum para a execução por dívida certa em dinheiro pelo Poder Público contra os particulares. Nem se cogita, por óbvio, de qualquer conversão da multa em alguma outra sanção. As demais sanções têm caráter autônomo e independente em relação à multa civil.

Mas, de fato, impossível ao julgador, por critérios de conveniência e oportunidade, deixar de impor multa civil nas hipóteses de improbidade administrativa.

Também se mostra inviável ao julgador fundamentar a exclusão da multa civil com base em suposta pequena dimensão do fato, ou ausência de danos ao erário, ou reduzida reprovabilidade social da conduta. Se, realmente, um conjunto de fatores indicar a presença do princípio da proporcionalidade, haverá exclusão direta da tipicidade do ato ímprobo. Esse princípio também pode atenuar o rigor de imposição cumulativa de sanções, mas se subsiste o ato de improbidade, há de subsistir, como resposta estatal, a multa civil, além do eventual ressarcimento ao erário.

Parece-me que o pagamento da multa civil é daquelas sanções que incidem sempre e invariavelmente, uma vez configurada a improbidade administrativa. Trata-se de sanção menos grave que a suspensão dos direitos políticos e a interdição temporária de direitos (proibição de contratar com a Administração Pública por determinado período ou dela receber benefício, incentivos ou subvenções, fiscais ou creditícios), donde a sua aplicabilidade não poderia sequer ser deixada de lado com suposta invocação do princípio da proporcionalidade ou razoabilidade.

Com efeito, a multa civil, mais até do que a suspensão dos direitos políticos e interdição temporária de direitos, deve ser sempre e invariavelmente aplicada, para que não se transforme o conceito de improbidade administrativa em algo meramente patrimonial, identificável, dependendo do caso concreto, com a possibilidade de ressarcimento ao erário.

Além disso, não havendo prejuízo ao erário, a multa assume uma função sancionatória moral de relevância, devendo ser revertida à sociedade.

O valor da multa deve levar em linha de conta, sempre, a natureza e gravidade do fato. Não se trata, simplesmente, de equiparar e identificar a multa ao valor do eventual prejuízo ao erário. A gravidade do fato até envolve a análise do montante de prejuízos causados ao erário, mas não se esgota aí sua avaliação. Importante é perceber a conduta do agente como um todo e, inclusive, quais os reflexos de seu comportamento na sociedade.

Nesse passo, vários e múltiplos fatores podem — e devem — ser considerados

cohecho". A notícia consta do Jornal *El Mundo del Sieglo Veintiuno*, Madrid, sob a manchete "*Los Tribunales castigan a otro alto cargo del Felipismo*", ed. de Martes (terça-feira), 8 de setembro de 1998, pp. 1, 6-9. Trata-se, na verdade, da velha regra do concurso de agentes, em que o "acobertamiento" se torna modalidade especial.

quando da fixação da multa civil, *v.g.*, a natureza do cargo e as responsabilidades do agente, o grau de lesividade de sua conduta, a repercussão social do fato, o elemento subjetivo, o modo de atuação, as circunstâncias, e outros elementos informativos disponíveis.[10]

A capacidade econômico-financeira do agente é fator de grande relevância na fixação da multa. Não pode, todavia, ser analisado isoladamente.

A perda da função pública

Trata-se de sanção genericamente prevista a qualquer das modalidades de improbidade administrativa, vale dizer, para os atos que importem enriquecimento ilícito, dano ao erário ou agressão aos princípios da Administração Pública.

Cabe sublinhar que o agente perde toda e qualquer função pública que estiver exercendo na atualidade da condenação exeqüível. Vale dizer: se o agente cometeu a improbidade quando era Vereador, e ao tempo da condenação é Prefeito, perderá ele essa função. Não importa que o ilícito tenha sido cometido ao tempo em que era Vereador. Importa é que, ao tempo da condenação, perde o agente público a função pública que estiver exercendo.

De outra banda, se o agente estiver exercendo duas funções públicas, perderá ambas. Veja-se que a lei não especifica que o agente perderá essa ou aquela função pública. O legislador fala em "perda da função pública" genericamente. Toda e qualquer função pública.

Essa sanção deve ser compreendida em conjunto com a sanção da suspensão dos direitos políticos. Não pode exercer função pública quem não está no gozo de seus direitos políticos.

Finalmente, deve-se dizer que função pública é expressão abrangente, também, de mandatos eletivos, *v.g.*, Presidência da República, Vereança etc., por evidente. Trata-se de expressão que, por sua amplitude, abarca todo e qualquer cargo público, eletivo ou não, nos termos, aliás, do art. 1º, da Lei 8.429/92.

Assim, aqui, mais, talvez, do que em qualquer outra sanção, o julgador deve ficar atento ao princípio da proporcionalidade, embora a regra seja a imposição da perda da função pública.

Forçoso dizer que a perda da função pública poderá ser decretada, observado o devido procedimento legal, respeitado o direito de ampla defesa e o contraditório, na esfera administrativa, antes mesmo do processo judicial,[11] mas nesse caso, acrescento, o reingresso do agente em outra função pública fica na dependência da suspensão de seus direitos políticos. Em verdade, não há, repita-se, prazo de perda da função pública, ou de proibição ao agente de exercício de função pública, porque tal sanção deve ser imposta em conjunto com a suspensão dos direitos políticos. Não sobrevivem isoladamente. Daí porque a sanção administrativa tem efeitos restritos ao órgão onde o agente desempenhava suas funções.

Sequer haveria falar-se em um mínimo poder de graduação das sanções, visto como decorreria, automaticamente, da im-

10. Em sentido diverso parece pensar Ricardo de Oliveira Silva, "Considerações sobre a Lei da Improbidade Administrativa", in *Boletim Informativo do Ministério Público do Estado do Rio Grande do Sul* 30, out./96, p. 12, quando afirma que os únicos dois critérios na fixação das sanções seriam o proveito patrimonial e a extensão do dano. Discorda-se de tal posicionamento, com todo o respeito, porque não seria o silêncio do legislador, nesse passo, que inviabilizaria o julgador de incursionar na análise pormenorizada do fato para ajustar a resposta estatal aos ditames da proporcionalidade. Assim, em verdade, as circunstâncias que poderiam influir na dosimetria das sanções, dentro dos limites legais previamente postos, seriam até inomináveis, diante do silêncio legal, inexistindo um rol fechado de circunstâncias, o que torna ainda mais amplo o trabalho jurisdicional.

11. Juarez Freitas, "Ilustração...", cit., p. 81.

probidade administrativa a conseqüência jurídica da perda da função pública.

Mas não se pode olvidar que para fatos isolados ou não tão graves, como, *v.g.*, episódios tipificados com reduzidas penas no âmbito criminal, seria prudente aplicar o princípio constitucional da proporcionalidade, até porque eventual perda da função pública poderá atingir a própria família do agente, inviabilizando-se sua sobrevivência.

Parece difícil estabelecer, em abstrato, critérios rígidos que permitissem um controle apriorístico a respeito do cabimento, ou não, da perda da função pública. O contexto social, as circunstâncias concretas, as conseqüências do fato são alguns fatores que podem auxiliar os julgadores na correta distribuição da justiça.

Espera-se, no entanto, que os juízes não abusem da utilização do princípio da proporcionalidade, pois este também há de ser aplicado com cautelas e dentro da idéia de presunção de constitucionalidade das leis, ou seja, somente incidindo para evitar concretas injustiças objetivamente perceptíveis pelo pensamento dominante da comunidade jurídica.

Proibição de contratar com a Administração Pública e dela receber benefícios, incentivos ou subvenções, fiscais ou creditícias

Esta sanção prevista no art. 12, incs. I, II e III da Lei 8.429/92, sempre ao final, abarca vedações distintas. De um lado, limita o exercício de atividade profissional, vedando que o agente condenado por improbidade contrate com o Estado *lato sensu*. De outro, limita os direitos de percepção de benefícios e/ou incentivos fiscais ou creditícios do agente ímprobo junto ao Poder Público. Possui o dispositivo legal, portanto, em seu bojo, várias sanções.

Trata-se de medida que é também genericamente imposta a todo e qualquer comportamento configurador de improbidade administrativa. Não há aqui, aparentemente, qualquer margem de liberdade ao julgador. Ao contrário do que ocorre com a multa e mesmo o prazo de suspensão dos direitos políticos, os quais podem ser estipulados dentro de quantidades distintas, essa interdição de direitos é fixada abstratamente para qualquer forma de improbidade administrativa, sem prazos variáveis.

Tolhe-se o poder individualizador da sentença. O prazo é sempre rígido. Tal rigidez suscita, desde logo, indagação em torno da igualdade de tratamento aos agentes da improbidade, na medida em que todo e qualquer infrator receberia o mesmo *quantum* sancionatório. Não há limites mínimo e máximo, circunstância que impediria individualização da pena, ainda que de caráter extracriminal.

Diante do aparente impasse, o intérprete poderia percorrer variados caminhos. Parece, todavia, recomendável interpretar a norma em exame de acordo com o princípio da proporcionalidade, adaptando-a ao caso concreto, sem a eiva da inconstitucionalidade que eventualmente resultaria de previsão legal abstrata de sanção sem possibilidade de individualização.

Há de se interpretar essa sanção com cautelas. Primeiro, o legislador estipulou a regra, vale dizer, a imposição da sanção, que, assim, emerge como conseqüência lógica da improbidade administrativa. Desnecessário até mesmo fundamentar sua imposição. Basta que se reconheça a improbidade administrativa. Mas da sentença há de emergir, naturalmente, uma fundamentação reconhecedora da gravidade do ato ímprobo e da conseqüente necessidade da medida restritiva de liberdade no mundo negocial. Em palavras diversas: a sanção há de estar respaldada na proporcionalidade, seja com invocação direta desse princípio, seja indiretamente conectada às bases e fundamentos do *decisum*.

Reconhecer uma regra, sabe-se, não afasta a exceção. Esta também pode ocorrer e, nesse caso, ao julgador compete fundamentar exaustivamente a solução abraçada.

Destaca-se que possível, uma vez mais, incidir o chamado princípio constitucional da proporcionalidade. Opera-se, com esse princípio, um corte no radicalismo legislativo que, no caso concreto, poderá mostrar-se extremamente injusto, drástico e incompatível com o sistema constitucional.

Com efeito, no campo do Direito Administrativo, sabe-se que "o legislador somente pode limitar o livre exercício da profissão no interesse do bem-estar comum (...). Além disso, o legislador deve ter condições de poder justificar a intervenção nesse direito fundamental com considerações apropriadas e razoáveis e não deve abusar de sua potestade legislativa para fins inadequados".[12] Nesse passo, é de se levar em linha de conta a relação de meios e fins. "O meio é apropriado se, com o seu auxílio, o resultado desejado pode ser promovido"; será necessário o meio quando ao legislador não tiver sido possível escolher outro menos gravoso e igualmente eficaz.[13]

Cabe sublinhar que "quanto mais sensivelmente os exercícios profissionais são afetados, tanto mais fortes devem ser os interesses do bem-estar comum, a cuja serventia essa regulação é determinada", devendo haver uma "harmonização global entre a gravidade da intervenção, o peso e a urgência dos motivos que a justificam", mantendo-se, sempre, o limite da exigibilidade.[14]

Sustentei, inicialmente, que não caberia encurtar o prazo de interdição de direitos. Ou se fixaria em cinco anos o prazo de interdição e proibições ou a sanção haveria de ser afastada. Do contrário, ficaria extremamente difícil estabelecer, pela via jurisprudencial, critérios adequados. Os julgadores também não poderiam se tornar os legisladores incontroláveis do caso concreto. Não estão os juízes trabalhando com "cheques assinados em branco". Há limites que devem ser respeitados.[15] Necessário reformular parcialmente o ponto de vista. Com efeito, o prazo mínimo de suspensão dos direitos políticos previsto aos casos de enriquecimento ilícito é de oito anos, ao passo que dez anos é o prazo fixo da sanção de interdição de direitos. Ora, não há razão para recusar a possibilidade de a autoridade judiciária reduzir, no caso concreto, a sanção de interdição de direitos ao prazo de cinco anos, adotado procedimento analógico. Se a suspensão dos direitos políticos é mais grave do que a outra sanção em exame, o prazo mínimo daquela pode servir de parâmetro adequado para fixar o prazo mínimo dessa, adotada a via judicial para a correção da distorção legislativa. É o princípio da proporcionalidade que possibilitaria tal procedimento.

Quanto às hipóteses de agressão aos princípios da Administração Pública e lesão ao erário (arts. 10 e 11 da Lei de Improbidade), o prazo mínimo de suspensão dos direitos políticos coincide com o prazo da interdição de direitos, prazo esse que não pode, por evidente, ser ampliado (art. 12, II e III). Nesse caso, a proporcionalidade não teria nenhum parâmetro para redução das sanções a outro patamar, o que inviabiliza o procedimento analógico. Não há parâmetro para adotar procedimento analógico. Assim sendo, mostrando-se inviável a redução do *quantum* da sanção, diante da ausência de critérios legais, é de se concluir que apenas restaria a possibilidade de o Poder Judiciário afastá-la, quando houvesse desproporção entre o ato e a resposta estatal. A inadequação entre meios e fins pode ensejar necessidade de afastamento da sanção.

De outro lado, fixada a sanção, esta merece compreensão ampla e rigorosa.

12. Luís Afonso Heck, *O Tribunal Constitucional...*, cit., p. 181.

13. Luís Afonso Heck, *O Tribunal Constitucional...*, cit., p. 181.

14. Luís Afonso Heck, *O Tribunal Constitucional...*, cit., p. 181.

15. Ver meu *Improbidade Administrativa: Observações sobre a Lei 8.429/92*, Ed. Síntese, 1ª ed., 1997, p. 178.

Atinge-se, portanto, as empresas eventualmente constituídas como "testa-de-ferro" dos agentes contemplados com proibições de contratar com a Administração Pública ou receber benefícios ou incentivos fiscais ou creditícios. O problema será resolvido no terreno probatório.

O cônjuge, quando o regime de casamento implicar comunhão total ou parcial de bens, ficará, nessa medida, atingido indiretamente pela sanção, no que se refere a alguma empresa familiar.

Não há quebra do sistema de pessoalização da sanção.

Ocorre que o regime de comunhão parcial ou total de bens, na hipótese de vedação da possibilidade de receber benefícios, seria enquadrado na categoria legal quando esta prevê o termo "indiretamente". Ora, se o casal vive em comunhão de bens, eventuais benefícios fiscais ou creditícios desembocariam nos bolsos do agente já condenado por improbidade, e isto ocorreria "indiretamente". A lei, aqui, deve ser compreendida com o máximo rigor.

A vedação de estabelecer contratos com a Administração Pública, por seu turno, poderia facilmente ser burlada com o cônjuge realizando tal tarefa através de empresa própria. Todavia, havendo regime de comunhão de bens, o patrimônio que vier a ser adquirido em função do contrato estabelecido com a Administração Pública, *data venia*, reverteria ao agente condenado por improbidade. Com isto, se estaria violando a lei. Em outras palavras, o agente estaria, indiretamente, estabelecendo um contrato que lhe havia sido vedado em decisão judicial transitada em julgado. Não se pode admitir tal hipótese.

Cabe sublinhar, ainda, que a sanção em exame não se destina exclusivamente aos casos de improbidade administrativa ocorridos em contratos públicos, eis que não se objetiva atingir apenas o empresário. Em realidade, a sanção há de atingir a todo aquele que, de qualquer modo, concorrer à prática do ato de improbidade, ou dele se beneficiar dolosamente.

REPENSANDO O "PRINCÍPIO DA SUPREMACIA DO INTERESSE PÚBLICO SOBRE O PARTICULAR"

HUMBERTO BERGMANN ÁVILA
Professor da PUC/RS — Advogado em Porto Alegre — Especialista em Finanças das Empresas na Faculdade de Ciências Econômicas — Mestre em Direito Público na Faculdade de Direito da UFRGS — Doutorando na Universidade de Munique (CNPq), Alemanha

Introdução

A dogmática jurídica brasileira — do Direito Administrativo e também do Direito Tributário — sustenta que dentre aqueles princípios que regulam a relação entre o Estado e o particular está o "princípio da supremacia do interesse público sobre o particular". O grande publicista Bandeira de Mello afirma: "Trata-se de verdadeiro axioma reconhecível no moderno Direito Público. Proclama a superioridade do interesse da coletividade, firmando a prevalência dele sobre o do particular, como condição, até mesmo, da sobrevivência e asseguramento deste último".[1]

Decorreria desse "princípio" a posição privilegiada do órgão administrativo nas relações com os particulares, malgrado sua limitação pelo ordenamento jurídico.[2] No bojo desse "princípio" — descrito como um "princípio de supremacia" — está a ligação das normas administrativas ao interesse público que visam a preservar, bem como o exercício da função administrativa pelos órgãos administrativos, aos quais é defeso representar interesses meramente pessoais, senão que devem atuar sob o influxo da finalidade pública instituída pela lei. É também a partir desse "princípio" que se procura descrever e explicar a indisponibilidade do interesse público e a exigibilidade dos atos administrativos, assim também a posição de supremacia da Administração e os seus privilégios frente aos particulares, especialmente os prazos maiores para intervenção ao longo de processo judicial e a presunção de validade dos atos administrativos.[3]

A dogmática do Direito Tributário, em sintonia com aquela do Direito Administrativo, descreve esse "princípio" entre aqueles que regulariam a relação entre o poder tributário e o contribuinte. Barros Carvalho descreve-o como um "princípio constitucional implícito" de grande importância para a interpretação das normas de Direito Público.[4] Derzi explica-o como um "princípio implícito" que não limita diretamente o poder de tributar, mas direciona a ponderação das limitações constitucionais estabelecidas.[5]

1. Celso Antônio Bandeira de Mello, *Curso* ..., p. 29.

2. Celso Antônio Bandeira de Mello, *Curso* ..., pp. 30 e 33.

3. Idem, ibidem, pp. 31 e 30.

4. Paulo de Barros Carvalho, *Curso* ..., p. 98.

5. Misabel de Abreu Machado Derzi, Notas a *Limitações* ..., pp. 21, 35.

A adequação do interesse público (não da sua supremacia) para a teoria do Direito Administrativo foi devidamente esclarecida. Não há dúvida de que a Administração não possui autonomia de vontade, mas apenas deve executar a finalidade instituída pelas normas jurídicas constantes na lei dando-lhe ótima aplicação concreta. Por isso que a Administração não exerce atividade desvinculada, mas apenas exerce, nos fundamentos e limites instituídos pelo Direito, uma função. A utilidade do interesse público é manifestada também na descrição dos seus vários tipos (primário, secundário etc.).[6]

Só a um primeiro olhar, contudo, é adequada a descrição desse "princípio de supremacia". Apesar de o dito "princípio" ser descrito como um princípio fundamental do Direito Público, ele é explicado — e aqui começa o problema — com duas características específicas. Primeiro, ele seria um *princípio jurídico* (ou norma-princípio), cuja função primordial seria regular as relações entre o Estado e o particular. Sua pressuposta validade e posição hierárquica no ordenamento jurídico brasileiro permitiriam que ele fosse descoberto *a priori*, sem o prévio exame da sua referência ao ordenamento jurídico (*axioma*).[7] Segundo, ele não seria apenas um princípio, mas um *princípio relacional*: ele regularia a *supremacia* do interesse público sobre o particular, não relativamente ao funcionário público, que não pode representar senão o interesse público, mas com referência à *relação entre o Estado e o particular*. O seu conteúdo normativo pressupõe, portanto, a possibilidade de conflito entre o interesse público e o interesse particular no exercício da função administrativa, cuja solução deveria ser (em abstrato e em princípio) em favor do interesse público.

O problema — como mais tarde será demonstrado — não é propriamente a descrição e a explicação da importância do interesse público no ordenamento jurídico brasileiro, mas o modo mesmo como isso é feito. A importância do interesse público (que determina os fins e fundamentos legítimos da atuação estatal), do bem comum (como o mais compreensivo e abstrato fim, verdadeiro fundamento da permanência da vida social, a ser entendido como *medida* ou proporção estabelecida entre bens jurídicos exteriores conflitantes e distribuíveis) ou mesmo dos fins estatais (qualquer interesse público tornado próprio para o Estado), como Isensee os define,[8] não são objeto primordial de nossa análise. A finalidade deste estudo é, apenas, analisar criticamente o "princípio da supremacia do interesse público sobre o particular". Ele, tal como vem sendo descrito pela doutrina, não se identifica com o bem comum. Bem comum é a própria composição harmônica do bem de cada um com o de todos, não o direcionamento dessa composição em favor do "interesse público".[9] O discutido "princípio da supremacia" explica, antes, uma *regra de preferência*, como adiante demonstrado.

Nossa tarefa é, pois, responder a duas perguntas intimamente relacionadas entre si. Primeira: pode o "princípio" em tela ser descrito como um princípio jurídico instituído pelo ordenamento jurídico brasileiro, vale dizer, como uma norma-princípio? Segundo: pode ser ele descrito como um princípio estrutural ou condição para a explicação do Direito Administrativo, isto é, como um postulado normativo?

A. *Definições preliminares*

Uma descrição unitária dos princípios jurídicos enfrenta soberbas dificuldades,

6. Celso Antônio Bandeira de Mello, idem, p. 56. Josef Isensee, *Gemeinwohl* ..., in HStR III, § 57 Rn. 117.

7. Sobre o assunto, conferir Celso Antônio Bandeira de Mello, *Curso* ..., p. 29.

8. Josef Isensee, *Gemeinwohl* ..., in HStR III, § 57.

9. Sobre o tema, ver Miguel Reale, *Lições* ..., p. 60. Michel Villey, *Philosophie* ..., pp. 66, 73, 200.

como bem demonstrou Guastini.[10] O uso do termo "princípio" está longe de ser uniforme. E não há qualquer problema nisso. Problema há, sim, quando fenômenos completamente diversos são explicados mediante o emprego de denominação equivalente, de tal sorte que um só termo passa a fazer referência igual e indistintamente não só a fenômenos pertinentes a planos ou ciências distintas como também a explicar fenômenos diversos descobertos em um mesmo objeto de conhecimento. É o que vem ocorrendo com os "princípios". Eles passam a significar tudo, e, por isso mesmo, terminam por não significar coisa alguma.

Daí resultam várias conseqüências. A dogmática jurídica, em vez de descrever e explicar o ordenamento jurídico, passa, em virtude da equivocidade dos seus enunciados, a encobri-lo ou não desvendá-lo. As teorias jurídicas passam a padecer de *inadequação sintática*, na medida em que utilizam termos iguais para explicar fenômenos desiguais, instalando, na Ciência do Direito, o germe da ambigüidade. A interpretação e a aplicação do Direito, com a finalidade de explicar aquilo que o ordenamento determina, proíbe ou permite, passa a explicar, também, aquilo que não encontra sequer referibilidade indireta ao objeto descrito. A teoria jurídica padece, nesse caso, de *inadequação semântica*.[11]

Faz-se necessário estipular o significado de "princípio". Isso é somente possível se forem feitas *distinções* quanto à *finalidade* de sua utilização e o *objeto de conhecimento* do qual ele é extraído e ao qual deve manter referência. Compreender é distinguir. Dos vários significados atribuídos aos "princípios" podemos identificar três principais variantes, por sua vez delimitadas segundo sua finalidade e seu fundamento.

I — Princípio como axioma

Axioma (usado, originalmente, como sinônimo de postulado) denota uma proposição cuja veracidade é aceita por todos, dado que não é nem possível nem necessário prová-la.[12] Por isso mesmo são os axiomas aplicáveis exclusivamente por meio da lógica, e deduzidos sem a intervenção de pontos de vista materiais.[13]

A literatura jurídica faz uso do termo "axioma" para explicar tipos de raciocínio jurídico aceitos por todos, e por isso mesmo não-sujeitos ao debate. A veracidade dos axiomas é demonstrada pela sua própria e mera afirmação, como se fossem auto-evidentes. O "princípio da supremacia do interesse público sobre o particular" é definido como um axioma justamente porque seria auto-demonstrável ou óbvio.

II — Princípio como postulado

Postulado, no sentido kantiano, significa uma condição de possibilidade do conhecimento de determinado objeto, de tal sorte que ele não pode ser apreendido sem que essas condições sejam preenchidas no próprio processo de conhecimento.[14] Os postulados variam conforme o objeto cuja compreensão condicionam. Daí dizer-se que há postulados normativos e ético-políticos.

Os postulados normativos são entendidos como condições de possibilidade do conhecimento do fenômeno jurídico. Eles,

10. Riccardo Guastini, *Teoria* ..., p. 276. O autor fala de uma diferenciação tipológica dos princípios. Idem, *Distinguendo* ..., pp. 115 e ss. Robert Alexy, *Theorie* ..., p. 93. Ver também, Misabel de Abreu Machado Derzi, in Notas a *Limitações* ..., p. 41 (Princípios podem ser conceitos ou tipos).

11. Sobre o assunto, ver José Souto Maior Borges, "O problema ...", p. 116. Também p. 124.

12. Á. Szabó, "Axiom", p. 737. Também L. Oeing-Hanhoff, idem, p. 743.

13. Claus-Wilhelm Canaris, *Systemdenken* ..., pp. 59 e 60.

14. Rudolf Eisler, *Kant-Lexikon*, p. 427; Kant, Kants Werke, p. 135(244).

também por isso, não oferecem argumentos substanciais para fundamentar uma decisão, mas apenas explicam como pode ser obtido o conhecimento do Direito.[15] As condições de possibilidade do conhecimento jurídico reveladas pela hermenêutica jurídica são postulados normativos.[16] Entre eles, vale salientar os seguintes: o conhecimento da norma pressupõe o do sistema e o entendimento do sistema só é possível com a compreensão das suas normas (*postulado da coerência*); só é possível conhecer a norma com a análise simultânea do fato, e descrever os fatos com recurso aos textos normativos (*postulado da integridade*); só é possível conhecer uma norma tendo em vista a sua pré-compreensão pelo sujeito cognoscente, definida como a expectativa quanto à solução concreta, já que o texto sem a hipótese não é problemático, e a hipótese, por sua vez, só surge com o texto (*postulado da reflexão*).[17]

O que a doutrina comumente denomina de *princípio como idéia normativa geral* (ou princípio explicativo), como fundamento ou pressuposto para o conhecimento do ordenamento jurídico ou de parte dele, são verdadeiros postulados normativos. Esses fundamentos jurídicos decorreriam da idéia de Direito e do princípio da justiça, mas embora possuam caráter normativo, não possuem a qualidade de normas de comportamento, dada a sua falta de determinação.[18]

15. Robert Alexy, *Juristische* ..., p. 77.

16. Josef Esser, *Vorverständnis* ..., cit. e *Grundsatz* ..., cit.; Karl Larenz, *Methodenlehre* ..., pp. 437 e ss.; Karl Engisch, *Logische* ..., pp. 15 e ss.; Arthur Kaufmann, *Rechtsphilosophie*, pp. 127 e ss. e *Analogie* ..., p. 38; Bernd Schünemann, *Zum Verhältnis* ..., p. 299.

17. Sobre esse uso de postulados, em vez de princípios, ver, sobretudo, Robert Alexy, *Juristische* ..., p. 75. Claus-Wilhelm Canaris, *Systemdenken* ..., p. 16. Conferir Franz Bydlinsky, *Fundamentale* ..., cit.

18. Nesse sentido Ernst Forsthoff, *Lehrbuch* ..., p. 70. Hans Wolff, Otto Bachof e Rolf Stober, *Verwaltungsrecht*, pp. 264-5. Sobre essa problemática, conferir Celso Antônio Bandeira de Mello, *Curso* ..., p. 572.

Bandeira de Mello define princípio como "mandamento nuclear de um sistema, verdadeiro alicerce dele, disposição fundamental que se irradia sobre diferentes normas compondo-lhes o espírito e servido de critério para sua exata compreensão e inteligência por definir a lógica e a racionalidade do sistema normativo, no que lhe confere tônica e lhe dá sentido harmônico".[19]

Há, também, postulados ético-políticos, como condições de conhecimento do fenômeno jurídico do ponto de vista das Ciências Políticas. Condições comumente aceitas como necessárias ao convívio social e explicativas do surgimento das normas existentes podem ser havidos como postulados ético-políticos, na medida em que procuram investigar e explicar as causas do surgimento de determinadas normas jurídicas, e não propriamente o seu conteúdo de acordo com um sistema jurídico.[20]

III — Princípio como norma

Norma é o conteúdo de sentido de determinada prescrição normativa, em função do qual é delimitado o que um dado ordenamento jurídico determina, proíbe ou permite. A norma-princípio tem fundamento de validade no Direito Positivo, de modo expresso ou implícito. Caracteriza-se estruturalmente por ser concretizável em vários graus: seu conteúdo depende das possibilidades normativas advindas dos outros princípios, que podem derrogá-lo em determinado caso concreto. Daí dizer-se que os princípios, à diferença das meta-normas de validade, instituem razões *prima facie* de decidir. Os princípios servem de fundamento para a interpretação e aplicação do Direito. Deles decorrem, direta ou indiretamente, *normas de conduta* ou *instituição de valo-*

19. Celso Antônio Bandeira de Mello, *Curso* ..., p. 572.

20. Sobre o tema: Josef Isensee, *Gemeinwohl* ..., in HStR III, § 57 Rn. 30.

res e fins para a interpretação e aplicação do Direito.[21]

A Teoria Geral do Direito define os princípios jurídicos como normas de otimização concretizáveis em vários graus, sendo que a medida de sua concretização depende não somente das possibilidades fáticas, mas também daquelas jurídicas; eles permitem e necessitam de ponderação (*abwägungsfähig und -bedürftig*), porque não se constituem em regras prontas de comportamento, precisando, sempre, de concretização.[22] Justamente porque consistem em normas jurídicas, ainda que carecedoras de concretização, não possuem fundamento de validade *auto-evidente* ou meramente reconduzível ao *comumente aceito*, antes decorrem da idéia de Direito positivamente constituída, dos textos normativos ou do seu conjunto, ou, ainda, dos fins positivamente instituídos pelo Direito.[23] A solução de uma colisão de normas-princípios depende da instituição de regras de prevalência entre os princípios envolvidos, a ser estabelecida de acordo com as circunstâncias do fato concreto e em função das quais será determinado o peso relativo de cada norma-princípio. A solução de uma colisão de princípios não é estável nem absoluta, mas móvel e contextual. A regra de prevalência, segundo a qual determinada norma-princípio em determinadas condições tem preferência sobre outra norma-princípio, institui uma hierarquia móvel entre ambas as medidas, já que pode ser modificada caso alterado o contexto normativo e fático.[24]

O importante é que uma relação de prevalência (*Vorrangrelation*) entre as normas-princípios só pode ser determinada em casos concretos, quando a norma-princípio com peso respectivo maior sobrepõe-se, momento em que se estabelece uma relação de prevalência condicional (*bedingte Vorrangrelation*) entre as normas-princípios envolvidas: a norma-princípio *A* sobrepõe-se à *B* sob determinadas condições *X*, *Y* e *Z*.

As regras jurídicas, de outro lado, são normas cujas premissas são, ou não, diretamente preenchidas, e no caso de colisão, será a contradição solucionada, seja pela introdução de uma exceção à regra, de modo a excluir o conflito, seja pela decretação de invalidade de uma das regras envolvidas.[25]

IV — Distinções necessárias

As definições acima estipuladas evidenciam, antes de tudo e sobretudo, que há fenômenos diversos a serem compreendidos. Se todos eles serão explicados mediante o emprego do termo "princípio" é secundário, a não ser — e é este o caso — que a utilização do mesmo termo termine por explicar — confundindo-os — diferentes fenômenos. A diferença entre os fenômenos é evidente. Um axioma não se confunde com uma norma-princípio, já que essa, ao contrário daquele, deve ser necessariamente

21. Inicialmente Claus-Wilhelm Canaris, *Systemdenken* ..., p. 55. Sobre a distinção entre princípio e regra, sobretudo Robert Alexy, *Rechtssystem* ..., pp. 216-217 e *Theorie* ..., p. 77; Riccardo Guastini, *Distinguendo* ..., pp. 115 e ss. Ver também Karl Larenz, *Richtiges* ..., p. 26 e *Methodenlehre* ..., p. 474.

22. Klaus Vogel, *Steuergerechtigkeit* ..., p. 499; Karl Larenz, *Richtiges* ..., p. 26 e *Methodenlehre* ..., p. 474.

23. Karl Larenz, *Richtiges* ..., p. 178.

24. Robert Alexy, *Rechtssystem* ..., pp. 216-218; Riccardo Guastini, *Distinguendo* ..., p. 145.

25. Robert Alexy, *Rechtssystem* ..., pp. 216-217 e *Theorie* ..., p. 77. Sobre a limitação da subsunção na aplicação do Direito, ver nosso: *Subsunção* ..., pp. 413 e ss. As metanormas que regulam a existência e eficácia de outras normas, e que são normalmente denominadas princípios (p. ex., irretroatividade, anterioridade, legalidade) seriam melhor definidas como meta-regras de validade, já que mantêm uma relação de colisão específica com as outras normas-princípios. Elas não oferecem razões de decidir concretizáveis em vários graus, como as normas-princípios *prima facie*, mas pressupostos de validade de outras normas, com as quais mantêm uma relação hierárquica de validade material.

reconduzida a fontes materiais de produção normativa e deve ser aplicada com referência a pontos de vista prático-institucionais.[26] Um postulado normativo não se confunde com uma norma-princípio, na medida em que a norma não explica (apenas) as condições de conhecimento do Direito, senão que revela o seu próprio conteúdo relativamente ao comportamento ou à aplicação de outras normas constantes no ordenamento jurídico.

Diante disso, é preciso delimitar qual o significado do debatido "princípio da supremacia do interesse público sobre o particular". Duas questões serão postas e, nos limites desta análise, discutidas. A primeira questão analisa se esse referido "princípio" pode ser descrito como um princípio jurídico ou norma-princípio de acordo com o ordenamento jurídico brasileiro (Parte B). A segunda questão analisa se o debatido princípio pode ser entendido com uma condição para a explicação do ordenamento jurídico brasileiro (Parte C). Objeto da análise será também o significado do interesse público para o esclarecimento do ordenamento jurídico-administrativo, bem como as relações que ele mantém com o bem comum, com as finalidades estatais e com o interesse particular.

O objetivo primordial do presente trabalho é diminuir a equivocidade que a descrição e a eventual aplicação deste "princípio" proporcionam. Ao final, será demonstrado, de um lado, que a atividade administrativa (e a interpretação das normas de Direito Público, especialmente de Direito Administrativo), não pode ser exercida sob o influxo deste "princípio", e, de outro lado, que o interesse público (ou interesses públicos) pode possuir significado jurídico, mas não pode ser descrito como prevalente relativamente aos interesses particulares.

26. Robert Alexy, *Juristische* ..., p. 75. Sobre o caráter institucional e prático do Direito, sobretudo, Ota Weinberger, *Norm* ..., cit.

B. Pode ele ser considerado uma norma-princípio?

A análise da primeira questão implica, de um lado, explicar a definição de norma-princípio fornecida pela Teoria Geral do Direito e, de outro, verificar se o ordenamento jurídico brasileiro corrobora sua existência como norma-princípio. Quanto ao primeiro aspecto, será demonstrado que o conceito de norma-princípio contém elementos que não podem ser encontrados no referido "princípio". Quanto ao segundo, será demonstrado, primeiramente, que a análise sistemática dos direitos fundamentais e das normas de competência feita à luz da atual metodologia jurídica não permite a descoberta do citado "princípio" e, secundariamente, que seu conteúdo é objetivamente indeterminável, além de ser indissociável dos interesses particulares e não poder ser deles separado ou a eles contrariamente descrito.

I — Limites conceituais

A incompatibilidade do "princípio" da supremacia do interesse público sobre o particular com o conceito de princípio jurídico fornecido pela Teoria Geral do Direito só pode ser bem demonstrada com a referida distinção entre princípios e regras. O elemento *fundamento jurídico de validade*, se o objeto a ser descrito é um princípio jurídico, deve sempre ser verificado.[27]

Com os esclarecimentos anteriores pode-se perguntar, então, se o dito "princípio da supremacia do interesse público sobre o particular" é, ou não, uma norma-princípio. Do modo como a Teoria Geral do Direito modernamente analisa os princípios

27. Riccardo Guastini, *Teoria* ..., p. 276. O autor fala de uma diferenciação tipológica dos princípios. Robert Alexy, *Theorie* ..., p. 93. Ver também Misabel de Abreu Machado Derzi in *Limitações* ..., p. 41 (Princípios podem ser conceitos ou tipos).

prima facie, cujo significado resulta de uma recíproca implicação entre os princípios, não há dúvida de que ele não é uma norma-princípio: sua descrição abstrata não permite uma concretização em princípio gradual, pois a prevalência é a única possibilidade (ou grau) normal de sua aplicação, e todas as outras possibilidades de concretização somente consistiriam em exceções e, não, graus; sua descrição abstrata permite apenas uma medida de concretização, a referida "prevalência", em princípio independente das possibilidades fáticas e normativas; sua abstrata explicação exclui, em princípio, a sua aptidão e necessidade de ponderação, pois o interesse público deve ter maior peso relativamente ao interesse particular, sem que diferentes opções de solução e uma máxima realização das normas em conflito (e dos interesses que elas resguardam) sejam ponderadas; uma tensão entre os princípios não se apresenta de modo principial, pois a solução de qualquer colisão se dá mediante regras de prevalência, estabelecidas *a priori* e não *ex post*, em favor do interesse público, que possui abstrata prioridade e é principialmente independente dos interesses privados correlacionados (p. ex., liberdade, propriedade).

O referido "princípio" é — tal como seria definido pela Teoria Geral do Direito — uma *regra abstrata de preferência no caso de colisão* (*Kollisionspräferenzregel*) em favor do interesse público, nunca, porém, uma norma-princípio *prima facie*. A questão sobre o seu fundamento de validade fica irrespondida, e o método, por meio do qual ele pode ser descoberto ou por meio do qual ele poderia funcionar como fundamento de uma dada decisão concreta, permanece nebuloso, como adiante aprofundado.

Como as normas-princípios resguardam interesses diversificados e abstrata e estaticamente contraditórios, a sua interpretação sistemática (e sincrônica) acaba por evidenciar uma relação de tensão (*Spannungsverhältnis*) entre elas, aqui explicada por meio do *postulado da reciprocidade* (*Gegenseitigkeitspostulat*). O que pode ser descrito em abstrato é somente uma espécie de dependência entre as diferentes normas jurídicas e os bens jurídicos por elas protegidos. Uma relação de prevalência só pode ser verificada, entretanto, diante do caso concreto.

O importante foi registrado por Alexy: "Essa relação de tensão não poderia ser resolvida no sentido de uma absoluta prevalência de uma dessas obrigações do Estado, nenhuma dessas obrigações ganha diretamente a prevalência. O conflito deve ser resolvido, muito mais, por meio de uma ponderação entre os interesses conflitantes".[28] Em vez de uma *relação abstrata de prevalência absoluta*, deve ser descrita uma *relação concreta de prevalência relativa*, cujo conteúdo depende das circunstâncias do caso e cujos efeitos só são desencadeados caso verificadas as condições de prevalência do princípio envolvido.[29]

II — Limites normativos

1. Ausência de fundamento de validade

Há — como já mencionado — também fundamentos normativos para negar o qualificativo de "princípio" ao referido princípio da supremacia do interesse público sobre o particular.

A ele faltam fundamentos jurídico-positivos de validade. Ele não pode ser descrito como um *princípio jurídico-constitucional imanente*, mesmo no caso de ser explicado com um princípio abstrato e relativo, pois ele não resulta, *ex constitutione*, da análise sistemática do Direito.

Primeiro, porque a Constituição brasileira, por meio de normas-princípios fundamentais (arts. 1 a 4), dos direitos e garantias fundamentais (arts. 5 a 17) e das normas-princípios gerais (p. ex., arts. 145, 150 e 170), protege de tal forma a liberdade (in-

28. Robert Alexy, *Theorie* ..., p. 80.

29. Idem, ibidem, p. 83.

cluindo a esfera íntima e a vida privada), a igualdade, a cidadania, a segurança e a propriedade privada, que se se tratasse de uma regra abstrata e relativa de prevalência seria (não o é, como se verá[30]) em favor dos interesses privados em vez dos públicos. A Constituição brasileira institui normas-princípios fundamentais, também partindo da dignidade da pessoa humana: direitos subjetivos são protegidos, procedimentos administrativos garantidos;[31] o asseguramento da posição dos indivíduos e de seus interesses privados é estabelecido frente ao concorrente interesse público;[32] etc. A Constituição brasileira, muito mais do que qualquer outra, é uma Constituição-cidadã, justamente pela particular insistência com que protege a esfera individual e pela minúcia com que define as regras de competência da atividade estatal.

Dessa garantia em favor da vida e dos direitos privados resulta — assim o arguto Alexy — um ônus de argumentação (*Argumentationslast*) em favor dos interesses privados e em prejuízo dos bens coletivos, no sentido de que, sob iguais condições ou no caso de dúvida, deve ser dada prioridade aos interesses privados, tendo em vista o caráter fundamental que eles assumem no Direito Constitucional. Seu conteúdo, porém, é diverso de uma regra absoluta ou relativa de prevalência. Esse ônus diz respeito, apenas, a uma valoração abstrata e relativa do *individuum* (incluindo, aí, seus interesses) na Constituição brasileira, no sentido de um *ônus de argumentação em favor do indivíduo*, a exigir que "devam corresponder razões maiores para a solução exigida pelos bens coletivos do que para aquelas exigidas pelos direitos individuais".[33] O dever de fundamentação e a exigência expressa de repartição de competência para qualquer atividade do Estado relativamente à esfera privada corroboram essa idéia.

A questão de saber se um ônus argumentativo tal qual o *in dubio pro libertate* constitui uma norma-princípio com fundamento de validade ou deve ser descrito apenas como uma presunção não deve ser aqui respondida. Para nós basta a constatação de que se o "princípio da supremacia do interesse público sobre o particular" pudesse ser descoberto por meio da dedução, isto é, fosse uma idéia direcionadora obtida por meio da análise conjunta de vários dispositivos,[34] teria ele certamente um conteúdo de sentido bem diverso de uma supremacia do interesse público sobre o particular. Uma tal prevalência é, entretanto, uma questão de concretização do Direito. De modo similar afirma Müller: "Não é nem metódica nem constitucionalmente apropriado dizer, se deve ser atribuída ou se deixar reconhecer a prevalência realmente para 'a' liberdade, na forma de uma norma envolvida numa questão jurídica, ou se a outro dispositivo. Além disso, não é correto tratar o princípio como 'presunção'".[35]

Não se pode olvidar que a qualificação jurídica de um princípio permanece questionável se ele se apresenta em absoluta contradição com outras normas-princípios, se ele não se deixa reconduzir à natureza das coisas ou à idéia de Direito (como, p. ex., a segurança, o bem comum como repartição de bens exteriores).[36]

Uma relação de prevalência, como a abrangida pelo discutido "princípio", colide com a análise sincrônica do Direito, exigida pela unidade da Constituição ou do sistema jurídico. Sobre isso, Häberle: "Somente depois que todas as — reconhecidas — tensões entre os interesses públicos e privados forem compreendidas, e que ao

30. Michael Rodi, *Die Rechtfertigung* ..., p. 46.

31. Sobre esse tema, no Direito alemão, ver Hartmut Maurer, *Allgemeines* ..., p. 22.

32. A respeito dessa problemática, no Direito alemão, Peter Häberle, *Öffentliches* ..., p. 530.

33. Robert Alexy, *Individuelle* ..., pp. 216-217.

34. Claus-Wilhelm Canaris, *Die Feststellung* ..., p. 98.

35. Friedrich Müller, *Juristische* ..., p. 264.

36. Idem, ibidem, p. 100.

princípio do Estado de Direito e do Estado Social de Direito possam corresponder prescrições não indiretamente sobre o interesse particular, mas diretamente sobre o interesse público e que sua posição seja encontrada no conjunto da Constituição, será o interesse público um princípio jurídico imanente. Somente depois disso é que são postas as questões teóricas relativas ao interesse público".[37]

Essa conseqüência decorre de uma característica fundamental da relação entre os princípios, bem esclarecida por Canaris: "(...) eles recebem seu conteúdo de sentido somente por meio de um processo dialético de complementação e limitação".[38] Mas então a descoberta do debatido princípio é metodicamente insustentável: a descoberta de uma prevalência do interesse público sobre o interesse particular exige dois objetos autônomos. Esse não é, porém, o caso. Ambos os interesses estão atrelados *in abstracto* e somente podem ser descritos como resultado de uma análise sistemática. Somente *in concreto* possuem eles conteúdo objetivamente mínimo e assumem uma *relação condicionada de prioridade*. Não antes.

2. Indeterminabilidade abstrata

Além disso, esse "princípio" possui um conteúdo não só indeterminável, como, caso descrito como princípio geral, inconciliável com os interesses privados. De outro lado, é questionável se "o" interesse público pode ser descrito objetivamente, considerando-se que ele se relaciona com diferentes normas e conteúdos (p. ex., normas de competência e normas que prescrevem direitos e garantias), é concretizado por meio de diversos procedimentos (p. ex., judicial, administrativo) e constitui-se por meio de um permanente processo diacrônico de compreensão do Estado em uma dada comunidade (p. ex., compreensão do significado de Estado de Direito).[39]

O importante é que a indeterminabilidade empírica vai de encontro ao postulado da explicitude das premissas, decorrente da própria segurança jurídica.[40]

3. Indissociabilidade do interesse privado

O interesse privado e o interesse público estão de tal forma instituídos pela Constituição brasileira que não podem ser separadamente descritos na análise da atividade estatal e de seus fins. *Elementos privados estão incluídos nos próprios fins do Estado* (p. ex., preâmbulo e direitos fundamentais). Por isso afirma Häberle, referindo-se à Lei Fundamental alemã, muito menos insistente na proteção da esfera privada do que a brasileira: "Exagerando: o interesse privado é um ponto de vista que faz parte do conteúdo de bem comum da Constituição".[41]

Em vez de uma relação de contradição entre os interesses privado e público há, em verdade, uma *conexão estrutural* (*ein struktureller Zusammenhang*).[42] Se eles — o interesse público e o privado — são conceitualmente inseparáveis, a prevalência de um sobre outro fica prejudicada, bem como a contradição entre ambos.[43] A verificação de que a Administração deve orientar-se sob o influxo de interesses públicos

37. Peter Häberle, *Öffentliches* ..., p. 526.

38. Claus-Wilhelm Canaris, *Systemdenken* ..., p. 55.

39. Peter Häberle, *Öffentliches* ..., p. 719: "Como valor direcionador da administração possui o interesse público diferenciadas densidades normativas". Hans Heinrich Rupp, *Wohl* ..., p. 117; Peter Häberle, *Die Gemeinwohlproblematik* ..., p. 274: "Sua função varia conforme as relações fáticas e o grau de concretização".

40. Sobre esse assunto, ver Robert Alexy, *Juristische* ..., p. 81.

41. Peter Häberle, *Öffentliches* ..., p. 526.

42. Hans Ryffel, *Öffentliche* ..., p. 21; Hans Heinrich Rupp, *Wohl* ..., p. 117.

43. Héctor Jorge Escola, *El Interés* ..., p. 243.

não significa, nem poderia significar, que se estabeleça uma relação de prevalência entre os interesses públicos e privados. Interesse público como finalidade fundamental da atividade estatal e supremacia do interesse público sobre o particular não denotam o mesmo significado. O interesse público e os interesses privados não estão principialmente em conflito, como pressupõe uma relação de prevalência. Daí a afirmação de Häberle: "Eles comprovam a nova, aberta e móvel relação entre ambas as medidas (...)".[44]

4. Incompatibilidade com postulados normativos

Outro argumento a excluir um fundamento de validade a esse princípio de supremacia é a parcial incompatibilidade com postulados normativos extraídos de normas constitucionais, sobretudo com os postulados normativos da proporcionalidade e da concordância prática, hoje aceitos pela doutrina e jurisprudência brasileiras. Sendo o Direito o meio mediante o qual são estabelecidas *proporções* entre bens jurídicos exteriores e divisíveis, deve ser estabelecida uma *medida* limitada e orientada pela sua máxima realização.[45] Daí dizer-se — como o faz Alexy — que a proporcionalidade não consiste em uma norma-princípio, mas consubstancia uma *condição* mesma da realização do Direito, já que não entra em conflito com outras normas-princípios, não é concretizado em vários graus ou aplicado mediante criação de regras de prevalência diante do caso concreto, e em virtude das quais ganharia, em alguns casos, a prevalência.[46] A instituição simultânea de direitos e garantias individuais e de normas de competência *implica* (logicamente) o dever de ponderação, cuja exata medida só é obtida mediante a obediência à proporcionalidade.

Em face disso, resulta claro que eles não podem coexistir no mesmo sistema jurídico, pelo menos com o conteúdo normativo que lhes têm atribuído a doutrina e a jurisprudência até o momento: de um lado, o debatido "princípio" que direciona a interpretação para supremacia na relação entre os interesses; de outro, os referidos postulados que direcionam a interpretação, não para uma principial prevalência, mas para a máxima realização dos interesses envolvidos.

A proporcionalidade (*Verhältnismässigkeitsgrundsatz*) determina que um meio deva ser adequado, necessário — isto é, dentre todos os meios adequados aquele menos restritivo — e mantenha relação de proporcionalidade relativamente ao fim instituído pela norma.[47] O postulado da proporcionalidade em sentido estrito (elemento da ponderação) exige que o meio e o fim devam estar em uma relação de proporção (não podem ficar em relação de desproporção).[48] Essa é a *condição negativa*. Os interesses, que estão (estaticamente) em posição de contraposição (*Gegenüberstellung*), devem ser de tal forma ponderados, que a coordenação entre os bens jurídicos constitucionalmente protegidos possa atribuir máxima realização (*optimale Wirklichkeit*) a cada um deles. Essa é a chamada concordância prática (*praktische Konkordanz*),[49] a *condição positiva* da qual se ocupou Hesse com rara clareza: "Os traçamentos de limites (*Grenzziehungen*) devem, por conseguinte, ser proporcionais no respectivo caso concreto; eles não podem ir além do necessário para estabelecer a concordância de ambos os bens jurídicos".[50]

O Ministro Luiz Gallotti, decidindo sobre a suspensão de obra pela autoridade

44. Peter Häberle, *Öffentliches* ..., p. 528.

45. Sobre o tema, ilustrativo ver Aristóteles, *Etica Nicomachea*, p. 339 (1131b, 10 e ss.).

46. Robert Alexy, *Theorie* ..., p. 100.

47. Lothar Hirschberg, *Der Grundsatz* ..., p. 245; Michael Ch. Jakobs, *Der Grundsatz* ..., p. 217.

48. Lothar Hirschberg, idem, p. 247.

49. Konrad Hesse, *Grundzüge* ..., p. 28; Michael Ch. Jakobs, *Der Grundsatz* ..., p. 84.

50. Konrad Hesse, *Grundzüge* ..., p. 28.

administrativa, reconheceu a importância dos interesses de terceiros de boa-fé, em função dos quais — complementa-se — é necessária uma *ponderação multipolar*, precisamente porque os *interesses paralelos* devem ser preservados por meio de uma decisão unitária: "Os parágrafos do citado artigo 305 (CPC), embora referentes a hipótese de demolição, claramente traduzem o espírito da lei, no sentido de *conciliar o interesse público com os demais interesses em causa, ordenando que a construção não seja demolida, mesmo quando contraria as condições legais, se por outro meio se puder evitar o dano ao bem comum*".[51]

O Supremo Tribunal Federal (STF) vem, reiteradamente, decidindo que qualquer medida deve obedecer ao "princípio" da proporcionalidade, decorrente dos direitos e garantias fundamentais instituídos na CF/88.[52] É que, se ao Estado incumbe respeitar os valores consagrados na Lei Maior, um *pensamento conseqüente* leva à utilização de instrumentos metódicos idôneos ao seu *máximo* desenvolvimento. Dois lados da mesma moeda.

Uma medida é adequada se o meio escolhido está apto para alcançar o resultado desejado. "É inadequado tentar tapar o sol com uma peneira". O STF (Rp 930-DF, *DJU* 2.9.77) declarou inadequado exigir atestado de "condições de capacidade" para os corretores de imóveis se isso não é adequado ao exercício da profissão e a lei não o exigia.

A medida é *necessária* se, dentre todas as disponíveis e igualmente eficazes para atingir um fim, é a menos gravosa em relação aos direitos dos sujeitos envolvidos. "É desnecessário amputar a perna para solucionar o rompimento de menisco". O STF (ADIn 855-2, *DJU* 1.10.93) declarou inconstitucional a lei que previa a obrigatoriedade de pesagem de botijão de gás à vista do consumidor, não só por impor um ônus excessivo às companhias, que teriam de dispor de uma balança para cada veículo, mas também por que o interesse público e a proteção dos consumidores poderiam ser atingidos de outra forma, menos restritiva.

A medida é *proporcional* se, relativamente ao fim perseguido, não restringir excessivamente os direitos envolvidos. "É desproporcional matar um pardal com um tiro de canhão" (Jellinek). O mesmo STF (Rp 1.077, *RTJ* 112/34-67) declarou inconstitucional a criação de taxa judiciária, de percentual fixo, por considerar que, em alguns casos, seria tão alta que impossibilitaria o exercício de um direito fundamental — obtenção de prestação jurisdicional —, além de não ser *razoavelmente* equivalente ao custo real do serviço.

Pois bem. Se a proporcionalidade e a concordância prática forem considerados postulados normativos, como o são pela doutrina e pela jurisprudência com o nome de "princípios", então resulta claro que ambas as categorias direcionam a interpretação de forma bem diversa. De um lado, estão os aqui denominados *postulados de medida* a direcionar uma ponderação pautada pela máxima realização dos direitos envolvidos, sem uma solução pré-concebida; de outro, o "princípio da supremacia" a direcionar a aplicação para a prevalência do interesse público sobre o particular. Em vez de o debatido "princípio" instituir uma decisão valorativa sobre interesses ou bens e direcionar a aplicação de outras normas,[53] como qualquer norma-princípio, ele direciona o processo recíproco e dialético da ponderação (*dialektische Wechselprozess der Abwägung*) por meio de uma regra abstrata de prevalência em favor do interesse público ou o limita intensamente. "Podem existir casos nos quais o interesse público ainda hoje receba a supremacia. Decisivo é apenas que os tribunais fundamentem norma-

51. Recurso de mandado de segurança, *DJ* 16.12.64, p. 04649 (itálico não presente no original).

52. Sobre o tema e a jurisprudência, conferir Suzana de Toledo Barros, *O princípio* ..., cit.

53. Karl Larenz, *Richtiges* ..., p. 23.

tivamente esta superior hierarquia e não sucumbam à uma fórmula tradicional ou a postulados em vez de dar uma fundamentação", esclarece Häberle.[54] E mesmo quando se tratasse apenas da finalidade de interesse público como princípio geral — e não, portanto, da sua prevalência sobre o interesse privado —, seria o postulado da proporcionalidade substancialmente limitado e, por isso mesmo, modificado.[55] O que acaba tornando-se evidente é a especial importância do procedimento — incluindo, aí, sua normativa fundamentação — para a determinação e instituição autoritativa do interesse público, tanto maior quanto mais discutido for o interesse da coletividade.[56]

Aqui deve ser apenas compreendido que o "princípio" *sob exame* limita intensamente a necessidade, acima tratada como elemento integrante da proporcionalidade. E isso ocorre, porque ele estabelece um fim utópico inconciliável com a fundamentada relação meio-fim e com o dever de explicitação das premissas da argumentação jurídica. O dever de necessidade exige, e pressupõe, uma determinabilidade empírica do fim.[57] E assim completa Luhmann: "Bem comum não é um fim pensável".[58] Por isso, seria inaplicável em muitos casos a proporcionalidade ou, pelo menos, seria ele totalmente limitado, já que a relação meio-fim não seria objetivamente determinável, caso fosse o interesse público aceito como *estruturador* de uma dada relação jurídica. O essencial é que mesmo que o elemento da necessidade não seja descrito como um dever decisivo e que a proporcionalidade seja aplicada mesmo sem relação a fins determinados ou determináveis, ainda assim deve ser feita uma ponderação entre os interesses conflitantes.[59] Eis o juridicamente decisivo. Com razão esclarece Jakobs:[60] "Outras similitudes *entre* o princípio da proporcionalidade e *aquele* da concordância prática resultam da constatação de que ambos consistem em processos de ajuste ou equilíbrio (*Ausgleichverfahren*) e que ambos *excluem* a abdicação de um bem jurídico com base em uma ponderação orientada por uma prevalência".

Não são convincentes os possíveis contra-argumentos no sentido de que o debatido "princípio" de nenhum modo direcionaria a ponderação dialética em favor do interesse público, já que — como qualquer norma-princípio — possuiria exceções ou somente consiste numa idéia norteadora quer para a Administração, quer para a análise sistemática do Direito. Tal como ele é descrito — como um *princípio jurídico* de *supremacia* —, ele não encontra fundamento de validade, simplesmente porque não pode ser descoberto no ordenamento jurídico por meio de qualquer método (dedução ou indução, análise das palavras ou do seu conjunto, etc.). As exceções, que a aplicação condicional concreta de uma norma-princípio revela, devem manter-se dentro de uma quantidade mínima, sob pena de não mais serem consideradas exceções. O que não é, definitivamente, o caso. *O mais importante é a descrição e determinação intersubjetivamente controlável dos critérios para a definição do interesse público*. A determinação desses critérios, porém, só sucede mediante a criação jurisprudencial de regras de conflito, em função das quais o interesse público recebe prevalência em determinados casos de conflito com os interesses privados, quando isso ocorrer.[61] E se esses critérios devem ser obtidos por meio da análise da Constituição e das normas contidas nas leis — o que Bandeira de Mello

54. Peter Häberle, *Öffentliches* ..., p. 527.

55. Wolfgang Martens, *Öffentlich* ..., p. 190; Roman Schnur, *Gemeinwohl* ..., p. 61; Hans Heinrich Rupp, *Wohl* ..., p. 118.

56. Hans Ryffel, *Öffentliche* ..., pp. 27-28; Hans Heinrich Rupp, *Wohl* ..., p. 120.

57. Lothar Hirschberg, *Der Grundsatz* ..., p. 158.

58. *Apud* Lothar Hirschberg, idem, p. 158.

59. Idem, ibidem, p. 171.

60. Michael Ch. Jakobs, *Der Grundsatz* ..., p. 86 (itálico não presente no original); Harald Schneider, *Die Güterabwägung* ..., p. 203.

61. Hans Ryffel, *Öffentliche* ..., p. 17.

com razão afirma[62] —, perde a expressão *interesse público* a sua relevância normativa como norma-princípio.[63] Dito mais claramente: "A expressão 'bem público' sempre representa a abreviatura daquilo que a Constituição entende por limites permitidos ou não".[64] Disso, porém, resulta uma importante conseqüência: em vez de um princípio de preferência, deve ser atribuída a importância, então, às prescrições constitucionais e legais, já que elas — e não, portanto, o citado "princípio" — é que são juridicamente decisivas. Sobre a necessidade de previsão normativa, ver o voto de Moreira Alves a respeito de matéria administrativa: "Se a legislação local posterior determinou, como reconhece o acórdão recorrido, que os requerimentos de licença de construção fossem apreciados à luz da jurisprudência vigente ao tempo de sua apresentação, não pode a Administração Pública sobrepor o seu critério de avaliação a esse respeito ao da própria lei. Essa circunstância afasta o argumento *a fortiori* com base na revogação de licença de construção, cuja obra não foi iniciada, *sob o fundamento de conveniência ditada pelo interesse público, pois, neste caso, essa conveniência não foi apreciada nem afastada pela lei vigente*".[65]

O Ministro Sepúlveda Pertence asseverou, em julgamento sobre matéria processual: "Verdadeiramente inconciliável com o Estado de Direito e a garantia constitucional da jurisdição seria impedir a concessão ou permitir a cassação da segurança concedida, com base em motivos de conveniência política ou administrativa, ou seja, a superposição do direito do cidadão das 'razões de Estado'; não é o que sucede na suspensão de segurança (...)".[66]

Essas decisões não tratam diretamente da existência, ou não, do "princípio" em causa. Não obstante, demonstram a necessidade de previsão normativa para qualquer intervenção estatal, ficando o "interesse público" sem significado autônomo. Como foi visto, é característica própria das normas-princípios terem seu sentido resultante de limitações e complementações advindas de outras normas-princípios. Cada qual, porém, contribui, limitando ou acrescendo, para a determinação do significado das outras normas-princípios envolvidas. Resta saber, portanto, qual a contribuição que o dito "princípio da supremacia do interesse público sobre o particular" traz para a interpretação sistemática do Direito e como isso pode ser intersubjetivamente controlado por instrumentos racionais de interpretação.

Da constatação de que os órgãos administrativos possuem em alguns casos uma posição privilegiada relativamente aos particulares[67] não resulta, de modo algum, na corroboração da supremacia do interesse público sobre o particular. Essa posição indica, tão-só, que os órgãos administrativos exercem uma função pública, para cujo ótimo desempenho são necessários determinados instrumentos técnicos, devidamente transformados em regras jurídicas.[68] E es-

62. Celso Antônio Bandeira de Mello, *Curso* ..., p. 56.

63. Roman Schnur, *Gemeinwohl* ..., pp. 64 e 66.

64. Idem, ibidem, p. 72.

65. Recurso Extraordinário 93108/SP, *DJ* 13.2.81, p. 00754 (itálico não constante do original).

66. Agravo Regimental em Suspensão de Segurança, *DJ* 9.5.97, p. 18.138.

67. Celso Antônio Bandeira de Mello, *Curso* ..., p. 30. Ação direta de inconstitucionalidade 1.753/DF, *DJ* 12.6.98, p. 00051, Min. Sepúlveda Pertence: "(...) A igualdade das partes é imanente ao *procedural due process of law*; quando uma das partes é o Estado, a jurisprudência tem transigido com alguns favores legais que, além da vetustez, tem sido reputados não arbitrários por visarem a compensar dificuldades da defesa em juízo das entidades públicas; se, ao contrário, desafiam a medida da razoabilidade ou da proporcionalidade, caracterizam privilégios inconstitucionais: parece ser esse o caso das inovações discutidas, de favorecimento unilateral aparentemente não explicável por diferenças reais entre as partes e que, somadas a outras vantagens processuais da Fazenda Pública, agravam a consequência perversa de retardar sem limites a satisfação do direito do particular já reconhecido em juízo".

68. Sobre a questão, essencial analisar a obra de Juarez Freitas, *O controle* ..., pp. 54 e 55.

sas regras procedimentais (não regras que instituem finalidades) decorrem tanto das normas constitucionais como do desinteresse pessoal que define a função administrativa (*Selbstlösigkeit*). Isensee bem o afirmou: "À liberdade dos cidadãos corresponde a vinculação normativa dos funcionários públicos".[69] Isso tudo não tem nada a ver com uma regra geral de prevalência.[70] No Direito Administrativo, especialmente no caso do serviço público, estão o desinteresse pessoal e o bem comum necessariamente ligados. Eles devem, porém, ser diferenciados, tal como Isensee o esclarece: "O bem público e o bem particular determinam fins, enquanto o desinteresse pessoal e o interesse pessoal marcam caminhos. No primeiro caso trata-se de objeto, no segundo, de procedimento; aqui de programa, lá de realização".[71]

A constatação de que os funcionários não representam interesses outros além do público não resulta do interesse público propriamente dito (definido, aliás, pela finalidade), mas do desinteresse, por sua vez reconduzido à função pública e ao princípio republicano.[72] E é o princípio republicano que estrutura o bem público, a ser constatado no Direito Positivo.[73] Perquirir sobre as causas que levaram o legislador a instituir prazos maiores para a Administração ou a atribuir determinadas características ao ato administrativo, por exemplo, é objeto da ciência política. Seu aspecto jurídico circunscreve-se a descrever e explicar o sentido e o alcance das normas que instituíram determinadas prerrogativas que os particulares não possuem. Esse aspecto normativo, contudo, nada tem a ver com um princípio de supremacia.

Um princípio (como postulado) fundamental do Direito Público, especialmente do Direito Administrativo, deve consistir em algo bem diverso de um princípio de supremacia. E se fosse deduzível do Direito Positivo uma norma-princípio de prevalência, seria possível a dedução de uma norma-princípio antinômica à debatida, assecuratória dos interesses privados garantidos aqui-e-acolá na Constituição, como já analisado. Procurar um postulado normativo explicativo de um ordenamento jurídico-administrativo que protege interesses tão diferenciados constitui tarefa difícil. Além disso, é necessário esclarecer que o Direito Administrativo regulador das atividades externas da Administração (*Aussenverwaltungsrecht*) prescreve — contrariamente ao que faz o Direito Administrativo interno (*Innenverwaltungsrecht*) ou o Direito Administrativo privado (*Verwaltungsprivatrecht*) — justamente a relação entre o Estado e o cidadão. Não a pressupõe como algo pré-decidido ou mesmo a ser decidido em favor do interesse público.

Uma norma de preferência só pode ser uma norma individual e concreta, algo bem diverso de uma tendência abstrata.[74]

Trata-se, em verdade, de um dogma até hoje descrito sem qualquer referibilidade à Constituição vigente. A sua qualificação como axioma bem o evidencia. Esse nominado princípio não encontra fundamento de validade na Constituição brasileira. Disso resulta uma importante conseqüência, e de grande interesse prático: a aplicação do Direito na área do Direito Administrativo brasileiro não pode ser feita sobre o influxo de um princípio de prevalência (como norma ou como postulado) em favor do interesse público.

Essas ponderações reconduzem a discussão para resultado diverso: se o orde-

69. Josef Isensee, *Gemeinwohl* ..., in HStR III, § 57 Rn. 62.

70. Idem, ibidem, § 57 Rn. 30.

71. Idem, ibidem, § 57 Rn. 9 e 37, 28.

72. Josef Isensee, *Staat* ..., in HStR I, § 13 Rn. 106.

73. Peter Häberle, *Die Gemeinwohlproblematik* ..., p. 283. Sobre esse assunto, conferir Geraldo Ataliba, *República* ..., cit.; Roque Antonio Carrazza, *Curso* ..., cit.

74. Harald Schneider, *Die Güterabwägung* ..., p. 237.

namento jurídico regula justamente uma relação de tensão (*Spannungsverhältnis*) entre o interesse público e o particular, bem exemplificada pela repartição de competência nos vários níveis estatais e pelo contraponto da instituição de direitos fundamentais, por sua vez só ajustável — com a ajuda de formas racionais de eqüidade[75] — por meio de uma ponderação concreta e sistematicamente orientada, então a condição racional para o conhecimento do ordenamento jurídico deve ser outra, precisamente consubstanciada no *postulado da unidade da reciprocidade de interesses* (*Gegenseitigkeitspostulat*)[76] Ou nas palavras de Ladeur: "Ponderação de bens é uma figura dogmática que não mais submete os direitos a limites imanentes e explícitos, isto é, a regras de preferência estáveis (p. ex., em favor do interesse público), mas procura trabalhar situativa e estrategicamente um complexo, uma conexão de interesses de generalização limitada, sobretudo por meio da formulação de *standards* ou de valores flexíveis".[77]

Conclui-se, ao final, duplamente. De uma lado, que um princípio de supremacia e a compreensão formal do Direito Administrativo devem ser ultrapassados em favor de prescrições materiais, no sentido de normas jurídicas substanciais, só desvendáveis mediante a análise sistemática das normas constitucionais materiais, vale dizer, daquelas normas que dizem respeito, direta ou indiretamente, explícita ou implicitamente, aos bens jurídicos que se quer descrever e explicar. De outro lado, que uma dogmática material só é explicável com a ajuda de uma hierarquização constitucional imanente das normas materiais (e de seus contrapontos formais).

75. Rüdiger Konradin Albrecht, *Zumutbarkeit* ..., p. 78.

76. Sobre a questão, de forma similar, Karl Heinrich Friauf, *Verfassungsrechtliche* ..., p. 8. Sobre a necessidade de atentar para o impulso decorrente dos direitos fundamentais para a redefinição do Direito Administrativo, ver Eberhard Schmidt-Assmann, *Das allgemeine* ..., p. 57.

77. Karl-Heinz Ladeur, *"Abwägung"* ..., p. 218.

C. Pode ser ele um postulado normativo de acordo com o ordenamento jurídico brasileiro?

I — Delimitação de interesse público

1. Pluralidade significativa

A segunda questão, referida como teorético-científica, trata da adequação do referido princípio da supremacia do interesse público sobre o particular para explicar o sistema jurídico-administrativo e a relação Estado-cidadão. Ela, no entanto, será tratada de modo reduzido.[78]

Eis a pergunta: Qual o significado geral que o interesse público pode possuir em um Estado de Direito? Essa é uma questão de Teoria Geral do Direito Público. Algumas observações devem ser feitas aqui, sem que sejam, no entanto, tratadas as questões ético-jurídicas ou ético-políticas relacionadas ao tema.

Inicialmente, deve ser aprofundada uma distinção já feita. Interesse público pode referir-se sobretudo a duas realidades: a uma norma ou (conjunto delas) que encontre fundamento jurídico de validade em um dado ordenamento jurídico; ou a uma idéia que represente uma necessidade racional para a comunidade política.[79] No primeiro caso, trata-se de uma *norma-princípio*, cuja definição já foi analisada.

Quando o grande publicista Bandeira de Mello descreve — nomeando ora como axioma ora como princípio — a supremacia do interesse público afirmando ser um "(...) pressuposto de uma ordem social estável, em que todos e cada um possam sen-

78. Quanto à perspectiva político-jurídica e histórica, ver Josef Isensee, *Staat* ..., in HStR I, § 13; Michael Stolleis, *Gemeinwohlformeln* ..., cit.; Peter Häberle, *Öffentliches* ..., cit. e *Die Gemeinwohlproblematik* ..., pp. 257-284.

79. Josef Isensee, *Gemeinwohl* ..., in HStR III, § 57 Rn. 37 e 38.

tir-se garantidos e resguardados",[80] refere-se ao interesse público como uma necessidade racional para a comunidade política, cuja validade precede a qualquer positivação. Não se trata, aqui, de uma norma princípio ou de um postulado normativo, mas do bem comum como princípio fundamental da ética comunitária ou da política jurídica.[81] Trata-se de um postulado ético-político, portanto.

A investigação sobre a causa do surgimento do desinteresse intrínseco ao exercício da função administrativa pelo funcionário, da indisponibilidade dos interesses públicos e da executabilidade do ato administrativo, da posição privilegiada da Administração e dos seus "privilégios" relativamente aos administrados não é objeto da Ciência do Direito. Objeto dessa investigação consiste em importantes postulados ético-políticos, ao seu modo inconfundíveis com normas jurídicas (regras ou princípios).

Já a análise desses elementos (posições, direitos, bens) enquanto ínsitos à função administrativa e instituídos pelo ordenamento jurídico diz, sim, respeito à Ciência do Direito. Nesse âmbito de conhecimento, entretanto, não são *auto-evidentes*, como os axiomas. Nem surgem de *per se*. Resultam, antes, de normas, sem as quais não existiriam juridicamente. A sua explicação deve manter-se fiel a esse objeto. E mesmo quando há expressa menção normativa ao interesse público, definido pela finalidade relacionada à comunidade, nada é dito sobre a sua supremacia.[82] Nesse âmbito, em vez de postulados, teríamos ou uma norma-princípio, cuja existência, no entanto, não restou corroborada, mas foi antes mesmo refutada, ou um postulado normativo, cuja referibilidade ao ordenamento jurídico ora se discute.

E o que pode e deve ser dito relativamente a esta segunda questão é que um postulado explicativo do Direito Administrativo não pode ser uma regra de prevalência, mesmo que essa preferência seja "apenas" abstrata e relativa. Ao contrário de uma regra de preferência, poder-se-ia falar sobre o bem comum como idéia por detrás das normas e dos fins estatais, mas que representaria a unidade de uma multiplicidade de interesses públicos verificáveis no Direito e na sociedade (o que terminaria, por via diversa, por corroborar o aqui formulado postulado da reciprocidade, em vez do "princípio da supremacia").[83] Importante, porém, a advertência de Schmidt-Assmann: "A determinação do bem comum é antes de tudo uma questão de Direito Positivo, que para respondê-la deixa normalmente à disposição prescrições procedimentais e materiais".[84]

2. Pressupostos necessários

O "princípio da supremacia do interesse público sobre o particular" pressupõe a verificação de algumas condições, sem as quais ele não pode ser havido como uma *condição necessária à explicação do ordenamento jurídico* (postulado normativo): o interesse público deve ser descrito ou explicável separadamente do interesse privado, ou ser dele dissociável, para que possa ser concebida, ainda que abstratamente, uma posição de supremacia em favor do primeiro; a relação bipolar entre os citados interesses deve ser de significado geral e fundamental para a explicação do Direito Administrativo, a qual pressupõe uma relação Estado-cidadão; o interesse público deve ser determinável normativa e objetivamente, mesmo no caso concreto, sob pena de ser insustentável uma supremacia intersubjetivamente controlável.

80. Celso Antônio Bandeira de Mello, *Curso* ..., p. 30.

81. Josef Isensee, *Gemeinwohl* ..., in HStR III, § 57 Rn. 9 e 37, 38.

82. Eberhard Schmidt-Assmann, *Das allgemeine* ..., p. 136.

83. Josef Isensee, *Gemeinwohl* ..., in HStR III, § 57 Rn. 2.

84. Eberhard Schmidt-Assmann, *Das allgemeine* ..., p. 137.

II — A importância do interesse privado

1. Relação com o interesse público

Como já observado — embora isso nem sempre mereça a devida atenção — na definição de interesse público estão também contidos elementos privados.[85] Isensee esclarece: "Na prática política é bastante discutido o que proporciona o interesse público numa concreta situação, se ele obtém a primazia frente a interesses particulares colidentes ou como deve ser obtido um ajuste. Mas não se trata de medidas inconciliáveis ou antinômicas. Então o bem comum inclui o bem de suas partes (...) Interesses privados podem transformar-se em públicos. *Bonum commune* e *bonum particulare* exigem-se reciprocamente. Essa principial coordenação exclui uma irreconciliável contraposição. A tensão entre ambos é, no entanto, evidente".[86]

Todo o exposto conduz à negação de uma supremacia. Quando — e isso não é um caso necessário — o interesse público contrapor-se ao privado, não tem o primeiro, *ipso facto*, a primazia. Muito menos *a priori*. Schmidt-Assmann trata exatamente da questão: "Não há uma automática supremacia dos interesses públicos".[87] Deve haver, outrossim, uma ponderação, não somente dos interesses reciprocamente implicados, mas, também, dos interesses públicos entre si. Os interesses públicos são, como lembra Leisner, igualmente carecedores de ponderação, tal como os interesses privados. Eles devem ser, entre si, ponderados, pois podem apresentar-se em situações de conflito interno (*Insichkonflikte*).[88] Ou nas palavras do referido autor: "A unidade dos interesses públicos parece ser uma necessidade estatal fundamental, além da unidade da entidade estatal; daí não resulta a mais valência (*Höherwertigkeit*) deste mesmo interesse relativamente aos interesses dos cidadãos. No 'interesse público' estão múltiplos interesses em si não necessariamente supravalorados que são, sim, entre eles carecedores de ponderação, mas daí não hierarquicamente superiores".[89]

2. Sua função nas relações administrativas

A análise do Direito Administrativo desenvolvida sob o influxo da contraposição entre o Estado e o cidadão e entre o interesse público e o privado deve ceder frente a uma descrição e explicação do Direito Administrativo que incorpore a multiplicidade das relações administrativas, também definidas como relações jurídicas multipolares (*multipolare Verwaltungsrechtsverhältnisse*).[90] Caminho ainda a ser descoberto pela doutrina do Direito Administrativo é justamente explicar o seu objeto — Direito Administrativo brasileiro — tendo em vista as normas de Direito Administrativo decorrentes de novas figuras até então inexistentes,

85. Peter Häberle, *Öffentliches* ..., p. 526; Héctor Jorge Escola, *El Interés* ..., p. 243.

86. Josef Isensee, *Gemeinwohl* ..., in HStR III, § 57 Rn. 19.

87. Eberhard Schmidt-Assmann, *Das allgemeine* ..., p. 137.

88. Peter Häberle, *Die Gemeinwohlproblematik* ..., p. 282.

89. Walter Leisner, *Der Abwägungsstaat* ..., p. 140. Ders.: *Privatinteressen* ..., pp. 217 e ss.

90. Matthias Schmidt-Preuss, *Kollidierende* ..., p. 8. A doutrina administrativa alemã — no que deve ser devidamente ponderada, tendo em vista a diferença entre os ordenamentos jurídicos brasileiro e alemão nesse aspecto — descreve, para alterar a definição de relação administrativa, aquelas situações em que o particular exerce um Direito seu relativamente a outro particular, mas por intermédio da função administrativa, hipóteses em que não há uma *contraposição* direta de interesses, mas vários interesses envolvidos, como, por exemplo: a pretensão de impugnar ou de suspender, em favor do particular, uma autorização administrativa anteriormente concedida ou a obtenção de uma medida administrativa qualquer em face de outro particular (particular *x* particular *x* Estado). Sobre essa questão, no Direito Tributário alemão, ver Rolf Eckhoff, "Vom konfrontativen ...", pp. 107, 110 e 111.

sobretudo em consideração àquelas relações jurídicas que não envolvem estritamente uma contraposição entre interesse público e privado: Administração cooperativa e Estado cooperativo (decorrência da privatização de serviços públicos ou mesmo da necessidade de fiscalização e cooperação em novas áreas como meio ambiente, saúde pública, comunicações, telefonia, correios, mídia eletrônica, as quais não revelam tanto relações antinômicas, mas uma coordenação recíproca entre vários interesses), novos conceitos basilares do Direito Administrativo (resultado da modificação de titulares dos serviços: como fica *a definição de serviço público* sem ter como titular o Estado, como fica a proteção de *interesses* numa sociedade pluralista e diversificada), Direito Administrativo multipolar (decorrência dos vários interesses envolvidos: individuais, sociais, de grupos etc.).[91]

Em vez de uma relação bipolar, esclarece Schmidt-Preuss sobre a relação administrativa, "direciona-se esta para a forma de 'relações administrativas poligonais', nas quais direitos subjetivos se defrontam entre si (*untereinander in Frontstellung stehen*). A seguir aumentam as vozes que partem da orientação global do Direito Administrativo baseada na relação bipolar-clássica Estado-cidadão e de seus decorrentes limites para referirem-se à compreensão de relações multipessoais".[92] A contraposição de ambos os interesses não ocorre nesses casos, muito menos, e por conseqüência, uma relação de prevalência. Com razão Häberle: "A diferenciação das atuais relações de interesses públicos e privados apresenta profundas transformações. Do desenvolvimento do primado do interesse público (...) está o Judiciário a reforçar os interesses privados para uma ponderação diferenciada, orientada para o caso particular e para a constituição. A 'jurisprudência do bem particular' (*Privatwohlrechtsprechung*) torna-se uma parte — indireta — da 'jurisprudência do bem comum' (*Gemeinwohlrechtsprechung*)".[93]

3. Privado como individual

A afirmação de que o interesse privado, no final das contas, também serve indiretamente ao interesse público não encontra corroboração principial, já que pode ser distinguido quando o particular deve juridicamente ser visto como *individuum* e quando deve ser compreendido como parte da comunidade. Nem sempre ficam os interesses privados absorvidos completamente pelo interesse público, mas interesses próprios dos individualmente atingidos também podem ser dignos de ponderação.[94]

Se ambos os interesses não podem ser verificados separadamente, se uma relação unitária bipolar entre Estado e cidadão não mais possui o significado fundamental no sistema jurídico interno, torna-se impensável um postulado explicativo do Direito Administrativo que seja baseado na supremacia do interesse público sobre o particular. O conhecimento do Direito Administrativo não se submete a essa condição.

Por fim, é importante lembrar que "o" interesse público não é determinável objetivamente. Há muitas dificuldades para a determinação do significado de *interesse*: ele representa, antes de tudo, um fenômeno psíquico, cuja descrição deve ser necessariamente feita com referência ao ordenamento jurídico. Igualmente a expressão *público*. A esse respeito Martens:[95] "No Estado Constitucional Democrático são fundamentalmente as normas constitucionais que regulam quais interesses devem, nos seus

91. Eberhard Schmidt-Assmann, *Das allgemeine* ..., pp. 26, 27, 57, 129 e 131.

92. Matthias Schmidt-Preuss, *Kollidierende* ..., p. 17.

93. Peter Häberle, *Öffentliches* ..., p. 726.

94. Matthias Schmidt-Preuss, *Kollidierende* ..., p. 174.

95. Wolfgang Martens, *Öffentlich* ..., p. 185.

pormenores, ser seguidos como interesses do Estado e como isso deve suceder, e isso será necessariamente determinado pelo legislador nos limites por elas estabelecidos. Sem essa juridicização (*Verrechtlichung*) por meio da Constituição e das leis é, também na democracia, juridicamente irrelevante à invocação a interesses públicos e talvez adequado para a fundamentação de exigências político-jurídicas, cujos conteúdos orientam-se por objetos de interesse e por isso podem ser tão multiformes quanto esses".

A possibilidade de uma definição abstrata mínima sem o recurso à concretização das normas constitucionais apresenta-se da mesma forma questionável.[96] A mesma dificuldade apresenta-se na aplicação das normas.

Seria possível descrever os interesses públicos como finalidades administrativas diacronicamente diferenciadas e normativamente limitadas. Dito de outro modo: tentar-se-ia explicar um princípio unitário a ser determinado no caso concreto, e não uma regra de prevalência relacionada a interesses privados.[97] Em vez de um "princípio de prevalência", seria valorada a importância do bem comum, o qual, porém, estaria intimamente relacionado com os objetivos estatais, com as normas de competência, com o conteúdo dos atos administrativos e com os direitos fundamentais.[98]

Resta, ao final, questionável, se a sua descrição teórica será ou poderia ser útil para a descrição e explicação do Direito Administrativo. Esta seria uma questão a ser respondida na Teoria Geral do Direito Administrativo. Não aqui.

96. Wolfgang Martens, *Öffentliche* ..., pp. 173 e 178; Matthias Schmidt-Preuss, *Kollidierende* ..., p. 179.

97. Josef Isensee, *Gemeinwohl* ..., in HStR III, § 57 Rn. 20; Eberhard Schmidt-Assmann, *Das allgemeine* ..., p. 134.

98. Josef Isensee, *Gemeinwohl* ..., in HStR III, § 57 Rn. 54, 55 e 115; Peter Häberle, *Die Gemeinwohlproblematik* ..., p. 275.

Conclusões

Em face de todo o exposto — e assim passamos à conclusão —, entendemos que o "princípio da supremacia do interesse público sobre o privado" não é, rigorosamente, um princípio jurídico ou norma-princípio:

• *conceitualmente* ele não é uma norma-princípio: ele possui apenas um grau normal de aplicação, sem qualquer referência às possibilidades normativas e concretas;

• *normativamente* ele não é uma norma-princípio: ele não pode ser descrito como um princípio jurídico-constitucional imanente;

• ele não pode *conceitualmente* e *normativamente* descrever uma relação de supremacia: se a discussão é sobre a função administrativa, não pode "o" interesse público (ou os interesses públicos), sob o ângulo da atividade administrativa, ser descrito separadamente dos interesses privados.

As ponderações feitas tornam também claro que este "princípio" não pode ser havido como um postulado explicativo do Direito Administrativo:

• ele não pode ser descrito separada ou contrapostamente aos interesses privados: os interesses privados consistem em uma parte do interesse público;

• ele não pode ser descrito sem referência a uma situação concreta e, sendo assim, em vez de um "princípio abstrato de supremacia" teríamos "regras condicionais concretas de prevalência" (variáveis segundo o contexto).

Dessa discussão orientada pela Teoria Geral do Direito e pela Constituição decorrem duas importantes conseqüências. Primeira: não há uma norma-princípio da supremacia do interesse público sobre o particular no Direito brasileiro.

A Administração não pode exigir um comportamento do particular (ou direcionar a interpretação das regras existentes) com base nesse "princípio". Aí incluem-se quaisquer atividades administrativas, sobretudo aquelas que impõem restrições ou obrigações aos particulares. Segundo: a única idéia apta a explicar a relação entre interesses públicos e particulares, ou entre o Estado e o cidadão, é o sugerido postulado da unidade da reciprocidade de interesses, o qual implica uma principial ponderação entre interesses reciprocamente relacionados (interligados) fundamentada na sistematização das normas constitucionais. Como isso deve ser feito, é assunto para outra oportunidade.

O esclarecimento dos fatos na fiscalização de tributos, a determinação dos meios empregados pela Administração, a ponderação dos interesses envolvidos, pela Administração ou pelo Poder Judiciário, a limitação da esfera privada dos cidadãos (ou cidadãos contribuintes), a preservação do sigilo etc. são, todos esses casos, exemplos de atividades administrativas que não podem ser ponderadas em favor do interesse público e em detrimento dos interesses privados envolvidos. A ponderação deve, primeiro, determinar quais os bens jurídicos envolvidos e as normas a eles aplicáveis e, segundo, procurar preservar e proteger, *ao máximo*, esses mesmos bens. Caminho bem diverso, portanto, do que direcionar, de antemão, a interpretação das regras administrativas em favor do interesse público, o que quer que isso possa vir a significar.

Não se está a negar a importância jurídica do interesse público. Há referências positivas em relação a ele. O que deve ficar claro, porém, é que, mesmo nos casos em que ele legitima uma atuação estatal restritiva específica, deve haver uma ponderação relativamente aos interesses privados e à medida de sua restrição. É essa ponderação para atribuir máxima realização aos direitos envolvidos o critério decisivo para a atuação administrativa. E antes que esse critério seja delimitado, não há cogitar sobre a referida supremacia do interesse público sobre o particular.

O objetivo desta análise crítica do "princípio da supremacia do interesse público sobre o particular" é apenas iniciar a discussão doutrinária e jurisprudencial sobre o tema, curiosamente inexpressiva. Não tem por finalidade — nem o poderia — renegar a grandiosa contribuição dos mestres citados, mas, antes, prestar a homenagem da reflexão sobre suas valiosas lições.

Bibliografia

ALBRECHT, Rüdiger Konradin. *Zumutbarkeit als Verfassungsmassstab*, Berlin, Duncker und Humblot, 1995.

ALEXY, Robert. *Theorie der Grundrechte*. 2ª ed., Frankfurt am Main, 1994.

———. *Individuelle Rechte und kollektive Güter*, in Recht, Vernunft, Diskurs, Frankfurt am Main, Suhrkamp, 1995.

———. *Juristische Interpretation*, in Recht, Vernunft, Diskurs, Frankfurt am Main, Suhrkamp, 1995.

———. *Rechtssystem und praktische Vernunft*, in Recht, Vernunft, Diskurs, Frankfurt am Main, Suhrkamp, 1995.

ARISTÓTELES. *Etica Nicomachea*, v. 1 (texto *greco a fronte*), Milano, Rizzoli, 1994.

ATALIBA, Geraldo. *República e Constituição*, São Paulo, Malheiros Editores, 1998.

ÁVILA, Humberto Bergmann. *Subsunção e Concreção na Aplicação do Direito*, livro comemorativo do cinqüentenário da PUC/RS, Porto Alegre, EDICPUC, 1997.

BANDEIRA DE MELLO, Celso Antônio. *Curso de Direito Administrativo*, 9ª ed., São Paulo, Malheiros Editores, 1997.

BARROS, Suzana de Toledo. *O Princípio da Proporcionalidade e o Controle de Constitucionalidade das Leis Restritivas de Direitos Fundamentais*, Brasília, Brasília Jurídica, 1996.

BORGES, José Souto Maior. "O problema fundamental da base empírica para a ciência do Direito e seus reflexos em questões indecidíveis pela doutrina do Direito Tributário", in *Ciência Feliz: sobre o mundo jurídico e outros mundos*, Recife, Fundação de Cultura do Recife, 1994.

BYDLINSKY, Franz. *Fundamentale Rechtsgrundsätze*, Springer, Wien, 1988.

CANARIS, Claus-Wilhelm. *Die Feststellung von Lücken im Gesetz*.

———. *Systemdenken und Systembegriff in der Jurisprudenz*, Berlin, Duncker und Humblot, 1983.

CARRAZZA, Roque Antonio. *Curso de Direito Constitucional Tributário*, 11ª ed., São Paulo, Malheiros Editores, 1998.

CARVALHO, Paulo de Barros. *Curso de Direito Tributário*, 7ª ed., São Paulo, Saraiva, 1995.

DERZI, Misabel de Abreu Machado. Notas a *Limitações Constitucionais ao Poder de Tributar*, de Aliomar Baleeiro, 7ª ed., Rio de Janeiro, Forense, 1997.

ECKHOFF, Rolf. "Vom konfrontativen zum kooperativen Steuerstaat", in *Steuer und Wirtschaft* 2/1996.

EISLER, Rudolf. *Kant-Lexikon*, Hildersheim u.a., Georg Olms Verlag, 1994.

ENGISCH, Karl. *Logische Studien zur Gesetzesanwendung*, 3ª ed., Heidelberg, 1963.

ESCOLA, Héctor Jorge. *El Interés Público como Fundamento del Derecho Administrativo*, Buenos Aires, Depalma, 1989.

ESSER, Josef. *Grundsatz und Norm in der richterlichen Fortbildung des Privatrechts*, 4ª ed., 1990.

———. *Vorverständnis und Methodenwahl in der Rechtsfindung; Rationalitätsgrundlagen richterlicher Entscheidungspraxis*, 2ª ed., 1972.

FORSTHOFF, Ernst. *Lehrbuch des Verwaltungsrechts*, v. I, Allgemeiner Teil, 10ª ed., München, Beck, 1973.

FREITAS, Juarez. *O Controle dos Atos Administrativos e os Princípios Fundamentais*, São Paulo, Malheiros Editores, 1997.

FRIAUF, Karl Heinrich. *Verfassungsrechtliche Anforderungen an die Gesetzgebung über Steuern vom Einkommen und vom Ertrag*, in Steuerecht und Verfassungsrecht, (Hrsg.) ders, DStJG 12 (1989

GUASTINI, Riccardo. *Distinguendo: Studi di Teoria e Metateoria del Diritto*, Milano, Giapichelli, 1996.

———. *Teoria e Dogmatica delle Fonti*, Milano, Giuffrè, 1998.

HÄBERLE, Peter. *Die Gemeinwohlproblematik in rechtswissenschaftlicher Sicht*, Rechtstheorie 14, 1983.

———. *Öffentliches Interesse als juristisches Problem*, Bad Homburg, Athenäum, 1970.

HESSE, Konrad. *Grundzüge des Verfassungsrechts der Bundesrepublik Deutschland*, 20ª ed., Heidelberg, CF Müller, 1995.

HIRSCHBERG, Lothar. *Der Grundsatz der Verhältnismässigkeit*, Göttingen, 1981.

ISENSEE, Josef. *Gemeinwohl und Staatsaufgaben im Verfassungsstaat*, in HStR III, § 57 Rn. 2, 9, 19, 20, 28, 30, 37, 38, 54, 55, 62, 115 e 117.

———. *Staat und Verfassung*, in HStR I, § 13 Rn. 106.

JAKOBS, Michael Ch. *Der Grundsatz der Verhältnismässigkeit*, Köln, Carl Heymanns, 1985.

KANT. Kants Werke, Akademie Textausgabe, V, *Kritik der praktischen Vernunft*, Berlin, Walter de Gruyter und Co., 1968 (1902).

KAUFMANN, Arthur. *Analogie und Natur der Sache*, 2ª ed., Heidelberg, Müller, 1982.

———. *Rechtsphilosophie*, 2ª ed., 1997.

LADEUR, Karl-Heinz. *"Abwägung" - Ein neues Paradigma des Verwaltungsrechts. Von der Einheit der Rechtsordnung zum Rechtspluralismus*, Frankfurt am Main, Campus Verlag, 1984.

LARENZ, Karl. *Methodenlehre der Rechtswissenschaft*, 6ª ed., München, Beck, 1991.

———. *Richtiges Recht*, München, Beck, 1979.

LEISNER, Walter. *Der Abwägungsstaat. Verhältnismässigkeit als Gerechtigkeit?*, Berlin, Duncker und Humblot, 1997. Ders.: *Privatinteressen als öffentliches Interesse*, DÖV 7, 1970.

MARTENS, Wolfgang. *Öffentlich als Rechtsbegriff*, Bad Homburg, Gehlen, 1969.

MAURER, Hartmut. *Allgemeines Verwaltungsrecht*, 10ª ed., München, Beck, 1995.

MÜLLER, Friedrich. *Juristische Methodik*, 7ª ed., Berlin, Duncker und Humblot, 1997.

REALE, Miguel. *Lições Preliminares do Direito*, 23ª ed., São Paulo, Saraiva, 1996.

RODI, Michael. *Die Rechtfertigung von Steuern als Verfassungsproblem*, München, Beck, 1994.

RUPP, Hans Heinrich. *Wohl der Allgemeinheit und öffentliche Interessen. Bedeutung der Begriffe im Verwaltungsrecht*, Schriftenreihe der Hochschule Speyer, Band 39, Berlin, Duncker und Humblot, 1968.

RYFFEL, Hans. *Öffentliche Interessen und Gemeinwohl. Reflexionen über Inhalt und Funktion*. Schriftenreihe der Hochschule Speyer, Band 39, Berlin, Duncker und Humblot, 1968.

SCHMIDT-ASSMANN, Eberhard. *Das allgemeine Verwaltungsrecht als Ordnungsidee: Grundlagen und Aufgaben der verwaltungsrechtlichen Systembildung*, Berlin u.a., Springer, 1998.

SCHMIDT-PREUSS, Matthias. *Kollidierende Privatinteressen im Verwaltungsrecht: das subjetive öffentliche Recht im multipolaren Verwaltungsrechtsverhältnis*, Berlin, Duncker und Humblot, 1992.

SCHNEIDER, Harald. *Die Güterabwägung des Bundesverfassungsgerichts bei Grundrechtskonflikten*, Baden-Baden, Nomos, 1979.

SCHNUR, Roman. *Gemeinwohl in den Verfassungen und Gesetzen*. Schriftenreihe der

Hochschule Speyer, Band 39, Berlin, Duncker und Humblot, 1968.

SCHÜNEMANN, Bernd. *Zum Verhältnis von Norm und Sachverhalt bei der Rechtsanwendung, vor Ober- und Untersatz im Justizsyllogismus und von Rechts- und Tatfrage im Prozessrecht*, in FS Arthur Kaufmann.

STOLLEIS, Michael. *Gemeinwohlformeln im nationalsozialistischen Recht*, 1974.

SZABÓ, Á. "Axiom", in *Historisches Wörterbuch der Philosophie*, v. 1, Basel, Schwabe und Co., 1974.

VILLEY, Michel. *Philosophie du Droit*, v. 1, *Definitions du Droit*, 3ª ed., Paris, Dalloz, 1982.

VOGEL, Klaus. *Steuergerechtigkeit und soziale Gestaltung*, in Der offene Finanz- und Steuerstaat, Müller, Heidelberg, 1991.

WEINBERGER, Ota. *Norm und Institution: Eine Einführung in die Theorie des Rechts*, Wien, Manz, 1988.

WOLFF, Hans, BACHOF, Otto e STOBER, Rolf. *Verwaltungsrecht*, I, 10ª ed., München, Beck, 1994.

ESTUDOS E COMENTÁRIOS

APOSENTADORIA DE SERVIDOR PÚBLICO — ATO JURÍDICO PERFEITO — DIREITO ADQUIRIDO — IRRETROATIVIDADE DAS NORMAS

MÁRIO DINEY CORRÊA BITTENCOURT

Advogado em Curitiba, Paraná

1. A aposentadoria de servidor público, uma vez decretada, assume o caráter de *actus perfectus*, ficando subordinada à lei do tempo de sua decretação, com todas as vantagens que lhe foram atribuídas. Não pode ser alterada ou modificada. Mesmo com o advento de norma posterior, "se sujeita por inteiro à lei antiga", na lição precisa de Oswaldo Aranha Bandeira de Mello (*Princípios de Direito Administrativo*, v. I, p. 268).

Ainda Oswaldo Aranha Bandeira de Mello, invocando a lição de Léon Duguit (1859-1928), afirma que são: "insuscetíveis de serem apanhadas pela lei nova não só as situações subjetivas ou individuais, como outrossim os fatos realizados no passado, regidos pela lei em vigor no momento em que foram produzidos" (ob. cit., v. I, p. 285).

No mesmo livro, em tom didático, observa o ilustre Prof. e magistrado paulista: "O problema da irretroatividade das leis se apresenta no Direito Público de igual modo como no Direito Privado" (ob. cit., v. I, p. 295).

2. Eduardo Pinto Pessoa Sobrinho, que escreveu o verbete "aposentadoria" para o *Repertório Enciclopédico de Direito Brasileiro*, editado por J. M. Carvalho Santos, é incisivo: "A aposentadoria, depois da sua decretação, constitui um fato jurídico perfeito e acabado. Não fica passível, portanto, de revisões futuras, por efeito de modificação da legislação respectiva" (v. IV, p. 42, 2ª coluna).

3. Plínio Barreto (1882-1958), que teve assinalada presença na advocacia, nas letras jurídicas (um dos fundadores da *Revista dos Tribunais*) e no jornalismo (em 1922, reuniu no volume *Vida Forense* as crônicas que, desde 1918, publicara em *O Estado de S. Paulo*), em parecer, datado de 15.2.38, afirmou: "O funcionário aposentado num regime que atribuía a seu cargo determinados vencimentos, nada tem a ver com a circunstância de que, mais tarde, os vencimentos deste cargo foram reduzidos" (*RT* 113/31).

4. Sem discrepância, os pretórios têm reconhecido a intangibilidade do ato jurídico da aposentadoria

4.1 O STF, em 29.3.65, pelo voto do Ministro Hermes Lima, decidiu: "As vantagens que se integram no patrimônio do funcionário são as da lei vigente ao tempo do requerimento da aposentadoria" (*Revista Trimestral de Jurisprudência do STF* 32/449).

4.2 Em 10.3.76, julgando o recurso de mandado de segurança 16.473-PR, o STF, pelo voto do Ministro Cândido Motta Filho, asseverou: "Os proventos da aposentadoria são concedidos de acordo com as leis vigentes ao tempo em que se requereu passagem para a inatividade" (*Revista Trimestral de Jurisprudência do STF* 42/112).

No voto do relator consta: "A recorrente requereu sua aposentadoria em janeiro de 1961 e a Lei 2.882 ainda em vigor manda fazer a incorporação não podendo ser alcançada por uma lei de 1963".

4.3 Em 12.9.67, o Ministro Adalício Coelho Nogueira proferiu voto reafirmando o princípio de que "a aposentadoria do funcionário rege-se pela lei do tempo em que foi decretada" (*Revista Trimestral de Jurisprudência do STF* 43/438).

4.4 No mesmo sentido, no agravo de instrumento 56.825-MG (AgReg), o Ministro Djaci Falcão reconheceu que "d) é velho e revelho o princípio de que proventos da inatividade se regulam pela lei vigente ao tempo da aposentadoria" (*Revista Trimestral de Jurisprudência do STF* 67/708).

4.5 O Tribunal de Justiça de Santa Catarina, em 18.5.72, pelo voto do Desembargador Ivo Sell, entendeu que "regendo-se a aposentadoria pela legislação vigente à época de sua concessão, não pode a situação do funcionário aposentado vir a ser alterada pelo advento de leis posteriores" (*RT* 443/285).

5. O acórdão do Tribunal de Justiça de São Paulo e o voto do Desembargador Cordeiro Fernandes

O Tribunal de Justiça de São Paulo, em 31.8.71, pelo voto do Desembargador Cordeiro Fernandes, decidiu: "O princípio do respeito ao direito adquirido constitui, sem dúvida, entre nós, uma das categorias integrantes da concepção filosófica que inspirou a Constituição. O direito à aposentadoria se adquire no momento em que se integram os elementos exigidos por lei para que o funcionário faça jus à sua concessão" (*RT* 442/65).

O ilustre e culto relator, que veio a ser Presidente do Egrégio Tribunal de Justiça de São Paulo, fundamentou o seu voto nas autorizadas lições de Friedrich von Savigny (1779-1861), Paul Roubier, Marcel Planiol (1853-1931), Reynaldo Porchat e Francisco Campos (1891-1968).

Do erudito voto do preclaro magistrado paulista extraem-se os seguintes trechos altamente elucidativos:

"O que o direito transitório protege é o próprio fato aquisitivo, cuja eficácia jurídica não pode ser eliminada por uma lei diversa daquela sob a qual ocorreu o fato" (cf. Paul Roubier, *Le Droit Transitoire*, 2ª ed., 1960, n. 41, pp. 185 e ss., *apud RT* 442/66).

"A lei nova não pode, portanto, ferir direitos adquiridos. E nota Porchat, com muita adequação, que, no Brasil, desde o Império, não é permissível, por disposição constitucional, a lei retroativa.

"(...).

"É sumamente importante, adverte Savigny, que se possa ter uma confiança segura na autoridade das leis existentes.

"E não haveria nenhuma segurança para os cidadãos, se os seus direitos pudessem, a cada passo, ser postos em questão ou suprimidos pela vontade do legislador. O interesse geral não é senão a resultante dos interesses individuais (Planiol)."

Vale-se o venerando acórdão do Egrégio Tribunal de Justiça de São Paulo, subscrito pelo Desembargador Cordeiro Fernandes, da lição de Francisco Campos:

"Qualquer lei nova, que venha a alterar as condições de aquisição do direito à aposentadoria, ou a diminuir as suas vantagens, já encontra constituída entre o funcionário e o Estado uma relação jurídica em plena maturidade.

"(...)

"Os fatos consumados sob a vigência de uma lei continuam a produzir sob a vigência da lei posterior os efeitos que lhes eram atribuídos por aquela. Nisto consiste o direito adquirido" (*RT* 442/67).

Como fundamento do acórdão, o Desembargador Cordeiro Fernandes ainda colheu a límpida e segura lição do Prof. Francisco Campos: "Lei posterior que viesse atribuir ao mesmo fato efeitos diversos, ou lhe recusasse a potencialidade de produzir os efeitos segundo a lei do tempo em que se consumou era apto a produzir, estaria pretendendo, precisamente, a retroatividade que a nossa Constituição declara ilegítima" (*RT* 442/67).

6. O parecer do Prof. Francisco Campos

No volume *Direito Administrativo*, reuniu o Prof. Francisco Campos muitos dos pareceres com que contribuiu para o enriquecimento do Direito Público no Brasil.

Formulou-se ao culto jurista a seguinte indagação: "Na mesma data em que adquiriu direito à aposentadoria, não adquiriu, *ipso facto*, o direito aos proventos atribuídos à inatividade pela lei em vigor na data em que foi adquirido o primeiro desses direitos?"

A resposta de Francisco Campos foi incisiva: "(...) o funcionário adquire o direito à sua concessão nos termos e com as vantagens constantes da lei então em vigor" (*Direito Administrativo*, v. II, pp. 130-131).

"(...)

"Nesse momento (da concessão da aposentadoria), o funcionário adquire um direito contra o Estado, ou o direito de ser colocado na inatividade com as vantagens asseguradas na legislação em vigor ao tempo em que o direito foi adquirido" (ob. cit., v. II, pp. 131-132).

O ilustre Professor mineiro alicerçou o seu parecer nos ensinamentos de Ferrara: "ogni rapporto è conformato secondo la legge del tempo della sua nascita" (ob. cit., v. II, p. 133); "il principio della irretroatività non solo lascia incolumi gli effetti esauriti e conserva quelli in corso ma mantiene anche la potenzialità del fato giuridico di produrre ulteriori effetti anche sotto il dominio della legge successiva" (ob. cit., v. II, p. 137).

Valeu-se ainda o Professor mineiro das lições de Leon Duguit (1859-1928), Gaston Jèze (1869-1953) e Rafael Bielsa.

7. O voto do Ministro Alfredo Buzaid

Em 28.6.84, o STF, decidindo o recurso extraordinário 95.519-DF, pelo voto do Ministro Alfredo Buzaid afirmou: "Existência de direito adquirido que a lei nova não pode ofender, quer se trate de relação jurídica contratual, quer se trate de relação jurídica estatutária. Recurso extraordinário conhecido e provido" (*RT* 519/257).

No lúcido voto do eminente relator, é possível coligir trechos esclarecedores sobre o tema:

"Parece-me, pois, que o v. acórdão do Egrégio Tribunal Federal de Recursos ofendeu o direito adquirido do recorrente. A Constituição da República, no art. 153 dos direitos e garantias individuais, dispõe que: '§ 3º. A lei não prejudicará o direito adquirido, o ato jurídico perfeito e a coisa julgada'.

"Esta cláusula constitucional, enunciada por tal modo, veio resolver cientificamente o conhecido problema da irretroatividade das leis.

"Com efeito, todos sabem que a lei é feita para valer para o presente e para o futuro, não devendo, de ordinário, atingir atos ou fatos ocorridos no passado. A doutrina fundamenta esta regra geral, apresentando argumentos políticos, sociológicos e jurídicos. Diz-se que uma lei vale só para o futuro, justamente porque a sua eficácia nasce depois de sua promulgação. Os romanos expressaram esta idéia com as palavras: 'Quidcumque post hanc legem rogatam' (Cícero, Pro Rabir, VII, 14; D. 35.2.1). Se ela estendesse os seus efeitos aos fatos pretéritos, isso significaria que ela adquiria existência e eficácia quando ainda não existia. Portanto, os atos e fatos passados se regem pela lei sob cujo império ocorreram ou tiveram nascimento (Ferrara, *Tratatto di Diritto Civile Italiano*, I, 257)" (*RT* 591/259).

Prossegue em sua argumentação o Ministro Buzaid:

"4. Uma sadia política não consente que o legislador possa destruir o passado, tornando inválidos os atos legitimamente praticados sob o regime das leis então existentes, porque criaria grave incerteza sobre o valor e eficácia das relações jurídicas, instituiria o perigo permanente da instabilidade dos negócios e ludibriaria a esperança dos povos, que confiaram na promessa e na mensagem do legislador (Cunha Gonçalves, *Tratado de Direito Civil*, I/342). O Estado, sendo o guardião da ordem jurídica, estaria em contradição consigo mesmo, se nas relações jurídicas, bem como direitos e obrigações criados sob a proteção de suas leis e sob a sua garantia, quisesse depois, arbitrariamente, destituir-lhes a eficácia (Ferrara, ob. cit., I/257 e ss.).

"Diziam os romanos que 'absurdum esset, id quod recte factum est, ab eo quod nondum erat, postea subverti' (Nov. 66, cap. I, § 4º)" (*RT* 591/260).

Continua em seu voto o Ministro relator: "Este problema começou a preocupar a civilização ocidental desde o Direito Romano. Foi sob a legislação do Baixo Império que o princípio recebeu expressa sanção legal, em uma constituição dos Imperadores Teodósio e Valentiniano. (C.1.14.7). Justiniano repete a norma da irretroatividade das leis em várias novelas, a mais importante das quais é a n. 22, cap. I. A regra passou para a legislação moderna através do Direito Canônico (Decretales Gregorii Papae, IX, c. 10) e do Direito Feudal e outros direitos particulares formados na Europa (Gabba, *Teoria della Retroattività delle Leggi*, 3ª ed., I/46 e ss.; Limongi França, *A Irretroatividade das Leis e o Direito Adquirido*, pp. 25 e ss.) recebendo uma vigorosa afirmação nos primórdios do século XIX (Henri de Page, *Droit Civil Belge*, I/267)" (*RT* 591/260).

Observa ainda o Ministro relator: "Diversamente da prática adotada por outros países, em que a proibição de editar normas retroativas foi instituída na Lei de Introdução ou no próprio Código Civil, o Brasil elevou o princípio à eminência de preceito constitucional, à semelhança dos Estados em cujo modelo foi certamente buscar a inspiração" (*RT* 591/260).

Acrescenta o Ministro relator: "A fim de não expor uma garantia de tal ordem ao jogo político das discussões parlamentares, Berriat Saint Prix recomendava que o art. 2º do Código Civil francês fosse transformado em lei constitucional (*Théorie du Droit Constitutionnel*, Paris, 1851, ns. 736 e ss.)" (*RT* 591/260).

Para concluir: "O direito adquirido, tal como aí foi expresso, o recorrente o possui e faz parte do seu patrimônio" (*RT* 591/260).

8. O direito adquirido na tradição do Direito Constitucional brasileiro. A doutrina da irretroatividade das normas

A Carta Política do Império, de 25 de março de 1824, em seu Título VII, ao dispor sobre as garantias dos direitos civis e políticos dos cidadãos brasileiros, foi muito precisa: "Art. 179, § 3º. A sua (da lei) disposição não terá efeito retroativo".

8.1 Do mesmo teor era a disposição do art. 11, 3º, da Constituição Republicana, de 24 de fevereiro de 1891, que vedava aos Estados e a União "prescrever leis retroativas".

8.2 Por seu turno, a Constituição de 16.7.34, em seu art. 113, 3, assim dispôs: "A lei não prejudicará o direito adquirido, o ato jurídico perfeito e a coisa julgada".

8.3 Na Carta Outorgada de 1937, há uma omissão que é compreensível, diante da natureza do regime que então se instalou no País.

8.4 A Constituição de 1946, que foi o marco miliário da redemocratização, em seu art. 141, § 3º, repete o texto de 1934.

8.5 Não puderam trilhar outra rota a Constituição de 1967 e a Emenda 1, de 1969.

8.6 A Constituição Federal, de 5.10.88, respeitou a tradição do Direito brasileiro, em seu art. 5º, XXXVI: "a lei não prejudicará o direito adquirido, o ato jurídico perfeito e a coisa julgada".

9. O comentário do Ministro Eduardo Espínola

O Ministro Eduardo Espínola usou a expressão "situações legalmente constituídas" para abranger "o direito adquirido, o ato jurídico perfeito e a coisa julgada" (*A Constituição dos Estados Unidos do Brasil* (de 1946), ed. de 1952, v. 2º, p. 552).

10. A lição de Julien Bonnecase

Dissertando sobre o princípio da irretroatividade das leis, Julien Bonnecase, Prof. na Faculdade de Direito de Bourdeaux, na edição de 1939 de seu livro *Introduction à l'Étude du Droit* assim põe a questão: "La loi sera-t-elle susceptible de remonter dans le passé et de s'appliquer à des rapports de droit ou à des situations juridiques préexistants, c'est-à-dire, nés sous l'empire de la loi ancienne? C'est la question de la rétroactivité ou de la non rétroactivité des lois" (p. 165).

Adverte Bonnecase: "s'il est, en effet, loisible à la loi de venir bouleverser tout un passé juridique, régulièrement établi, la loi ne prend plus figure que d'instrument d'oppression et d'anarchie" (p. 166).

A respeito da noção de direito adquirido, é Bonnecase que ensina: "Contre le droit acquis, au contraire, celle-ci (la loi) ne peut rien; sa force sait expirer lá où elle rencontre un droit véritable, consacré par l'ancienne loi sous l'empire de la quelle il est né" (p. 169).

10.1 Não há dúvida de que, para evitar que o ato de legislar se transfigure em "instrumento de opressão e anarquia", o princípio da não-retroatividade exclui a possibilidade de a lei nova vir a ser elemento de desordem, ferindo injustamente situações consolidadas, nascidas sob o império da lei anterior.

10.2 Ainda é lição do Prof. Bonnecase: "Quelque supérieure qu'elle soit à la loi ancienne, la loi nouvelle doit donc s'imposer en principe le respect des droits acquis, et ne s'appliquer qu'aux situations que n'en ont pas encore fait naître" (p. 169).

Bonnecase define a situação jurídica concreta como "une manière d'être dérivée pour une personne determinée d'un acte juridique ou d'un fait juridique qui a fait jouer à son profit ou à son encontre les règles d'une institution juridique et lui a, du coup, conféré effectivement les avantages et les obligations inhérents au fonctionnement de cette institution" (p. 172).

A situação jurídica concreta é uma realidade positiva (Bonnecase, ob. cit., p. 173).

"C'est la loi fonctionnant véritablement au profit d'une personne determinée" (p. 173).

11. O ensinamento do Prof. Paulo Dourado Gusmão

Paulo Dourado Gusmão, em seu livro *Introdução ao Estudo do Direito*, adverte que a retroatividade das leis "constitui perigo para a segurança jurídica, ameaçando permanentemente as garantias individuais, a própria ordem social e os interesses públicos, sendo motivo de incerteza para as relações jurídicas" (p. 164).

11.1 É também Paulo Dourado Gusmão que ensina haver sido o eminente jurista italiano Gabba "quem precisou a noção dos mesmos (os direitos adquiridos) como sendo o direito que faz parte do patrimônio de uma pessoa, por força da lei, ou de fato voluntário verificado na vigência da lei derrogada, cujos efeitos podem produzir-se ainda no futuro, quando a lei que o constitui já tiver sido abolida" (pp. 164-165).

11.2 Ainda sobre o tema, diz o ilustre Prof.: "Procurando fugir às dificuldades criadas pela noção de direito adquirido, alguns juristas preferiram substituí-la pela de 'fato perfeito'. Nesse sentido a nova lei não deve regular os fatos realizados na vigência da lei abolida.

"A teoria dos fatos consumados parte, portanto, do princípio de que todo fato jurídico, realizado na vigência de uma lei, será por ela regulado, mesmo no caso de vir a produzir efeitos sob o império de outra lei" (p. 165).

12. A lição do Prof. Daniel Coelho de Souza

O Prof. Daniel Coelho de Souza, da Universidade do Pará, em seu livro *Introdução ao Estudo do Direito*, sob o título de "Técnica Jurídica" ("o estudo dos problemas relacionados com a aplicação do direito positivo aos casos concretos", p. 379), discute a teoria dos direitos adquiridos, seu prestígio na obra de Lassale, Gabba e Baudry-Lacantinerie. Faz observações sobre os que a criticam, mas não deixa de concluir: "Lei nova, versando sobre situação jurídica objeto de lei anterior, aplica-se até onde não importe ofensa ao direito adquirido" (p. 415).

13. A doutrina do Prof. Paulino Jacques

Com apoio nos ensinamentos do Ministro Carlos Maximiliano (1873-1960), escreve o Prof. Paulino Jacques, sobre a irretroatividade das leis, em seu *Curso de Introdução à Ciência do Direito*, Forense, 1967: "Na antigüidade oriental, nomeadamente no direito chinês e hindu, a regra geral era a da retroatividade da lei, mesmo que prejudicasse, porque, sendo ela a expressão da vontade e do interesse do monarca, o seu campo de incidência não tinha limites nem temporais nem espaciais" (p. 114).

Prossegue o ilustre Professor: "Com o advento do Estado de Direito — obra da revolução anglo-franco-americana (1689-1776-1789) — o princípio da irretroatividade foi elevado à categoria de norma constitucional" (p. 114).

Repete Paulino Jacques a conhecida frase atribuída a Maximilien Robespierre (1758-1794) de que o efeito retroativo dado à lei é um crime.

14. Os partidários do Estado forte fazem carga contra o princípio da irretroatividade das leis, tentando relativizá-lo, a ponto de anulá-lo

Sob esse aspecto, os totalitarismos, mesmo antagônicos, se irmanam em fraternal acordo. Os adoradores dos regimes de força revelam instintiva aversão à teoria dos direitos adquiridos. Um exemplo nativo é o silêncio da Carta de 1937.

15. O ensinamento de Claude du Pasquier

Claude du Pasquier, em sua obra *Introduction à la Théorie Générale et à la Philosophie du Droit*, ed. de 1967, escreve: "Le principe générale est celui de la non rétroactivité des lois, formulés déjà par la Declaration des droits de l'homme et repris par l'article 2 du Code Civil français: 'La loi ne dispose que pour l'avenir; elle n'a point d'effet rétroactif'. Dès lors les faits antérieurs à la loi nouvelle sont régis par le droit ancien. Les droits de l'individu sont ainsi à l'abri de l'arbitraire législatif; la justice souffrirait si les pouvoirs établis attachaient à des actes passés des conséquences qui ne pouvaient être prévues au moment où les actes ont été accomplis" (pp. 131-132).

16. A lição de Pontes de Miranda

Com a acuidade e precisão, que lhe são características, Pontes de Miranda, ao comentar o art. 153, § 3º, da Emenda Constitucional 1 de 1969, se refere à "vedação das leis retroeficazes".

16.1 Numa resenha histórica do princípio ensina Pontes de Miranda "Cícero, no discurso contra Verres (II, caps. 41, 42 e 43), exprobrou-lhe edicto com força retroativa. Era de costume respeitarem as leis os fatos passados, e revoltou-se o orador contra o procedimento de Verres" (*Comentários à Constituição de 1967, com a Emenda de 1969*, t. V, p. 9).

Colhendo dados na história, informa o insigne jurista: "A Constituição do Estado da Virgínia (1º de junho de 1776), art. 9º, a Maryland (15 de maio de 1776), art. 15, a de Delaware (11 de setembro de 1776), art. 15, e a de New Hampshire (2 de junho de 1784), 1ª parte, art. 23, fizeram matéria constitucional o princípio da irretroatividade" (ob. cit., t. V, p. 24).

16.2 Sobre o conceito de direito adquirido, Pontes de Miranda lembra a resposta de Merlin de Douai (1754-1838) "Merlin de Douai respondia, tautologicamente, que 'les droits acquis sont ceux qui sont entrés dans notre domaine, qui en font partie, et que ne peut plus nous ôter celui de que nous les tenons'" (Pontes de Miranda, ob. cit., t. V, pp. 46-47).

16.3 São de Pontes de Miranda ainda os seguintes passos: "Em verdade, a lei nova não incide sobre fatos pretéritos, sejam eles, ou não, atos, e por conseguinte — não pode 'prejudicar' os direitos adquiridos já irradiados e os que terão de irradiar-se" (ob. cit., t. V, p. 67).

"Mas a lei nova não pode ir ao passado, tornando deficiente o suporte fáctico que não o era ao tempo em que se deu a incidência da lei velha (*Tempus regit factum*)" (ob. cit., t. V, p. 69).

16.4 Pontes de Miranda demonstra que a retroatividade das leis, além de constituir um absurdo em termos jurídicos, tem ainda o caráter de uma impossibilidade física: "O efeito retroativo, que invade o passado, usurpa o domínio da lei que *já* incidiu, é efeito de hoje, riscando, cancelando, o efeito pretérito: o hoje contra o ontem, o voltar no tempo, a reversão na dimensão fisicamente irreversível" (ob. cit., t. V, p. 80).

As relações jurídicas, que se travam à luz e sob a incidência da legislação da época em que ocorreram, permanecem intocáveis, diante da edição de comandos legislativos posteriores.

17. O magistério do Prof. Washington de Barros Monteiro

O Prof. Washington de Barros Monteiro, em seu *Curso de Direito Civil*, v. I, p. 31, é muito esclarecedor: "A lei é expedida para disciplinar fatos futuros. O passado escapa a seu império".

Ensina o insigne Prof.: "O princípio da não retroprojeção constitui um dos postulados, que dominam a legislação contemporânea. Na frase de Grener, esse princípio é a própria moral da legislação" (ob. cit., v. I, p. 31).

17.1 Dissertando sobre o princípio da irretroatividade das normas, escreveu Washington de Barros Monteiro: "Esse princípio chegou outrora a ser considerado de direito natural, corresponde a uma justiça superior. Bartolo não hesitou em dizer que, embora com preceito expresso em contrário, não podiam as leis projetar seus efeitos no passado" (ob. cit., v. I, p. 31).

Prossegue, em sua exposição, o eminente magistrado e Prof., no que concerne às leis retroativas: "Walker, citado por Barbalho, afirmava que leis retroativas só tiranos as fazem e escravos se lhes submetem. A retroatividade, proclamou-a Benjamin Constant, arrebata à lei seu caráter; lei que retroage não é lei" (ob. cit., v. I, p. 31).

17.2 Comenta ainda o Prof. Washington de Barros de Monteiro: "Efetivamente, sem o princípio da irretroatividade, inexistiria qualquer segurança nas transações, a liberdade civil seria um mito, a estabilidade patrimonial desapareceria e a solidez dos negócios seria sacrificada, para dar lugar a um ambiente de apreensões e incertezas, impregnado de intranqüilidade e altamente nocivo aos superiores interesses do indivíduo e da sociedade. Seria a negação do próprio direito, cuja específica função, no dizer de Ruggiero-Maroi, é tutela e garantia" (ob. cit., v. 1º, pp. 32-33).

18. A doutrina do Prof. José de Oliveira Ascensão

18.1 Sobre a sucessão temporal (admita-se a redundância) das leis, observa o Prof. José de Oliveira Ascensão que a lei nova "entronca num momento de um incessante processo social. Por isso, aqueles *antes* e *depois*, separados pelo momento do nascimento da nova lei, representam desde logo uma violência à continuidade da vida social. Há sempre situações juridicamente relevantes que, tendo origem no passado, tendem a prolongar-se para o futuro: nem tudo terminou já, e nem tudo vai começar de novo" (*O Direito — Introdução e Teoria Geral*, p. 417).

Adverte o eminente jurista: "Se o passado pudesse sempre voltar a ser posto em causa, ninguém estaria seguro do destino dos actos praticados. Isso criaria uma grande instabilidade social" (ob. cit., p. 424).

19. A irretroatividade das normas constitucionais. Black, Santi Romano e Antão de Moraes

O eminente magistrado e jurista Antão de Moraes, no parecer que, em data de 18.10.48, proferiu sobre o litígio de limites entre os Estados do Espírito Santo e Minas Gerais, com apoio na acatada doutrina do constitucionalista americano Henry Campell Black (*Construction and Interpretation of the Laws*), a respeito da irretroatividade das normas no campo do Direito Constitucional, afirmou: "A doutrina é a mesma ainda que se trate de leis constitucionais ou de ordem pública" (*RDA* 20/324).

19.1 Mais adiante, no mesmo estudo, seguindo a linha de pensamento de Santi Romano, assevera Antão de Moraes: "O fato de ser a lei de ordem pública em nada impede a adoção do princípio da irretroatividade, pois as normas de direito público, tanto quanto as de direito privado, não podem ter efeito retroativo" (*RDA* 20/324-325).

20. A irretroatividade das leis. Direito Público e Direito Privado

20.1 Serpa Lopes, em seus *Comentários à Lei de Introdução ao Código Civil*, 2ª ed., v. I, p. 286, escreveu: "Todos os fatos consumados durante a vigência da lei anterior, assim como todas as conseqüências deles decorrentes, devem ser por ela regidos".

20.2 José Xavier Carvalho de Mendonça, o eminente comercialista, nas páginas introdutórias de seu clássico *Tratado*, lembra a lição dos latinos de que "lex non habet oculos retro" e o aforismo de Francis Bacon: "Non placet Janus in legibus".

Com a autoridade que todos lhe reconhecem e que o tempo não esmaece, escreveu J. X. Carvalho de Mendonça: "A lógica e a justiça exigem que as leis regulem somente as relações jurídicas que surgirem no futuro. É regra fundamental, 'garantia de liberdade e dos direitos patrimoniais do indivíduo, a sobrevivência da lei antiga para regular os atos já realizados ou em curso ao tempo da lei nova'" (*Tratado de Direito Comercial*, v. I, p. 214).

Acrescenta o notável jurista: "A irretroatividade é, entre nós, não mero princípio lógico ditado às legislaturas pela ciência, mas dogma constitucional, que limita os poderes das legislaturas federal e dos Estados. Nem ainda a pretexto de interpretar a lei podem o Congresso Nacional e os corpos legislativos dos Estados emprestar-lhe efeito retroativo" (ob. cit., v. I, p. 215).

20.3 Em comentário ao art. 153, § 3º, da Emenda Constitucional 1, de 1969, escreveu o Prof. Manoel Gonçalves Ferreira Filho: "Este dispositivo tem por objetivo dar segurança e certeza às relações jurídicas, conseqüentemente aos direitos assumidos pelos indivíduos. "(...)

"Haveria gravíssima insegurança, a ameaçar os próprios fundamentos da vida social, se tais atos pudessem ter a sua validade, a qualquer tempo, reposta em discussão, se a decisão dos tribunais sempre pudesse ser impugnada e reimpugnada, se a existência dos direitos fosse a cada passo renegada. *Tal ocorreria se se admitissem leis retroativas* (grifou-se).

"Os atos normativos primários não podem aplicar-se a fatos e atos já passados, produzirão efeitos apenas para o futuro" (*Comentários à Constituição Brasileira*, v. III, pp. 77-78).

Em face do exposto, é possível concluir que a aposentadoria do servidor público, uma vez decretada, toma a feição de *ato jurídico perfeito*, *actus perfectus* (Oswaldo Aranha Bandeira de Mello), e gera, em favor do inativo, *o direito adquirido* de receber os seus proventos segundo as normas vigentes ao tempo em que passou para a inatividade. Por força do princípio da irretroatividade, nenhuma norma posterior, mesmo de natureza constitucional (Henry Campbell Black) poderá alterar, em detrimento do aposentado, os critérios de cálculo de seus proventos.

A INTERNET SOB A ÓTICA JURÍDICA*

WALTER DOUGLAS STUBER
Advogado — Representante do Brasil e Secretário-Geral Adjunto para a América do Sul da *Internacional Bar Association* (IBA)

e

ANA CRISTINA DE PAIVA FRANCO
Advogada

Este artigo tem por finalidade examinar algumas das implicações que o desenvolvimento e a utilização da Internet trouxeram para o mundo do Direito, tanto no contexto das relações internacionais quanto no plano do mercado interno.

Como são muitos os benefícios e também os novos problemas trazidos por este novo meio de comunicação, examinaremos apenas alguns dos temas que consideramos de maior importância, até o presente momento, que decorrem do uso da Internet.

Sendo assim, no *Capítulo I — Introdução*, registraremos um histórico sobre a criação e desenvolvimento da rede de computadores, bem como uma breve explicação do seu funcionamento básico, com enfoque para a utilização da *World Wide Web* (WWW).

No *Capítulo II — Aspectos Jurídicos*, discorreremos sobre as peculiaridades da rede que trazem implicações no mundo do direito.

No *Capítulo III — Questões Jurídicas nas relações via Internet*, serão examinadas as principais questões jurídicas ocorridas na Internet. Em cada item deste Capítulo, tentaremos dar uma visão geral do que está ocorrendo nas relações mundiais, no Direito brasileiro e no Direito de outros países, com referência ao tema desenvolvido. Assim, no item 1, será discutida a questão da proteção ao direito intelectual nas relações ocorridas em rede, abordando o direito autoral, o direito da propriedade industrial e a proteção do *software*. A publicidade e a divulgação de informações na Internet será discutida no item 2, enquanto que o comércio e a prestação de serviços via Internet, que é objeto de grandes expectativas nos dias de hoje, será examinado no item 3. Abordaremos, ainda, alguns aspectos da tributação de bens e serviços na Internet e da tributação dos serviços prestados pelos provedores de acesso à rede no item 4.

Finalmente, no Capítulo IV, apresentaremos nossa conclusão.

Este trabalho, no entanto, não tem por finalidade esgotar o assunto aqui discutido, nem tampouco impor conclusões definitivas. Nosso objetivo é colocar em debate al-

* Os autores registram o seu agradecimento a todos os integrantes de Amaro, Stuber e Advogados Associados e, em especial, a Lionel Pimentel Nobre, Mônica Ferraz Ivamoto e Fabrizzio Matteucci Vicente, que participaram ativamente na coleta de dados e pesquisa necessária para a elaboração do presente artigo.

gumas questões decorrentes da utilização, cada vez maior, da Internet, delineando alguns dos aspectos peculiares que esta nova forma de comunicação imprime nas relações humanas.

I — Introdução

1. Funcionamento

A Internet consiste na interligação de milhares de redes de computadores do mundo inteiro, através da utilização dos mesmos padrões de transmissão de dados, os chamados protocolos. Graças a essa uniformização na transmissão das informações, as diversas redes passam a funcionar como se fossem uma só, possibilitando o envio de dados e até mesmo de sons e imagens a todas as partes do mundo, com uma considerável eficiência e rapidez.

A interligação física das redes é feita por meio das linhas dos sistemas telefônicos, que podem ser de cabos de cobre, fibras óticas, transmissão via satélite, ou via rádio, o que interfere na qualidade do funcionamento da rede. Utilizando-se um *modem*, aparelho que converte os sinais sonoros transmitidos pelo telefone em sinais passíveis de reconhecimento pelo computador, o usuário conecta-se à Internet, diretamente através do sistema telefônico ou, indiretamente, conectando-se a um outro computador com mais recursos (servidor), sendo este outro computador conectado diretamente à Internet. Estes servidores são os chamados provedores de acesso, que viabilizam o acesso à Internet aos usuários e a outros provedores de serviços e informações. Os provedores, portanto, utilizam a estrutura do serviço de telecomunicações existente para viabilizar o acesso, armazenamento, movimentação e recuperação de informações, conectando o usuário à rede.

Quando é feita uma ligação direta à Internet, o computador do usuário passa a operar como um servidor da rede, possuindo seu próprio endereço em um protocolo da Internet, o chamado IP (*Internet Protocol*), enquanto que a conexão indireta confere ao usuário um sub-endereço em um dos provedores.

O endereço de cada computador conectado à Internet é determinado por um código numérico. Tal endereço é chamado nome de domínio ou *domain name*, que é representado por uma série de palavras, para uma maior facilidade de memorização. A tradução dos endereços IP (numéricos) para seus correspondentes em palavras é feita pelo protocolo DNS (*Domain Name System*), um dos vários disponíveis na Internet. Os nomes de domínio são determinados de acordo com um sistema de níveis múltiplos, dentre os quais podemos destacar os *Top Level Domains* (TLDs), que são o primeiro grupo de caracteres após o último ponto do nome de domínio propriamente dito (algo como www.your company). Alguns exemplos de TLDs são "com", que significa que o usuário se dedica a atividades comerciais, "gov", que significa que o usuário é um departamento do Estado, "org", que indica se tratar o usuário de um organismo não-governamental, ou outro similar. Outros TLDs indicam o país de origem do usuário. Assim, "br" significa Brasil, "ca" significa Canadá, "fr" significa França, e assim por diante.

O nome de domínio é concedido em função da ordem de prioridade da formulação do pedido perante a organização competente para o registro dos nomes de domínio de um país ou região, pois os nomes de domínio devem ser únicos para que seja eficaz o funcionamento da rede e a localização exata dos seus inúmeros usuários. A Fundação de Amparo a Pesquisa do Estado de São Paulo (FAPESP) é o órgão encarregado de realizar o registro dos domínios no Brasil.

Para utilizar a rede o usuário deve, além de possuir um *modem*, ter uma linha telefônica e estar conectado a um servidor da rede, dispor de *softwares* específicos, em especial os conhecidos por *browsers*, que, dentre outros serviços, fazem as transferências das informações da rede, selecionadas do computador de origem (que as "lançou" na rede) para o computador do usuário. Ou seja, é o *browser* que permite ao usuário escolher e utilizar as funções oferecidas pela Internet, como por exemplo, permitir à tela do computador fluir pelas páginas da WWW. O usuário, através do *browser*, conecta-se assim ao servidor, que armazena, transmite ou retransmite as informações contidas na rede e selecionadas pelo *browser*.

Hoje em dia estão à disposição do usuário da Internet vários *browsers* (como por exemplo o *MS Internet Explorer*, da Microsoft, o *SPRY Explorer*, da Spry, o *Netscape Navigator*, da Netscape, dentre outros *browsers* disponíveis no mercado), desenvolvidos em diversos laboratórios de pesquisas espalhados por todo o mundo.

O *browser* opera da seguinte maneira:

(a) faz a seleção e o pedido da informação desejada pelo usuário, especificando o protocolo que será utilizado. Incluído no pedido está o método, que é o comando do cliente ao servidor, geralmente no sistema operacional UNIX (ex.: GET; que significa buscar o documento). Tal comando está apresentado ao usuário sob a forma de *links*, ou seja, basta clicar o mouse sobre a palavra ou figura escolhida para trazer o documento para a tela de seu computador; e

(b) fecha a conexão com o servidor, salvando o documento escolhido de acordo com o tipo de informação que ele contém (p. ex., se é um documento multimídia, assim será gravado na memória do computador do usuário).

Devido à grande expansão do uso da Internet, as grandes empresas de *hardware* e *software* têm desenvolvido projetos que visam facilitar ainda mais a integração das máquinas com os recursos da rede.

É o que ocorre com a Microsoft, que vem aprimorando sua versão do *Windows* para integrar as funções do *browser* diretamente neste *software*. Ou seja, o ambiente operacional do *Windows* se aproximará tanto do ambiente no qual o *browser* atua, que os dois sistemas passarão a ser quase que um só instrumento. Com o desenvolvimento de projetos como esse, será possível ao computador do usuário acessar as informações de seus arquivos, da rede local ou dos *sites* da Internet, sem que exista a necessidade de implantação de outro *software* (um *browser*) adicional para se ter acesso à "rede das redes".

A Internet oferece vários recursos e meios de utilização aos seus usuários, que vão desde o correio eletrônico (*e-mail*), até o acesso a banco de dados e informações disponíveis na WWW, a chamada área multimídia da Internet.

As comunicações eletrônicas podem ser efetuadas de forma interpessoal, nas quais a emissão e recepção da comunicação é efetuada diretamente por pessoas, como o *e-mail*, p. ex., de forma interativa, como no caso do acesso às páginas da WWW, e de forma intersistêmica. Nesta última forma de acesso, a comunicação se dá sem a intervenção humana, pois tanto numa como em outra ponta da emissão e recepção das informações existem sistemas aplicativos previamente programados, como é o caso do *eletronic data interchange*. As operações que são realizadas com maior freqüência na rede são as interpessoais e as interativas, com grande destaque, neste caso, para a utilização da WWW.

Para a comunicação interpessoal, é necessário que o remetente conheça previamente o endereço eletrônico do destinatário, ou faça buscas em espécies de "listagens" de endereços da Internet para realizar a comunicação. Para a utilização do correio eletrônico ou *e-mail*, p. ex., utiliza-se o endereço da pessoa ou entidade a quem se quer acessar.

Na WWW, as informações estão à disposição do usuário na rede, através de documentos formatados chamados hipertextos, que contém palavras, ícones ou gráficos destacados do restante do documento. Tais palavras ou ícones destacados são os *links*, que, uma vez selecionados pelo usuário (basta clicar o mouse sobre a palavra ou ícone desejado), estabelecerão contato com o computador que lançou na rede o hipertexto, transmitindo-o ao computador do usuário, dispondo-o em seu *browser* na mesma forma de documento formatado contendo *links*. Desta forma, utilizando-se os "novos" *links*, contidos no documento adquirido, é possível acessar novas fontes de informações, e assim sucessivamente.

2. *Histórico*

A estrutura que deu base à criação da Internet teve sua origem num sistema de interligação de redes de computadores nos Estados Unidos, para fins de proteção militar. Além de garantir o acesso ágil às informações, a inexistência de um centro único de emissão e recepção de dados permitiria que, mesmo em caso de guerra e destruição de parte do sistema, as informações continuassem a ser transmitidas, de maneira independente, através das áreas intactas da rede. Posteriormente, o mesmo modelo de sistema de interligação de redes locais passou a ser utilizado também entre universidades e laboratórios de pesquisas. Desenvolveu-se assim um projeto concebido para distribuir informações, possibilitando aos cientistas, universidades e laboratórios de pesquisa o intercâmbio de materiais e resultados de estudos, acompanhados de seus respectivos gráficos, ilustrações e até mesmo sons, vídeo e outros recursos. A interligação física e a uniformização do sistema de transmissão de dados entre as redes (através dos chamados protocolos, códigos que permitem a leitura universal de documentos) permitia que se colocasse à disposição do usuário conectado à rede, uma grande quantidade de informações. Assim estava dado o primeiro passo para o surgimento da Internet, que é, na verdade, a interligação de milhares de redes locais, que funcionam como uma única rede.

Mas apesar de existir uma enorme gama de informações disponíveis na rede, o usuário encontrava dificuldades para acessá-las, pois não dispunha de um sistema que permitisse a seleção, dentre os documentos que versavam sobre um determinado assunto, daquele documento que continha a informação que lhe interessava.

Assim, num dos mais importantes centros de pesquisa da área, o CERN (abreviação de Conselho Europeu de Pesquisas Nucleares, hoje denominado *European Laboratory for Particle Physics*), desenvolveu-se a idéia de um sistema que permitiria a exploração, acesso e localização de todas essas informações lançadas na rede.

Em março de 1989, num dos encontros do CERN, Tim Berners-Lee, do Laboratório Europeu de Física de Gênova, propôs o desenvolvimento do sistema de hipertextos, para interligar todas as informações disponíveis nas redes de computadores de todo o mundo. Os hipertextos são documentos que possibilitam o acesso e transferência de outros documentos, textos e informações disponíveis, de um para outro computador conectado à rede, ao se clicar o mouse em palavras, ícones ou figuras, destacadas no hipertexto. Essas palavras, figuras ou ícones, são os chamados *links*, ou seja, as ligações com as informações disponíveis na rede.

O sistema de hipertextos idealizado por Tim Berners-Lee deveria apresentar, além do próprio mecanismo de hipertexto (as chamadas *interfaces*), a capacidade de "ler" e transmitir várias tecnologias e tipos de documentos, e possibilitar a qualquer pessoa, utilizando qualquer tipo de computador, o acesso fácil aos vários tipos de documentos disponíveis na rede.

O desenvolvimento do projeto de Tim Berners-Lee levou ao surgimento da WWW, que é exatamente o sistema de acesso e utilização das informações da Internet por meio dos hipertextos. A WWW representou uma evolução na utilização da rede semelhante à evolução que representou o *Windows*, da Microsoft, na utilização dos microcomputadores. O *Windows* introduziu a utilização de ícones para realizar os comandos dos microcomputadores, assim como o sistema de hipertextos introduziu a utilização dos *links* para realizar os comandos mais complexos, como o de busca, transferência etc., das informações da rede, universalizando assim o acesso à Internet. A evolução deste sistema, que teve início no Centro de Pesquisa da CERN, e posterior desenvolvimento através da parceria com a Macintosh, vem sendo feita hoje em dia por uma *joint venture* entre a CERN e o *Massachusset's Institute of Technology* (MIT), denominada *W3 Organization*. A WWW vem se firmando, desde 1993, como o coração da rede de informação da Internet, pois é o mecanismo que permite a localização de qualquer assunto na rede, mesmo que o usuário não conheça o endereço que quer acessar.

II — Aspectos jurídicos

O surgimento de novas tecnologias sempre representaram, em toda história da humanidade, um desafio à organização e evolução das sociedades, pois as mudanças que ocorrem nos hábitos e atividades sociais implicam necessariamente em mudanças nas regras jurídicas existentes em cada país.

Em cada época, encontra-se um fator determinante do maior ou menor desenvolvimento de cada Nação. Assim, até o século XVIII, a exploração do comércio de mercadorias primárias, tais como os produtos agrícolas, especiarias, tecidos etc., representava o ponto central da economia dos países mais desenvolvidos. No século XVIII, o fator determinante do desenvolvimento de um país passou a ser o grau de industrialização de sua produção, surgindo a partir da chamada revolução industrial a progressiva divisão internacional do trabalho, a polarização norte-sul, com a industrialização dos países do norte, e a crescente busca por mercados consumidores. Hoje em dia, podemos apontar uma nova onda de desenvolvimento, a da tecnologia, que vem novamente alterar o cenário político-econômico mundial, uma vez que, mais do que nunca na história da humanidade, o domínio e disponibilidade de informações passou a ser a principal fonte de poder.

Atualmente, a utilização e desenvolvimento de novas tecnologias estão presentes em quase todas as relações sociais, pois desde a mais prosaica atividade de um indivíduo, como a consulta a um saldo bancário, até a mais complexa manobra militar, provavelmente estarão sendo acompanhadas ou realizadas através de um computador. A expansão e popularização do uso de computadores, observadas na última década, é, sem dúvida, um dos mais evidentes sinais da influência da tecnologia em nossa vida quotidiana.

Assim, com o crescente uso da Internet como ferramenta para a comunicação e troca de informações, incluindo-se aí sua utilização como uma nova rota de comercialização de bens e serviços, muitos aspectos dos ordenamentos jurídicos dos países que têm se utilizado desta tecnologia devem ser cuidadosamente examinados. Algumas das implicações que merecem especial atenção nesse exame são o tratamento tributário dos serviços oferecidos, a responsabilidade, julgamento e punição de crimes ocorridos via rede (como a difamação, p. ex.), a proteção de marcas, patentes e direitos autorais, a publicidade e a realização de comércio via Internet, inclusive a transmissão e desenvolvimento de novas tecnologias, dentre outros.

A análise desses temas deve ser feita tendo-se em mente as características peculiares que a Internet veio trazer ao cenário das relações humanas e, conseqüentemente, no Direito, pois além da incrível agilidade que a Internet proporciona para a realização destas relações, não é possível, pelo menos até o momento, precisar em qual território ou Nação tais relações ocorreram, pelo fato de ocorrerem em rede. Ora, a territorialidade sempre foi um dos elementos essenciais para a aplicação do Direito, sendo um dos princípios da soberania dos Estados contemporâneos o reconhecimento do poder de aplicação do Direito nacional de um Estado dentro de seu próprio território.

A descentralização é uma das mais marcantes e, por vezes, preocupante, características da Internet, pois não existe um órgão central que a administre, ou através do qual as informações necessariamente devam passar. Desta forma, não existe um órgão que controle o fluxo, tampouco o conteúdo, das informações que circulam pela rede, podendo a informação lançada na rede percorrer diversos caminhos, passar por vários servidores, e com isto, percorrer vários países, até chegar ao destinatário final.

Em conseqüência desta descentralização e da possibilidade de, através da rede, ser enviada desde uma simples carta, até a proposta e autorização de fechamento de uma importante negociação comercial ou política, há o surgimento de uma série de novas questões, nas diversas áreas do Direito.

Um exemplo dessas mudanças é a crescente dispensabilidade dos documentos "físicos", ou seja, da utilização do papel na realização de contratos, propostas e mesmo divulgação de obras, através de correios eletrônicos, das páginas da WWW, ou de outros recursos oferecidos pela rede. Desta simples inovação surgem questões tais como a aplicabilidade da proteção aos direitos autorais ao conteúdo digital das informações transmitidas via Internet, a questão da segurança na realização de contratos e transmissão de informações confidenciais, ou mesmo a realização de provas num eventual processo. Por exemplo, como provar que arquivos da memória de um computador particular foram destruídos por uma pessoa que teve acesso a eles através da rede?

O desenvolvimento da Internet traz, portanto, profundos desafios às estruturas sociais, políticas, econômicas e, de nosso maior interesse, jurídicas.

O Direito deve dar solução a estas e tantas outras questões vindas do desenvolvimento tecnológico e, portanto, do desenvolvimento da Internet, soluções estas que sejam capazes de satisfazer justas pretensões, punir fraudes e regulamentar acordos internacionais. Logo, há a necessidade de uma releitura e, em muitos casos, uma adaptação do Direito a esta nova realidade.

Como já foi dito, independentemente de serem de ordem civil, comercial, penal ou tributária, encontrar a solução para essas novas questões esbarra no princípio da territorialidade do Direito, segundo o qual é reconhecido a cada Estado a soberania para regular as relações da sociedade e entre as pessoas que vivem em seu território. A escolha da lei aplicável a uma relação que tem origem ou produz seus efeitos no âmbito internacional já suscita muitas questões. Normalmente, recorre-se à norma de sobredireito do país onde ocorreu o fato, ou onde este produziu seus efeitos, para dirimir a dúvida sobre a lei aplicável e qual o foro competente para julgar os problemas dele decorrentes. A questão se complica no caso das relações ocorridas via Internet, pois não é possível determinar qual o território em que aconteceram, e conseqüentemente, qual a norma de sobredireito aplicável às questões aí surgidas.

Tendo em vista todas as inovações surgidas da utilização da Internet, passaremos a abordar algumas das suas principais implicações jurídicas.

III — Questões jurídicas nas relações via Internet

1. A proteção ao direito intelectual

A utilização da Internet como forma de divulgação e transmissão de informações traz consigo uma série de problemas relacionados aos direitos de propriedade intelectual, pois devido à já mencionada facilidade de acesso e cópia do material que circula na rede, há o perigo de que as informações sejam utilizadas de maneira tal que desrespeitem os direitos de seu criador ou titular. O acesso aos dados lançados na rede não outorga ao usuário o direito de dispor deles como melhor lhe parecer, assim como a compra de um livro não dá direito a quem o comprou de copiá-lo, revendê-lo ou utilizar, de forma não autorizada, de seu conteúdo, sem que sejam pagos os direitos autorais. O fato das obras e informações transmitidas através da Internet estarem sob a forma digital não retira delas a característica de criação humana, passíveis de proteção jurídica, garantindo ao criador ou autor destas obras o direito exclusivo de reprodução, divulgação e utilização de seus trabalhos, e o direito à remuneração por sua utilização, seja através da aplicação das normas de direito de autor, seja através da aplicação das normas de proteção à propriedade industrial.

1.1 O direito autoral — Devido à adesão de vários países aos tratados internacionais sobre a proteção de direitos intelectuais, dentre eles os mais importantes, a Convenção para a Proteção de Obras Literárias e Artísticas de 1886, conhecida como a Convenção de Berna, e a Convenção Universal sobre Direitos do Autor, de 1952, conhecida como Convenção de Genebra, os direitos autorais recebem um tratamento mais ou menos homogêneo em todo o mundo.

A proteção aos direitos autorais visa incentivar o esforço criador dos autores, por reconhecer um direito exclusivo sobre suas criações artísticas. Para o Direito brasileiro, basta que a criação tenha o requisito da originalidade, ou seja, que a obra seja produto da capacidade criativa do artista, para merecer a proteção dos direitos autorais. O direito de autor manifesta-se assim que um trabalho é colocado num meio de comunicação acessível, no caso, as páginas da WWW ou qualquer outro meio de utilização da Internet, e quando este material é utilizado de forma não autorizada pelo seu criador.

A proteção deste direito se complica quando duas ou mais jurisdições estão envolvidas na solução de um conflito, dificuldade esta agravada caso a relação que ensejou o conflito ocorra em rede, ou seja, via Internet. O fato de não ser possível determinar em qual território ocorreu a ofensa ao direito, gera controvérsias e dúvidas sobre qual a lei e jurisdição competentes para apreciar o conflito.

No Reino Unido, assim como no Brasil, não se exige o registro da obra para a concessão da proteção aos direitos autorais; basta que ela seja fruto de uma criação original do autor. Já nos Estados Unidos, o registro é uma condição para que o criador possa defender seus direitos em juízo. A legislação de outros países pode ainda exigir um grau de originalidade maior do que o apresentado por um trabalho que seria normalmente protegido pelas leis brasileiras, p. ex. Uma outra dificuldade encontrada neste ramo do Direito é o fato de que muitos direitos nacionais não prevêem o direito à proteção do material digital transportado através da rede.

Para evitar a ocorrência destes problemas, o titular de direitos autorais ou o autor de uma obra deve tomar muitos cuidados ao lançá-la na rede. Materiais com alto valor comercial não devem ser veiculados de forma que propicie sua utilização e reprodução indevida (pirataria). Utilizar-se da tecnologia existente para dificultar a cópia ou o acesso ao material colocado na rede é muitas vezes mais barato e eficaz do que apelar para as leis de proteção aos direitos autorais. Já estão sendo desenvolvidos métodos de resguardar eletronicamente o conteúdo das informações transmitidas via Internet, tais como a elaboração de códigos de acesso às informações, as chamadas "chaves" eletrônicas, sem as quais o receptor não pode ler ou reproduzir os dados transmitidos, dentre outros artifícios para dificultar a atividade dos pirateadores.

Uma outra medida de proteção constitui em inserir no material disponível na rede mensagens evidenciando a necessidade do pagamento de direitos autorais no caso de uso e reprodução das informações. Tais avisos poderiam aparecer na tela do usuário antes que este tivesse acesso ao material, informando-o a quem serão devidos os direitos autorais, e quais as condições de uso permitidas ou proibidas. O usuário, então, ao dar o comando que o permite ler o material relevante, estaria aceitando as condições estabelecidas. Mas devemos reconhecer que tal medida constitui-se de uma espécie de "acordo de cavalheiros".

As medidas "preventivas" são necessárias, pois as leis internas de proteção aos direitos autorais devem ser utilizadas como uma segunda barreira contra reproduções ou utilizações não autorizadas, tendo em vista a já mencionada dificuldade existente quando duas ou mais jurisdições estão envolvidas numa mesma relação, mesmo havendo uma certa harmonia de tratamento pelas leis internas da maioria dos países, como é o caso da proteção aos direitos intelectuais.

Um provedor de informações ou uma editora também devem tomar alguns cuidados para não infringir os direitos autorais dos criadores do material que é colocado na rede. Devido à agilidade de acesso e transmissão dos dados, o provedor muitas vezes não realiza a compra, propriamente dita, dos direitos autorais, mas obtém uma licença de uso do material junto aos seus titulares. Mesmo com a facilidade que este processo de obtenção da licença representa, ainda existe o risco de que alguns países não a reconheçam como instrumento hábil a outorgar o direito de uso e divulgação do material ao seu titular.

Em países com alto grau de aplicação da proteção aos direitos pessoais, como em alguns estados americanos, poderá haver problemas devido à simples veiculação de um material multimídia ou obra literária. Nesses estados, é concedido a cada indivíduo o direito de impedir qualquer forma de exploração comercial de sua imagem. Sendo assim, um material multimídia com imagens, sons ou mesmo nome que apresentem qualquer semelhança com a fisionomia, voz ou nome de uma pessoa, corre o risco de sofrer impugnação judicial, no que se refere à sua divulgação, caso não se obtenha uma licença dessa pessoa para "explorar sua imagem". Mesmo que a ocorrência de litigância judicial não seja tão expressiva na prática, a própria existência de direitos desta natureza evidencia os riscos legais aos quais um provedor de informações ou um produtor de material multimídia está exposto, ao veicular materiais via Internet.

1.2 O direito da propriedade industrial — No que se refere à propriedade industrial, um dos assuntos mais discutidos é a proteção do uso da marca nas relações ocorridas em rede.

Um problema que surgiu neste sentido foi a adoção de marcas de empresas conhecidas, como nome de domínio (*domain name*) por particulares ou outras empresas, que não as verdadeiras titulares das marcas. O nome de domínio deve ser único, para o bom funcionamento da rede. Para evitar a ocorrência de nomes de domínio idênticos, as organizações encarregadas de fazer o registro do endereço do usuário da Internet estabeleceram uma ordem de preferência para a aquisição do nome, de acordo com a data do pedido de concessão do nome de domínio. No entanto, tais organizações não efetuam uma análise de confundibilidade com os nomes de domínio previamente registrados, nem com marcas previamente registradas ou protegidas de qualquer outra maneira pela legislação nacional. Devido a isto, muitas empresas, titulares de marcas famosas, frustraram-se ao tentar registrá-las também como seu nome de domínio, de forma a mantê-las associadas aos seus produtos e serviços, pois o direito à exclusividade de tal nome já havia sido concedido a usuários que solicitaram o registro anteriormente.

Foi o que aconteceu com a empresa McDonald's, que, sendo legítima titular desta marca, não pode inicialmente registrá-la como seu endereço na Internet, pois tal já havia sido feito por Joshua Quittner. Quittner obteve o registro de seu endereço eletrônico como "mcdonalds.com", e recebia correios eletrônicos no endereço "ronald@mcdonalds.com". A empresa McDonald's entrou com uma ação judicial para obter o direito de uso de sua marca também como endereço na Internet, ação esta que não foi julgada devido ao fato de que Quittner aceitou abrir mão de seu nome de domínio em troca da doação, por parte da McDonald's, de U$ 3.500,00 (três mil e quinhentos dólares norte-americanos) a uma escola. Mas nem sempre recobrar o direito de uso de sua própria marca é tão pouco demorado, e pode vir a ser ainda mais caro, caso seja intencional a apropriação da marca conhecida pelo usuário, para fins de extorquir altas somas de sua legítima titular (é o chamado "seqüestro de marcas").

No Brasil, mesmo ainda sem regras avançadas no que se refere às condições para a concessão do nome de domínio, é de se acreditar que, no caso de um eventual conflito envolvendo o direito de uso de marcas, a legislação específica sobre este assunto poderia ser aplicada para dirimir o litígio. O uso não autorizado de um nome, de acordo com o tipo de atividade exercida pela empresa ou usuário que dele se "apoderou", poderia configurar em uso indevido de marca ou mesmo concorrência desleal.

Para evitar que tal tipo de problema ocorra, nos Estados Unidos o Comitê da Internet encarregado de fornecer os nomes de domínio aos usuários, tem adotado um procedimento que envolve a declaração, por parte do interessado em adquirir seu endereço na Internet, de que tem o direito de utilizar o nome escolhido, sem que isso implique em ofensa aos direitos de propriedade intelectual de outra pessoa.

Tendo em vista os problemas de "disputa" por um domínio, no início do mês de fevereiro de 1997, houve a convocação de um comitê internacional para discutir o assunto, composto por criadores da Internet e advogados. O Comitê recomendou a criação de novas categorias de registro de nomes de domínio, além das cinco categorias existentes. Além dos antigos ".com" (para empresas comerciais), ".edu" (universidades e instituições de pesquisa), ".net" (atividades relacionadas à rede e à Internet), ".gov" (órgãos do governo) e ".org" (organizações não-governamentais), seriam criados os novos *sites* ".firm" (para empresas), ".store" (para empresas vendedoras de mercadorias na rede), ".web" (para atividades relacionadas à WWW), ".arts" (artes e cultura), ".rec" (atividades recreativas), ".info" (serviços de informação) e ".nom" (páginas individuais).

Com as novas categorias de registro, será possível, p. ex., que a empresa McDonald's e um indivíduo com o sobrenome McDonald's utilizem sua marca e seu nome, respectivamente, como nome de domínio. A empresa McDonald's possuiria o domínio "mcdonalds.com", enquanto o Sr./Sra. McDonald's possuiria o domínio "mcdonalds.nom".

A criação de novas categorias de nome de domínio certamente não resolverá todos os problemas de disputa pelos registros, pois as marcas registradas das empresas, assim como os nomes próprios, não são únicos, enquanto que os nomes de domínio devem ser exclusivos, para o funcionamento da Internet.

Estas novas regras também deverão ser adotadas no Brasil, que recentemente efetuou mudanças nas normas para registro de domínio na Internet. Em 1995 foi criado pelo Ministério das Comunicações e Ministério da Ciência e Tecnologia o Comitê Gestor da Internet no Brasil ("Comitê Gestor"), encarregado da coordenação do registro de nomes de domínio no Brasil. O Comitê Gestor, por sua vez, delegou os poderes de coordenação de registro dos domínios à Fundação de Amparo à Pesquisa do Estado de São Paulo (FAPESP).

Anteriormente, qualquer pessoa ou empresa poderia requisitar o registro de qualquer nome, desde que este não houvesse sido registrado por outrem anteriormente. O pedido deveria ser encaminhado à FAPESP, que concedia o registro ao primeiro requerente.

A FAPESP passou então a ter a possibilidade de cancelar o registro, quando constatava a existência de uma infração de marca pelo uso indevido de um nome de domínio. No entanto, a FAPESP, ou qualquer outro órgão com poder para registrar os domínios, não tem poder jurídico para decidir quem é o dono legítimo do domínio. Além disso, nem sempre quem pede o registro de um nome de domínio, semelhante à marca de outra empresa, o faz de má-fé. Muitas vezes o usuário quer simplesmente registrar seu nome próprio, que coincide com o nome de produto ou marca de outra pessoa ou empresa.

O Comitê Gestor, seguindo a orientação internacional a respeito deste assunto, adotou novas regras para a concessão do registro do nome pela FAPESP. Com as novas regras, cada empresa poderá registrar até dez nomes de domínio, devendo apresentar justificativa por escrito à FAPESP, caso queira registrar um mais de dez domínios. Será cobrada uma taxa por cada registro, que até o momento, é gratuito, e a FAPESP fiscalizará a utilização pelas empresas dos nomes registrados, ou seja, a pessoa ou empresa titular de dois ou mais registros, deverá montar na Internet o número de páginas a eles correspondentes.

A necessidade da criação de páginas na Internet para cada domínio registrado, estabelecida pelas novas regras do Comitê Gestor, vem aproximar o registro de domínio ao registro de marcas e patentes, pois o uso efetivo, em ambos os casos, é requisito essencial para o reconhecimento e preservação dos direitos do titular do registro no Brasil.

As novas normas atenuam os problemas de confusão de nome de domínio e de marcas, e também dificultam o registro desnecessário de nomes de domínio, exigindo que o usuário crie uma página na Internet correspondente a cada nome registrado. No entanto, a orientação dada pela maioria dos advogados e especialistas em proteção à propriedade industrial, para evitar conflitos referentes ao registro de domínios, principalmente no âmbito das relações internacionais, continua sendo no sentido de que as empresas registrem, o mais cedo possível, sua marca ou produto como nome de domínio, não só em seu próprio país, como também nos países-alvo de sua atividade empresarial. Faz-se, inclusive, a recomendação explícita de que o nome de domínio seja registrado em nome da própria empresa, e não do provedor de acesso, responsável pela colocação da página na rede.

Esta questão é de extrema complexidade, pois normalmente o registro de marcas de comércio é válido apenas no território onde foi requerido, assim como a exclusividade do nome de domínio em um país não confere ao usuário a mesma prerrogativa em outro. Desta forma, é possível que uma mesma marca seja utilizada como nome de domínio por duas ou mais companhias em países diferentes, e que, ao veicular internacionalmente, via Internet, propaganda dos produtos e serviços por elas oferecidos, uma esteja infringindo os direitos de propriedade industrial da outra.

Como já foi dito, as recomendações dos especialistas para prevenir ou atenuar as situações acima descritas são, em primeiro lugar, providenciar o registro, tanto da marca quanto do nome de domínio nos países que representarem o mercado mais expressivo, em termos de investimentos do comerciante. Nos países-membros da União Européia, entrou em vigor, em 1º de abril de 1996, um novo regime de unificação de registro de marcas, pelo qual é possível obter exclusividade de uso de marca registrada em todos os países da Comunidade Européia.

Caso seja constatada a confusão ou conflito entre marcas e nomes de domínios, ou entre marcas com o mesmo nome representando empresas diferentes, em decorrência de serviços ou produtos oferecidos ao consumidor através da Internet, é possível ao comerciante alegar que seus serviços não estão disponíveis aos consumidores daquele país, o que afastaria o uso não autorizado da marca, uma vez que esta não estaria sendo utilizada para fins comerciais.

Uma outra alternativa seria estabelecer um acordo de coexistência entre os proprietários de marca ou nome de domínio iguais ou semelhantes, caso a atividade de um deles, no mesmo território do outro, não cause prejuízos ou confusões que possam prejudicar o mercado.

No Brasil, a maior parte dos conflitos surgidos neste sentido tem sido resolvida por meio de acordos. Até o momento, não houve recursos por esses motivos ao Instituto Nacional de Propriedade Industrial (INPI), órgão encarregado de registrar marcas e patentes no Brasil. O INPI e o Ministério da Ciência e Tecnologia estão atualmente estudando meios conjuntos para evitar conflitos entre as marcas e domínios.

1.3 A proteção do "software" — Um aspecto muito interessante a respeito da proteção dos direitos autorais nas relações ocorridas em rede é a proteção aos programas de computador, os chamados *softwares*. A facilidade de transmissão e cópia desses materiais através da rede é, mais uma vez, a razão tanto para o crescimento de sua utilização, quanto para o surgimento de problemas tais como as cópias não autorizadas, sabotagem, concorrência desleal, dentre outras. Sendo o *software* uma forma de criação intelectual, fruto do trabalho e imaginação do homem, deve ser protegido pelos mecanismos de propriedade intelectual. Em todo o mundo, a proteção intelectual dos programas de computador é feita através das leis nacionais de direitos autorais, seguindo estas as diretrizes das Convenções Internacionais referentes a este assunto.

A proteção do *software* não possui menção expressa nos principais tratados internacionais para a proteção aos direitos autorais, a Convenção de Genebra e a Convenção de Berna, mas aos poucos as diversas legislações nacionais foram admitindo serem passíveis de proteção pelos direitos autorais os programas de computador.

O Brasil tornou-se signatário das Convenções de Berna e de Genebra pelos Decretos 34.954, de 10.1.54, e 76.905, de 24.12.75, respectivamente, mas, como a maioria dos ordenamentos jurídicos dos demais países signatários, nossa legislação não fazia qualquer menção à proteção dos *softwares*, até por volta da década de 80, quando houve a entrada e maior divulgação da microeletrônica no país. A partir de então passaram a ser desenvolvidos mecanismos administrativos e jurídicos hábeis para a proteção dos direitos autorais. Até esta época, entretanto, os programas de computador foram basicamente protegidos pela Lei 5.988, de 14.12.73, que regula os direitos autorais no Brasil.

O fato de ser signatário da Convenção de Berna, de uma forma, facilita tal proteção, uma vez que, tanto a referida Convenção, como a lei brasileira que regula a matéria, a Lei 5.988/73, possuem em seu texto um rol exemplificativo, e não taxativo, das obras que podem ser protegidas. A lei brasileira é inclusive mais abrangente do que tal Convenção, pois protege as obras intelectuais em geral, e não especificamente as obras literárias, como faz a Convenção de Berna. Conseqüentemente, com o desenvolvimento da informática no país, o legislador brasileiro optou por criar um modelo de legislação para a proteção dos *softwares* que tem como ponto de apoio a própria Lei de Direitos Autorais, criando-se uma lei específica para a matéria. Com a Lei 7.646, de 18.12.87, regulamentou-se a proteção jurídica do *software* no Brasil. Os direitos de proteção do titular são os mesmos previstos na lei de proteção aos direitos autorais, pois a própria Lei 7.646/87, como já foi dito, tem como ponto de apoio a Lei 5.988/73, portanto, todos os problemas referentes à cópia, reprodução, venda, e utilização não autorizada de *software* são por ela disciplinados.

2. *A publicidade e a divulgação de informações na Internet*

2.1 A publicidade — Apesar da descentralização característica da Internet, a área de publicidade é muito bem regulada em vários países, pois o tratamento jurídico dispensado às questões decorrentes da publicidade via Internet é mais ou menos uniforme, uma vez que a realização da publicidade a nível mundial, através dos meios "tradicionais", possibilitou a harmonização dos ordenamentos jurídicos nacionais através dos diversos tratados internacionais sobre este assunto.

Esta regulação, no entanto, não se refere ao controle do que é transmitido via Internet, mas sim à solução de controvérsias decorrentes da exibição de matérias consideradas ofensivas, abusivas ou contra o decoro público, como é o caso da divulgação de pornografia pelas páginas da WWW.

Como já foi dito, não existe, até o momento, um órgão responsável pela "filtragem" do material veiculado na Internet, sendo esta autonomia de comunicação, divulgação de materiais e troca de informação entre as pessoas uma das característica mais marcantes da rede.

A maior dificuldade enfrentada para a solução de conflitos surgidos da divulgação de materiais na rede, tais como a difamação, a publicidade enganosa, dentre outros, é, mais uma vez, a determinação do foro competente para dirimir as questões, uma vez que a rede tem alcance internacional, e o material considerado ofensivo pode ter sido publicado num país muito distante do ofendido.

Um eventual problema a ser enfrentado é o caso de divulgação de textos, imagens ou produtos, considerados "normais" ou toleráveis nos países ocidentais, tais como propagandas de fumo e bebida, ou mesmo programas de "sexo virtual", mas que são considerados crimes (graves) em outras nações, principalmente nos países onde não há separação entre o Estado e religião.

É aconselhável, portanto, que os publicitários verifiquem se seus materiais estão de acordo não só com as leis do seu país de origem, mas também com a legislação dos países que serão seus principais alvos comerciais. Uma outra forma de evitar responsabilidade pela divulgação de produtos considerados "proibidos" em certos países, ou mesmo em países que não estejam no alcance comercial do divulgador, é mencionar expressamente quais são os países alvo de tais propagandas, ou seja, onde os produtos e serviços oferecidos estarão disponíveis. Por exemplo: "Esta oferta está disponível somente para residentes dos países integrantes do Mercosul".

Um exemplo de como as leis internas de um país podem ser aplicadas para resolver questões derivadas de publicidade enganosa é o caso ocorrido em 1995, quando uma companhia de aviação, Virgin Atlantic Airways, foi processada nos Estados Unidos, por ter anunciado nas páginas da WWW uma oferta de viagem transatlântica, oferecida aos passageiros que fizessem reserva com 21 dias de antecedência, na viagem Newark-Londres. A oferta era válida apenas para os meses de baixa temporada, mas, por não estar tal fato expresso na mensagem veiculada na WWW, os passageiros que procuraram obter o desconto processaram a Companhia. Apesar de ter sido condenada a pagar uma multa, o ato da empresa não foi considerado pelas autoridades americanas como ato doloso, com intenção de realizar propaganda enganosa. A conclusão é que todas as informações e propagandas veiculadas pela WWW devem ser constantemente revistas e atualizadas pelos ofertantes de produtos e serviços.

2.2 A divulgação de informações — Alguns países estudaram a possibilidade de regular o teor dos materiais veiculados pela rede. Tais tentativas, no entanto, não obtiveram sucesso, uma vez que se considerou essencial a preservação da autonomia e liberdade dos indivíduos que utilizam a rede, ao veicular materiais de seu interesse.

Foi o que ocorreu recentemente nos Estados Unidos, quando a Suprema Corte americana derrubou a lei que tornava crime exibir material considerado impróprio para crianças (de natureza sexual ou outro tipo de assunto direcionado para adultos) via Internet, a Lei de Decência das Comunicações de 1996.

Os Ministros da Suprema Corte americana consideraram que a liberdade de expressão dos usuários da rede deveria prevalecer à proteção das crianças, no que se refere ao acesso a produtos impróprios para elas. Apesar de que, em relação à telecomunicação convencional (rádio, revistas e televisão) existe este tipo de censura, a Suprema Corte considerou, com razão, que no caso da Internet, a comunicação é feita de forma autônoma, o usuário é quem lança e busca este ou aquele tipo de informação na rede, não podendo tais relações serem objeto de censura, assim como não o são os livros, conversas telefônicas e afins, que possuem a mais estrita proteção constitucional. Além disso, a Internet é um veículo de alcance mundial, não podendo ser censurada pelas leis de um só país. Aliás, esta censura poderia não ser eficaz fora dos Estados Unidos.

Neste caso, a liberdade de expressão, prevista na Primeira Emenda da Constituição Americana, prevaleceu sobre a restrição do acesso por crianças a material considerado impróprio.

Com a derrubada desta lei, os Estados Unidos estão estudando soluções, baseadas na tecnologia, para afastar certos aspectos da Internet considerados "desagradáveis", como por exemplo este problema da proteção infantil. Para isto, têm sido desenvolvidos *softwares* que permitem a seleção do material disponível na rede, permitindo às crianças o acesso a *sites* interessantes da rede, ao mesmo tempo que o *software* bloquearia os *sites* impróprios. Dessa forma, estariam protegidos tanto as crianças, quanto o direito de expressão dos adultos.

Outra solução, proposta por senadores americanos, é a criação de leis de incentivo para que os *sites* da Internet possuam classificação. Os *softwares* de filtragem dependem de uma classificação do material, semelhante àquelas utilizadas nos sistemas de seleção de filmes e de programas da televisão, que também constituem uma inovação no que se refere à passagem da censura das mãos dos órgãos oficiais para as mãos dos pais e responsáveis pela educação das crianças.

Há ainda o debate a respeito da responsabilidade dos servidores de informações, no que se refere ao conteúdo das mensagens e informações que circulam pela rede. Já houve casos em que os servidores da rede foram responsabilizados pelo material por eles veiculados. A maioria dos litígios referentes a material ofensivo veiculado pela Internet tem como alvo os serviços de acesso à rede, que são mais facilmente localizados pelo ofendido do que o próprio ofensor.

No entanto, normalmente o Judiciário considera os provedores de acesso e os provedores de informação como não sendo responsáveis pelo material que veiculam, pois não é possível haver uma estrutura de fiscalização pelos provedores do referido material, para detectar a existência de temas impróprios ou ofensivos ao público.

De um modo geral, as tentativas de regulamentação e restrição do uso da Internet não têm sido recebidas com bons olhos pela comunidade em geral.

Mas os projetos de limitação à livre utilização da Internet não cessam de surgir. Tomando uma vez mais um exemplo ocorrido nos Estados Unidos, uma lei do Estado da Geórgia visa proibir a prática do uso de pseudônimos nas relações *on-line*. Esta lei foi aprovada como uma medida anti-fraude, mas seus efeitos negativos podem ser maiores do que as vantagens que sua aplicação traria, pois restringiria mais uma vez a liberdade de comunicação de milhares de usuários da rede que utilizam pseudônimos em suas conversas *on-line*. O governo da Geórgia, no entanto, aceitou não aplicar esta lei enquanto não for solucionada a questão de sua constitucionalidade.

O problema das tentativas de regulamentação da Internet é que esta nova tecnologia apresenta certos aspectos que são, até o momento, incompatíveis com o potencial regulamentador existente. Um dos motivos, já comentado, é a internacionalidade da Internet. Outro problema, relacionado diretamente à censura, é a distinção, que a maioria das legislações dos países hoje em dia faz, entre comunicação privada e particular. Assim, em uma conversa particular podem ser ditas coisas que jamais poderiam ser veiculadas pelos meios de comunicação tradicionais, como o rádio e a televisão. Como a Internet apresenta características de comunicação particular (pois só acessa a mensagem quem quer, e às vezes esta mensagem é direcionada a uma pessoa ou público em especial) e de comunicação pública (pois as informações estão à disposição de quem quer que acesse a rede), o mais aconselhável seria utilizar a legislação existente, para a solução de eventuais conflitos, e evitar a regulamentação da utilização da rede, até que suas características e potencialidades tenham sido melhor definidas.

3. O comércio e a prestação de serviços via Internet

3.1 A segurança nas transações "on-line" — Existe uma grande expectativa referente ao desenvolvimento do comércio realizado via Internet. A grande maioria dos usuários da rede possui um padrão de vida elevado, com uma alta média de rendimento anual e considerável grau de cultura. O público-alvo do comércio a ser realizado via Internet constitui, portanto, um mercado promissor.

No entanto, apesar de ter havido crescimento considerável no que se refere à oferta de produtos e serviços pela rede, além da adoção das transações *on-line* por um número cada vez maior de bancos para a prestação de serviços, o que se tem verificado é que o que ocorre via Internet é, na verdade, a proposta de contratação e o oferecimento de produtos, e não a realização do negócio em si. Este fato se deve especialmente às dificuldades de realização e comprovação do pagamento, insegurança em relação às garantias oferecidas ao comprador, à qualidade dos produtos etc.

Tais dificuldades serão superadas ou minimizadas com a aplicação e divulgação de novas tecnologias que oferecerão uma maior segurança no que se refere ao sigilo das operações e à segurança do pagamento pelo bem ou serviço adquiridos.

Uma das maneiras de se proteger o conteúdo das informações que são transmitidas via Internet é a criptografia, ou seja, a transformação de uma mensagem em uma forma ininteligível. Dessa forma, a mensagem é transmitida via rede, e será lida somente pelo destinatário, que possuirá a "chave" capaz de recompor a estrutura inicial da mensagem.

A codificação pode ser feita mediante a utilização de um só código, aplicado tanto para criptografar quanto para descriptografar o texto transmitido. Essa forma não oferece muita segurança, nem possibilita que se tenha certeza sobre quem é o destinatário e quem é o receptor da mensagem, pois sendo a chave de conhecimento tanto do remetente quanto do destinatário, o sigilo fica comprometido.

A forma mais segura é a utilização de duas chaves distintas, sendo uma utilizada para a transmissão de mensagens, de conhecimento exclusivo do remetente, e outra para a decodificação desta mensagem, de conhecimento exclusivo do destinatário. A característica mais importante deste sistema é que uma chave não pode ser deduzida de sua correspondente, ou seja, há uma grande dificuldade em se quebrar o sigilo destes códigos. Além disso, estas chaves, ou códigos, são desenvolvidas por cientistas mediante a aplicação de princípios matemáticos, o que certamente dificulta ou quase impossibilita a descoberta e "quebra" do segredo por pessoas não especializadas.

O sistema de utilização de chaves "públicas" e "privadas", além de garantir o sigilo das transações ocorridas em rede, possibilita a identificação do remetente e do receptor, uma vez que é atribuída ao remetente uma chave privada, de conhecimento exclusivo deste, enquanto que o destinatário deverá saber a chave pública, correspondente à chave privada do remetente, que é a única capaz de decodificar a mensagem por ele enviada. A utilização da chave privada funciona, portanto, quase que como uma assinatura eletrônica.

A criptografia também é utilizada para codificar o número de cartões de crédito, para realizar pagamentos via Internet, e também para proteger operações com alto potencial de risco quando realizadas via Internet.

O desenvolvimento de *softwares* capazes de criar e aplicar sistemas de codificação semelhantes ao exemplo exposto acima é de fundamental importância para o futuro do comércio realizado na Internet, pois apesar da grande expectativa que o acesso a tamanho público consumidor cria, tanto comerciantes quanto consumidores estão receosos em investir neste tipo de negociação. Tanto é que algumas empresas, como a Mastercard, Visa e American Express estão desenvolvendo programas piloto para uniformizar a linguagem e sistemas utilizados para a criptografia de números de cartão de crédito e de *e-cash*, tanto para a realização de pagamento com segurança, quanto para a manutenção do sigilo necessário em operações de alto risco, que poderão ser realizadas via rede.

Já existem no mercado empresas especializadas em oferecer o acesso a esta tecnologia de segurança no que se refere ao pagamento de transações ocorridas *on-line*. Mediante o cadastramento do número do cartão de crédito do cliente, a empresa cria uma espécie de carteira de crédito para o cliente, e o coloca em contato com os comerciantes e empresas que oferecem produtos e serviços na Internet. Os valores correspondentes à compra de mercadoria serão debitados na conta do cliente (na verdade, de seu cartão de crédito), mediante a autorização deste. A segurança é garantida, pois o número do cartão de crédito não circula pela rede.

Este sistema, que é uma das formas de *e-cash* (que será explicado no item 3.2, abaixo) possibilita, por exemplo, a realização de pequenos pagamentos, em qualquer parte do mundo, e em qualquer moeda de pagamento. Dessa forma, a empresa fornecedora de tecnologia de segurança funciona como um intermediário entre os internautas e os comerciantes, viabilizando os meios de pagamento.

A utilização da criptografia tem sido reconhecida como ferramenta indispensável para a proteção da propriedade intelectual, da integridade e confiabilidade de informações financeiras, da integridade da segurança individual e pública, além da segurança nas operações do comércio eletrônico. A criptografia garante a confidencialidade, a autenticidade e a integridade das mensagens transmitidas via rede, e a tendência mundial é buscar o desenvolvimento desta e de novas tecnologias para viabilizar o crescimento dos negócios realizados via Internet.

O destino do comércio via Internet ainda é uma incógnita. As opiniões passam da crença de que haverá uma explosão nos usos comerciais da rede, com a diminuição drástica das vendas "tradicionais" e o aumento do contato direto entre o consumidor e o fabricante, para a afirmação dos mais céticos de que a Internet nada mais é do que um meio de comunicação, alternativo ao telefone ou à presença física das partes, para realizar encomendas.

Para os que apostam no maior nível de desenvolvimento do comércio na rede, as vendas via Internet trariam inúmeros benefícios, como o fácil acesso a produtos e consumidores situados nas áreas mais remotas do globo, a redução dos preços, devido ao acirramento da concorrência e da facilidade de pesquisa de preços pelo cliente, dentre outras vantagens.

A realidade aponta para um crescimento neste tipo de comércio principalmente na área de venda de *softwares*, informativos, livros, CD-ROM etc., que são mercadorias que podem efetivamente ser transmitidas ao computador do cliente via rede.

Mas o simples fato de existir uma alternativa para a compra de produtos de qualquer espécie, que possibilite que o consumidor, quer por motivo de dificuldade de acesso a esses produtos, quer por uma questão de urgência, satisfaça suas necessidades sem sair de casa ou do escritório, ou possibilite a realização da compra de qualquer parte do mundo onde o cliente estiver, constitui uma enorme inovação, uma nova porta de acesso ao mercado para comerciantes e consumidores.

3.2 Novas formas de pagamento — Com o grande interesse em desenvolver o mercado potencial oferecido pela Internet, estão surgindo novas alternativas para efetuar o pagamento das transações ocorridas em rede com segurança e sigilo. Uma das novas e polêmicas alternativas desenvolvidas, que também utiliza as técnicas de criptografia, é o dinheiro eletrônico ou *e-cash*. Polêmica, porque o desenvolvimento deste novo sistema de pagamento vem desafiar as estruturas que permitem a normatização e regulamentação das transações financeiras pelos órgãos de controle dos governos nacionais.

São chamados *e-cash* vários mecanismos de pagamento, que não as formas "físicas" tradicionais, desenvolvidos para proporcionar sigilo e segurança, e ao mesmo tempo rapidez, nas transações ocorridas em rede. Para este fim, são utilizados nas transações serviços de informação e manejamento de dados, juntamente com os serviços de segurança (criptografia). A criptografia protege o teor das negociações e verifica a integridade da informação recebida, evitando desta forma a interceptação por terceiros.

Ao contrário das formas tradicionais de transferência de fundos, o valor monetário é diretamente transferido pelo computador do próprio usuário a qualquer instituição financeira, ou diretamente para o computador do credor da transação. O resultado é um sistema confidencial e extraterritorial, que foge a qualquer regulação estatal, de transferência de valores.

O *e-cash* pode ser classificado em duas categorias: o *e-cash* que utiliza os serviços bancários tradicionais para realizar as transferências de fundos e o *e-cash* que dispensa qualquer regulação ou intervenção das instituições financeiras tradicionais, pois os recursos (valores) ficam armazenados nos computadores dos próprios usuários.

Na primeira forma, apesar de existir sigilo nas transações, há a possibilidade de se fazer uma espécie de "rastreamento" das informações criptografadas, o que permite às instituições e ao governo um certo controle das transferências de valores. Esse é o modelo mais utilizado hoje em dia pela maioria dos bancos e empresas de cartão de crédito.

A segunda categoria implica na utilização do dinheiro digital, ou seja, os recursos financeiros ficam armazenados no computador do usuário em forma de dados digitais. Um exemplo deste tipo de *e-cash* é um sistema aplicado na Holanda, mediante o qual o usuário utiliza moeda corrente holandesa para comprar "dinheiro digital" de um banco, que fica armazenado no computador do usuário. O usuário pode pagar por suas negociações com este dinheiro digital, mediante o envio de seqüências numéricas, representativas do *e-cash*, ao computador do credor da negociação. Este, por sua vez, pode transmitir as seqüências numéricas ao seu banco, que efetua o depósito em sua conta bancária.

Não é possível rastrear a seqüência numérica representativa do dinheiro eletrônico, pois a criptografia impede que os bancos envolvidos na operação detectem os autores das transferências de valores de uma conta para outra. Só é possível ao banco verificar se a seqüência numérica é válida ou não, proporcionando o mais absoluto sigilo nas transações. É claro que este tipo de serviço ainda se encontra em fase de teste e desenvolvimento, e provavelmente levará mais tempo para ter a aceitação no mercado.

O interesse no desenvolvimento de novas formas de pagamento eletrônico tem unido empresas anteriormente competidoras entre si em alianças para o aperfeiçoamento desses recursos e aquisição de uma posição predominante no mercado. Um exemplo disso foi a união da Visa, MasterCard, GTE, IBM, Microsoft e outras entidades para desenvolver o Sistema de Segurança nas Transações Eletrônicas (*Secure Eletronic Transaction*-SET), que também envolve a utilização de chaves públicas e privadas de criptografia, e procura uniformizar os métodos de sua aplicação, favorecendo, dessa forma, a rapidez e a liquidez do dinheiro eletrônico.

Uma das conseqüências sérias trazidas por este tipo de movimentação financeira é a impossibilidade de controle das remessas de dinheiro, tanto dentro dos países como internacionalmente, pelos organismos de controle tradicionais. Até o momento, tanto os governos nacionais quanto as demais entidades responsáveis pela regulamentação financeira não intervieram no processo de criação desses sistemas. Mas sem dúvida será motivo de preocupação para os órgãos reguladores tradicionais quando a utilização desses novos sistemas passarem a permitir, com facilidade nunca vista anteriormente, a remessa e o ingresso de recursos entre os países. Com certeza, a regulamentação neste sentido virá assim que a utilização dos sistemas de *e-cash* passarem a representar movimentação expressiva de recursos, com maior aceitação do mercado.

3.3 A entrada dos Bancos na era da Internet — Além do *e-cash*, os pagamentos eletrônicos realizados via Internet compreendem os serviços de *home-banking* oferecidos pelos bancos a seus clientes. Os clientes podem utilizar-se da Internet para realizar operações bancárias tradicionais, tais como consultas de saldos e extratos, transferências de valores, aplicações etc. Alguns bancos utilizam os recursos da Internet para facilitar a abertura de contas e cadernetas de poupança. Esta é uma tendência mundial, acompanhada de perto pelos bancos brasileiros. Aproveitar a estrutura oferecida pela Internet para a prestação de serviços nessa área é uma solução barata, rápida e que com certeza causa uma ótima impressão junto ao público.

Apesar de existirem bancos que oferecem serviços completos pela Internet, e que o custo de tais serviços correspondem, em média, a 10% (dez por cento) do custo dos serviços prestados pelas agências (da forma tradicional), a maioria dos bancos utiliza a Internet como meio de propaganda de seus serviços, uma espécie de folheto eletrônico.

No entanto, a quantidade de serviços que serão oferecidos pelos bancos para a realização via Internet certamente aumentará com o tempo. Já existem alguns bancos que oferecem operações mais complexas, tais como o uso do DOC, pagamento de títulos e contas, programação de débitos automáticos e transferência de valores entre bancos diferentes. Os bancos brasileiros estão sendo os pioneiros, p. ex., ao oferecer estes serviços também a clientes pessoa jurídica, e preparam-se para, em breve, oferecer o acesso a todos os serviços no âmbito internacional, ou seja, o cliente acessará o sistema do banco de qualquer parte do mundo onde estiver.

O Banco do Brasil anunciou este mês o lançamento do Documento de Arrecadação Federal (DARF) eletrônico, o que permitirá o pagamento de alguns impostos via Internet. O acesso à rede poderá ser feito nos terminais de auto-atendimento do banco, ou por computadores particulares. A Instrução Normativa do Secretário da Receita Federal 58, de 27.6.97, definiu as características dessa nova modalidade de arrecadação, criada pela Portaria do Ministro de Estado da Fazenda 135, de 24.6.97.

Até mesmo as corretoras brasileiras estão ingressando na era da Internet, ao oferecer a prestação de serviços a possibilidade de efetuar negócios *on-line*.

A Sociedade Corretora Paulista (SOCOPA) lançou um endereço na Internet que permite ao investidor acompanhar em tempo real as cotações de cinqüenta ações negociadas pela Bolsa de Valores de São Paulo (BOVESPA), fazer aplicações e resgates em fundos de investimento e ainda ter acesso aos índices das bolsas mundiais, mercados de câmbio e mercadorias (Bolsa de Mercadorias & Futuros-BM&F) e taxas de juros.

O acesso aos serviços completos não estão disponíveis, no entanto, para o público em geral e para o pequeno investidor, que podem consultar algumas páginas oferecidas pela SOCOPA, mas não têm acesso às páginas interativas.

A evolução da prestação de serviços via Internet hoje em dia permite ainda que mesmo as empresas de pequeno e médio porte possam captar recursos no exterior. A redução do risco Brasil somada à queda dos juros internacionais e os elevados preços das ações em bolsas internacionais criaram um ambiente favorável para que as empresas brasileiras de menor porte passassem a representar uma boa alternativa de investimento para os investidores estrangeiros, pois suas ações ainda estão baratas e têm condições da alta valorização.

Um exemplo de inovação nos métodos de captação de recursos externos é o trabalho prestado pela Datamérica, empresa que representa no Brasil o *Global Emerging Market* (GEM), fundo de investimento com sede na Inglaterra. O procedimento para a captação de recursos consiste em encontrar uma empresa autorizada a captar recursos no exterior pela *Security and Exchange Commission* (SEC), responsável pelo cadastro e controle das operações de captação de recursos no mercado externo, que emite debêntures conversíveis em ações, dentro de um instrumento legal do mercado americano conhecido por Regulamento S. Os títulos são colocados junto aos investidores do GEM, que tem um patrimônio de nove bilhões de dólares norte-americanos. Dessa forma, a empresa brasileira não só capta recursos no exterior, como estabelece um vínculo para realizar novas emissões e captar investimento externo novamente.

4. A tributação de bens e serviços na Internet

Outro dos grandes impactos causados pelo uso da Internet como meio de concretização de negócios comerciais é a questão da incidência de tributos sobre estas relações. Os conceitos fundamentais do Direito Tributário, como a territorialidade, a competência, o estabelecimento comercial, dentre outros, adquirem contornos muito diferentes quando os negócios são realizados *on-line*, pois a Internet desconhece as fronteiras físicas, jurídicas ou legais, dificultando a instituição de tributos e a determinação de quem é competente para cobrá-los.

Quando a Internet é utilizada como um mera ferramenta de comunicação entre o comprador e o vendedor, p. ex., as dificuldades de determinação dos tributos incidentes na operação são mais facilmente resolvidas. Assim, quando um brasileiro residente no Brasil faz uma reserva em um hotel na Inglaterra mediante o acesso ao *site* do hotel na Internet, os impostos incidentes nesta transação são os que normalmente incidiriam caso a reserva tivesse sido realizada por telefone, carta ou fax. O hotel pagará o equivalente ao imposto sobre a renda e imposto de prestação de serviços ao governo inglês, enquanto que o hóspede pagará o contribuição sobre movimentação financeira, correspondente à operação de retirada de dinheiro de sua conta bancária, ao governo brasileiro.

No entanto, como já foi discutido acima, as técnicas de negociação e os recursos oferecidos pela Internet estão se desenvolvendo rapidamente. A utilização do *e-cash* como meio de pagamento no comércio *on-line*, p. ex., trará com certeza muitas dificuldades em se estabelecer o governo competente para instituir e cobrar impostos referentes à negociação (imposto de renda, sobre a prestação de serviços, sobre movimentação financeira, inclusive sobre a remessa de fundos ao exterior, dentre outros), além de ser, até o momento, muito difícil rastrear os sujeitos da operação e o local onde a mesma foi efetuada.

Um exemplo dessas inovações é a possibilidade do comprador adquirir um novo programa de *software* diretamente na Internet, simplesmente realizando um *download*, ou seja, gravando em seu computador o material que está circulando na rede. Apesar de ainda não ser uma forma muito difundida, até mesmo o pagamento pode ser realizado via Internet, utilizando-se o dinheiro eletrônico ou *e-cash*. Nesses casos, a instituição de impostos, tanto diretos quanto indiretos, é muito complicada, principalmente se for considerada a necessidade de evitar que os mesmos fatos geradores sejam tributados por dois ou mais países. As soluções para estes casos estão longe de serem atingidas, e as discussões a respeito ainda são, na maioria das vezes, meras especulações.

4.1 A tributação dos serviços prestados pelos provedores de acesso no Brasil — Um problema mais concreto é a discussão acerca da tributação das atividades das empresas chamadas provedoras. A palavra provedor tem duplo significado no âmbito da Internet, podendo referir-se tanto àquele que alimenta a rede com informações (provedor de informações), como àquele que viabiliza a conexão de alguém à rede (provedor de acesso). De qualquer forma, a principal função dos provedores é a de efetuar a ligação entre rede e usuário, seja provendo informações, seja permitindo o acesso dos mesmos à Internet.

No Brasil, como em todo o mundo, discute-se muito a tributação dos serviços prestados pelos chamados provedores de acesso à rede. Faz-se necessário, portanto, procedermos à análise da natureza desses serviços, para somente então podermos definir quais os tributos incidentes sobre tal atividade. Com efeito, os provedores de acesso oferecem efetivamente acesso à Internet através de linha telefônica ou de outro meio adequado para a comunicação entre duas pessoas. Utilizando-se uma figura de linguagem, o provedor seria apenas uma chave que destranca a porta da Internet, que libera um espaço virtual proporcionado por ela.

De fato, os provedores de acesso não realizam o transporte de sinais de telecomunicações, mas tão-somente utilizam o sistema de transporte de sinais já existente. Ao estabelecer a conexão do usuário com a Internet, seja via Embratel ou por qualquer outro meio localizado no País ou no exterior, os provedores de acesso utilizam-se da rede pública de telecomunicações. Desse modo, a atividade dos provedores de acesso consiste unicamente na conexão do usuário à Internet através de linha telefônica ou de outro meio adequado para a comunicação entre duas pessoas. No caso da linha telefônica, cabe lembrar que o serviço de telefonia já é tributado pelo Imposto sobre Operações relativas à Circulação de Mercadorias e sobre Serviços de Transporte Interestadual e Intermunicipal e de Comunicação (ICMS).

Acrescente-se que, nos termos da Lei 9.295, de 19.7.96, art. 10, a atividade dos provedores de acesso é caracterizada pelo acréscimo de recursos e um serviço de telecomunicações que lhes dá suporte, criando novas utilidades relacionadas ao acesso, armazenamento, movimentação e recuperação de informações, não caracterizando exploração de serviço de telecomunicações. Neste contexto, diante dos argumentos expostos, a atividade dos provedores da Internet deveria ser considerada como serviço de valor adicionado e não como serviço de comunicação, ficando, portanto, fora do campo de incidência do ICMS.

Em outros termos, as atividades dos provedores de acesso dependem intimamente do sistema de transporte de sinais já existente e explorado pelas empresas componentes do sistema de telefonia pública. Nesse sentido, os serviços por eles prestados de conexão dos usuários à Internet somente representaria um acréscimo de recursos ao serviço de telecomunicações preexistente, não constituindo, sob essa ótica, um serviço de comunicação, apto a ensejar a incidência do ICMS.

É importante ressaltar que este não é o entendimento manifestado pelos fiscos estaduais. A Secretaria da Fazenda do Estado do Paraná, através da Consulta 168/96, entendeu que os serviços prestados pelos provedores de acesso constituem serviço de comunicação e, portanto, sujeitos à incidência do ICMS. Transcrevemos abaixo um trecho da referida Consulta: "No caso sob análise, a comunicação é realizada por meio de ligação direta do interessado à rede Internet. Para tanto, necessita de toda a estrutura da Rede Pública de Telecomunicações no provimento dos Serviços de Conexão à Internet e, além dos serviços especializados dos intermediários que promovem o elo de ligação, entre informações disponibilizadas e os usuários. Este canal de ligação produz informação, no conceito de serviço, suporte fático da tributação".

Outra questão que se apresenta é a de se considerar ou não os serviços de acesso do usuário à Internet como sujeito à incidência do Imposto Sobre Serviços de Qualquer Natureza (ISS), de competência dos Municípios. É de se ressaltar que, o pressuposto legal da incidência do ISS é a prestação, por empresa ou profissional autônomo, de serviço definido em lei complementar, não compreendido na competência tributária dos Estados (art. 156, inc. II, da CF).

Entretanto, a Lei Complementar 57, de 15.12.87, ao definir os serviços sujeitos ao ISS, não inclui item específico a respeito da atividade exercida pelos provedores de acesso à Internet. Tendo em vista que a aludida lista de serviços é taxativa e considerando, ainda, que o serviço prestado pelos provedores de acesso não se encontra expressamente previsto na mesma, é de se concluir pela não incidência do ISS sobre o mesmo.

É evidente que essa não incidência do ISS somente perdurará enquanto o serviço não for incluído na lista de serviços constante da Lei Complementar 57/87, o que não deve tardar a acontecer, em razão da relevância que o negócio vem adquirindo.

Como se vê, não existe uma posição pacífica a respeito deste assunto, devido ao grau de complexidade da matéria e ao interesse do Fisco em regular e instituir tributos sobre estas relações, que têm crescido muito nos últimos tempos.

IV — Conclusão

Como se pode depreender do que foi discutido até agora, a Internet vem trazendo, e certamente trará a cada dia, novos desafios às relações humanas e à estrutura que até então procura regular estas relações.

Algumas das questões surgidas das relações estabelecidas via Internet podem ser regidas pelas leis nacionais, especialmente nos casos em que é possível determinar o território das partes ou onde as relações via rede surtiram efeitos.

Em outras situações, devido às peculiaridades da Internet, a eleição da lei aplicável ou do foro competente para decidir sobre questões surgidas nas relações via rede é mais complexa.

Nesses casos, as partes deverão optar por medidas alternativas para evitar as disputas em suas relações, ou para solucionar os conflitos existentes.

Assim, o uso da criptografia na transmissão de dados via rede constitui uma proteção contra muitos problemas, tais como o acesso indevido à informações confidenciais, ou a divulgação ou destruição dessas informações, dentre outros transtornos.

O uso de métodos de prevenção de conflitos e de proteção do material que circula na rede, conjugado com a aplicação das leis nacionais para a solução dos conflitos porventura surgidos no âmbito da Internet constitui na melhor forma de evitar ou solucionar disputas relativas às transações *on-line*.

A regulamentação da Internet, por meio de criação de normas e regras específicas para conduzir as relações nela operadas ou o conteúdo das informações que circulam na rede, não só desfiguraria o que a Internet tem de mais atraente, que é a agilidade e independência, como também mostrar-se-ia inútil, tendo em vista que as leis emanadas de um país não teriam reconhecimento em outras nações.

Sendo assim, as potencialidades da Internet devem ser exploradas e identificadas, antes que qualquer tentativa de regulamentação seja realizada. Somente após um melhor entendimento dessa nova ferramenta da comunicação humana será possível identificar as áreas de utilização da rede para as quais a criação e imposição de normas constituirão em um método eficaz e necessário para o maior aproveitamento da rede.

São Paulo, setembro de 1998

CONTROLE DE CONSTITUCIONALIDADE DE MEDIDAS PROVISÓRIAS À LUZ DO PRINCÍPIO DA PROPORCIONALIDADE

Considerações sobre o Estado Democrático de Direito no Brasil

DOUGLAS YAMASHITA

Bacharel em Direito pela USP — Mestre em Direito pela Universidade de Colônia, Alemanha — Pesquisador Jurídico do Departamento Técnico do Grupo IOB — Advogado

1. Discricionariedade "versus" supremacia constitucional. 2. Estado Democrático de Direito e supremacia constitucional. 3. Princípio do Estado Democrático de Direito. Princípio da legalidade, princípio da tripartição dos poderes e medidas provisórias. 4. Princípio do Estado Democrático de Direito e princípio da proporcionalidade. 5. Controle constitucional da edição de medidas provisórias à luz do princípio da proporcionalidade: 5.1 Legitimidade teleológica: relevância e urgência do fim; 5.2 Efetividade de medidas provisórias: relevância e urgência do meio; 5.3 Imprescindibilidade de medidas provisórias: relevância e urgência do meio: 5.3.1 Medidas provisórias "versus" lei decorrente de projeto em regime de urgência: 5.3.1.1 Medidas provisórias de eficácia imediata "versus" lei decorrente de projeto em regime de urgência; 5.3.1.2 Medidas provisórias de "eficácia diferida" "versus" lei decorrente de projeto em regime de urgência: 5.3.1.2.1 Diferimento em 90 dias para contribuições sociais; 5.3.1.2.2 Diferimento até o próximo exercício para os demais tributos; 5.3.2 Medidas provisórias "versus" solicitação de delegação e leis delegadas; 5.4 Proporcionalidade "stricto sensu" de medidas provisórias em relação ao fim perseguido. 6. Controle de constitucionalidade da reedição de medidas provisórias à luz do princípio da proporcionalidade: 6.1 Medidas provisórias reeditadas sem alterações: 6.1.1 Legitimidade teleológica: relevância e urgência; 6.1.2 Efetividade de medidas provisórias reeditadas; 6.1.3 Imprescindibilidade de medida provisória reeditada: 6.1.3.1 Reedição de medida provisória com eficácia imediata "versus" lei decorrente de projeto em regime de urgência; 6.1.3.2 Reedição de medida provisória com eficácia diferida até o próximo exercício "versus" lei decorrente de projeto em regime de urgência; 6.1.4 Proporcionalidade "stricto sensu" de medidas provisórias reeditadas em relação ao fim perseguido; 6.2 Proporcionalidade de medidas provisórias reeditadas com alterações. 7. Conclusões.

1. Discricionariedade "versus" supremacia constitucional

O tamanho da insegurança jurídica hoje é de 35 medidas provisórias insistentemente reeditadas ao bel-prazer do Exmo. Sr. Presidente da República. Algumas com mais de quatro anos de sucessivas reedições, supressões, adendos e revogações, todos "provisórios", sobre assuntos de relevância no mínimo duvidosa e urgência não raro inexistente. Como se coaduna esse caos com a Constituição brasileira de 1988?

No conhecido Parecer n. 92/89,[1] o então Procurador-Geral da República, Dr. Saulo Ramos, afirma que os "pressupostos constitucionais legitimadores dessa verdadeira ação cautelar legislativa — *relevância* da matéria e *urgência* na sua positivação — submetem-se *ao juízo político e à avaliação discricionária do Presidente da República", sendo vedado o controle judicial* dos pressupostos. Evidentemente herdeiro do constitucionalismo político que acentua o Direito como mero instrumento de um poder político dominante, o eminente jurista põe, ingenuamente, o Presidente da República acima da Constituição, fora do princípio de freios e contrapesos, como se a Lei Fundamental brasileira se limitasse à distribuição competencial, não criasse outros dois Poderes (o Legislativo e o Judiciário) e não ditasse direitos e garantias inalienáveis, em prol dos quais tanto sangue já foi derramado ao longo da história.

Data maxima venia, parece-nos que a escola do constitucionalismo político-decisionista (Carl Schmidt) deve dar lugar à *escola da supremacia constitucional* (Coke, Cromwell, Justice John Marshall, Rudolf von Ihering, Hans Kelsen, Klaus Stern, Konrad Hesse).[2] Isso quer dizer que o Exmo. Sr. Presidente da República não se equipara a um ditador que tudo pode. Ao mesmo tempo em que a própria Constituição dá força jurídica à sua eleição democrática, ela lhe impõe *limites formais e materiais*. Todo o *seu poder*, como o Chefe do Executivo, emana, *apenas, da Carta Constitucional*, à qual este está, inevitável e obrigatoriamente, submisso.

Isso significa que os requisitos de urgência e relevância submetem-se ao juízo político e à avaliação discricionária do Presidente da República, apenas num primeiro momento, permanecendo sujeitos à confirmação do Legislativo e ao controle de constitucionalidade do Poder Judiciário, como veremos mais adiante. Esse, também, tem sido o correto entendimento do Supremo Tribunal Federal.[3] Urgência e relevância são requisitos jurídico-constitucionais das medidas provisórias que devem ser entendidos segundo o contexto da própria Constituição.

2. Estado Democrático de Direito e supremacia constitucional

Do iluminismo até nossos dias muitos preferiram morrer, ser torturados ou exilados a viver num Estado que despreza valo-

1. IOB, *Coletânea de Medidas Provisórias n. 1 a 73*, São Paulo, 1989, p. 15.

2. *A idéia da supremacia constitucional*, nada mais é do que conclusão lógica desse reconhecimento positivo da *inalienabilidade de certos direitos e garantias fundamentais*: Bodo Pieroth e Bernhard Schlink, *Grundrecht, Staatsrecht II*, 12ª ed., C. F. Müller, Heidelberg, p. 7, § 22. A oposição entre Direito Positivo e Direito Natural parece ter sido dialeticamente solucionada na síntese positivadora de valores fundamentais em várias Constituições, desde a "Virginia Bill of Rights" (EUA, 1776), passando pela Declaração dos Direitos do Homem e do Cidadão (França, 1789) até nossa Constituição de 1988 (arts. 5º e ss.), uma das mais modernas Constituições da atualidade. Tudo isso aponta para o Direito muito mais como objeto histórico-cultural, o Direito como experiência do choque entre fatos e valores no dizer de Miguel Reale.

3. Decisão unânime do STF, em Sessão Plenária, na ADIn 37-DF (medida cautelar), rel. Min. Francisco Rezek, *RTJ* 129/5-9; e decisão, por unanimidade, do Plenário do STF, na ADIn 293-DF (medida liminar), rel. Min. Celso de Mello, de cujo voto extraímos: "Os pressupostos constitucionais legitimadores

res fundamentais como a dignidade humana, a liberdade ou a justiça. A "Constituição Cidadã" de 1988 é, sem dúvida, uma das melhores Constituições do mundo atual. Emergiu como reação à ditadura militar. É, certamente, uma bênção de Deus a esse povo tão sofrido que é o brasileiro. Quando vamos entender sua importância e supremacia?

Ser um Estado Democrático de Direito (art. 1º da CF/88) significa, acima de tudo, que um Estado se curva à soberania da Constituição.[4] A ela se subordinam todos os três poderes, o Executivo, o Legislativo e o Judiciário. Acima dela somente Deus e a soberania do povo brasileiro. Talvez aqueles que entendam a importância crucial da Bíblia para a fé cristã são capazes de entender, em toda sua profundidade, a supremacia da Constituição para o ordenamento jurídico.

Originado no constitucionalismo alemão,[5] o conceito de "Estado de Direito" (*Rechtsstaat*), uma vez jurisdicizado pela Constituição, torna-se *norma de conteúdo altamente denso*. Segundo esse que é um dos maiores constitucionalistas alemães da atualidade, Klaus Stern, o princípio do Estado de Direito (*Rechtsstaatsprinzip*) é o *princípio máximo que ocupa o topo do sistema constitucional interno*, é princípio segundo o qual "o exercício do poder partilhado somente é permitido com fundamento em uma Constituição garantidora dos direitos fundamentais e em leis formal e materialmente constitucionais a fim de assegurar dignidade humana, liberdade, justiça e segurança jurídica".[6]

O princípio do Estado de Direito tem, segundo Stern, um aspecto formal e um aspecto material.[7]

O Estado de Direito formal significa, predominantemente, segurança jurídica concretizada em vários outros princípios como o princípio da legalidade (art. 5º, II e 150, I, da CF/88), a proteção do ato jurídico perfeito, do direito adquirido e da coisa julgada (art. 5º, XXXVI, da CF/88), o princípio da anterioridade (art. 150, III, da CF/88) entre outros. Já, o Estado de Direito material serve à realização da justiça, o que vem, entre nós, explicitado no art. 3º, I, da CF/88 e concretizado na ordem constitucional valorativa, especialmente, como o princípio da igualdade[8] (arts. 5º, *caput*, I, 7º, XXXIV, 14, *caput*, 37, XXI, 150, II, 196, *caput*, 206, *caput*, da CF/88) e como direitos e garantias fundamentais (arts. 5º e ss.), tais como o direito à vida, à igualdade, à liberdade e à propriedade.[9]

Temendo certamente as atrocidades "legais" das diversas ditaduras comunistas,

dessa verdadeira ação cautelar legislativa — relevância da matéria e urgência na sua positivação — submetem-se, num primeiro momento, ao juízo político e à avaliação discricionária do Presidente da República (...) *Sem prejuízo, obviamente, de igual competência* do Poder Legislativo, a ser exercida *a posteriori* e, quando tal se impuser, *dos Tribunais e juízos*" (*RTJ* 146/712). Nesse mesmo sentido, entendeu o Min. Sepúlveda Pertence, no julgamento de pedido de medida liminar na ADIn 526-DF (*RTJ* 145/109): "(...) admitiu-se que os pressupostos de relevância e urgência para a emissão de medidas provisórias não eram de todo imunes ao controle jurisdicional; o que, entretanto, ficou claro, não retira o caráter discricionário do juízo político, que os afirma, restringindo-se, pois, o controle jurisdicional aventado à verificação, em cada caso, da existência de abuso manifesto".

4. Miguel Reale, *O Estado Democrático de Direito e o Conflito das Ideologias*, São Paulo, Saraiva, 1998, pp. 4 e ss.; Pinto Ferreira, *Comentários à Constituição Brasileira*, São Paulo, Saraiva, 1989, p. 32.

5. Pinto Ferreira, *Comentários*..., cit., nota 4, p. 32.

6. Klauss Stern, *Das Staatsrecht der Bundesrepublik Deutschland*, Munique, t. I, 1984, p. 781 (tradução livre do autor). Quanto à importância dos valores de justiça e segurança jurídica, v. tb. Gustav Radbruch, *Filosofia do Direito*, 5ª ed., trad. do prof. L. Cabral Moncada, Coimbra, Arménio Amado, p. 162.

7. Klaus Stern, *Das Staatsrecht*..., cit., nota 6, t. I, pp. 769 e ss.

8. Aristóteles, *Eudemische Ethik*, 1956, traduzido para o alemão por F. Dirlmeier, v. 7, p. 1216a, in *Werke in deutescher Überzetzung*, fundado e coordenado por H. Flashar (19 vs.); v. tb. Klaus Stern, *Das Staatsrecht*..., cit., nota 6, t. I, p. 790.

9. Miguel Reale, *O Estado*..., cit., nota 4, p. 3.

fascistas, nazistas e militares, ainda recentes, não se contentou a Constituição Federal de 1988 com a positivação desse princípio já extremamente desenvolvido e sedimentado no constitucionalismo moderno, como é o princípio do Estado de Direito (*Rechtsstaatsprinzip*). Atento à possível interpretação restritiva do princípio do Estado de Direito apenas ao seu aspecto formal, a Carta Magna de 1988, seguindo passos da Constituição espanhola de 1978, acrescentou ao princípio do Estado de Direito o elemento "democrático", que traz em si dois valores inalienáveis, cujo equilíbrio se busca, a saber: a liberdade e a igualdade.[10] O princípio do Estado Democrático de Direito (art. 1º da CF/88) assegura, então, tanto o *aspecto formal*, como o *aspecto material do Estado de Direito*. Aliás, é Miguel Reale quem assevera que "o adjetivo 'Democrático' pode também indicar o propósito de passar-se de um Estado de Direito, meramente formal, a um Estado de Direito e de Justiça Social (...) esse é a meu ver o espírito da Constituição de 1988 (...)".[11]

3. Princípio do Estado Democrático de Direito. Princípio da legalidade, princípio da tripartição dos poderes e medidas provisórias

Como decorrência lógica do aspecto formal do princípio do Estado Democrático de Direito (art. 1º da CF/88), o princípio da segurança jurídica (art. 5º, *caput* da CF/88) concretiza-se ainda mais no princípio da legalidade (art. 5º, I e art. 150, I da CF/88) e no princípio da tripartição dos poderes (art. 2º da CF/88).

O princípio da legalidade (*Gesetzesmäßigkeitsprinzip*) é um direito fundamental de proteção (*Abwehrrecht* ou, segundo Jellinek, *status negativus*) que visa garantir segurança jurídica na relação do Estado com seus cidadãos. Este princípio constitucional dispõe que "ninguém será obrigado a fazer ou deixar de fazer alguma coisa senão em virtude de lei" ou "é vedado exigir ou aumentar tributo sem lei que o estabeleça".

Já o princípio da tripartição dos poderes (*Grundsatz der Dreiteilung der Gewalten*) visa evitar a concentração de poder, garantindo segurança jurídica na relação entre os órgãos e poderes estatais. Este princípio constitucional determina que o poder governante seja repartido em três Poderes, que são o Legislativo, o Executivo e o Judiciário, que, por sua vez, são independentes e harmônicos entre si. Tal princípio vai além de Montesquieu, encontrando suas origens já em Aritóteles[12] e não significa a separação absoluta e estanque dos Poderes.[13] O brilhante defensor dessa já antiga doutrina dos *checks and balances*, James Madison, esclarece que "quando ele (Montesquieu) afirmou que não haverá liberdade onde os poderes Legislativo e Executivo estiverem concentrados na mesma pessoa ou conjunto de magistrados (...), não quis dizer que não haveria representação parcial de um poder em outro ou controle mútuo dos respectivos atos".[14]

"A experiência demonstra que os Parlamentos não têm a possibilidade — seja pela quantidade de trabalho que devem realizar, seja pelo insuficiente conhecimento dos problemas práticos e dos pormenores — de exercer, por inteiro, a função legislativa que, portanto, vai sendo confiada, sempre com maior freqüência e amplitude, ao Executivo", observa Víctor Uckmar.[15]

10. Pinto Ferreira, *Comentários...*, cit., p. 36.

11. Miguel Reale, *O Estado...*, cit., nota 4, p. 2.

12. Aristóteles, *A Política*, 4º livro, cap. 14; para outras referências v. tb. Klaus Stern, *Das Staatsrecht...*, cit., nota 6, t. II, p. 514.

13. Klaus Stern, *Das Staatsrecht...*, cit., nota 6, t. II, pp. 539 e ss.

14. *Apud* Brasilino Pereira dos Santos, *As Medidas Provisórias no Direito Comparado e no Brasil*, LTr, São Paulo, 1994, p. 44. Os parênteses na citação são nossos.

15. Víctor Uckmar, *Princípios Comuns de Direito Constitucional Tributário*, trad. de Marco Aure-

"Atenta a essa necessidade, a Constituição Brasileira de 1988, espelhando-se em certos aspectos na Constituição italiana de 1948, prevê, no seu art. 62, que, em caso de *relevância e urgência*, o Presidente da República poderá adotar medidas provisórias, com força de lei, devendo submetê-las de imediato ao Congresso Nacional, que estando em recesso, será convocado extraordinariamente para se reunir no prazo de cinco dias (...)"[16] (grifo nosso).

De fato. Devemos compreender que a segurança jurídica, proporcionada pela legalidade e pela tripartição dos poderes e sacrificada por medidas provisórias, não é o único valor constitucional, mas que há outros valores tão ou mais valiosos, à ordem constitucional valorativa, tais como o direito à vida, o direito à propriedade ou bens jurídicos constitucionais (*Verfassungsgüter*), tais como a "segurança nacional" ou o "meio ambiente" Somente se compreendermos isso, é que poderemos entender que, *em casos excepcionais*, é necessário *sacrificar um pouco de segurança jurídica para proteger esses outros valores* tão ou mais importantes para a ordem constitucional valorativa.

Por não compreenderem a possibilidade desse *sacrifício proporcional ao bem perseguido*, alguns juristas querem fulminar, completamente, o uso de medidas provisórias, como se o art. 62 da CF/88 fosse uma aberração jurídica. Sabiamente, comenta Valdir de Oliveira Rocha que "a medida provisória (...) não deve preocupar ao Estado Democrático de Direito. O Constituinte não gerou um monstro, entretanto — bem sabemos — poderá a medida provisória ser nisso transformada se não for vista de frente e de perfil com suas verdadeiras feições, mas através de espelho convexo, porque aí já não será ela (...) que se verá e sim coisa outra tomada como tal. Em outras palavras, se bem compreendida e utilizada, a medida provisória poderá servir ao desenvolvimento nacional; deformada, certamente servirá ao retrocesso".[17]

O art. 62 da CF consiste, realmente, numa permissão constitucional de *sacrifício proporcional* da estrita legalidade e da tripartição dos poderes. A necessidade desse provimento cautelar legislativo *não justifica o sacrifício irrestrito* da legalidade e da tripartição dos poderes por meio de medidas provisórias. Tal sacrifício somente será constitucional se *proporcional à proteção de outros valores constitucionalmente positivados*. A desproporcionalidade do sacrifício torna a medida provisória arbitrária e inevitavelmente inconstitucional.

4. Princípio do Estado Democrático de Direito e princípio da proporcionalidade

Como concretização lógica do princípio do Estado Democrático de Direito (art. 1º da CF/88), que em seu aspecto material prima pela justiça (igualdade e direitos fundamentais), o princípio da proporcionalidade (*Verhältnismäßigkeitsprinzip*) ou princípio da proibição de excesso (*Übermaßverbot*), já largamente sedimentado no constitucionalismo europeu, é ainda pouco difundido no Brasil.[18] Trata-se de princípio implícito plenamente em vigor nos termos da Carta Fundamental de 1988. Senão vejamos.

O Estado Democrático de Direito (art. 1º da CF/88) garante inúmeros direitos e garantias fundamentais (arts. 5º e ss. da CF/88) realizadores de justiça (concretizada em

lio Greco, São Paulo, Ed. RT/EDUC, p. 30, 1976, excelentemente lembrado por Oswald Othon de Pontes Saraiva Filho, in "Medidas Provisórias na Constituição Brasileira", *RJIOB* 17/98, p. 452, artigo 1/11.457.

16. Oswald Othon de Pontes Saraiva Filho, "Medidas Provisórias...", cit., nota 15.

17. Valdir de Oliveira Rocha, "Caráter da Medida Provisória, com força de lei", *RJIOB* 23/88, p. 350, artigo 1/1715.

18. Paulo Bonavides, *Curso de Direito Constitucional*, 6ª ed., São Paulo, Malheiros Editores, 1996, cap. 12.

igualdade material, arts. 5º, *caput*, I, 145, § 1º, 150, II etc., da CF/88) e segurança jurídica (art. 5º, *caput*, 150, I etc., da CF/88). Muito embora a Constituição aspire a inteira eficácia de todos esses valores nela positivados, a *inteira* realização simultânea desses valores é praticamente impossível. "Dois ou mais dos valores aspirados sempre estão em relação de tensão, de tal modo que um *plus* na realização de um valor significa um *minus* na realização de outro ou outros valores".[19] Segundo o princípio da igualdade, a eficácia de tais valores constitucionais deve ser proporcionalmente igual. Isso significa que "àqueles chamados a decidir (...) impõem-se, portanto, a tarefa de identificar os valores pertinentes em colisão, sopesando-os, para encontrar a melhor (otimizada) solução possível para o problema".[20] Um direito ou garantia fundamental ou um bem jurídico constitucional não pode ser completamente preferido a outro se essa preferência prejudica desigual e assim desproporcionalmente outro direito ou garantia fundamental.[21] O princípio da proporcionalidade consiste, precisamente, na *otimização da eficácia* de direitos ou bens jurídicos fundamentais,[22] otimização essa que decorre da imanente supremacia valorativa dos direitos ou bens jurídicos fundamentais positivados e do princípio da igualdade (arts. 5º, *caput*, I, 7º, XXXIV, 14, *caput*, 37, XXI, 150, II, 196, *caput*, 206, *caput* etc.) que *exige igualdade de eficácia de todos esses direitos e garantias fundamentais e dos bens jurídicos constitucionais.*

Considerando, portanto, o conflito de eficácia dos direitos ou bens jurídicos fundamentais (arts. 5º e ss. da CF/88) e o princípio da igualdade (arts. 5º, *caput*, I, 7º, XXXIV, 14, *caput*, 37, XXI, 150, II, 196, *caput*, 206, *caput* etc.), o princípio da proporcionalidade constitui um princípio implícito em pleno vigor na Carta Magna de 1988[23] que até já permeia algumas leis brasileiras.[24]

O princípio da proporcionalidade aplica-se para controle de toda atividade estatal e desdobra-se nos seguintes aspectos:[25]

a) legitimidade do(s) fim(ns) perseguido(s) ou legitimidade teleológica (*legitimer Zweck*);

b) efetividade do meio escolhido (*Geeignetheit*);

c) imprescindibilidade do meio escolhido (*Erforderlichkeit*);

d) razoabilidade ou proporcionalidade em sentido estrito (*Zumutbarkeit oder Verhältnisimäßigkeit im engeren Sinne*) do meio escolhido em relação à finalidade perseguida.

Legitimidade dos fins (*legitimer Zweck*) significa *relevância constitucional dos fins*. Assim são os direitos e garantias fundamentais (arts. 5º a 9º da CF/88) e al-

19. Hans Herbert Arnim, *Gemeinwohl und Gruppeninterresse*, Frankfurt, 1977, p. 54. Livre tradução nossa.

20. Hans Herbert Arnim, *Gemeinwohl...*, cit., p. 54. Livre tradução nossa.

21. Stefan Huster, *Rechte und Ziele*, Berlin, Duncker & Humblot, 1993, pp. 96 e ss. V. tb., construção jurisprudencial do Tribunal Constitucional Federal alemão: *BVerfGE* 19, 342 (348 e ss.); 26, 215 (222); 31, 275 (290); 42, 263 (295); 61, 126 (134); 65, 1 (44); 76, 1 (50).

22. Aplicando à interpretação constitucional Konrad Hesse desenvolve seu "princípio da concordância prática" (*Grundsatz der praktischen Konkordanz*), segundo o qual "bens jurídicos constitucionalmente protegidos devem ser, na solução de problemas, justapostos de tal maneira que cada um deles se torne realidade. Onde surgirem colisões, não é permitido realizar um bem em apressada ponderação valorativa às custas de outro. O princípio da unidade da Constituição põe muito mais a *tarefa de otimização*: para ambos os bens devem ser estabelecidas limitações, para que ambos possam adquirir eficácia plena. Por isso as limitações devem *ser proporcionais*; elas não podem ir além do que seja necessário, para estabelecer uma concordância de ambos os bens jurídicos" (grifo e livre tradução nossos) (*Grundzüge des Verfassungrechts der Bundesrepublik Deutschland*, Heidelberg, C. F. Müller, 1995, § 72, p. 28).

23. Paulo Bonavides, *Curso...*, cit., p. 395.

24. V. art. 620 do CPC e art. 24 do CP.

25. Klaus Stern, *Das Staatsrecht...*, cit., p. 866; Bodo Pieroth e Bernhard Schlink, *Grundrecht...*, cit., pp. 74 e ss. Livre tradução nossa.

guns bens jurídico-constitucionais, tais como o meio ambiente (arts. 170, VI e 225 da CF/88) ou a segurança nacional (art. 85, IV, art. 91, § 1º, III, art. 144 e art. 173 da CF/88). Trata-se, sempre, de proteger direitos e garantias fundamentais. Manifestamente ilegítimos são fins contrários à Constituição, tais como a instituição da pena de morte (art. 5º, XLVII, *a*, da CF/88), a criação de tribunais de exceção (art. 5º, XXXVII, da CF/88) ou a extradição de brasileiro nato (art. 5º, LI, da CF/88).

Efetividade do meio (*Geeignetheit*) significa que *meio* empregado deve ser *capaz de realizar o fim* constitucionalmente *relevante*. Este elemento subordina-se à persecução de fins legítimos, de tal modo que o meio considera-se apropriado apenas se o fim perseguido for um fim constitucionalmente legítimo.

Imprescindibilidade do meio (*Erforderlichkeit*) quer dizer que a finalidade perseguida não pode ser alcançada por outros meios pelo menos igualmente eficientes e menos danosos que o meio efetivamente empregado. Este elemento subordina-se, cumulativamente, aos outros dois elementos anteriores, de tal modo que imprescindível será, apenas, aquele meio perseguidor de um fim constitucionalmente legítimo e apropriado à realização desse fim.

Razoabilidade ou proporcionalidade em sentido estrito (*Zumutbarkeit oder Verhältnismäßigkeit im engeren Sinne*) significa que o sacrifício decorrente esteja em relação devidamente sopesada e ponderada com a finalidade perseguida. Trata-se de uma ponderação de valores constitucionalmente positivados como direitos, garantias ou bens jurídicos.

5. *Controle constitucional da edição de medidas provisórias à luz do princípio da proporcionalidade*

Nas palavras de nosso egrégio STF, "o que justifica a edição das medidas provisórias é a existência de um *estado de necessidade*".[26]

Estado de necessidade é, segundo José Cretella Júnior, "colisão de direitos[27] (...) de tal modo que um deles sofre prejuízos (...) mas a situação é tal que, se não ocorresse a manifestação aludida (o prejuízo), ocorreria lesão de um direito se não '*mais legal*', pelo menos '*mais*[28] *justo*'".[29] Semelhantemente define Damásio E. de Jesus o estado de necessidade como "uma situação de perigo atual de *interesses protegidos pelo direito*,[30] em que o agente,[31] para salvar um bem próprio ou de terceiro, *não tem outro meio*[32] senão lesar o interesse de outrem"[33] e explica, mais adiante, o excesso no estado de necessidade como "a desnecessária intensificação da conduta inicial da conduta inicialmente justificada. Na conduta com que pretende defender o bem jurídico em situação de perigo, o agente vai além dos limites da proteção razoável"[34] (Damásio E. de Jesus, ob. e loc. cits.). Maria Helena Diniz assevera, no mesmo sentido, que estado de necessidade "consiste na ofensa do direito alheio para remover perigo real e iminente, quando as circunstâncias o tornarem abso-

26. ADIn 293-7/600-DF, *LexJSTF* 178/54 ou in Vittorio Cassone, *Direito Tributário*, 7ª ed., São Paulo, Atlas, 1994, p. 39.

27. Sobre tal colisão vide o segundo parágrafo do item 4, posto que a colisão é fundamento do princípio da proporcionalidade.

28. O direito só é "mais" justo se ponderado proporcionalidade com o outro direito em conflito.

29. José Cretella Júnior, "Estado de Necessidade" (Direito Administrativo), in *Enciclopédia Saraiva do Direito*, v. 33, São Paulo, Saraiva, 1977, p. 492.

30. Compare com *legitimidade teleológica* no tópico 4.

31. Agente aqui é o Presidente da República.

32. Compare com *imprescindibilidade do meio* no tópico 4.

33. Damásio E. de Jesus, "Estado de Necessidade" (Direito Penal) in *Enciclopédia Saraiva do Direito*, v. 33, São Paulo, Saraiva, 1977, p. 495.

34. Compare com *razoabilidade ou proporcionalidade "stricto sensu"* no tópico 4.

lutamente necessário[35] e quando não exceder[36] os limites do indispensável para a remoção do perigo, resultante de acontecimento fortuito, natural ou acidental. Não se exige que o direito sacrificado seja inferior ao direito salvaguardado (...)".[37]

Tudo isso é, precisamente, o núcleo deôntico, a essência valorativa, do princípio da proporcionalidade, como podemos verificar nas notas e esclarecimentos, o que nos leva ao controle de constitucionalidade da edição de medidas provisórias à luz do princípio da proporcionalidade.

5.1 Legitimidade teleológica: relevância e urgência do fim

Relendo, atentamente, o art. 62 da CF/88, verificaremos que os requisitos de relevância e urgência apontam para a própria finalidade da matéria veiculada por medidas provisórias. Logo, a *legitimidade teleológica* (primeiro aspecto do princípio da proporcionalidade) da edição de medidas provisórias deve residir sempre num "caso de relevância e urgência".

São manifestamente irrelevantes, destituídas de legitimidade teleológica, desproporcionais e inconstitucionais aquelas medidas provisórias que tenham por objeto matéria expressa e constitucionalmente vedada a esse instrumento. Assim, violam, de plano, os princípios da legalidade, da tripartição dos poderes e da proporcionalidade a medida provisória que regule o Fundo Social de Emergência (art. 73 do ADCT, CF/88), a medida provisória que regulamente artigo da Constituição cuja redação tenha sido alterada por meio de emenda promulgada a partir de 1995 (art. 246 da CF/88) e a medida provisória estadual que regulamente a exploração direta, ou mediante concessão, de serviços locais de gás canalizado (art. 25, § 2º da CF/88).

Absoluta e igualmente inconstitucionais, por irrelevância e ausência de legitimidade teleológica, são medidas provisórias que tratem de matérias de competência exclusiva do Congresso Nacional (art. 49 da CF/88), da Câmara dos Deputados (art. 51 da CF/88) e do Senado Federal (art. 52 da CF/88). Entender de outro modo seria um despautério tão grande que implicaria a forçosa conclusão de que o Exmo. Sr. Presidente da República poderia, por medida provisória, autorizar sua própria ausência do País por mais de 15 dias, ao arrepio do art. 83 da CF/88 (art. 49, III da CF/88), de tal modo que apenas após sua volta se decidiria se ele poderia ter ido ou não!?! Seria um insano delírio de verão concluir que o próprio Presidente da República poderia decidir, por medida provisória, se autoriza ou não a instauração de processo contra si mesmo (art. 51, I). Seria, talvez, até maior absurdo processar e julgar a si mesmo, por medida provisória, nos crimes de responsabilidade (art. 52, I da CF/88) ou elaborar, por medida provisória, o regimento interno do Senado Federal (art. 52, XII da CF/88).[38]

Visto aquilo que é manifestamente irrelevante, teleologicamente ilegítimo e, portanto, inconstitucional, vejamos, então, o que é caso de relevância. Se medidas provisórias sacrificam os princípios da legalidade e da tripartição dos poderes, logo, *relevante* pode ser, apenas e tão-somente, a *proteção daquilo igualmente ou mais valioso*, à ordem constitucional valorativa, que a *segurança jurídica* proporcionada por tais princípios. E que poderia ser, então, algo igualmente ou mais valioso que a segurança jurídica proporcionada pelos princípios da legalidade e da tripartição dos poderes? Tão ou mais valiosos que essa segurança

35. Compare com *imprescindibilidade do meio* no tópico 4.

36. Compare com *razoabilidade ou proporcionalidade "stricto sensu"* no tópico 4.

37. Maria Helena Diniz, *Dicionário Jurídico*, v. 2, São Paulo, Saraiva, 1998, p. 407.

38. De modo semelhante, entende Ives Gandra da Silva Martins, *Comentários à Constituição de 1988*, v. 4, t. I, p. 519.

jurídica podem ser *outras concretizações da própria segurança jurídica*, tais como a proteção do ato jurídico perfeito, do direito adquirido e da coisa julgada (art. 5º, XXXVI), o princípio da anterioridade (art. 150, III), o princípio da anterioridade mitigada (art. 195, § 6º da CF/88) ou os institutos da prescrição (arts. 7º, XXIX, 37, § 5º e 146, III, *b*, da CF/88) e da decadência (art. 146, III, *b*, da CF/88). Tão ou mais valiosos que a segurança jurídica proporcionada pelos princípios da legalidade e da tripartição dos poderes podem ser também outros direitos e garantias fundamentais, tais como a *proteção* do direito à vida (arts. 5º, *caput*, 225, *caput*, § 1º, V, 227, *caput*, 230, *caput*, da CF/88), à propriedade (arts. 5º, *caput*, XXII, XXVI, XXIX, 170, II, 185 da CF/88 etc.), à livre iniciativa (art. 170, *caput*, da CF/88), ao trabalho (arts. 5º, XII, 6º, 7º, XX, da CF/88 etc.), à livre locomoção (arts. 5º, XV e 150, V, da CF/88), à liberdade de expressão (art. 5º, IV e IX da CF/88) etc.

Contudo, a *relevância* do caso é *insuficiente* para *justificar o sacrifício*, ainda que *parcial*, dos princípios da legalidade e da tripartição dos poderes. O conectivo "e", no art. 62 da CF/88 deixa claro e cristalino que, igualmente imprescindível, é a *urgência* da tomada de providências em caso relevante. Isso significa que determinado direito ou garantia fundamental deve estar sendo *ameaçado*, de tal maneira, que a demora numa proteção cautelar legislativa, muito provavelmente, levará à perda ou prejuízo irreparável do bem sob ameaça.

Assim, a *legitimidade teleológica* (primeiro aspecto do princípio da proporcionalidade) de medidas provisórias faz-se presente sempre que estas visarem proteger direito, garantia ou bem jurídico, constitucionalmente positivados, tão ou mais relevantes que os princípios da legalidade e da tripartição dos poderes e ameaçados de perda ou prejuízo irreparáveis. Somente assim considerar-se-á proporcional, ou seja, razoável, o sacrifício dos princípios da legalidade e da tripartição dos poderes. Caso contrário, resta *inconstitucional* a edição de medida provisória por injustificada ofensa aos princípios da legalidade e da tripartição dos poderes.[39]

5.2 Efetividade de medidas provisórias: relevância e urgência do meio

Sabiamente, observa Marco Aurélio Greco que "a relevância e a urgência não estão ligadas apenas ao fim almejado (ou à matéria regulada) mas também ao meio utilizado".[40]

Assim, se e somente se a medida provisória for *teleologicamente legítima*, é que iniciamos o exame de sua *efetividade* (segundo aspecto do princípio da proporcionalidade). Não basta que medidas provisórias visem proteger o exercício de um direito ou bem jurídico constitucional ameaçado. É necessário que as providências por ela tomadas sejam capazes de proteger efetivamente esse direito ou bem jurídico constitucional ameaçado. O controle de constitucionalidade, aqui, limita-se a investigar se a medida provisória é, manifesta ou objetivamente, incapaz como medida cautelar legislativa.

5.3 Imprescindibilidade de medidas provisórias: relevância e urgência do meio

O exame deste terceiro aspecto do princípio da proporcionalidade pressupõe que a medida provisória seja teleologicamente legítima e efetiva, ou seja, capaz de atingir seus objetivos.

39. Compare Greco, Marco Aurélio, *Medidas Provisórias*, São Paulo, Ed. RT, 1991, pp. 22 e ss. O eminente jurista não menciona, contudo, qualquer abalo à segurança jurídica proporcionada pelos princípios da legalidade e da tripartição dos poderes, que nos obrigam a buscar valores de igual ou superior importância que justifiquem seu sacrifício, sob pena de inconstitucionalidade no caso da persecução de fins meramente político-conjunturais.

40. Marco Aurélio Greco, idem, p. 26.

Muito embora o exame de proporcionalidade *stricto sensu* (razoabilidade do meio escolhido em relação ao fim) representa, em tese, a essência do princípio da proporcionalidade, o presente pressuposto da *imprescindibilidade do meio* tem se mostrado, na prática jurisprudencial alemã,[41] o aspecto mais utilizado no exame da proporcionalidade jurídica.

Uma medida provisória é imprescindível quando não pode ser substituída por outro *meio de menor sacrifício à segurança jurídica e igualmente eficiente* para proteger direito ou bem jurídico constitucional ameaçado. Esse parece ser, também, o entendimento do Egrégio STF ao declarar que "o que justifica a edição das medidas provisórias é a existência de um *estado de necessidade*,[42] que impõe ao Poder Executivo a adoção imediata de providências de caráter legislativo, ***inalcançáveis*** *segundo as regras ordinárias de legiferação*" (grifo nosso).[43] Caso contrário, estaremos diante de uma ofensa desproporcional à segurança jurídica (art. 5º, *caput* da CF/88), à legalidade (arts. 5º, II e 150, I, da CF/88) e ao princípio da tripartição dos poderes (art. 2º da CF/88) e, portanto, uma ofensa ao implícito princípio da proporcionalidade.

Claros meios alternativos às medidas provisórias para o Presidente da República são leis decorrentes de projetos de lei em regime de urgência (arts. 64 e ss. da CF/88), as leis delegadas (art. 68 da CF/88).[44]

5.3.1 Medidas provisórias *versus* lei decorrente de projeto em regime de urgência

O exame de *imprescindibilidade da medida provisória* frente a uma lei decorrente de projeto em regime de urgência importa conhecermos, muito bem, os detalhes de edição e promulgação de tais instrumentos.

Por ser votada pelo Congresso, respeitando os princípios da legalidade e da tripartição dos poderes, a lei decorrente de projeto em regime de urgência não sacrifica segurança jurídica como o faz a medida provisória. Contudo, cabe-nos verificar, ainda, em que circunstâncias essa lei é igualmente ou mais eficiente que medidas provisórias para proteger direito ou bem jurídico constitucionais ameaçados. Para tanto, devemos indagar quanto tempo pode levar um projeto de lei em regime de urgência para ser votado e sancionado.

Com a boa vontade do Congresso Nacional, qualquer projeto de lei, ainda que fora do regime de urgência, poderia ser aprovado, sancionado e publicado, em tese, num prazo muito inferior aos trinta dias de vigência de uma medida provisória.

Entretanto, sabemos não ser esta a realidade constitucional brasileira. Se na precisa fórmula realeana, o Direito é "integração normativa de *fatos* segundo *valores*"[45] e, ainda na lição de Reale, a interpretação da norma muda conforme mudam os fatos e os valores,[46] então, os fatos e valores con-

41. Bodo Pieroth, Bernhard Schlink, *Grundrecht*..., cit., p. 76, § 315.

42. Recordemos que estado de necessidade envolve a *inevitabilidade de comportamento lesivo*. V. Damásio E. de Jesus, "Estado de necessidade", in *Enciclopédia Saraiva do Direito*, v. 33, São Paulo, Saraiva, 1977, p. 501.

43. Acórdão em Sessão Plenária na ADIn 293-7/600-DF, *LexJSTF* 178/54 ou in Vittorio Cassone, *Direito Tributário*, cit., p. 39.

44. Talvez pudéssemos cogitar, também, do uso de decretos, em vez de medidas provisórias, pois se decretos independem de aprovação do Congresso enquanto medidas provisórias dependem de tal aprovação, a veiculação de matérias próprias a decretos por meio de medida provisória submete, desnecessariamente, a autonomia do próprio Presidente ao Congresso Nacional. Tal submissão, ainda que voluntária, ofende desproporcionalmente o princípio da tripartição dos poderes, sendo inconstitucional. Nesse mesmo sentido, assevera, também, Marco Aurélio Greco: "Se a relevância da questão for de tal ordem que comporte apenas a regulação por decreto, este deverá ser o instrumento jurídico a ser utilizado para enfrentar a questão" (*Medidas Provisórias*, nota 39, p. 24).

45. Miguel Reale, *O Direito como Experiência*, 2ª ed., São Paulo, Saraiva, 1992, p. XV.

46. Miguel Reale, *O Direito*..., cit., nota 45, pp. 215 e ss. Exemplo patente disso são os 21 pareceres

dicionam a interpretação da norma. É o que Konrad Hesse, citando E. W. Böckenförde, chama de mutação constitucional (*Verfassungswandel*)[47] sem alteração de seu texto. Isso tudo significa que a realidade e os valores inerciais do Congresso[48] condicionam nossa interpretação do prazo de tramitação de um projeto de lei em regime de urgência como o prazo coercitivo determinado pela Constituição brasileira de 1988.

Se o regime de urgência não se aplica aos projetos de códigos (art. 64, § 4º), medidas provisórias, que versem sobre projetos de código tributário ou previdenciário, permanecem imprescindíveis quando comparadas com projetos de lei em regime de urgência.

Se o Presidente da República propõe, com fundamento nos arts. 64, § 1º e 84, III, da CF/88, projeto de lei em regime de urgência, este projeto será discutido e votado primeiro na Câmara dos Deputados. Se a Câmara dos Deputados não se manifestar em até 45 dias sobre o projeto de lei em regime de urgência, este será incluído na ordem do dia imediatamente posterior ao prazo, sobrestando-se a deliberação quanto aos demais assuntos, para que se ultime a votação. Uma vez aprovado pela Câmara dos Deputados, o projeto é remetido para discussão e votação em um só turno no Senado Federal. Se o Senado Federal não se manifestar em até outros 45 dias, o projeto de lei será incluído na ordem do dia imediatamente posterior ao prazo, sobrestando-se a deliberação quanto aos demais assuntos, para que se ultime a votação do referido projeto.

Decorrente da desatenta leitura do § 2º do art. 64 da CF/88, equívoco comum da doutrina tem sido entendimento de que a Câmara dos Deputados e Senado Federal têm *conjuntamente um prazo único* de até 45 dias para se manifestarem, muito embora o dispositivo constitucional disponha que "se (...) a Câmara dos Deputados e o Senado Federal *não se manifestarem, cada qual*, sucessivamente, *em até 45 dias*, sobre a proposição (...)" (grifo nosso).

Não bastasse a expressão *cada qual* do citado dispositivo deixar claro e cristalino que *cada* Casa do Congresso dispõe de prazo de 45 dias para manifestar-se, estanca quaisquer dúvidas o § 4º do mesmo art. 64 ao dispor, no plural, que "*os prazos* do § 2º não correm (...)". Ora se não estamos diante de um prazo, mas, sim, diante *de prazos*, no plural, parece-nos evidente tratarem-se de *pelo menos dois prazos*, ou seja, um prazo de 45 dias para a Câmara dos Deputados e outro prazo de 45 dias para o Senado Federal. De mesmo entendimento são Américo Masset Lacombe[49] e Vittorio Cassone.

Nesta hipótese, temos um prazo de 90 dias para manifestação do Congresso (45 dias na Câmara dos Deputados mais 45 dias no Senado Federal), um dia para *votação* compulsória do projeto na Câmara, um dia para a votação compulsória do projeto do Senado, cuja soma resulta num prazo total de 92 dias para votação do projeto de lei em regime de urgência. Se esse prazo total de 92 dias para votação de projeto não corre nos períodos de recesso (art. 64, § 4º, da CF/88) e se os períodos de recesso do Congresso Nacional são de 1º a 31 de julho e de 16 dezembro a 14 de fevereiro (art. 57 da CF/88), então, somente os projetos, as leis propostos entre 15 de fevereiro e 31 de março[50] ou entre 1º de agosto e 14 de setembro[50] é que podem ser votados em 92 dias, o que, somados a um dia para sanção presidencial, totaliza um prazo de 93 dias para promulgação.

favoráveis à imunidade do livro eletrônico in *Imunidade Tributária do Livro Eletrônico*, coord. de Hugo de Brito Machado, São Paulo, IOB, 1998.

47. Konrad Hesse, *Grundzüge...*, cit., p. 18.

48. Realidade também considerada por Manoel Gonçalves Ferreira Filho, "As medidas provisórias: novas observações, particularmente quanto aos efeitos de sua renovação", *RJIOB* 3/91, 1/3885, p. 50.

49. Américo Masset Lacombe, "Medidas Provisórias", in 5º Simpósio IOB de Direito Tributário, IOB, p. 108.

50. Ou o último dia útil anterior.

Se a medida provisória original foi editada fora daqueles períodos acima discriminados, mas houve convocação extraordinária do Congresso (art. 57, § 6º, da CF/88) por prazo suficiente para a ultimação da votação, então, o prazo de 93 dias para promulgação permanece o mesmo.

Ressalvadas essas convocações extraordinárias, se esse prazo de 92 dias para votação não corre nos períodos de recesso (art. 64, § 4º, da CF/88) e se os períodos de recesso do Congresso Nacional são de 1º a 31 de julho e de 16 dezembro a 14 de fevereiro (art. 57 da CF/88), então o prazo de 92 dias aumenta em 31 dias se o projeto for recebido entre 1º de abril e 30 de junho[51] (totalizando 123 dias) ou em 61 dias se o projeto for recebido entre 15 de setembro e 15 de dezembro[51] (totalizando 153 dias), períodos em que o prazo atinge o recesso parlamentar e, por isso, é estendido. Contando com a promulgação da lei decorrente de projeto em regime de urgência, esses prazos aumentam em um dia respectivamente para a sanção presidencial, ou seja, 124 dias para os projetos recebidos entre 1º de abril e 30 de junho[52] e 154 dias para os recebidos entre 15 de setembro e 15 de dezembro.[52]

Feitas estas considerações sobre o prazo de aprovação do projeto de lei em regime de urgência, vejamos as peculiaridades de medidas provisórias. Medidas provisórias podem ter *eficácia imediata* ou *diferida*. Via de regra têm, por sua força de lei, eficácia imediata. Contudo, medidas provisórias em matéria tributária, quase sempre sujeitas aos princípios da anterioridade (art. 150, III, *b*, da CF/88) ou da "noventalidade" (art. 195, § 6º da CF/88), têm eficácia diferida.[53]

5.3.1.1 Medidas provisórias de eficácia imediata "versus" lei decorrente de projeto em regime de urgência — Ressalvadas aquelas matérias sujeitas ao princípio da anterioridade (contribuições sociais, tributos exceto o II, IE, IPI, IOF e o Imposto Extraordinário de Guerra externa), medidas provisórias têm, via de regra, *eficácia imediata*.

Distintamente dessas medidas provisórias com *eficácia imediata*, o projeto de lei em regime de urgência leva, pelo menos, 93 dias para ser votado e sancionado. Por isso, medidas provisórias de eficácia imediata são mais eficientes que projetos de lei em regime de urgência, o que vale dizer permanecerem elas *imprescindíveis* quando comparadas com leis decorrentes de projetos em regime de urgência.

5.3.1.2 Medidas provisórias de "eficácia diferida" "versus" lei decorrente de projeto em regime de urgência — Devemos então questionar a imprescindibilidade de medidas provisórias de *eficácia diferida* em comparação com leis decorrentes de projetos em regime de urgência. Aqui temos que considerar dois regimes distintos de anterioridade: a anterioridade de 90 dias para medida provisória que aumenta ou institui contribuições sociais (art. 195, § 6º da CF/88) e a anterioridade ao exercício de eficácia para medida provisória que aumenta ou institui outros tributos (art. 150, III, *b* da CF/88), ressalvados aqueles impostos não sujeitos à anterioridade (II, IE, IPI, IOF e o Imposto Extraordinário de Guerra externa, nos termos do art. 150, § 1º da CF/88).

5.3.1.2.1 Diferimento em 90 dias para contribuições sociais: Considerando que contribuições sociais servem ao custeio da Seguridade Social (art. 194), asseguradora dos direitos à saúde (arts. 6º, 7º, IV e XXII, 196 e ss. da CF/88), à previdência (arts. 6º, 7º, IV, 201 e ss. da CF/88) e à assistência social (arts. 203 e ss. da CF/88) e que tais direitos são direitos e garantias fundamentais tão importantes quanto a segurança jurídica, resta, sempre, verificar se tais direitos se encontram sob a ameaça de perda ou prejuízo irreparável a justificar o sacrifício da legalidade e da tripartição dos poderes. Suponhamos um iminente colapso dos pa-

51. Ou o último dia útil anterior.

52. Ou o último dia útil anterior.

53. Acórdão do STF, Pleno, RE 197.970-6/MG, *RJIOB* 1/11858. V., tb., ementas 1/11.195, 1/11.300 e 1/12.504.

gamentos do INSS por falta de recursos, para responder afirmativamente no sentido da legitimidade teleológica da suposta medida provisória. Suponhamos, também, sua efetividade. Resta verificar sua imprescindibilidade, aqui em comparação à lei decorrente de projeto em regime de urgência.

Nos termos do art. 195, § 6º da CF/88, toda medida provisória que institui ou modifica contribuições sociais somente produz efeitos 90 dias após sua publicação.

Assim, enquanto os projetos de lei propostos entre 15 de fevereiro e 31 de março[54] ou entre 1º de agosto e 14 de setembro[54] podem ser votados e sancionados em 93 dias,[55] uma medida provisória que institui ou modifica contribuição social levaria 90 dias (art. 195, § 6º da CF/88) para produzir efeitos. Nesse caso, cabe ao jurista analisar o caso concreto para sopesar se esses três dias de diferença seriam tão relevantes a ponto de justificar o sacrifício da legalidade e da tripartição dos poderes decorrente da edição de medidas provisórias que instituem ou modificam contribuições sociais. É muito provável que três dias não façam qualquer diferença. Contudo, há que se verificar cada caso concreto.

Já se a medida provisória original foi editada fora daqueles períodos acima discriminados, mas houve convocação extraordinária do Congresso (art. 57, § 6º da CF/88) por prazo suficiente para a ultimação da votação, então o prazo de 93 dias para promulgação permanece o mesmo.

Ressalvadas essas convocações extraordinárias, se esse prazo de 92 dias para votação não corre nos períodos de recesso (art. 64, § 4º, da CF/88) e se os períodos de recesso do Congresso Nacional são de 1º a 31 de julho e de 16 dezembro a 14 de fevereiro (art. 57 da CF/88), então o prazo de 92 dias aumenta em 31 dias se o projeto for recebido entre 1º de abril e 30 de junho[56] (totalizando 123 dias) ou em 61 dias se o projeto for recebido entre 15 de setembro e 15 de dezembro[56] (totalizando 153 dias), períodos em que o prazo atinge o recesso parlamentar e, por isso, é estendido. Contando com a promulgação da lei decorrente de projeto em regime de urgência, esses prazos aumentam, respectivamente, em um dia para a sanção presidencial, ou seja, 124 dias para os projetos recebidos entre 1º de abril e 30 de junho[57] e 154 dias para os recebidos entre 15 de setembro e 15 de dezembro.[57]

Nesses casos as correspondentes medidas provisórias permanecem imprescindíveis na comparação com os projetos de lei em regime de urgência.

5.3.1.2.2 Diferimento até o próximo exercício para os demais tributos: Nos termos do art. 150, III, *b*, da Carta Magna dc 1988, a medida provisória que aumenta ou institui tributos só produz efeitos a partir de 1º de janeiro do ano seguinte ao de sua publicação, ressalvadas as contribuições sociais e aqueles impostos não sujeitos à anterioridade (II, IE, IPI, IOF e o Imposto Extraordinário de Guerra externa, nos termos do art. 150, § 1º da CF/88). Em que casos poderia a medida provisória ser substituída por uma lei decorrente de projeto em regime de urgência?

Vimos que se o prazo total de 92 dias para votação de projeto de lei em regime de urgência não corre nos períodos de recesso (art. 64, § 4º, da CF/88) e, se o período de recesso do Congresso Nacional ao final do exercício inicia em 16 dezembro (art. 57 da CF/88), então, salvo convocações extraordinárias, somente os projetos de lei recebidos até 14 de setembro, ou último dia útil anterior, podem entrar em vigor em 93 dias ainda no mesmo exercício para produzirem efeitos no exercício seguinte, respeitando o princípio da anterioridade. Isso significa que toda medida provisória editada até 14 de setembro,[58] ainda que subseqüentemente

54. Ou o último dia útil anterior.

55. Prazo constatado no tópico 5.3.1.

56. Ou o último dia útil anterior.

57. Ou o último dia útil anterior.

58. Ou o último dia útil anterior.

convertida em lei, pode dar lugar a um projeto de lei em regime de urgência. Portanto, toda medida provisória editada até 14 de setembro[59] é prescindível em relação ao projeto de lei em regime de urgência, constituindo uma ofensa desproporcional à segurança jurídica, à legalidade e à independência dos Poderes, o que é inconstitucional.

Se houve convocação extraordinária no final do ano, essa data limite é correspondentemente diferida. Assim, se a convocação extraordinária estendeu as reuniões do Congresso em 8 dias (de 16.12 a 23.12), aquela data limite para apresentação de medida provisória passou de 14 de setembro para 22 de setembro ou o último dia útil anterior.

5.3.2 Medidas provisórias *versus* solicitação de delegação e leis delegadas

O controle de constitucionalidade e o exame de imprescindibilidade de medidas provisórias passam, também, por sua comparação com a solicitação de delegação e com leis delegadas.

O maior óbice à promulgação de leis delegadas é sua necessidade de delegação por resolução do Congresso Nacional. Essa é sua maior "desvantagem" em relação a medidas provisórias que podem ser editadas sem prévia delegação, com eficácia imediata, para a proteção de direito, garantia ou bem jurídico sob ameaça. O problema reside na ausência de prazos e obrigatoriedade de votação da resolução de delegação, o que significa que o momento de votação da mencionada resolução fica à inteira discricionariedade do Congresso. Por tal difícil acessibilidade do Presidente a tal veículo legislativo, podemos dizer que medidas provisórias permanecem imprescindíveis quando comparadas com leis delegadas, pois independem de prévia autorização.

Porém, se vencidos esses óbices de promulgação da resolução de delegação, tudo muda, pois o Presidente está diante da plena competência para editar uma lei delegada, que, como veremos é instrumento muito superior às medidas provisórias. Senão, vejamos.

Se o conteúdo e o modo de exercício da lei delegada são predeterminados pelo Congresso na resolução de delegação (art. 68, § 2º da CF/88) e se, segundo o aspecto democrático da legalidade e segundo o princípio da tripartição dos poderes toda lei em sentido formal deve ser votada pelo Congresso, então, temos que a *lei delegada garante muito mais legalidade e tripartição dos poderes* que as medidas provisórias. A respeito, comenta Ives Gandra que "a delegação exterioriza integração de poderes. Reconhece o Poder Legislativo que certas matérias exigem uma atuação mais pronta do Executivo e, previamente, o autoriza a legislar. O Presidente, para obter a delegação, deverá negociar com o Congresso, agindo de forma democrática e política".[60]

Não bastasse isso, ensina-nos, ainda, Ives Gandra da Silva Martins que a medida provisória "é um veículo *precário*, com força de lei, que ao desaparecer do mundo jurídico por rejeição (...), não permanece sequer nos seus efeitos de trinta dias" e que "a perda de sua (da lei delegada) eficácia, ao contrário da medida provisória, é *ex nunc*, vale dizer, ocorre quando revogada ou alterada a lei; continuam válidos os atos praticados na sua conformidade, durante seu prazo de vigência. Já em relação à medida provisória, a perda de eficácia produz efeitos *ex tunc*, sendo um veículo legislativo que, rejeitado (...), perde densidade no mundo jurídico como se nunca tivesse existido. A lei delegada não. Sua validade é incontestável e imodificável pelo princípio da irretroatividade".[61] Não resta dúvidas de que

59. Ou o último dia útil anterior.

60. Ives Gandra da Silva Martins, *Comentários...*, cit., pp. 518 e 520.

61. Ives Gandra da Silva Martins, idem.

as leis delegadas garantem maior segurança jurídica às relações jurídicas que disciplinam do que as medidas provisórias.

Portanto, se leis delegadas garantem muito mais legalidade e tripartição dos poderes que medidas provisórias e se legalidade e tripartição dos poderes nada mais são do que concretizações da segurança jurídica (art. 5º, *caput*, da CF/88 etc.), então, leis delegadas garantem muito maior segurança jurídica que medidas provisórias. Além disso, se a perda de eficácia de leis delegadas *mantém válidos* todos os atos praticados na sua conformidade (*ex nunc*), enquanto a perda de eficácia de medidas provisórias *torna inválidos* todos os atos praticados na sua conformidade (*ex tunc*), prejudicando a segurança de todas as relações jurídicas pertinentes, então podemos concluir que leis delegadas *sacrificam muito menos segurança jurídica* e são muito mais eficientes que medidas provisórias para disciplinar as relações jurídicas de que tratam.

Se após a plena delegação por resolução, o Presidente pode editar, imediatamente, uma lei delegada que independe do Congresso, enquanto medidas provisórias ainda dependem de aprovação do Congresso, logo, a lei delegada é, nesses casos, muito mais eficiente que medidas provisórias. E ainda que a resolução determine, excepcionalmente, a apreciação do projeto de lei delegada pelo Congresso Nacional (delegação condicionada, art. 68, § 3º da CF/88), leis delegadas são apreciadas em *votação única* e *não podem ser emendadas*, o que vale dizer, serem elas, ainda assim, mais *eficientes* que medidas provisórias.

Se leis delegadas sacrificam menos a segurança jurídica e são mais eficientes que medidas provisórias e se, o princípio da proporcionalidade, sob seu aspecto da imprescindibilidade do meio, *determina que o Presidente da República adote o meio menos danoso e mais eficiente*, então, uma vez *promulgada a resolução de delegação*, antes de editar qualquer medida provisória, o Presidente tem o dever de promulgar a lei delegada, desde que a matéria tratada não seja vedada à delegação. A omissão na promulgação da lei delegada autorizada pelo Congresso acarreta a prescindibilidade da correspondente medida provisória que vier a ser adotada, em *desproporcional violação* dos princípios da legalidade e da tripartição dos poderes, fulminando a medida provisória de absoluta inconstitucionalidade.

5.4 Proporcionalidade "stricto sensu" de medidas provisórias em relação ao fim perseguido

Examinados os aspectos do princípio da proporcionalidade (legitimidade teleológica, a efetividade e a imprescindibilidade da medida provisória), resta proceder ao exame do aspecto da proporcionalidade *stricto sensu* ou razoabilidade da medida provisória.

Proporcionalidade *stricto sensu* (*Verhältnismäßigkeit im engeren Sinne*) ou razoabilidade (*Zumutbarkeit*) de medidas provisórias em relação ao fim perseguido significa que o sacrifício de legalidade e de separação dos poderes esteja em relação devidamente sopesada e ponderada com a finalidade perseguida por tais tutelas cautelares legislativas. Trata-se de uma ponderação de bens jurídicos e interesses de públicos e privados, que só pode se dar em cada caso concreto. Nesse sentido, entende Marco Aurelio Greco que "a medida provisória não deve introduzir maiores modificações na legislação do que o necessário". Se a medida provisória toma medidas que vão além da solução do problema, torna-se desproporcional em relação ao fim perseguido, pois, fere, desnecessariamente, a legalidade ou a independência dos Poderes.

6. Controle de constitucionalidade da reedição de medidas provisórias à luz do princípio da proporcionalidade

Cabe ao jurista considerar, sempre, a realidade histórica (dimensão fática da tridimensionalidade realeana do direito) para oferecer soluções não apenas justas, mas, também, realistas. É dever do jurista ponderar a tradição inercial de nosso Congresso e a já reiterada jurisprudência do Supremo Tribunal Federal favorável à reedição de medidas provisórias para chegar a uma conclusão ao mesmo tempo justa e realista quanto à possibilidade de reedição de medidas provisórias.

Com efeito, afirma a Suprema Corte brasileira, última instância de todas as aspirações histórico-deontológicas do Direito: "O STF (...) tem (...) admitido como válidas e eficazes as reedições de medidas provisórias, ainda não votadas pelo Congresso Nacional, quando tais reedições hajam ocorrido dentro do prazo de trinta dias de sua vigência. Até porque o poder de editar MP subsiste, enquanto não rejeitada (ADIn 295, ADIn 1.533, entre outras)".[62]

6.1 Medidas provisórias reeditadas sem alterações

6.1.1 Legitimidade teleológica: relevância e urgência

Vimos nos tópicos 4 e 5.1 que o princípio da proporcionalidade exige que medidas provisórias persigam uma finalidade constitucionalmente legítima (legitimidade teleológica), proporcionalmente tão valiosa quanto os direitos, garantias ou bens jurídicos que sacrifica. Bem, mas quais são as finalidades de medidas provisórias reeditadas sem alterações?

Toda medida provisória reeditada sem alterações tem sempre duas finalidades: convalidar os efeitos *passados* das medidas provisórias anteriores e produzir para o *futuro* os mesmos efeitos da medida provisória anterior.

Se a medida provisória reeditada, sem alterações, visa apenas convalidar os efeitos *passados* e produzir, para o *futuro*, os mesmos efeitos da medida provisória anterior e se as medidas provisórias anteriores detinham legitimidade teleológica, logo, é de se presumir a legitimidade teleológica da medida provisória reeditada.

Já, se qualquer inconstitucionalidade subtrai a legitimidade teleológica de qualquer medida provisória e, se as medidas provisórias anteriores eram, de/alguma forma, inconstitucionais, então, tanto a convalidação retroativa como a produção futura dos mesmos efeitos são teleologicamente ilegítimos e, portanto, inconstitucionais.

6.1.2 Efetividade de medidas provisórias reeditadas

Somente após a constatação afirmativa da legitimidade teleológica da medida provisória, é que podemos examinar sua efetividade (segundo aspecto do princípio da proporcionalidade). Não basta que medidas provisórias reeditadas visem convalidar os efeitos *passados* das medidas provisórias anteriores e produzir para o *futuro* os mesmos efeitos da medida provisória anterior. É necessário que elas sejam efetivamente capazes de fazê-lo.

Assim, uma medida provisória só é capaz de convalidar os efeitos de suas antecessoras antes que a última perca sua eficácia. É condição imposta, também, pelo Supremo Tribunal Federal.[63] Assim, uma medida provisória reeditada fora do prazo de vigência de sua antecessora não é capaz de convalidar os efeitos *passados* desta, violando desproporcionalmente os princípios da legalidade e da tripartição dos poderes, o que a torna inconstitucional apenas para retroagir.

Igualmente destituída de efetividade é a medida provisória reeditada antes já rejeitada pelo Congresso. Nesse sentido, mani-

62. Item 4 da ementa oficial da ADIn 1.610-UF, *RJIOB* 1/98, p. 11, ementa 11.798.

63. Item 4 da ementa oficial da ADIn 1.610-UF, in *RJIOB* n. 1/98, p. 11, ementa n. 11.798.

festou-se, também, o Tribunal Constitucional brasileiro.[64]

6.1.3 Imprescindibilidade de medida provisória reeditada

6.1.3.1 Reedição de medida provisória com eficácia imediata "versus" lei decorrente de projeto em regime de urgência — A fim de maximizar a eficácia de todos os direitos, garantias e bens jurídicos envolvidos,[65] o exame de imprescindibilidade de medida provisória reeditada *versus* lei decorrente de projeto em regime de urgência compara tais instrumentos à disposição do Presidente para determinar a aplicação daquele de menor sacrifício à segurança jurídica e tão ou mais eficiente.

No tópico 5.3.1.1, verificamos que, se uma medida provisória tem eficácia imediata e o projeto em regime de urgência demora pelo menos 93 dias para ser votado e sancionado, logo, a medida provisória é mais eficiente que o projeto de lei em regime de urgência que demora pelo menos 93 dias,[66] muito embora aquela sacrifique mais segurança jurídica que este.

Esse resultado de comparação muda, porém, a partir do momento em que deixamos de comparar medidas provisórias com um projeto de lei em regime de urgência, para compará-las à própria lei deste decorrente, uma lei ordinária como qualquer outra já em pleno vigor. Retomemos mais especificamente esta comparação.

Tal comparação se dá sob dois aspectos: eficiência na proteção de direitos, garantias e bens jurídicos e sacrifício de segurança jurídica.

Sob o aspecto da eficiência na proteção de direitos, garantias e bens jurídicos, verificamos que uma vez promulgadas, têm leis decorrentes de projetos em regime de urgência tanta eficiência quanto medidas provisórias de mesmo conteúdo, pois, enquanto estas têm apenas força de lei, aquelas são leis em toda sua plenitude. Aqui, temos um "empate".

Já, sob o aspecto do sacrifício de segurança jurídica, vamos constatar que leis decorrentes de projetos em regime de urgência sacrificam muito menos segurança jurídica do que medidas provisórias. Senão vejamos.

Como já mencionamos, a medida provisória "é um veículo *precário*, com força de lei, que ao desaparecer do mundo jurídico por rejeição (...), não permanece sequer nos seus efeitos de trinta dias (...) a perda de eficácia produz efeitos *ex tunc*, sendo um veículo legislativo que, rejeitado..., perde densidade no mundo jurídico como se nunca tivesse existido".[67] Tal precariedade gera insegurança jurídica para as relações que disciplina, pois, o reconhecimento legal destas permanece incerto até que se converta em lei. Considerando as sistemáticas reedições de diversas MPs por longos períodos, podemos ter uma noção da insegurança jurídica que afeta tais relações, caso a MP venha a ser rejeitada.

Tal insegurança jurídica não existe em leis decorrentes de projeto em regime de urgência. Tais leis são como quaisquer leis ordinárias: a eventual perda futura de sua eficácia, ao contrário da medida provisória, opera-se *ex nunc*, ou seja, mantêm válidos os atos praticados na sua conformidade, durante seu prazo de vigência.

Assim, se medidas provisórias disciplinam relações jurídicas de modo precário, inseguro, e leis decorrentes de projetos em regime de urgência disciplinam relações jurídicas de modo definitivo, seguro, então leis decorrentes de projetos em regime de urgência sacrificam muito menos a segurança jurídica que MPs.

64. Idem.

65. Sobre fundamentos constitucionais do implícito princípio da proporcionalidade vide tópico 4.

66. Prazo calculado no tópico 5.3.1.

67. Ives Gandra da Silva Martins, *Comentários...*, cit., pp. 518 e 520.

Essa constatação nos leva, então, a indagar quanto tempo leva um projeto de lei em regime de urgência para tornar-se lei. Como já examinamos a questão no tópico 5.3.1, passaremos diretamente às conclusões.

Se leis decorrentes de projetos em regime de urgência, desde que propostas entre 15 de fevereiro e 3l de março[68] ou entre 1º de agosto e 14 de setembro,[68] podem ser votadas e sancionadas em 93 dias[69] e se tais leis garantem, sem dúvida, maior segurança jurídica que medidas provisórias reeditadas, então, a medida provisória original editada nesses mesmos períodos e reeditada sem votação no prazo de 93 dias poderia ter sido substituída a partir do 94º dia por uma lei decorrente de projeto em regime de urgência. Isso significa que o sacrifício de segurança jurídica por MPs torna-se prescindível (dispensável) a partir do 94º dia de sucessivas reedições, quando uma lei decorrente de projeto em regime de urgência já poderia estar em vigor. Tal prescindibilidade implica a desproporcional ofensa aos princípios da legalidade e da tripartição dos poderes. Esta inconstitucionalidade *alcança apenas os efeitos futuros das medidas provisórias reeditadas*. Tal inconstitucionalidade da MP reeditada a partir do 94º dia não opera *ex tunc*, mas, apenas e tão-somente, *ex nunc*. Isso se dá, pois a lei decorrente de projeto em regime de urgência não poderia ter tido eficácia nos primeiros 93 dias que leva para ser aprovada. Assim, a medida provisória que ultrapassa esse prazo de 93 dias *permaneceria absolutamente constitucional para convalidar os efeitos dos primeiros 93 dias das medidas provisórias anteriores* até que o Congresso se manifeste a respeito.

Já, se a medida provisória original foi editada fora daqueles períodos acima discriminados, mas houve convocação extraordinária do Congresso (art. 57, § 6º, da CF/88) por prazo suficiente para a ultimação da votação, então o prazo de 93 dias para votação e sanção permanece o mesmo.

Ressalvadas essas convocações extraordinárias, se projetos de lei em regime de urgência *recebidos entre 1º de abril e 30 de junho*[70] levam *124 dias*[71] para votação e sanção e se tais leis garantem, sem dúvida, maior segurança jurídica que medidas provisórias reeditadas, então a medida provisória original editada nesses mesmos períodos e reeditada sem votação no prazo de 124 dias poderia ter sido substituída a partir do 125º dia por uma lei decorrente de projeto em regime de urgência. Isso significa que o sacrifício de segurança jurídica por MPs torna-se prescindível (dispensável) a partir do 125º dia de sucessivas reedições, quando uma lei decorrente de projeto em regime de urgência já poderia estar em vigor. Tal prescindibilidade implica a desproporcional ofensa aos princípios da legalidade e da tripartição dos poderes. Esta inconstitucionalidade *alcança apenas os efeitos futuros da medida provisória reeditada*. Tal inconstitucionalidade da MP reeditada a partir do 125º dia não opera *ex tunc*, mas apenas e tão-somente *ex nunc*, pelas mesmas razões a pouco expostas.

Da mesma forma, se projetos em regime de urgência, desde que *recebidos entre 15 de setembro e 15 de dezembro*,[72] podem ser votados e sancionados *em 154 dias*[73] e se tais leis garantem, sem dúvida, maior segurança jurídica que medidas provisórias, então a medida provisória reeditada sem votação no prazo de 154 dias poderia ter sido substituída a partir do 155º dia por uma lei decorrente de projeto em regime de urgência. Isso significa que o sacrifício de segurança jurídica por MPs torna-se prescindível (dispensável) a partir do 155º dia de sucessivas reedições, quando uma lei decorrente de projeto em regime de urgência já

68. Ou o último dia útil anterior.

69. A respeito desse prazo vide tópico 5.3.1.

70. Ou o último dia útil anterior.

71. Prazo constatado no tópico 5.3.1.

72. Ou o último dia útil anterior.

73. Prazo constatado no tópico 5.3.1.

poderia estar em vigor. Pelas mesmas razões acima já expostas, tal prescindibilidade implica a desproporcional ofensa aos princípios da legalidade e da tripartição dos poderes. Esta inconstitucionalidade *alcança apenas os efeitos futuros da medida provisória reeditada.* Tal inconstitucionalidade da MP reeditada a partir do 155º dia não opera *ex tunc*, mas, apenas e tão-somente, *ex nunc*, pelas mesmas razões a pouco expostas.

6.1.3.2 Reedição de medida provisória com eficácia diferida até o próximo exercício "versus" lei decorrente de projeto em regime de urgência — No exame de imprescindibilidade da *primeira* edição de medida provisória com eficácia diferida até o próximo exercício em comparação com lei decorrente de projeto em regime de urgência (tópico 5.3.1.2.2), vimos que em matéria de tributos sujeitos ao princípio da anterioridade, somente as medidas provisórias editadas, salvo convocações extraordinárias, a partir de 15 de setembro, não poderiam ser eficientemente substituídas, a tempo, por leis decorrentes de projeto em regime de urgência e não seriam, assim, um sacrifício excessivo da segurança jurídica, sendo portanto constitucionais. Deste modo tais medidas provisórias editadas entre 15.9.X1 e 31.12.X1 para produzir efeitos em X2 observam o princípio da anterioridade. Suas contínuas reedições continuam dando suporte "legal" para tal eficácia durante X2.

Suponhamos, contudo, que essas mesmas medidas provisórias, sujeitas ao princípio da anterioridade, continuem sendo reeditadas sem conversão em lei durante o ano de X2 para produzirem efeitos em X3. Devemos lembrar que até 14.9.X2 uma lei decorrente de projeto em regime de urgência pode ser aprovada para assegurar definitivamente a instituição ou aumento de tributo no ano de X3.[74] Neste caso, as medidas provisórias reeditadas entre 1º.1.X2 e 14.9.X2 para *produzirem efeitos em X3* poderiam ser substituídas por uma lei decorrente de projeto em regime de urgência. Tais medidas provisórias seriam então prescindíveis em comparação com a correspondente lei decorrente de projeto em regime de urgência. Tal prescindibilidade representa um excessivo e desproporcional sacrifício de segurança jurídica e, por conseguinte, uma inconstitucionalidade.

6.1.4 Proporcionalidade *stricto sensu* de medidas provisórias reeditadas em relação ao fim perseguido

Examinados os três primeiros aspectos do princípio da proporcionalidade (legitimidade teleológica, a efetividade e a imprescindibilidade da medida provisória), resta proceder ao exame do aspecto da proporcionalidade *stricto sensu* ou razoabilidade da reedição de medida provisória.

Proporcionalidade *stricto sensu* (*Verhältnismäßigkeit im engeren Sinne*) ou razoabilidade (*Zumutbarkeit*) de medidas provisórias em relação ao fim perseguido significa que o sacrifício de segurança jurídica esteja em relação devidamente sopesada e ponderada com a finalidade de convalidação retroativa e de produção futura dos mesmos efeitos da medida provisória anterior. Trata-se de uma ponderação que só pode se dar em cada caso concreto.

6.2 Proporcionalidade de medidas provisórias reeditadas com alterações

Medida provisória reeditada com alterações não tem a finalidade apenas de convalidar retroativamente e produzir futuramente os mesmos efeitos da medida provisória anterior, mas, também, a de introduzir alterações em relação à medida provisória anterior. Aqui, rege o principio da irretroatividade. Tais alterações vigem, apenas, a partir de sua publicação.

74. Vide esclarecimentos mais detalhados sobre essa data limite no tópico 5.3.1.2.2.

Para as partes não alteradas, aplica-se o exame exposto no tópico 6.1 e ss. Já para as partes alteradas, aplica-se a análise da proporcionalidade constitucional de medidas provisórias, descrita no tópico 5.

7. Conclusões

a) O Presidente da República está obrigatoriamente submisso à Constituição. Não se confunda discricionariedade com arbitrariedade. Sua discricionariedade não decorre apenas do art. 62 da CF/88, mas de toda a Constituição de Estado Democrático de Direito brasileiro. Logo, está sujeita aos direitos e bens jurídicos fundamentais e ao controle de constitucionalidade do Poder Judiciário.

b) Estado Democrático de Direito (art. 1º da CF/88) é um princípio constitucional supremo que reconhece como valores fundamentais não apenas a segurança jurídica (art. 5º, *caput*, da CF/88), mas também a justiça concretizada no princípio da igualdade (art. 5º, I, 145, § 1º, 150, II, da CF/88) e nos direitos, garantias e bens jurídicos constitucionais (arts. 5º e ss. da CF/88).

c) Por isso, o art. 62 da Carta Fundamental de 1988 permite o sacrifício de segurança jurídica, desde que proporcional aos direitos, garantias e bens jurídicos constitucionais a serem protegidos ou promovidos por medidas provisórias.

d) princípio da proporcionalidade tem fundamento constitucional no choque de eficácia entre direitos, garantias ou bens jurídicos constitucionais (arts. 5º e ss., da CF/88) e na igualdade da eficácia de cada um deles, ditada pelo princípio da igualdade (arts. 5º, *caput*, I, 7º, XXXIV, 14, *caput*, 37, XXI, 145, § 1º, 150, II, 196, *caput*, 206, *caput*, todos da CF/88), de modo que a realização de um direito, garantia ou bem jurídico constitucional nunca pode implicar o desproporcional sacrifício total de outro. Há que se examinar então as medidas provisórias sob quatro aspectos:

- legitimidade dos fins perseguidos;
- efetividade do meio empregado;
- imprescindibilidade do meio empregado;
- proporcionalidade *stricto sensu* ou razoabilidade da relação meio-fim.

e) Examinamos então a constitucionalidade da edição (a primeira) de medidas provisórias à luz do princípio constitucional da proporcionalidade. Medidas provisórias são teleologicamente legítimas (*primeiro aspecto*) quando visam proteger direito, garantia ou bem jurídico, constitucionalmente positivados, tão ou mais importantes que os princípios da legalidade e da tripartição dos poderes (relevância) e ameaçados de perda ou prejuízo irreparáveis (urgência). Medidas provisórias são efetivas (*segundo aspecto*) quando são capazes de realizar o fim a que se propuseram. São imprescindíveis (*terceiro aspecto*) quando não podem ser substituídas por um outro meio, pelo menos igualmente eficiente, e de menor sacrifício à segurança jurídica, tais como leis decorrentes de projeto em regime de urgência, leis delegadas. São proporcionais ou razoáveis (*quarto aspecto*) quando a importância do bem perseguido justifica o sacrifício por elas causado.

f) Por fim, analisamos a constitucionalidade da reedição (as subseqüentes à primeira) de medidas provisórias à luz do princípio constitucional da proporcionalidade. Lá verificamos que medidas provisórias reeditadas são teleologicamente legítimas (*primeiro aspecto*) quando suas antecessoras detinham legitimidade teleológica. São efetivas (*segundo aspecto*) quando reeditadas dentro daqueles trinta dias de vigência de sua antecessora e quando não consistirem em medidas provisórias já rejeitadas pelo Congresso. São imprescindíveis (*terceiro aspecto*) quando não poderiam ser substituídas por um outro meio igualmente eficiente e de menor sacrifício à segurança jurídica. Neste tópico verificamos que leis decorrentes de projetos em regime de urgência são tão eficientes como medidas provisórias. Constatamos ainda que se medidas provisórias disciplinam relações jurídicas de modo precário, inseguro, e leis decorrentes de projetos em regime de urgência disciplinam relações jurídica de modo definitivo, seguro, então leis decorrentes de projetos em regime de urgência sacrificam muito menos segurança jurídica. Daí concluímos que uma medida provisória passa a ser *prescindível*, e portanto *inconstitucional*, a partir do dia em que uma lei decorrente de projeto em regime de urgência poderia ter entrado em vigor. Medidas provisórias são proporcionais ou razoáveis (*quarto aspecto*) quando a importância do bem perseguido justifica o sacrifício de segurança jurídica causado pelo emprego de medida provisória.

Talvez o Exmo. Sr. Presidente da República possa explicar a necessidade de edição das centenas de medidas provisórias, além das hoje cerca de 35 sistematicamente reeditadas ao seu bel-prazer. O Direito não as recrimina em princípio, porém condena seu excesso! Talvez para o Presidente os fins justifiquem os meios. Para o Direito não! Que catástrofe e motivo de chacota internacional seria a rejeição, pelo Congresso, do Plano Real realizado sob a forma de sucessivas reedições de medidas provisórias. O Presidente ficaria falando sozinho, tentando explicar a necessidade do plano e culpando o Congresso pelo transtorno. Como disciplinaria o Congresso a irreversível nulidade jurídica da moeda corrente por mais de 360 dias?!? Ora, talvez a douta assessoria jurídica do Presidente devesse informá-lo de que há outros meios menos danosos à segurança jurídica...

COMPETÊNCIA LEGISLATIVA MUNICIPAL SOBRE MEIO AMBIENTE

ANTÔNIO JOSÉ DE MATTOS NETO
Doutor em Direito pela Universidade de São Paulo — Professor de Direito no Mestrado da Universidade Federal do Pará — Membro Fundador da Academia Paraense de Letras Jurídicas — Procurador da Fazenda Nacional — Advogado

1. Posição da questão

A Constituição Federal não enuncia explicitamente a competência do Município para legislar. Urge que se faça um apanhado desse estudo.

Podem os Municípios legislar sobre meio ambiente? Em caso positivo, em que medida? Em que extensão?

Para descortinarmos a indagação, é indispensável que analisemos, inicialmente, os alicerces da principiologia que fundamentam a competência municipal.

Para tanto, necessariamente temos que realizar estudo sobre a Federação, sua estrutura, características, e inserir a problemática dentro da experiência constitucional brasileira.

Assim, mãos a obra!

2. A Federação

Em 1781, na América do Norte, as treze colônias revoltadas com a Inglaterra reuniram-se em Estados soberanos e adotaram o sistema confederativo de forma de Estado, elaborando o documento "Artigos da Confederação", de acordo com o qual cada unidade conservava sua soberania, liberdade e independência (art. 2º).[1]

Motivados por questões políticas, militares, econômicas e todos os problemas da soberania recém-adquirida, tornou-se imperioso que os treze Estados americanos soberanos adotassem uma ordem jurídica que fosse capaz de coordenar eficientemente todas as ações.

Se, por um lado, havia a conveniência da unificação política, por outro, as antigas treze colônias já transformadas em Estados soberanos não queriam perder a independência, individualidade e liberdade que acabara de conquistar.

Assim é que, em 1787, reuniram-se na Filadélfia e elaboraram uma Constituição inaugurando a forma federalista de Estado. O federalismo, portanto, nasceu da fusão contratual de antigas soberanias em uma única.[2]

Os ensaios do "Federalista" que publicaram conjuntamente Hamilton, Jay e Madison, em 1787 e 1788, serviram de sustentá-

1. Carlos Maximiliano, *Comentários à Constituição Brasileira: 1946*, p. 172.

2. A Confederação americana teve, assim, vida curta: de 1781 a 1787.

culo para ratificar a Constituição federal americana e constituem a primeira e uma das mais completas formulações da teoria do federalismo.[3]

No federalismo coexistem um governo federal e centros de poder autônomo. O governo central incorpora a Nação soberana visando prover interesses nacionais, sendo-lhe conferida quantidade mínima de poderes expressos com competência no inteiro território da federação, indispensável para garantir a unidade política e econômica; já aos governos regionais autônomos, que têm competência sobre seus respectivos territórios, são outorgados todos os demais poderes — os chamados poderes remanescentes.

Nesse sentido, o governo federal é fortemente limitado, visto que os governos regionais dispõem de poderes suficientes para serem autônomos.[4]

No sistema federal, o cidadão deve obediência a duas esferas de poder político-jurídico, sujeitando-se a duas ordens constitucionais: o federal e o estadual, pelo que Jorge Miranda denomina estrutura de sobreposição, e identifica a Federação como Estado de Estados.[5] E tal fenômeno não gera conflito entre as ordens jurídicas, porquanto há a aludida partilha de competência de poderes e como guardiã desse primado há uma vigilante Corte Constitucional.

Esta forma original de Estado federal recebeu, ao longo da história das nações pelo mundo afora, suas adaptações aos peculiares interesses locais de cada país. Não há, assim, uma concepção única e exclusiva. A estrutura federal de cada país tem a fisionomia política que lhe for conferida. No Brasil, por exemplo, sem que fossem desfiguradas as características inerentes ao sistema, a célula político-administrativa mínima — chamada Município — faz parte da estrutura da Federação brasileira, a par da União e dos Estados federados.

Da mesma forma, modernizou-se o espírito mobilizador conducente à formação de uma Federação. Não mais, ou melhor, não apenas a unificação política de unidades regionais que não se haviam integrado ao todo nacional objetiva o federalismo atual, mas como fundamento primeiro está que tal sistema tornou-se, por excelência, a forma de organização de estado democrático.[6]

É que a descentralização do poder é instrumento participativo para o exercício da democracia. Ou seja, o poder é democrático na medida em que a decisão política está mais próxima daqueles que a ela estão sujeitos.[7]

E a compreensão de democracia no Estado contemporâneo perpassa necessariamente pelo conceito de Estado de Direito de tal arte que Estado democrático e Estado de Direito são noções que merecem conjugação recíproca.

O magistério de J. J. Gomes Canotilho e Vital Moreira encerra a apreensão perfeita quando lecionam que "o Estado de Direito só é democrático e só sendo-o é que é Estado de Direito; o Estado Democrático é Estado de Direito e só sendo-o é que é democrático. Há uma *democracia de Estado-de-Direito*; e há um *Estado-de-Direito de democracia*.[8]

Assim, esses dois componentes são ligados formando um único conceito jurídico em que o sentido de um está condicionado e qualificado ao sentido do outro, mas sem prejudicar a consideração particular de cada um deles.

Federação, democracia e Estado de Direito são conceitos sincrônicos que con-

3. Norberto Bobbio, Matteucci e Gianfranco Pasquino, *Dicionário Político*, verbete de Lúcio Levi, "Federalismo", p. 480.

4. Idem, p. 481.

5. Jorge Miranda, *Manual de Direito Constitucional*, p. 235.

6. Celso Bastos e Ives Gandra Martins, *Comentários à Constituição do Brasil*, 1º v., t. I (arts. 1º a 4º), p. 215.

7. Idem, loc. cit.

8. J. J. Gomes Canotilho e Vital Moreira, *Constituição da República Portuguesa Anotada*, p. 73.

formam um primado fundamental de garantia para o cidadão cujo processo deve ser aperfeiçoado com os avanços jurídicos, objetivando transferir as atividades do centro para a periferia.[9]

Perseguindo esta meta, o Estado federal apresenta estrutura com características peculiares.

Resumidamente, vejamos cada uma delas.

Uma das características é a descentralização política. Significa dizer que a organização do poder é feita por distribuição de competência entre o poder central, denominado União, e as expressões regionais de poder, freqüentemente denominadas Estados-Membros ou Estados federados, podendo, também, serem chamadas Província, Cantão.[10] Assim, o poder governamental se distribui por unidades regionais.

O fundamento da partilha do poder é facilitar o seu mais eficaz e adequado exercício.

A repartição de competência de poderes é a espinha dorsal do federalismo. Sua versão clássica consiste nos moldes anteriormente traçados segundo o qual, não é demais repisar, o Estado federal fica com poderes expressos, delineados rigidamente na Constituição Federal, enquanto aos Estados-membros remanescem todos os demais poderes que não são de competência da União.

Este federalismo em que há cristalina distinção na partilha entre as duas competências de poder é considerado o federalismo clássico ou dualista.

Atualmente, em função das exigências modernas, impossível respeitar rigidamente esta dualidade, de modo que há interpenetração entre as duas competências de poderes. Hoje em dia, recorre-se à técnica jurídica que torne possível à União atuar em atividades conjuntamente com os Estados-membros, e estes colaboram com a esfera federal. Daí se falar em federalismo de colaboração.[11]

Entretanto, a técnica de repartição de competência em que de um lado temos o rol enunciado de poderes da União e de outro a competência remanescente ou residual aos Estados permanece sendo a característica típica do federalismo, a despeito de que nem todas as Federações adotam as mesmas técnicas de repartição de competência e nem o fazem nos mesmos padrões.[12]

O critério que norteia a repartição de competências entre as entidades federadas é o da predominância do interesse, segundo o qual à União compete matéria de interesse geral ou nacional e aos Estados federados, as matérias de interesse regional.

Ressalte-se que no Estado moderno é cada vez mais difícil estabelecer cisão profunda entre o que seja de interesse nacional e de interesse regional, uma vez que existem problemas que se não dizem respeito à generalidade da Nação, mas abrangem vastas áreas de interesses,[13] como sói acontecer com a região da Amazônia brasileira que, em certo sentido, o interesse ultrapassa os limites dos Estados-membros que a compõem, englobando os nacionais, e indo, mesmo, atingir o despertar supranacional.

Outra característica que modela o Estado federal é a participação dos Estados-membros perante o órgão central. Os Estados federados têm oportunidade de manifestar suas vontades junto à União, por intermédio do Senado Federal, composto paritariamente por representantes eleitos pelo povo.

9. A Constituição Federal de 88 em seu art. 1º estabelece que a República Federativa do Brasil constitui um Estado Democrático de Direito.

10. Carlos Maximiliano noticia que os soberanos e independentes Cantões suíços uniram-se em Confederação, em 15 de agosto de 1815, mas em 29 de maio de 1874 promulgaram sua Constituição Federal, adotando, portanto, o sistema federativo (ob. cit., pp. 170 e 171).

11. Celso Bastos e Ives Gandra Martins, ob. cit., p. 223.

12. Idem, loc. cit.

13. José Afonso da Silva, *Curso de Direito Constitucional Positivo*, p. 412.

Outro ponto ímpar do federalismo é a possibilidade da unidade federativa se autoconstituir, em que cada qual se auto-organiza com seus poderes próprios (Executivo, Legislativo e Judiciário), conforme as respectivas Constituições.[14]

As unidades federadas são titulares de autonomia jurídica compreendida por dois traços: a possibilidade de governo próprio dentro dos limites constitucionais, em que os órgãos governamentais estaduais não dependem de órgãos federais para suas investiduras; e, existência de competências exclusivas pertinentes às unidades regionais, um mínimo, ainda que seja.[15]

Além dos elementos singulares do sistema federalista de Estado acima visto, merece breve atenção os instrumentos que mantêm a estrutura do Estado federal.

Dentre estes, temos a rigidez constitucional, segundo a qual deve a Constituição Federal imprimir dificuldades e obstáculos no procedimento para sua alteração, com o fim de evitar a modificação da estrutura federal de Estado. E a rigidez deve ser de tal forma acentuada que a Constituição Federal deve conter norma proibitiva de mudança da forma de Estado. Desse modo, resta intocável a Federação.[16]

Por fim, outro elemento que conserva a estrutura federal de Estado é a adoção de órgão incumbido de controle de constitucionalidade de lei. Em razão da diversidade de competências, poderes, atividades das pessoas políticas federadas, urge que um órgão especial zele pela Constituição Federal, impedindo que os governos central e regionais ofendam as regras básicas de partilha de competências e esferas próprias de suas respectivas ações.[17]

14. Jair Eduardo Santana, em profícuo estudo sobre competência municipal no Direito brasileiro, doutrina didaticamente sobre as características do Estado federal em sua obra *Competências Legislativas Municipais*, pp. 21 a 25.

15. José Afonso da Silva, ob. cit., p. 89.

16. Jair Eduardo Santana, ob. cit., pp. 26-27.

17. Idem, loc. cit.

3. *A Federação brasileira*

Vimos que a particularidade essencial do federalismo é a partilha de competência de poderes entre as entidades regionais da Federação que, em sua versão original e clássica, é dual. Quer dizer, formam-se duas órbitas de governo (a central e as regionais) sobre o mesmo território e o mesmo povo.

Por obra de Rui Barbosa, nossa primeira Constituição Federal, a de 1891, reeditou a estrutura de divisão de competência clássica do modelo norte-americano, adotando a fórmula de competências enunciadas à União e aos Municípios e de poderes remanescentes aos Estados-membros.

Porém, redimensionando a estrutura do Estado Federal em adequação aos anseios político-sociais brasileiros, a Constituição Federal de 1988 inseriu o Município, ao lado do Distrito Federal, na condição de componentes da estrutura federal.

A Lei Maior estatui que a República Federativa do Brasil é formada pela união indissolúvel dos Estados e Municípios e do Distrito Federal, constituindo-se em Estado Democrático de Direito (art. 1º, CF), tanto que a organização político-administrativa do Brasil compreende a União, os Estados, o Distrito Federal e os Municípios, todos autônomos (art. 18, CF).

Contrariamente, vimos que no protótipo federativo mundial o Município não entra na composição da Federação. Já no Brasil, a célula política mínima é unidade federada.

Diante desse quadro político-administrativo constitucional, no Brasil a Federação apresenta uma particularidade e uma anomalia. A particularidade consiste na inclusão do Município na estrutura do Estado federal. A anomalia é que o Município, embora sendo unidade federada, não tem representação perante o órgão central, pois no sistema bicameral brasileiro, a Câmara dos Deputados é composta de representantes do povo, eleitos, pelo sistema proporcional, em cada Estado, em cada Território e no Distrito Federal (art. 45, CF), e o Senado Federal, formado por representantes dos Estados e do Distrito Federal, eleitos pelo povo, segundo o princípio majoritário (art. 46, CF).[18]

A particularidade é explicada porque na Constituinte de 88 venceu a corrente municipalista, sendo um de seus próceres o festejado mestre publicista Hely Lopes Meirelles que sustentava ser o Município ente fundamental na estrutura federativa brasileira e, por isso, deveria fazer parte do conceito de Federação. O relacionamento de fidelidade política deve existir não apenas entre União e os Estados, mas também entre União e os Municípios.[19]

Nesse sentido, o Município é unidade regional integrante da Federação, com autonomia política, administrativa e financeira.

Assim, o cidadão brasileiro está jungido não a duas ordens jurídicas, como acontece no federalismo clássico, mas a três: União, Estados-membros e Municípios (ou Distrito Federal).

A Federação é cláusula assegurada na Constituição Republicana de modo inflexível, vez que em seu art. 60, § 4º, I, determina que não será objeto de emenda constitucional a abolição da forma federativa de Estado.

3.1 O Município na Federação

Anteriormente à Lei Maior de 88, os Municípios não eram entidades federadas, mas a Constituição outorgava-lhes governo próprio e competências exclusivas.

A partir de 88, além desses atributos, a Lei Básica reconheceu-lhes, também, o poder de auto-organização. Os Municípios, de fato, passaram a ter autonomia como entidade local federada.

A autonomia municipal tem suas bases constitucionais lançadas nos arts. 18, 29 e 30 e garantida contra os Estados-membros no art. 34, VII, *c*. A autonomia municipal compreende quatro capacidades básicas:

a) capacidade de auto-organização, pois cada edilidade elabora sua Lei Orgânica própria, regrando suas normas básicas e indispensáveis a sua estrutura política organizacional;

b) capacidade de autogoverno, por eleger o representante do Executivo e membros de seu Legislativo;

c) capacidade normativa própria, ou capacidade de autolegislação, nas atribuições de elaboração de leis que lhes competem exclusiva ou suplementarmente; e

d) capacidade de auto-administração, mediante gestão própria para as atividades de interesse local.[20]

E assim, nessas quatro vertentes de capacidades estão inseridas a autonomia política (capacidades de auto-organização e de autogoverno), a autonomia normativa (capacidade autolegislativa), a autonomia administrativa (capacidade de auto-administração) e a autonomia financeira (capacidade de auto-administração).[21]

4. Partilha de competências federativas

O ponto nuclear do sistema federativo de Estado é a repartição de competências dos poderes entre as pessoas políticas federadas.

No Brasil, o cidadão deve obediência a três centros de emanação legislativa: União, Estados e Municípios. A essas esfe-

18. Lucia Valle Figueiredo, "Competências administrativas dos Estados e Municípios", in *RDA* 207/2.

19. José Afonso da Silva condena veementemente a inserção do Município na composição da Federação brasileira (ver *Curso de Direito Constitucional Positivo*, cit., pp. 90 e 408).

20. José Afonso da Silva, *Curso...*, cit., pp. 538-539; e, do mesmo autor, *O Município na Constituição de 1988*, pp. 8-9.

21. Idem, p. 539, loc. cit.

ras de poder a Constituição Federal divide as competências normativa e de atribuições.

O regime constitucional de partilha de competência é bastante complexo. Buscando a descentralização do poder em mira do pleno exercício da democracia, a Lei Básica de 88 entabulou equilíbrio federativo na repartição de competência legislativa, utilizando técnica de enumeração de poderes da União (arts. 21 e 22), poderes remanescentes aos Estados-membros (art. 25, § 1º) e poderes definidos indicativamente aos Municípios (arts. 29 e 30).

Esclareça-se que a competência remanescente não se confunde com a competência implícita. Esta compreende os poderes que por dedução e ilação lógica emergem ou se extraem da competência expressa. Ou seja, a Lei Maior confere poderes explícitos à União, aos Estados federados, aos Municípios e dentro desses poderes estão implícitos outros tantos que naturalmente deles se obtém.[22]

O federalismo dual, clássico, onde as repartições de competências são rigidamente estanques umas das outras, cedeu lugar ao inter-relacionamento entre os níveis de poderes políticos, havendo interpenetração entre as competências constitucionais, formando o que se passou denominar: federalismo cooperativo. Com efeito, o entrelaçamento dos níveis governamentais federados promove cooperação entre as pessoas políticas para que cada uma atenda às necessidades dos administrados.[23]

Nesse espírito, o constituinte de 88 estabeleceu no art. 23, parágrafo único, que lei complementar fixará normas de cooperação entre as esferas de poder, visando ao equilíbrio do desenvolvimento e o bem-estar em âmbito nacional. A mútua ajuda institucional prevista no Texto Constitucional é salutar e indispensável, pois cria mecanismos para evitar que um Estado ou Município descumpra norma ecológica ao atrair investimentos econômicos para sua região, praticando um desenvolvimento predador.[24]

Nesse ponto, urge que analisemos a classificação das competências, a fim de que nosso desiderato seja melhor atingido.

Em estudo didático, José Afonso da Silva adverte que sob vários critérios se pode fornecer a natureza classificatória de competência, não sem antes definir competência, qual seja "a faculdade juridicamente atribuída a uma entidade, ou a um órgão ou agente do Poder Público para emitir decisões. Competências são as diversas modalidades de poder de que se servem os órgãos ou entidades estatais para realizar suas funções".[25]

Em uma primeira classificação,[26] na Constituição Federal pode-se distinguir a competência *material* da competência *legislativa* (formal). Por sua vez, competência material pode ser: a) exclusiva (art. 21); e b) comum, cumulativa ou paralela (art. 23). Já a competência legislativa, pode subdividir-se em: a) exclusiva (art. 25, §§ 1º e 2º); b) privativa (art. 22); c) concorrente (art. 24); e d) suplementar (art. 24, § 2º).

A competência material, como o próprio nome pressupõe, engloba poderes para o ente público realizar atividades que não as de legislar. É competência não-legislativa, de cunho administrativo, material, onde se atribui tarefas específicas para o poder público cuidar; é competência de atribuições.

A competência legislativa constitui o poder de normatizar, produzir leis, elaborar a legislação que atribui a Constituição Federal.

A competência material exclusiva é aquela indelegável da entidade. Assim, pelo art. 21 somente cabe à União os poderes lá

23. Toshio Mukai, *Direito Ambiental Sistematizado*, pp. 16-17.

24. Paulo Affonso Leme Machado, *Direito Ambiental Brasileiro*, p. 53.

25. José Afonso da Silva, *Curso...*, cit., p. 413.

26. A classificação, por nós adotada, está de acordo com a lição magistral de José Afonso da Silva, em seu *Curso...*, cit., pp. 413-415.

consagrados, não podendo delegá-los a qualquer outro ente federado. A unidade central realiza diretamente os poderes, sem interferência de qualquer outra entidade da Federação.

A competência material comum, cumulativa ou paralela (todas palavras sinônimas), que está no art. 23, outorga aos entes federados poderes para atuarem sobre a mesma matéria, sem que um interfira na respectiva área de atuação do outro. Na verdade, a Constituição Federal impõe à União, aos Estados, aos Municípios e ao Distrito Federal ônus consistentes na prestação de serviços e atividades, cuidando atribuir encargos específicos em questões econômicas, sociais e administrativas.[27]

A competência legislativa exclusiva diz respeito à elaboração indelegável de leis.

A competência legislativa privativa, por ser turno, é a que permite a delegação na produção legislativa. Assim, pelo art. 22 a União legisla sobre os assuntos relacionados com a possibilidade de delegação de tudo ou de parte, tanto que o parágrafo único autoriza aos Estados legislar sobre matérias elencadas no referido dispositivo.[28]

A competência legislativa concorrente significa que as entidades federadas atuam sobre a mesma matéria, mas em campos diversos. Exercem concomitantemente a competência legiferante sobre determinados assuntos, com as reservas e limitações da Constituição Federal. Sua compreensão envolve as seguintes situações: a) a Constituição outorga poderes para os entes legislarem sobre a mesma matéria (art. 24, *caput*); ou, b) há primazia da União para legislar sobre normas gerais (art. 24 e §§).

Por fim, a competência legislativa suplementar é correspectiva da competência concorrente, e significa que o ente federado pode legislar para desdobrar ou detalhar o conteúdo de uma norma geral ou de um princípio, bem como suprir a ausência ou omissão de uma regra ou princípio genérico (art. 24, §§ 1º a 4º).[29]

5. Competência legislativa municipal sobre meio ambiente

Sobre tudo que ficou destrinçado acima, voltaremos nossos olhos para a competência que tem o Município para elaborar normas sobre meio ambiente.

Nesse sentido, não interessa para o objeto de nosso trabalho a competência material insculpida no art. 23 da Lei Maior, porquanto é de atribuições, é não-legislativa. A que nos debruçaremos é a legislativa. E para chegarmos a esta revelação, devido à questão de competência no Texto Constitucional ser um complexo emaranhado de campos inter-relacionados entre as unidades políticas, não devemos ignorar as competências da União e dos Estados-membros. Muito pelo contrário: chega-se à competência legislativa municipal articulando-se e conjugando-se com as competências constitucionais da União e dos Estados federados.

A competência legislativa municipal é reflexo, já vimos, de sua autonomia, especificamente da capacidade normativa própria que insere aquela autonomia.

Ora, se nos ativermos à capacidade legiferante que tem o Município sobre meio ambiente, nosso espaço para estudo será amplo, embora para nele adentrarmos a porta seja demasiadamente estreita.

É que o Texto Constitucional não conferiu expressamente poderes aos Municípios

27. Celso Ribeiro Bastos, *Curso de Direito Constitucional*, p. 262.

28. José Afonso da Silva, *Curso...*, cit., p. 413, nota 5.

29. A CF/88 acabou de vez com a discussão doutrinária para traçar a diferença entre competência supletiva e competência complementar que distinguia a CF/67 com a EC 1/69. Atualmente, a competência suplementar entende a abrangência dos dois conceitos: envolve tanto a suplementar (suprir omissões ou deficiência da norma) quanto a complementar (desdobrar, acrescer, detalhar a norma), conforme definida acima.

para produzir normas sobre meio ambiente. Chega-se a elas somente por via transversa de hermenêutica jurídica.

De fato, para que o Município possa legislar sobre meio ambiente, é necessário ir buscar fundamento no art. 30, incs. I e II do Texto Constitucional.

A referida norma constitucional discrimina as bases legislativas dos Municípios estatuindo que a estas células políticas mínimas compete legislar sobre assuntos de interesse local (inc. I), bem como competelhes suplementar a legislação federal e a estadual no que couber (inc. II).

O inc. I dispõe que a competência legislativa municipal para tratar de assuntos de interesse local é classificada como competência exclusiva do Município, posto que somente esta unidade política pode dispor de seus próprios interesses locais.[30]

O inc. II que versa sobre a suplementação municipal à legislação federal e estadual, no que couber, assume natureza de competência legislativa suplementar, pois o Município pode desdobrar a norma genérica emitida pela União ou Estado-membro, ou emitir norma suprindo omissão, deficiência ou ausência legiferante daqueles entes superiores.[31]

Vejamos cada competência de *per si*: a exclusiva e a suplementar.

5.1 A competência exclusiva

O critério básico que delineia a competência exclusiva para o Município legislar é o *interesse local*.

O direito constitucional anterior utilizava a expressão *peculiar interesse* para distinguir a competência exclusiva legiferante municipal. Muita discussão gerou para balizar o perfil conteudístico de peculiar interesse. Nada obstante, a doutrina e a jurisprudência pacificaram o conceito entendendo que peculiar interesse era o interesse predominantemente municipal, não sendo exclusivo da localidade.[32]

Hodiernamente, a expressão interesse local agrega o mesmo espírito que as construções doutrinária e jurisprudencial emprestaram ao termo anteriormente utilizado — peculiar interesse —, como sendo aquele que ao Município interessa predominantemente, e não exclusivamente.

Nesse diapasão, o interesse protegido pela Constituição é o peculiar, ou seja, o próprio, o especial, o particular de dado Município, mas não a ele exclusivo, o que, aliás, a rigor, inexiste, pois o que é de interesse de uma localidade o é para o Estado-membro e para o país inteiro.[33] Mas não precisa o interesse abranger todo o Município, pode ser uma parte dele, ou um bairro, ou um distrito.

Dentro deste campo delimitado, ainda assim, resta um pouco de imprecisão e ambigüidade para se definir que matérias e assuntos são de interesse local.

É verdade que a dicção constitucional não elencou o rol de matérias que diz respeito aos interesses prevalentemente locais de competência legislativa municipal. Andou bem o legislador constituinte, porque as mutações da vida moderna e a multiplicidade de valores no tempo e no espaço de um país continental como o Brasil tornariam obsoleta, inócua ou ineficaz a catalogação dos assuntos de interesses locais.

Dessa forma, as matérias objeto de legislação municipal, em sendo de interesse local, podem ser multiplicadas *ad infinitum*, já que seus contornos são os limites que o próprio entendimento da locução *interesse local* pressupõe.[34]

30. José Afonso da Silva, ob. cit., p. 540.

31. Idem, ibidem.

32. Celso Bastos e Ives Gandra Martins, *Comentários...*, 3º v., t. II, (arts. 24 a 36), p. 223.

33. Roque Antonio Carrazza, *Curso de Direito Constitucional Tributário*, p. 99.

34. Jair Eduardo Santana, ob. cit., p. 122.

O interesse local, portanto, é aquele que direta e imediatamente atinge a comunidade que vive o problema a solucionar pelo poder legislativo municipal. Por tal motivo, a competência do Município é exclusiva, não podendo delegar a nenhum outro ente político o poder de legislar o interesse que lhe é próprio e particular (*local*).

Assim, o Município pode legislar, por exemplo, sobre a conservação da vegetação de um parque municipal, sobre medidas de proteção das margens ribeirinhas e dos igarapés, sobre utilização do aproveitamento econômico dos mangues e tudo o mais sobre meio ambiente, se o Município for vocacionado essencialmente para atividades econômicas em equilíbrio com os recursos naturais do entorno, onde a pujança da natureza comanda e direciona as ações humanas dessa localidade, respeitados os limites constitucionais de normas federais e estaduais.

5.2 A competência suplementar municipal

Tal competência está insculpida no inc. II do art. 30 da Lei Maior quando estabelece que aos Municípios competem suplementar a legislação federal e estadual no que couber.

No Texto Constitucional anterior não existia nada semelhante a esta norma que proporciona grande abertura legislativa suplementar aos Municípios. Mas não se deve esquecer que a competência legislativa do Município, neste aspecto, é condicionada a detalhar princípio ou norma geral, ou suprir omissão de leis federais e estaduais. É, de fato, suplementar.

Contudo, para que o Município suplemente, quer dizer, complemente ou supra norma federal ou estadual, só pode ter ingerência em matérias que não sejam exclusiva e privativa da competência da União ou Estado-membro. Sejam, portanto, concorrente.

E a competência constitucional corrente das entidades da Federação brasileira está consagrada no art. 24 da Lei Básica. Assim, é a partir da análise deste dispositivo constitucional, nos pontos atinentes ao meio ambiente, que desenvolveremos nossa posição sobre o objeto de nosso estudo.

Logo, em premissa inicial, vemos que embora a dicção constitucional não contemple o Município como competente para legislar concorrentemente sobre as questões enumeradas nos incisos do art. 24, ainda assim, por força do art. 30, II, está legitimado constitucionalmente a fazê-lo, nos assuntos que lhe dizem respeito, é claro.

Imperioso dizer que o Município deve obediência às limitações constitucionais impostas tanto ao Estado federado quanto ao Distrito Federal constantes nos parágrafos do referido art. 24, quais sejam: o Município pode suplementar norma geral da União ou do Estado-membro; se inexistir lei federal ou estadual sobre normas gerais, o Município pode instituí-las, para atender às suas necessidades peculiares; a superveniência de lei federal ou estadual sobre normas gerais suspende a eficácia da lei municipal, naquilo que lhe for contrário; lei municipal não pode contrariar as normas estaduais de complementação da norma geral federal.

Nesse campo de ação, resta ao Município editar normas gerais omissas por parte da União ou dos Estados, ou, então, detalhar, regionalizando às peculiaridades locais, as normas federais e estaduais, gerais ou complementares, que para sua aplicação municipal forem insuficientes ou deficientes.

Pelo quadro até aqui montado, o Município suplementa as matérias enunciadas expressamente no Texto Constitucional. Entretanto, o Município pode, ainda, suplementar legislação estadual oriunda da competência residual dos Estados-membros. Ou seja, as matérias objeto de lei estadual provenientes da competência remanescente inserida no art. 25, § 1º da Lei Básica, podem também ser desdobradas pela lei municipal, desde que haja cabimento para tanto (o interesse particular assim exija).[35]

Nesse contexto e de acordo com as amarras constitucionais, o Município só pode legislar suplementarmente sobre assuntos de seu peculiar interesse. Quer dizer, além de satisfazer a exigência da expressão do art. 30, II, deve haver, também, o fator de predominância de interesse local.[36] Esta conjugação é indispensável para que não exorbite de sua competência.

Um exemplo de exercício da competência suplementar municipal é o estabelecimento de normas tributárias específicas, relativamente à política de incentivo ao pagamento dos tributos municipais, em face das normas gerais de direito tributário editadas pela União. Nesta hipótese, o Município de acordo com seu interesse peculiar, local, institui política de incentivo a pagamento ou remissão de tributo municipal.

Existem matérias que não interessam diretamente à municipalidade. Por exemplo, qual o interesse constitucional de o Município legislar sobre custas de serviços forenses (inc. IV) ou sobre criação, funcionamento e processo do juizado de pequenas causas (inc. X), ou ainda sobre procedimentos em matéria processual (inc. XI)?

É evidente que tais assuntos não afetam diretamente o Município! Por isso, não demonstrado está o interesse local e, *ipso facto, não cabe* legislar.

O condicionante para o Município legislar suplementarmente é o fato de que só pode fazê-lo *no que couber*. Entendemos que a terminologia pressupõe que a municipalidade irá legislar sobre assuntos que tenham pertinência, afetando diretamente a população local, e que seja de particular interesse à comunidade, porquanto o disposto em lei federal ou estadual é omisso ou incipiente para regular aquela situação particular.

35. Celso Ribeiro Bastos, ob. cit., v. III, p. 229.

36. Jair Eduardo Santana, ob. cit., pp. 136 e 142.

Ora, dentro desta perspectiva, forçoso é reconhecer que aludida interpretação denota para a noção jurídica emprestada à locução *interesse local*. Nada mais óbvio e legítimo, pois o interesse particular do Município é que vai justificar o cabimento da suplementariedade legislativa. Não há obstáculo constitucional que impeça assim interpretar-se.

Uma vez analisadas todas essas importantes facetas limitativas que envolvem condicionalmente a problemática em estudo, vejamos as matérias que o Texto Constitucional abraça explicitamente no conceito meio ambiente dentro da competência legislativa concorrente do art. 24, não sem antes esclarecer que o legislador constituinte se referiu ao meio ambiente de modo explícito e implícito ao longo do bojo constitucional.[37]

Dentre as referências explícitas, temos:

5.2.1 Florestas, caça, pesca, conservação da natureza, defesa do solo e dos recursos naturais, proteção ao meio ambiente e controle de poluição (inc. VI)

A Lei Maior de 88 teve avanço significativo em matéria ambiental no sentido de colocá-la, em sua maioria, no campo da competência legislativa concorrente entre as pessoas políticas, inobstante ainda reservar à União o monopólio de legislar sobre determinados setores ambientais.[38]

Os temas do inciso em comento esmiuçam a noção de meio ambiente, cuja definição legal é dada pela Lei 6.938/81, art. 3º, I, ao dizer que se entende por meio ambiente "o conjunto de condições, leis, influências e interações de ordem física, química e biológica, que permite, abriga e rege a vida em todas as suas formas". Quer

37. José Afonso da Silva, *Direito Ambiental Constitucional*, pp. 26 e ss.

38. Paulo Affonso Leme Machado, *Estudos de Direito Ambiental*, p. 139.

dizer, chama-se meio ambiente ao conjunto de fatores e elementos indispensáveis ao desenvolvimento equilibrado das mais diversas formas de vida.

Dos elementos componentes do meio ambiente enumerados no inciso, esclareça-se, apenas, a atenção do constituinte sobre as florestas que é uma espécie do gênero flora. Entendeu o legislador que este conjunto vegetal merece proteção e cuidado de todos os entes políticos federados, por isso outorgou competência concorrente para União, Estados, Municípios e o Distrito Federal legislarem sobre esta riqueza natural.

E de outra forma não poderia ser, até mesmo porque, mais adiante, no art. 225, § 4º, a Constituição Federal considera patrimônios nacionais a Floresta Amazônica brasileira e a Mata Atlântica.

O meio ambiente tem no art. 225 da Constituição Federal seu esteio basilar de proteção e preservação, assegurando a todos o direito ao meio ambiente sadio e ecologicamente equilibrado essencial à boa qualidade de vida, cujo teor o eleva à condição de direitos humanos de terceira geração.[39]

5.2.2 Proteção ao patrimônio histórico, cultural, artístico, turístico e paisagístico (inc. VII)

O dispositivo elenca algumas matérias que nada têm a ver com meio ambiente, como, por exemplo, o patrimônio artístico e o cultural, pelo menos diretamente. De modo diverso, o patrimônio paisagístico tem ligações intrínsecas com a temática ambiental.

Ao poder público municipal compete exercer o poder de polícia nestas áreas específicas. Consectariamente, cabe ao Município elaborar lei que inflija sanção de cunho administrativo (pena pecuniária, por exemplo) aos que danificarem o patrimônio ambiental. O Município não tem competência para legislar prevendo sanção penal (capitulação de crime/contravenção e conseqüente sanção) nem civil (indenização), pois ambas são da competência privativa da União (art. 22, I, CF).

5.2.3 Responsabilidade por dano ao meio ambiente, ao consumidor, a bens e direitos de valor artístico, estético, histórico, turístico e paisagístico (inc. VIII)

De acordo com o que já foi dito, a proteção legal implica conseqüentemente inflição de sanção punitiva ao infrator do meio ambiente e, como estatui o dispositivo, de outros valores difusos.

As sanções administrativas, proporcional à gravidade do caso, podem ser: multa diária; arresto ou apreensão de produtos, utensílios ou materiais; interdição temporária ou definitiva de estabelecimento; demolição de obras; suspensão ou cassação de autorização municipal; imposição da obrigação de fazer ou não fazer, mediante multa diária.[40]

A responsabilidade de pessoa física ou jurídica por dano ecológico é princípio de proteção ambiental ventilado nos documentos internacionais, especialmente a Declaração do Rio de Janeiro, de 1992. E sua reafirmação constitucional está clausulada no art. 225, § 3º da Lei Maior que imputa responsabilidade penal e administrativa aos ofensores do meio ambiente.

6. *Conclusão*

O regime jurídico do federalismo evoluiu ao longo do desenvolvimento das nações civilizadas, a partir do inicial modelo

39. Segundo classificação da ONU, os direitos humanos são de primeira geração (os clássicos, civis e políticos), de segunda geração (os econômicos, sociais e culturais) ou de terceira geração (meio ambiente, consumidor).

40. Paulo Affonso Leme Machado, ob. cit., p. 148.

norte-americano e da experiência suíça do século passado.

A transformação evolutiva da partilha de competências administrativa e legiferante das entidades políticas na Federação é reflexo de que o poder tendenciosamente também partilhou-se mais equilibradamente.

A descentralização do poder político é instrumento hábil a propiciar o exercício da democracia, que, por seu turno, somente poderá ser obtida pela consagração e respeito ao Estado de Direito. Na atualidade, exige-se que o Estado de Direito apresente qualidades de Estado democrático, de modo que se pratique um Estado constitucional democrático de direito.

Nesse viés, prestigia-se a figura política do cidadão, fazendo com que suas necessidades, seus anseios, suas carências sejam satisfeitas com maior probabilidade a partir de gestões públicas simultâneas.

Embalada por este espírito, a Constituição Federal de 88 encerrou um emaranhado de rede cooperativa de repartição de competência entre União, Estados-membros, Municípios e Distrito Federal, seja no nível da competência de atribuições (material), seja no nível da competência legislativa (formal).

Especificamente sobre competência legislativa municipal, o constituinte utilizou como critério basilar o *denominado interesse local*. A localidade é o elemento que delineia a justificativa para a elaboração da lei municipal, respeitando, é claro, os parâmetros constitucionais.

A nosso ver, quando a Constituição Federal escolheu o critério do *interesse local* para legitimar (constitucionalizar) a lei municipal, fê-lo em homenagem ao princípio da democracia e ao da cidadania.

E a competência municipal para legislar sobre meio ambiente é traçada a partir da conjugação do interesse local com o caráter suplementar que lhe empresta o constituinte para suprir ou complementar a lei federal ou estadual.

Quando a suplementação for necessária para regular um interesse local, aí temos a caracterização constitucional da expressão *no que couber*, que exige o constituinte para a lei municipal ser válida.

A Lei Maior elenca temáticas ecológicas que o Município pode legislar concorrentemente com outros entes federados. Estes são os poderes explícitos. Como consectários destes, temos as referências implícitas sobre meio ambiente que também outorgam ao Município regularem o problema ambiental, desde que estejam contidos estritamente nos poderes explícitos.

Por mecanismos democráticos de semelhante jaez, em irradiação nas mais diversas instâncias do fenômeno jurídico, coíbe-se que a realidade brasileira experimente uma verdadeira desordem ecológica, em detrimento do desenvolvimento sustentável.

Os valores democráticos cultuados pela Constituição de 88 favorecem o ingresso do país no terceiro milênio imbuído do respeito ao homem brasileiro.

Bibliografia

BASTOS, Celso e MARTINS, Ives Gandra, *Comentários à Constituição do Brasil*, v. I, t. I (arts. 1º a 4º) 1988 e v. III, t. II (arts. 24 a 36) 1993 , São Paulo, Saraiva.

BASTOS, Celso Ribeiro, *Curso de Direito Constitucional*, 11ª ed., São Paulo, Saraiva, 1989.

BOBBIO, Norberto, MATTEUCCI e PASQUINO, Gianfranco, *Dicionário Político*, verbete de Lúcio Levi, "Federalismo", 2ª ed., trad. Carmen C. Varrialle, Gaetano Lo Mônaco, João Ferreira, Luis Guerreiro Pinto Cacais e Renso Dini, Brasília, Ed. UnB, 1986.

CANOTILHO, J. J. Gomes e MOREIRA, Vital, *Constituição da República Portuguesa Anotada*, 2ª ed., ver. ampl., v. I, Coimbra, Ed. Coimbra, 1984.

———. *Fundamentos da Constituição*, Coimbra, Ed. Coimbra, 1991.

CANOTILHO, J. J. Gomes, *Direito Constitucional*, 2ª ed., Coimbra, Ed. Livraria Almedina, 1998.

CARRAZZA, Roque Antonio, *Curso de Direito Constitucional Tributário*, 2ª ed., ampl. e atual.

pela Constituição Federal de 1988 São Paulo, Ed. RT, 1991.

FIGUEIREDO, Lucia Valle, "Competências administrativas dos Estados e Municípios", *RDA* 207, jan.-mar./97, Rio de Janeiro, Renovar, 1997.

MACHADO, Paulo Affonso Leme, *Direito Ambiental Brasileiro*, 7ª ed., ver. atual., ampl. de acordo com as Leis 9.433/97 e 9.605/98, São Paulo, Malheiros Editores, 1998.

———. *Estudos de Direito Ambiental*, São Paulo, Malheiros Editores, 1994.

MAXIMILIANO, Carlos, *Comentários à Constituição Brasileira: 1946*, v. I, 4ª ed., Rio de Janeiro/São Paulo, Freitas Bastos, 1948.

MIRANDA, Francisco Cavalcante Pontes de, *Comentários à Constituição de 1967, com a Emenda n. 1 de 1969*, t. I (arts. 1º a 7º) e t. II (arts. 8º a 31), 3ª ed., Rio de Janeiro, Forense, 1987.

MIRANDA, Jorge, *Manual de Direito Constitucional*, 2ª ed., t. III., Coimbra, Ed. Coimbra, 1988.

MUKAI, Toshio, *Direito Ambiental Sistematizado*, Rio de Janeiro, Forense Universitária, 1992.

SANTANA, Jair Eduardo, *Competências Legislativas Municipais*, 2ª ed., rev., atual. e ampl., Belo Horizonte, Del Rey, 1998.

SILVA, José Afonso da, *Curso de Direito Constitucional Positivo*, 6ª ed., rev. ampl., de acordo com a nova Constituição, São Paulo, Ed. RT, 1990.

———. *O Município na Constituição de 1988*, São Paulo, Ed. RT, 1989.

———. *Direito Ambiental Constitucional*, São Paulo, Malheiros Editores, 1994.

JURISPRUDÊNCIA

SUPREMO TRIBUNAL FEDERAL

ADIn 1.491-9-DF — Tribunal Pleno

Rel.: Min. Carlos Velloso

Reqte.: Partido Democrático Trabalhista-PDT

Adv.: Ronaldo Jorge Araújo Vieira Jr. e outro

Reqte.: Partido dos Trabalhadores-PT

Adv.: Jonas Duarte José da Silva e outros

Reqdo.: Presidente da República

Reqdo.: Congresso Nacional

j. 2.4.97

VOTO-VISTA

O Sr. Ministro Marco Aurélio: O Partido Democrático Trabalhista e o Partido dos Trabalhadores, PDT e PT, atacam, considerando-a inconstitucional, a Lei 9.295, de 19.7.96, publicada no *DOU*-I, de 20.7.96. Em síntese, são impugnados o art. 4º e parágrafo único; art. 5º; § 2º do art. 8º; art. 10 e parágrafo único; parágrafo único do art. 13 da citada lei, articulando-se com o disposto nos arts. 2º; 5º; 21, XI; 37, XX e XXI; 66, § 2º; 170 e 175 da Carta da República.

Na sessão de 22.2.97, quando teve início o julgamento, o Ministro Relator, Carlos Velloso, proferiu voto sobre o art. 4º e parágrafo único da Lei 9.295/96. Após discorrer, a partir da melhor doutrina (Hely Lopes Meirelles, Celso Antônio Bandeira de Mello, Oswaldo Aranha Bandeira de Mello, Cármen Lúcia Antunes Rocha e Lucia de Figueiredo Vale) sobre os institutos da permissão e da concessão, à luz da ordem jurídica constitucional pretérita e da atual, acabou por afirmar não mais existir diferenças entre eles, discrepando, assim, da óptica externada por Celso Antônio. Disse da necessidade de "aproveitamento da estrutura já existente — subsidiárias, associadas e duas autarquias municipais — para a exploração do serviço móvel celular", reportando-se às informações prestadas pelo Presidente da República. Concluiu, em fundamentado voto, pela inconveniência da suspensão do dispositivo legal analisado, indeferindo, então, a medida acauteladora em relação ao art. 4º e parágrafo único da Lei 9.295/96. Por sugestão do Presidente desta Corte, foram solicitadas "informações complementares, no prazo de 10 dias, a fim de esclarecer se as permissões do serviço a que alude o art. 4º e seu parágrafo único da Lei 9.295/96 e que, a teor dele, deverão transformar-se em concessões, são apenas as conferidas às empresas do Sistema Telebrás e, em caso contrário, com que base legal ou regulamentar ou mediante que processo seletivo foram elas outorgadas a terceiros". As informações vieram à balha consignando-se, como fez ver o nobre Relator no complemento ao voto prolatado, na sessão de 19.3.97, que:

a) as permissões de que cuidam o art. 4º e parágrafo único da Lei 9.295/96 são as concernentes aos serviços de radiocomunicação móvel terrestre, público restrito, que se transformariam em concessões de serviço móvel celular;

b) a matéria implica questões de fato e de direito merecedoras de esclarecimentos;

c) as permissões foram formalizadas para exploração do serviço móvel celular por empresas do Sistema Telebrás — subsidiárias e associadas — e as duas autarquias municipais — Sercontel, de Londrina e Seterpe;

d) as subsidiárias são conhecidas como "Teles" havendo uma em cada Estado — Telesp, Telerj, Telebrasília e outras —, sendo que, no Estado do Rio Grande do Sul, é subsidiária a Companhia Telefônica Melhoramento e Resistência-CTNR, em Pelotas;

e) as associadas são a Companhia Riograndense de Telecomunicações (CRT), sob o controle acionário do Estado do Rio Grande do Sul e a Companhia de Telefones do Brasil Central (CTBC), de controle acionário privado;

f) o serviço móvel celular classificado como público restrito acha-se à margem da limitação constitucional do inc. XI do art. 21 da CF/88, inserindo-se na disposição do inc. XII, alínea *a*, do mesmo artigo, isso antes da alteração introduzida pela Emenda Constitucional 8, de 1995;

g) na ação direta de inconstitucionalidade 561, discutiu-se a constitucionalidade de dispositivo do Regulamento do Serviço Limitado de Telecomunicações, aprovado pelo Decreto 175/91;

h) na sessão de 23.8.95, por maioria de oito votos, esta Corte não conheceu a ação;

i) o serviço móvel celular não pode ser enquadrado como serviço público, no conceito inserto na alínea *a* do art. 6º da Lei 4.117/62, destinado ao uso do público em geral, em razão do estágio da tecnologia disponível. Por isso, foi ele enquadrado como serviço público restrito;

j) tanto o serviço público restrito como o especial são outorgáveis por permissão, nos termos do art. 33, § 6º, alíneas *a* e *b* da Lei 4.117/62, considerado recepcionado na ação direta de inconstitucionalidade 561 referida;

k) possível vício de enquadramento do serviço móvel celular como público restrito seria resolvido no campo da legalidade, não ensejando exame na via do controle concentrado;

l) no julgamento de ação direta de inconstitucionalidade não cabe proceder a cotejo entre dispositivos simplesmente legais, conforme restou assentado nas ações diretas de inconstitucionalidade 842-1, relatada pelo Ministro Celso de Mello, e 613-4, cujo Relator foi o Ministro Francisco Rezek;

m) no sistema constitucional em vigor, não mais existe diferença substancial entre permissão e concessão, tal como ressaltado no voto inicial do Relator, Ministro Carlos Velloso;

n) a razão de ser da outorga do serviço via permissão, inclusive para as empresas do Sistema Telebrás, fato que motivou a diligência, fez-se presente tendo em vista a legislação aplicável à espécie, ou seja, a Lei 5.792, de 11.6.72, que autorizou a constituição da Telebrás e viabilizou a formação do chamado Sistema Telebrás, dispondo que as empresas, subsidiárias e associadas, assumiriam as atribuições nela relacionadas, exclusivamente considerados os serviços públicos de telecomunicações;

o) enquadrado o serviço móvel celular como serviço público restrito, tornou-se imperioso outorgar as respectivas permissões a todas as entidades, quer integrantes do Sistema Telebrás, quer não;

p) para tanto, tomou-se por base a Lei 4.117/62 e o Regulamento respectivo (Decreto 96.618/88), aludindo o art. 4º do Regulamento à habilitação aos serviços das pessoas jurídicas de direito público interno e das prestadoras de serviços públicos de telecomunicações. Já na ação direta de inconstitucionalidade 561, conforme voto condutor do julgamento da lavra percuciente e minuciosa do Ministro Celso de Mello, ficou fixada a imprescindibilidade de aguardar-se a edição da lei prevista no art. 175, parágrafo único, da CF, sendo que somente em 13.2.95 é que foi publicada a Lei 8.987;

q) pelo teor do art. 174 da CF, apenas a prestação de serviços públicos é que está sujeita à obrigatoriedade de licitação, sendo certo que a Carta não conceituou o que se entende como serviços públicos; na área de telecomunicações, serviço público é apenas o assim conceituado pela legislação infraconstitucional específica;

r) o universo de prestadoras de serviços públicos de telecomunicações é extremamente fechado, estando constituído pelas empresas do Sistema Telebrás além da Seterpe e do Sercontel, razão pela qual exsurge inviável qualquer procedimento licitatório;

s) a Telebrás explora os serviços públicos não de forma direta, mas indireta, por intermédio de empresas chamadas subsidiárias e associadas, sendo que, em relação às primeiras, a Telebrás tem o controle acionário;

t) as associadas não foram conceituadas pela Lei 5.792, mas o Decreto 74.379/74, que dispôs sobre as atribuições da Telebrás, definiu-as como sendo aquelas de cujo capital a Telebrás participe sem exercer o controle acionário e que se subordinem à orientação normativa e à sistemática por ela impostas;

u) no conceito de coligada tem-se a premissa do envolvimento de empresa que conte com pelo menos dez por cento do capital da outra, sendo essa exigência estranha à qualificação de associada; a subordinação à orientação normativa e à sistemática de controle da empresa a que se tenha associado, torna-a incluída no conceito de empresa do Sistema Telebrás.

O Ministro Relator reiterou o voto antes proferido, concluindo que "a diligência proposta, portanto, ao que penso, não é relevante para o julgamento da ação direta de inconstitucionalidade. Ela serve, entretanto, para acalmar consciências". Sua Excelência discorreu sobre a legislação infraconstitucional, especialmente quanto ao alcance da Lei 5.792/72 e do Decreto 74.379/74, procedendo à leitura de trechos das informações prestadas.

Diante das discussões ocorridas na sessão última, solicitei vista dos autos para uma maior reflexão. Assim, passo a votar.

À fl. 15 da inicial alude-se à ação direta de inconstitucionalidade 1.484-DF dirigida, segundo pude perceber, contra a mesma lei impugnada nesta ação, com a particularidade de a causa de pedir ser a falta da abrangência preconizada constitucionalmente, segundo o sustentado, apenas alcançando a parte mais lucrativa dos serviços de telecomunicações, silenciando quanto aos não lucrativos.

Creio que o tema, embora objeto de ação própria, considerado o binômio criado no âmbito do pragmatismo — "Lei Mínima" e "Lei Geral", merece ser enfrentado nesta ação direta de inconstitucionalidade. É que o Tribunal, como proclamado em inúmeros julgamentos, não está, na ação direta de inconstitucionalidade, jungido à causa de pedir. Por outro lado, a matéria exsurge com contornos prejudiciais. A concluir-se pela necessidade da disciplina abrangente e exaustiva, a Lei em comento é, no todo, inconstitucional.

Assim, suscito a questão de ordem, para que se defina a ocorrência, ou não, da análise da matéria.

Esclareço que a referida ação direta de inconstitucionalidade 1.484, também distribuída ao Ministro Carlos Velloso, encontra-se na Procuradoria-Geral da República e, ao que tudo indica, foi ajuizada, considerada a omissão da Lei 9.295/96.

Admitida a discussão sob tal ângulo, entendo que a referência contida no inc. XI do art. 21 da CF "(...) nos termos da lei (...)" não resulta na obrigatoriedade de esgotar-se a matéria em diploma único. É possível a disciplina considerados diversos diplomas legais mesmo porque é comum constatar-se, após a edição de uma lei, a necessidade de um outro ato normativo que venha a preencher lacuna existente, até mesmo provocada por avanços tecnológicos, aliás tão comuns na área de telecomunicações. Sem adotar as nomenclaturas — "Lei Mínima" e "Lei Geral" — suplanto, ao menos nesse exame preliminar, o enfoque sobre a inconstitucionalidade, no que a Lei em apreciação não haja esgotado a disciplina dos serviços de telecomunicações.

Em análise estão art. 4º e parágrafo único da Lei 9.295, de 19.7.96. Eis como ele se contém:

> Art. 4º. Poder Executivo transformará em concessões de serviço móvel celular as permissões do serviço de radiocomunicação móvel terrestre público restrito outorgadas anteriormente à vigência desta lei, em condições similares às dos demais contratos de concessão de serviço móvel celular, respeitados os prazos remanescentes.
>
> Parágrafo único. As entidades que, de acordo com o disposto neste artigo, se tornem concessionárias do serviço móvel celular deverão constituir, isoladamente ou em associação, no prazo de até 24 meses a contar da vigência desta Lei, empresas que as sucederão na exploração do serviço.

Pelo teor do dispositivo *supra*, depreende-se que ocorre, na espécie, o envolvimento de serviço único, ou seja, do serviço móvel celular, outorgado mediante permissões sob o rótulo de serviços de radiocomunicação móvel terrestre público restrito, previsto prazo de vigência. O caráter de novidade desse serviço permite que a retroação ao histórico constitucional faça-se de forma limitada, cuidando-se da disciplina da matéria a partir da Carta de 1969. Pelo preceito do inc. XV do art. 8º, nele inserido, competia à União "explorar, direta ou mediante autorização ou concessão, os serviços de telecomunicações".

A CF/88 trouxe à balha desmembramento. Mediante o preceito do inc. XI do art. 21, atribuiu-se à União a competência para "explorar, diretamente ou mediante concessão a empresas sob controle acionário estatal, os serviços telefônicos, telegráficos, de transmissão de dados e demais serviços públicos de telecomunicações, assegurada a prestação de serviços de informações por entidades de direito privado através da rede pública de telecomunicações explorada pela União". Via o inc. XII, dispôs-se competir também à União "explorar, diretamente ou mediante autorização, concessão ou permissão os serviços de radiodifusão sonora, de sons e imagens e demais serviços de telecomunicações".

Embora não estejam em jogo no julgamento desta ação direta de inconstitucionalidade situações concretas, ou seja, a valia, sob o ângulo constitucional e legal, de atos que implicaram a outorga dos serviços, verifica-se, em primeiro lugar, que a CF/88, na redação primitiva, anterior à Emenda 8/95, fazia distinção entre os serviços públicos de telecomunicações e os demais serviços. Relativamente aos primeiros, viabilizava a exploração direta pela União ou a exploração indireta "mediante concessão a empresas sob controle acionário estatal (...)". Já aqui forçoso é assentar que a regra do art. 173, § 1º, da Carta de 1988 restou mitigada, no que viabilizada a exploração direta de atividade com caráter econômico pela União ou — e aqui temos a disjuntiva, a revelar situação diversa — mediante concessão a empresas sob controle acionário estatal. Conforme ressaltado pelo Prof. Ives Gandra Martins, distinguiu-se o serviço público essencial do periférico, viabilizando-se, relativamente a este último, a exploração por meio de autorização, concessão ou permissão passível, qualquer das figuras, de ser implementada mediante outorga do serviço, iniciativa privada propriamente dita. Reitere-se, no entanto, que a atuação

STF na ação direta de inconstitucionalidade, faz-se concentrada, não cabendo julgar a validade constitucional de atos concretos já praticados. A Emenda Constitucional 8 afastou não só a dualidade "serviços públicos essenciais e serviço público periférico", como também, de maneira harmônica com esse enquadramento, a restrição concernente à outorga do primeiro a empresa sob controle acionário estatal.

Tivesse de enquadrar o serviço móvel celular à luz da Carta anterior, apontá-lo-ia como periférico, já que não se trata de um serviço público colocado à disposição dos cidadãos em geral. Todavia, tal definição não é indispensável ao julgamento desta ação direta de inconstitucionalidade, pois, se o fosse, haveria a necessidade, até mesmo, de definir-se o momento em que ocorreram as aludidas permissões, que, ao que tudo indica, frente às informações prestadas e a diligência entabulada, ficaram restritas à outorga a empresas sob controle estatal, muito embora pelo menos duas delas tenham controle acionário municipal (Sercontel, de Londrina e Seterpe), sem considerar-se a ambigüidade das informações quanto à outorga, ou não, do referido serviço, à Companhia Riograndense de Telecomunicações (CRT), sob o controle acionário do Estado do Rio Grande do Sul, e a Companhia de Telefones do Brasil Central (CTBC), de controle acionário privado.

Há de manter-se a apreciação da ação direta de inconstitucionalidade nos limites que lhe são próprios, procedendo-se, portanto, não à análise de situações concretas, mas do ato normativo abstrato à luz da Carta de 1988.

O Direito, como ciência, possui institutos, expressões e vocábulos com sentido próprio. O emprego seguro de cada qual, sopesando-se o alcance respectivo, é indispensável à compreensão de qualquer tema, sendo inerente à organicidade que o norteia. É tradição do nosso Direito, no campo administrativo, distinguir-se a permissão da concessão. O Relator, no voto que proferiu, trouxe ao conhecimento geral a melhor doutrina, remetendo a Hely Lopes Meirelles, que, em *Direito Administrativo Brasileiro* (Malheiros Editores, 21ª ed., 1996, p. 339), reputou, como concessão: "delegação contratual da execução do serviço, na forma autorizada e regulamentada pelo Executivo. O contrato de concessão é ajuste de direito administrativo bilateral, oneroso, comutativo e realizado *intuitu personae*. Com isto se afirma que é um acordo administrativo (e não um ato unilateral da Administração) com vantagens e encargos recíprocos, no qual se fixam as condições de prestação de serviço, levando-se em consideração o interesse coletivo na sua obtenção e as condições pessoais de quem se propõe a executá-lo por execução do poder concedente".

Já no tocante à permissão, o saudoso administrativista revelou-a como sendo, "em princípio, discricionária e precária", acrescentando, "mas admite condições e prazos para exploração do serviço, a fim de garantir rentabilidade e assegurar a recuperação do investimento do permissionário visando a atrair a iniciativa privada". Mais adiante, fez ver que "a unilateralidade, a discricionariedade e a precariedade são atributos da permissão, embora possam ser excepcionados em certos casos, diante do interesse administrativo ocorrente". Também mencionou, o nobre Relator, o sempre lembrado Oswaldo Aranha Bandeira de Mello, em *Princípios Gerais de Direito Administrativo*, que salientou que "na concessão, o particular é constituído em direitos contra o Poder Público; na permissão, isto não ocorreria". Poderia mencionar inúmeros doutrinadores dissecando a matéria e, portanto, revelando que não se pode ter as expressões "permissão" e "concessão" como sinônimas. Em prol de flexibilidade tão reclamada pelo interesse público, há de admitir-se a existência das duas figuras com as peculiaridades que lhes são próprias. A CF, em várias passagens, contempla-as, tornando claro, destarte, que, na espécie, cuidou-se de institutos distintos. Já no art. 21, incs. XI e XII, quer com a redação primitiva, quer com a decorrente da Emenda 8, tem-se alusão às três figuras mediante as quais pode ser outorgado serviço público (a autorização, a concessão e a permissão), o mesmo sendo dado notar no teor do art. 175:

> Art. 175. Incumbe ao Poder Público, na forma da lei, diretamente ou sob regime de concessão ou permissão, sempre através de licitação, a prestação de serviços públicos.
>
> Parágrafo único. A lei disporá sobre:
>
> I — o regime das empresas concessionárias e permissionárias de serviços públicos, o caráter especial de seu contrato e de sua prorrogação, bem como a condições de caducidade, fiscalização e rescisão da concessão ou permissão;

Ressaltou o Ministro Relator que, ao aludir-se à titularização do serviço quer em se tratando de concessão, quer de permissão, via contrato, acabou-se por igualizar-se os institutos. A razão de ser das coisas, cuja força é inafastável, não permite que assim se conclua. Deixando de lado a possibilidade de conclusão sobre a atecnia no que se tem na CF, de modo abrangente, a referência a contrato, há de recordar-se que a primeira classificação destes diz respeito aos bilaterais, ou sinalagmáticos, e aos unilaterais, sendo certo que estes últimos resultam da declaração de vontade de uma só pessoa, enquanto o bilateral pressupõe o concurso de vontades. Não fosse sintomática a alusão às figuras da permissão e da concessão, como coisas distintas, contida na Carta Federal, leve-se em conta que se está discutindo, justamente, a legitimidade constitucional de um preceito da Lei 9.295, que autorizou o Executivo a transformar permissões em concessões e, logicamente, não ocorre o fenômeno quando envolvidos institutos idênticos. Feita esta observação, prossigo sob o ângulo da mencionada previsão normativa.

Folheando a Constituição Federal é dado constatar a ênfase atribuída à isonomia, especialmente quando em questão ato público e, diria mais, a coisa pública. O inc. XXI do art. 37 nela contido impõe, no que tange a obras, serviços, compras e alienações, a adoção do processo de licitação pública "que assegure igualdade de condições a todos os concorrentes, com cláusulas que estabeleçam obrigações de pagamento, mantidas as condições efetivas da proposta, nos termos da lei, o qual permitirá as exigências de qualificação técnica e econômica indispensáveis à garantia do cumprimento das obrigações". Em síntese, a regra constitucional direciona à feitura da licitação pública, do concurso entre aqueles que desejem proceder à obra, executar serviços ou formalizar vendas, valendo notar que a exceção corre à conta de casos em que isso não se mostre possível, devendo estes estarem especificados em lei. De qualquer maneira, a exceção fica sempre submetida ao princípio da razoabilidade. No campo específico da prestação de serviços públicos, o inc. I do art. 175 da CF/88, revela-os, sob o ângulo da outorga, seja qual for o veículo (a permissão ou a concessão), submetidos à licitação, sendo de notar a forma pedagógica utilizada: "(...) sempre através de licitação (...)". Vale dizer que o processo licitatório tem objetivo próprio, havendo de ser específico para a figura de outorga visada. Certa licitação feita à luz da permissão exaure-se uma vez encerrada, não servindo para chegar-se a outorga diversa, especialmente com o comprometimento maior da administração pública, como acontece no caso de concessão. Cumpre, então, indagar: o art. 4º da Lei 9.295, de 19.7.96, implica a imposição da licitação, no que prevista a modificação do regime dos serviços prestados no campo da telefonia móvel celular? A meu ver, não. Leia-se mais uma vez o dispositivo em análise:

> Art. 4º. O Poder Executivo transformará em concessões de serviço móvel celular as permissões do serviço de radiocomunicação móvel terrestre público restrito outorgadas anteriormente à vigência desta lei, em con-

dições similares às dos demais contratos de concessão de serviço móvel celular, respeitados os prazos remanescentes.

Entendo o preceito como a revelar autorização ao Poder Executivo para transformar, automaticamente, permissões em concessões, sem observar-se a exigência constitucional da licitação. Não cabe, na espécie, cogitar, em si, de aproveitamento de estruturas. Essa exceção, considerado o sistema licitatório, não está compreendida na Carta, sendo certo que conveniências de ordem prática não são conducentes a colocar em plano secundário o mandamento constitucional. Também não cabe potencializar o fato de a grande parte do serviço vir sendo desenvolvido por estatais sob o controle acionário federal. Presumo que isso venha ocorrendo mediante autorização e se assim não o é, caso existentes permissões, descabe, mesmo em relação a elas (estatais) a transformação automática em concessões, devendo ser sopesada a fase de privatização vivida no País. Hoje a transformação se faria consideradas as estatais. Amanhã estarão em mãos estritamente privadas, via leilão, em Bolsa, no que não se confunde com a licitação, possuidora que é de parâmetros rígidos impostos por lei.

Assim, defiro a liminar.

É como voto na espécie dos autos.

Parágrafo único

O parágrafo único tem a seguinte redação:

> Parágrafo único. As entidades que, de acordo com o disposto neste artigo se tornem concessionárias do serviço móvel celular deverão constituir, isoladamente ou em associação, no prazo de até 24 meses a contar da vigência desta lei, empresas que as sucederão na exploração do serviço.

No particular, na inicial de fls. 2 a 21, quando tecidas considerações sobre o art. 4º, não se apontou a causa de pedir da declaração de inconstitucionalidade. Ao primeiro exame, não vislumbro a pecha, razão pela qual, deixando a análise mais aprofundada para o julgamento de fundo, indefiro a liminar.

Art. 5º

> Art. 5º. É a Telecomunicações Brasileiras S/A-Telebrás autorizada, com o fim de dar cumprimento ao disposto no parágrafo único do artigo anterior, a constituir diretamente ou através de suas sociedades controladas, empresas subsidiárias ou associadas para assumir a exploração do serviço móvel celular.

Dispõem os incs. XIX e XX do art. 37 da CF que:

> XIX — somente por lei específica poderão ser criadas empresa pública, sociedade de economia mista, autarquia ou fundação pública;
>
> XX — depende de autorização legislativa, em cada caso, a criação de subsidiárias das entidades mencionadas no inciso anterior, assim como a participação de qualquer delas em empresa privada;

A autorização prevista no art. 5º da Lei 9.295, mostra-se, ao meu ver, em sintonia com os preceitos que se apontam como infringidos. A constituição, diretamente ou por meio de sociedades controladas, de empresas subsidiárias ou associadas visa a atender à exploração do serviço móvel celular e, portanto, exsurge específica. Indefiro a liminar.

Art. 8º, § 2º

> As entidades que, na data de vigência desta lei, estejam explorando o serviço de sinais de telecomunicações por satélite, mediante o uso de satélites que ocupem posições orbitais notificadas pelo Brasil, têm assegurado o direito à concessão desta exploração.

Exsurge da norma a possibilidade de outorga automática da concessão, sem observar-se, portanto, o processo de licitação. Tenho que procede o que articulado na inicial. O dispositivo não revela a que título vem sendo explorado o serviço, dispondo, apenas, sobre a passagem automática para o regime de concessão. Neste primeiro exame, considero o preceito conflitante com o teor do inc. XXI do art. 37 e com o art. 175, ambos da Constituição Federal. Concedo a liminar e suspendo, até a decisão final desta ação direta de inconstitucionalidade, a eficácia do dispositivo.

Art. 10 e parágrafo único

É assegurada a qualquer interessado na prestação de serviço de valor adicionado a utilização da rede pública de telecomunicações.

Parágrafo único. Serviço de valor adicionado é a atividade caracterizada pelo acréscimo de recursos e um serviço de telecomunicações que lhe dá suporte, criando novas utilidades relacionadas ao acesso, armazenamento, apresentação e recuperação de informações, não caracterizando exploração de serviço de telecomunicações.

A cláusula final do parágrafo único supra acaba por afastar, ao descaracterizar o serviço como de telecomunicações, o processo licitatório. Ao definir-se "serviço de valor adicionado" remete-se a gama de serviços que estão compreendidos no gênero telecomunicações, pouco importando que surjam na área do suporte, no que criam, como consignado no preceito, novas utilidades. Concedo a liminar para suspender, até decisão final desta ação direta de inconstitucionalidade, a eficácia do preceito.

Parágrafo único do art. 13

O Ministério das Comunicações, até que seja instalada a Comissão Nacional de Comunicações-CNC, exercerá as funções de órgão regulador, mantidas as competências de regulamentação, outorga e fiscalização dos serviços de telecomunicações a ele atribuídos pela legislação em vigor.

Sustenta-se que o veto ao *caput* sem vir a ser alcançado o parágrafo implicou afronta aos arts. 21, inc. XI e 66, § 2º, da CF que assim dispõem:

XI — explorar, diretamente ou mediante autorização, concessão ou permissão, os serviços de telecomunicações, nos termos da lei, que disporá sobre a organização dos serviços, a criação de um órgão regulador e outros aspectos institucionais;

§ 2º. O veto parcial somente abrangerá texto integral de artigo, de parágrafo, de inciso ou de alínea.

Quanto a este último dispositivo constitucional, não tenho como configurada a relevância do pedido. Foi ele observado, havendo o veto incidido sobre o *caput* do art. 13 no que implicou a criação da Comissão Nacional de Comunicações-CNC, como órgão regulador. Eis o teor do preceito:

Art. 13. É criada a Comissão Nacional de Comunicações-CNC, órgão regulador a que se refere o art. 21, XI, da Constituição Federal, com independência decisória, e autonomia orçamentária e financeira, cuja competência, estrutura e atribuições serão estabelecidas em legislação específica, devendo o Presidente da República encaminhar projeto de lei ao Congresso Nacional, no prazo de seis meses, a contar da vigência desta lei, após o que a iniciativa legislativa será exercida cumulativamente com o Congresso Nacional.

O veto resultou do fato de se haver disposto, na parte final, a respeito das conseqüências do silêncio do Executivo sobre o encaminhamento de projeto de lei definidor da competência, estrutura e atribuições do órgão, indicando a possibilidade de o Congresso ter a iniciativa. São estas as razões do veto:

O disposto no art. 13, *caput* do projeto afronta preceito expresso da Constituição, que confere ao Presidente da República a iniciativa privativa das leis que disponham sobre *criação, estruturação e atribuições* dos Ministérios e Órgãos da Administração (art. 61, II, *e*).

A disposição constante da parte final do referido artigo — "(...) devendo o Presidente da República encaminhar projeto de lei ao Congresso Nacional, no prazo de seis meses, a contar da vigência desta lei, após o que a iniciativa legislativa será exercida cumulativamente com o Congresso Nacional" — configura inequívoca transgressão do princípio de Divisão de Poderes, elemento fundamental da nossa Ordem Constitucional.

Ressalto que o veto não importa em divergência sobre o mérito da matéria, qual seja, a importância do órgão regulador das telecomunicações, tanto para a segurança dos investidores como, sobretudo, para a tranqüilidade dos usuários, no contexto da abertura do setor à iniciativa privada.

Atento a isto, e em consonância com os entendimentos mantidos durante a tramitação desta lei, encaminharei em breve prazo ao Congresso Nacional o projeto relativo à Comissão Nacional de Comunicações.

Estas, Senhor Presidente, as razões que me levaram a vetar em parte o projeto em causa, as quais ora submeto à elevada apreciação dos Senhores Membros do Congresso Nacional.

Ao primeiro exame, manteve-se o parágrafo cuja eficácia não se fez dependente do *caput* do artigo, mostrando-se, ao contrário, preceito supletivo a surtir efeitos até a disciplina viabilizadora do funcionamento da Comissão.

Relativamente ao que previsto no inc. XI do art. 21 da Carta, se de um lado é certo que se faz necessária a existência do aludido órgão regulador, de outro, não menos correto, é que o serviço de telefonia celular vem existindo sem a respectiva criação e logicamente há de haver a atuação fiscalizadora. Até que seja criado e definidas as características que o individualizem, exsurge mais do que razoável a autuação do Ministério das Comunicações.

Por isso, indefiro a liminar.

É o meu voto.

Decisão: Após o voto do Ministro Carlos Velloso (Relator) que indeferia a medida liminar de suspensão do art. 4º e seu parágrafo único da Lei 9.295/96, por proposta do Ministro Sepúlveda Pertence, Presidente, foi o julgamento convertido em diligência, independentemente de publicação de acórdão, para solicitar informações complementares, no prazo de 10 (dez) dias, ao Presidente da República e ao Congresso Nacional, a fim de esclarecer se as permissões do serviço a que alude aquele dispositivo legal e que, a teor dele, deverão transformar-se em concessões, são apenas as conferidas às empresas do sistema Telebrás e em que termos e, em caso contrário, com que base legal ou regulamentar ou mediante que processos seletivos foram elas outorgadas a terceiros. Plenário, 20.2.97.

Decisão: Adiado o julgamento pelo pedido de vista do Ministro Marco Aurélio, depois do voto do Ministro Carlos Velloso, Relator, indeferindo o pedido de suspensão do art. 4º e parágrafo único da Lei 9.295/96. Renovado o relatório. Plenário, 19.3.97.

Decisão: Prosseguindo o julgamento, o Tribunal indeferiu a medida liminar de suspensão quanto ao parágrafo único do art. 13 da Lei 9.295/96. Votou o Presidente. Unânime. Quanto ao mais, o julgamento foi adiado pelo pedido de vista do Ministro Maurício Corrêa, depois do voto do Ministro Carlos Velloso (Relator), indeferindo a medida liminar com relação ao art. 4º e seu parágrafo único, e do voto do Ministro Marco Aurélio, deferindo-a. Ausente, justificadamente, o Ministro Néri da Silveira. Plenário, 2.4.97.

Decisão: Apresentado o feito em mesa pelo Ministro Maurício Corrêa, que pedira vista dos autos, o julgamento foi adiado em virtude do adiantado da hora. Plenário, 25.6.98.

Decisão: O Tribunal, por votação unânime, *indeferiu* o pedido de medida cautelar quanto ao art. 5º e ao parágrafo único do art. 13 da Lei 9.295, de 19.7.96. O Ministro Nelson Jobim, por ainda *não* pertencer ao Tribunal, *não* participou do julgamento concernente ao parágrafo único do art. 13 da Lei 9.295/96. Por votação majoritária, o Tribunal *indeferiu* o pedido de *suspensão cautelar* de eficácia relativamente ao art. 10 e seu parágrafo único, vencido o Ministro Marco Aurélio, que o deferia. *Prosseguindo no julgamento*, e apreciando o pedido de *suspensão* cautelar do art. 4º e seu parágrafo único da Lei 9.295/96, foi ele *indeferido* pelos Ministros Carlos Velloso (Relator), Maurício Corrêa, Nelson Jobim, Ilmar Galvão e Octávio Gallotti, e *deferido* pelos Ministros Marco Aurélio, Sepúlveda Pertence, Néri da Silveira, Moreira Alves e Celso de Mello (Presidente). Registrado o *empate* nesse ponto, os autos serão encaminhados ao Ministro Sydney Sanches, para proferir o seu voto na matéria. Depois do voto do Ministro Carlos Velloso (Relator), que *deferia* o pedido de suspensão cautelar de eficácia do § 2º do art. 8º da Lei 9.295/96, o julgamento foi *suspenso* em virtude do *pedido de vista* formulado pelo Ministro Nelson Jobim. Ausente, justificadamente, o Ministro Sydney Sanches. Plenário, 26.6.98.

Decisão: O Tribunal, por votação majoritária, *indeferiu* o pedido de medida cautelar referente ao art. 4º e seu parágrafo único da Lei 9.295/96, *vencidos* os Ministros Marco Aurélio, Sepúlveda Pertence, Néri da Silveira, Moreira Alves e Presidente (Ministro Celso de Mello), que o *deferiam*. O julgamento continua *suspenso* em virtude do *pedido de vista* do Ministro Nelson Jobim, formulado na sessão anterior, quanto ao pedido de medida cautelar referente ao § 2º do art. 8º da Lei 9.295/96, que o Ministro Carlos Velloso, Relator, *defere*. Ausentes, justificadamente, os Ministros Néri da Silveira, Carlos Velloso e Nelson Jobim. Plenário, 1º.7.98.

JURISPRUDÊNCIA

SUPREMO TRIBUNAL FEDERAL

ADIn 1.552-4-DF — Medida liminar
Rel.: Min. Carlos Velloso
Reqte.: Confederação Nacional das Profissões Liberais-CNPL
Advs.: Inocêncio Mártires Coelho e outros
Reqdo.: Presidente da República
j. 17.4.97
DJ 17.4.98

Ementa: Constitucional — Advogados — Advogado-empregado — Empresas públicas e sociedades de economia mista. Medida Provisória 1.522-2, de 1996, art. 3º Lei 8.906/94, arts. 18 a 21. CF, art. 173, § 1º.

I — As empresas públicas, as sociedades de economia mista e outras entidades que explorem atividade econômica em sentido estrito, sem monopólio, estão sujeitas ao regime próprio das empresas privadas, inclusive quanto às obrigações trabalhistas e tributárias. CF, art. 173, § 1º.

II — Suspensão parcial da eficácia das expressões "às empresas públicas e às sociedades de economia mista", sem redução do texto, mediante a aplicação da técnica da interpretação conforme: não aplicabilidade às empresas públicas e às sociedades de economia mista que explorem atividade econômica, em sentido estrito, sem monopólio.

III — Cautelar deferida.

ACÓRDÃO

Vistos, relatados e discutidos estes autos, acordam os Ministros do Supremo Tribunal Federal, em Sessão Plenária, na conformidade da ata do julgamento e das notas taquigráficas, por maioria de votos, deferir a medida liminar para, sem redução de texto, excluir da área de incidência do art. 3º da Medida Provisória 1.522, de 12.12.96, as empresas públicas e sociedades de economia mista exploradoras de atividade econômica não monopolística, vencidos os Ministros Néri da Silveira e Moreira Alves. Votou o Presidente. Ausentes, justificadamente, o Ministro Ilmar Galvão, e, neste julgamento, o Ministro Marco Aurélio.

Brasília, 17 de abril de 1997.

Sepúlveda Pertence, Presidente. Carlos Velloso, Relator.

RELATÓRIO

O Sr. Ministro Carlos Velloso: A Confederação Nacional das Profissões Liberais-CNPL, com base no art. 103, IX, da Constituição Federal, aforou ação direta de inconstitucionalidade das expressões "às empresas públicas e às sociedades de economia mista", constantes da parte final do art. 3º da Medida Provisória 1.522-2, de 12.12.96, publicada no *DOU* de 13.12.96.

Tem o seguinte teor o dispositivo impugnado:

> Medida Provisória 1.522-2/96.
>
> Art. 3º. As disposições constantes do capítulo V, Título I, da Lei 8.906, de 4.7.94, não se aplicam à administração pública direta da União, dos Estados, do Distrito Fe-

deral e dos Municípios, bem como às autarquias, às fundações instituídas pelo Poder Público, *às empresas públicas e às sociedades de economia mista.*

Alega a autora que a norma impugnada, que faz referência ao Estatuto dos Advogados (Lei 8.906/94), ofende o princípio constitucional da igualdade de todos perante a lei — art. 5º, I da Constituição Federal — presente a regra do art. 173, § 1º, da mesma Carta, que assim determina:

> Art. 173. (...) § 1º. A empresa pública, a sociedade de economia mista e outras entidades que explorem atividade econômica sujeitam-se ao regime jurídico próprio das empresas privadas, inclusive quanto às obrigações trabalhistas e tributárias.

Sustenta a autora, em síntese:

a) o capítulo V, do Estatuto da Advocacia, não se aplica, *ab initio*, aos exercentes de cargos e funções na Administração Pública direta, autárquica e fundacional;

b) "a própria Advocacia-Geral da União, em parecer específico, aprovado pelo Senhor Presidente da República e, por isso, dotado de força vinculante para toda a Administração, já havia anotado que os advogados submetidos ao regime jurídico da Lei 8.112, de 1990, continuam sujeitos ao disciplinamento vigente à época da edição do novo Estatuto da Advocacia, no que respeita à carga horária e à remuneração" (Parecer AGU/VW 08/94, de 9.8.94, *DOU* 10.8.94, p. 12.040-41);

c) a Medida Provisória 1.522/96, ao estabelecer discriminação em relação aos advogados das empresas públicas e sociedades de economia mista, suscitou dúvidas sobre sua compatibilidade com o princípio da isonomia, porque criou duas situações jurídicas contraditórias:

I — a dos advogados empregados de empresas públicas e sociedades de economia mista, que explorem atividade econômica, aos quais não se aplicariam as disposições da Lei 8.906/94, relativas à jornada legal de trabalho e aos honorários de sucumbência;

II — a dos outros advogados empregados que, submetidos à disciplina daquela lei, teriam jornada legal de trabalho e usufruiriam dos honorários da sucumbência;

d) afirma a doutrina que o princípio da isonomia não é dirigido apenas ao eventual executor da lei, mas, de forma imediata e direta, ao próprio legislador;

e) "se os empregados de empresas estatais estão submetidos a um regime laboral e previdenciário em tudo idêntico ao dos demais empregados, não pode o legislador, sem base firme no sistema jurídico-constitucional, adotar modelo mais restritivo, sob pena de incidir em afronta ao princípio da isonomia";

f) na ADIn 491, o Supremo Tribunal, ao decidir sobre a constitucionalidade do art. 86, parágrafo único, da Constituição do Estado do Amazonas, "após reconhecer que a inconstitucionalidade argüida visava apenas à extensão de vantagens ao Ministério Público, contida implicitamente na referência aos incs. IV a XII do art. 64, optou por suspender — sem redução do texto — a aplicação do parágrafo único do art. 86 da Constituição estadual, no que concerne à remissão ao inciso V do seu art. 64";

g) "assim, não acolhida a pretensão de declaração de inconstitucionalidade parcial quantitativa da norma impugnada, tem-se de admitir que a disposição constante do art. 3º da Medida Provisória 1.522-2, de 12.12.96, é inconstitucional, pelo menos *no que se refere* à sua aplicação aos empregados de empresas estatais *que exploram atividade econômica*. Há de se reconhecer, pois, que, na espécie, afigura-se imperiosa a adoção da chamada *declaração parcial de inconstitucionalidade sem redução de texto*";

h) o art. 3º da Medida Provisória 1.522/96 também afetou os acordos coletivos de trabalho, celebrados com base no art. 21, parágrafo único, do Estatuto da Advocacia, como, por exemplo, o último Acordo Coletivo de Trabalho pactuado entre o Banco do Brasil S/A e a Federação Nacional dos Advogados;

i) o critério discriminador estabelecido simplesmente com base na dicotomia *empresa privada/empresa estatal*, além de se mostrar extremamente singelo revela absoluta falta de conexão ou pertinência lógica entre o tratamento diferenciado e o fator de descrímen que, para tanto, foi utilizado pelo legislador.

Presentes os requisitos para a concessão da medida liminar, acrescidos da inquestionável plausibilidade jurídica do pedido e da sua conveniência política, uma vez que a aplicação do dispositivo questionado afeta, de maneira irreversível, milhares de advogados empregados que prestam serviços às empresas estatais nos planos federal, estadual e municipal, requer a autora:

I — a suspensão parcial do ato questionado, em relação à expressão (...) "*às empresas públicas e às sociedades de economia mista*";

II — "se se entender que a disposição em apreço não se aplica exclusivamente aos empregados das empresas estatais que exploram atividade econômica, pede-se a cautelar para suspender a eficácia da norma, sem redução de texto, explicitando-se que é de se excluir do âmbito de regulação desse preceito as entidades paraestatais referidas (*suspensão cautelar da eficácia da norma sem redução de texto*)";

III — pede-se, ainda, o deferimento da cautelar, sem redução de texto, "para afastar a incidência da disposição ora questionada sobre os acordos coletivos de trabalho celebrados entre advogados empregados e respectivos empregadores, nos termos da Constituição e do Estatuto da Advocacia".

Solicitei informações, à fl. 75, antes de apreciar o pedido da cautelar.

Houve pedido de aditamento à inicial, por parte da autora, à fl. 79, já que o objeto da causa passou a ser a Medida Provisória 1.522-4, publicada no *DOU* de 6.2.97, com o mesmo conteúdo normativo da Medida Provisória 1.522-2, publicada no *DOU* de 13.12.96, objeto inicial desta ação.

O Sr. Presidente da República prestou as informações de fls. 81/89, subscrevendo expediente do Advogado-Geral da União, Dr. Geraldo Magela da Cruz Quintão, assim resumidas:

a) "o art. 173 da Carta Federal admite que o Estado proceda à exploração de atividade econômica, desde que, nesse mister, objetiva alcançar os ditames da segurança nacional e o relevante interesse coletivo, na forma da lei, razão pela qual são submetidas ao regime jurídico das empresas privadas, inclusive no tocante às obrigações trabalhistas e tributárias, as empresas públicas, sociedades de economia mista e outras que desenvolvam essa função";

b) considerando-se que a Constituição atribui à União, no art. 22, o poder de, privativamente, legislar sobre direito do trabalho, nenhuma incompatibilidade exsurge dos termos dessa competência constitucionalmente outorgada e da finalidade da sujeição das entidades estatais ao regime jurídico das empresas privadas;

c) assinale-se que o regime jurídico das empresas privadas, a que se subordinam as empresas estatais, não as torna independentes do Poder Público, com plena autonomia de administração de seus interesses;

d) o próprio Texto Constitucional e respectivo ADCT contêm regras para as empresas estatais, no tocante à pessoa jurídica em si e aos seus empregados, numa clara demonstração da intenção de vinculá-las aos interesses maiores da coletividade;

e) "a exclusão dos empregados das entidades governamentais da incidência do Título I, Capítulo V, da Lei 8.906, implicitamente, preexistia à vigência da contestada Medida Provisória";

f) "o regramento específico dos empregados dos entes estatais e a própria ressalva de sua aplicação, contida no art. 3º, § 1º, da Lei 8.906, são o quanto basta à constatação de que existia diferenciação legal e constitucional entre os empregados das entidades do estado e os das empresas privadas";

g) anteriormente à MP 1.522-2, de 1996, verifica-se a inexistência de direito adquirido e ato jurídico perfeito, porque a inaplicabilidade do disposto no Título I, Capítulo V, da Lei 8.906 aos advogados emprregados permaneceu até a vigência da legislação especial, acima referida, e de disposição expressa do Estatuto da Advocacia, cujo art. 3º, § 1º, manteve a incidência do regime próprio a que se encontrava submetido;

h) se, conforme consta da inicial, por força do art. 21, parágrafo único, da Lei 8.906/94, muitas empresas estatais celebraram acordos coletivos com seus advogados, esses acordos não estão referendados pelas normas de regência da matéria, tais como o DL 2.355 e a Lei 8.852/94;

i) "o disposto no parágrafo único do art. 21 da Lei 8.906, invocado pelo Requerente como supedâneo para a celebração dos acordos coletivos, alcança somente os advogados empregados de sociedades de advogados, o que não é o caso das entidades governamentais.",

É o relatório.

VOTO

O Sr. Ministro Carlos Velloso (Relator): O art. 3º da Medida Provisória 1.522, de 12.12.96, dispõe:

> Art. 3º. As disposições constantes do Capítulo V, Título I, da Lei 8.906, de 4.7.94, não se aplicam à administração pública direta da União, dos Estados, do Distrito Federal e dos Municípios, bem como às autarquias, às fundações instituídas pelo Poder Público, às empresas públicas e às sociedades de economia mista.

A Lei 8.906, de 1994, referida no art. 3º, acima transcrito, é o Estatuto da Advocacia. No ponto indicado no citado art. 3º, cuida a Lei 8.906, de 1994, do advogado empregado, estabelecendo jornada de trabalho e regulando a destinação dos honorários de sucumbência, entre outros temas.

Sustenta a autora a inconstitucionalidade das expressões: "às empresas públicas e às sociedades de economia mista". Essa disposição normativa conflita com o princípio da isonomia, presente a regra inscrita no § 1º do art. 173 da CF. Ademais, a norma impugnada é ofensiva a acordos coletivos de trabalho, celebrados com base no art. 21, parágrafo único, do Estatuto dos Advogados, como, por exemplo, o último acordo coletivo de trabalho ajustado entre o Banco do Brasil S/A e a Federação Nacional dos Advogados.

Examinemos a questão.

O Capítulo V, do Título I, do Estatuto da Advocacia, Lei 8.906, de 4.7.94, cuida "Do Advogado Empregado", arts. 18 a 21. O art. 18 estabelece que a "relação de emprego, na qualidade de advogado, não retira a isenção técnica nem reduz a independência profissional inerente à advocacia". O art. 19 estabelece o salário mínimo profissional, que será fixado em sentença normativa, "salvo se ajustado em acordo ou convenção coletiva de trabalho". O art. 20 disciplina a jornada de trabalho do advogado empregado e o art. 21 dispõe que nas "causas em que for parte o empregador, ou pessoa por este representada, os honorários de sucumbência são devidos aos advogados empregados". O parágrafo único do mesmo art. 21 acrescenta: "os honorários de sucumbência, percebidos por advogado empregado de sociedade de advogados são partilhados entre ele e a empregadora, na forma estabelecida em acordo".

O citado Capítulo V, do Título I, da Lei 8.906, de 1994 — Estatuto da Advocacia — estabelece, na verdade, a disciplina de trabalho do advogado empregado:

a) o advogado empregado não perde, em razão da relação de emprego, a isenção técnica nem tem reduzida a independência profissional inerentes à advocacia (art. 18);

b) o advogado empregado não está obrigado à prestação de serviços profissionais de interesse pessoal dos empregadores, fora da relação de emprego (parágrafo único do art. 18);

c) o salário mínimo profissional do advogado será fixado em sentença normativa, salvo se ajustado em acordo ou convenção coletiva de trabalho (art. 19);

d) a jornada de trabalho do advogado empregado não excederá de quatro horas contínuas nem a de vinte horas semanais, salvo acordo ou convenção coletiva ou em caso de dedicação exclusiva (art. 20);

e) para efeitos do artigo 20 — suso, letra *d* — considera-se como período de trabalho o tempo em que o advogado estiver à disposição do empregador, aguardando ou executando ordens, no seu escritório ou em atividades externas, sendo reembolsadas as despesas feitas com transporte, hospedagem e alimentação (§ 1º do art. 20);

f) as horas trabalhadas que excederem a jornada normal são remuneradas por um adicional não inferior a cem por cento sobre o valor da hora normal, mesmo havendo contrato escrito (§ 2º do art. 20);

g) as horas trabalhadas no período das vinte horas de um dia até as cinco horas do dia seguinte são remuneradas como noturnas, acrescidas do adicional de vinte e cinco por cento (§ 3º do art. 20);

h) nas causas em que o empregador for parte, ou pessoa por ele representada, os honorários de sucumbência são devidos aos advogados empregados (art. 21);

i) os honorários de sucumbência, percebidos por advogado empregado de sociedade de advogados são partilhados entre ele e a empregadora, na forma estabelecida em acordo (art. 21, parágrafo único).

Tem-se, portanto, na Lei 8.906, de 1994, a disciplina da relação de emprego do advogado. É dizer, a Lei 8.906, de 1994, constitui, nos pontos referidos no Capítulo V, Título I, arts. 18 a 21, a legislação trabalhista dos advogados empregados.

Indaga-se: essa legislação poderia ser excepcionada em relação aos advogados empregados das empresas públicas e sociedades de economia mista que exploram atividade econômica sem monopólio?

Penso que não, tendo em linha de conta a disposição inscrita no § 1º do art. 173 da CF.

Vou mais longe: ela não terá aplicação, também, relativamente aos advogados-empregados de qualquer outra entidade estatal que explore atividade econômica, sem monopólio.

É que a Constituição Federal, no § 1º do art. 173, dispõe:

> Art. 173. (...) § 1º. A empresa pública, a sociedade de economia mista e outras entidades que explorem atividade econômica sujeitam-se ao regime jurídico próprio das empresas privadas, inclusive quanto às obrigações trabalhistas e tributárias.

É dizer, as empresas públicas, as sociedades de economia mista e quaisquer outras entidades que explorem atividade econômica, sem monopólio, sujeitam-se à legislação trabalhista das empresas privadas, dado que o fazem em concorrência com estas. Se ocorrer monopólio, não há concorrência. Então, a ressalva será válida.

Ora, se todas as empresas privadas estão sujeitas às normas trabalhistas inscritas no Capítulo V, do Título I, da Lei 8.906, de 1994 — Estatuto da Advocacia — às empresas públicas, sociedades de economia mista e outras entidades que explorem atividade econômica, sem monopólio, terá aplicação essa mesma legislação.

Posta assim a questão, estou em que à frase — "às empresas públicas e às sociedades de economia mista" — deve-se emprestar interpretação conforme à Constituição, assim: as mencionadas expressões não têm aplicação "às empresas públicas e às sociedades de economia mista" que explorem atividade econômica, sem monopólio.

É certo que as empresas públicas e sociedades de economia mista são instituídas para a exploração de atividade econômica, em sentido estrito, dado que elas são os instrumentos da intervenção do Estado no domínio econômico. Pode existir, entretanto, empresa pública ou sociedade de economia mista prestadora de serviço público. Essa distinção, no regime da CF/67, poderia ser feita, e nós por ela propugnamos em trabalho de doutrina (cf. nosso *Responsabilidade e Controle das Empresas Estatais*, em "Temas de Direito Público", Del Rey, p. 490), na linha, aliás, do magistério de Celso Antônio Bandeira de Mello ("Natureza essencial das sociedades mistas e empresas públicas", *RDP* 71/111; *Prestação de Serviços Públicos e Administração Indireta*, pp. 101 e ss., 1973) e Eros Roberto Grau (*Elementos de Direito Econômico*, Ed. RT, 1981). Este último autor, escrevendo sobre o tema, já sob o pálio da CF/88, leciona:

"Da mesma forma, no § 1º do art. 173 a expressão conota atividade econômica em sentido estrito: determina fiquem sujeitas ao regime próprio das empresas privadas, inclusive quanto às obrigações trabalhistas e tributárias, a empresa pública, a sociedade de economia mista e outras entidades que atuem no campo da atividade econômica em sentido estrito; o preceito, à toda evidência, não alcança empresa pública, sociedade de economia mista e entidades (estatais) que prestam serviço público" (Eros Roberto Grau, *A Ordem Econômica na Constituição de 1988 — Interpretação e Crítica*, Ed. RT, 2ª ed., 1991, p. 140).

Nos votos que proferi por ocasião do julgamento da ADIn 348-MG, dos RREE 172.816-RJ e 153.523-RS e da ADIn 449-DF, deixei claro o meu pensamento a respeito do tema.

Neste voto, estou deixando expresso o que ficara implícito no raciocínio desenvolvido nos votos acima indicados.

É que a disposição inscrita no art. 173, *caput*, da Constituição, contém ressalva: "Ressalvados os casos previstos nesta Constituição, a exploração direta de atividade econômica pelo Estado só será permitida quando necessária aos imperativos da segurança nacional ou a relevante interesse coletivo, conforme definidos em lei". Quer dizer, o art. 173 da CF está cuidando da hipótese em que o Estado esteja na condição de agente empresarial, isto é, esteja explorando, diretamente, atividade econômica em concorrência com a iniciativa privada. Os parágrafos, então, do citado art. 173, aplicam-se com observância do comando constante do *caput*. Se não houver concorrência — existindo monopólio, CF, art. 177 — não haverá aplicação do disposto no § 1º do mencionado art. 173. É que, conforme linhas atrás registrado, o que quer a Constituição é que o Estado-empresário não tenha privilégios em relação aos particulares. Se houver monopólio, não há concorrência; não havendo concorrência, desaparece a finalidade do disposto no § 1º do art. 173.

Impõe-se, então, a suspensão parcial da eficácia das expressões impugnadas, sem redução do texto. É dizer, referentemente às empresas públicas e sociedades de economia mista que explorem atividade econômica, em sentido estrito, não monopolistas, as mencionadas expressões não têm aplicação.

Essa técnica, a da interpretação conforme à Constituição, registrou o eminente Ministro Moreira Alves, "se inspira na razão de ser da declaração de inconstitucionalidade 'sem redução do texto' em decorrência de este permitir" a mencionada interpretação conforme (ADIn 491-AM, *RTJ* 137/90, 99).

A argüição de inconstitucionalidade, pelo que foi exposto, é relevante. O tratamento diferenciado imposto aos advogados empregados das empresas públicas e sociedades de economia mista, que exploram atividade econômica, em sentido estrito, não monopolistas, com prejuízo para os mesmos e com o conseqüente locupletamento dessas empresas, indica a conveniência do deferimento da cautelar nos termos acima mencionados.

Esclareça-se, aliás, que o pedido formulado na inicial da presente ação é exatamente neste sentido: a suspensão parcial da eficácia da norma, sem redução do texto.

Do exposto, defiro a suspensão parcial da eficácia da norma inscrita nas expressões impugnadas, inscritas na parte final do art. 3º da Medida Provisória 1.522-2 — "às empresas públicas e às sociedades de economia mista" — sem redução do texto, nos termos acima indicados.

VOTO

O Sr. Ministro Néri da Silveira: Sr. Presidente. A Corte está apreciando a matéria em juízo de cautelar. Vou reservar-me reexaminar o assunto quando do julgamento final. Em realidade, tenho grandes dúvidas em torno da possibilidade de se fazer exatamente a distinção posta, em votos precedentes, porque o destinatário da norma em foco é o profissional prestador de serviço de advocacia, que, no caso, está sujeito a um regime salarial estabelecido pelas empresas públicas. Essas empresas, de maneira geral, submetem-se, no âmbito federal, a determinados limites traçados pela lei, segundo os quais elas deverão organizar os seus quadros de pessoal. Os cargos ou empregos têm de ser providos por concurso público, estando também sujeitos a limites nas tabelas de remuneração.

Se se entender, desde logo, que os advogados de determinadas empresas públicas e sociedades de economia mista, além dos salários normalmente estabelecidos segundo tabelas, comuns para todas as empresas públicas, podem receber os quantitativos concernentes a honorários advocatícios, nas causas em que empresas públicas como partes são vitoriosas, constituindo-se, por vezes, por volumosas importâncias —, pergunto: isso estará no espírito do sistema?

O Sr. Ministro Nelson Jobim: Se for monopolista, esses honorários da sucumbência vêm para o contribuinte.

O Sr. Ministro Néri da Silveira: Entendo que a decisão foi toda tomada numa perspectiva de privilégio de empresa, quando, ao que penso, a norma não se destina a regular esse problema. Só porque a empresa pública desempenha atividade econômica, estando sujeita ao direito privado, conclui-se que ela não pode embolsar o que decorre dos ônus da sucumbência. Estou, entretanto, visualizando a *quaestio juris* numa outra perspectiva: a dos quadros de servidores e de retribuição destes. Alguém negará — isso é um caso típico — que, com os honorários advocatícios, o advogado servidor, sem dúvida nenhuma, tem a oportunidade de participar dos proveitos da causa? É o caso do Banco do Brasil, que concede um empréstimo; o devedor não paga e o advogado do Banco promove a execução. Julgada procedente a ação, há a condenação do devedor nos ônus da sucumbência. O advogado pode receber os honorários advocatícios, de acordo com a interpretação da maioria. Mas o advogado de outra empresa pública ou sociedade de economia mista, que postule em juízo e ganhe a causa também, não pode participar dos honorários advocatícios, porque a empresa não se dedica a atividade econômica. É um tratamento desigual, para servidores de entidades de natureza semelhante.

O Sr. Ministro Nelson Jobim: Porque a atividade é monopolista. Senão, se o raciocínio for verdadeiro, condenaremos a Advocacia da União.

O Sr. Ministro Néri da Silveira: Estou raciocinando com base no art. 37, da Constituição, que cuida das empresas públicas, também.

O Sr. Ministro Nelson Jobim: Mas qual é o artigo que trata da equiparação?

O Sr. Ministro Néri da Silveira: Por isso, afirmo que nossa visualização do problema é diversa. V. Exas. estão decidindo na perspectiva do art. 173, da Lei Maior. De minha parte, neste tema, que tem, sem dúvida, índole de retribuição por serviços profissionais, penso que a sede da matéria está no art. 37 da Constituição, que estabelece princípios gerais para o exercício da função pública, na administração pública direta ou indireta; e é aí que cuida de quadros de pessoal e também de uma uniformização, em termos de tratamento pecuniário, remuneratório. É nessa perspectiva que estou considerando o tema porque penso que a medida provisória foi editada nesse sentido, para estabelecer um tratamento igualitário, quanto aos advogados das empresas públicas e sociedades de economia mista.

Todas as empresas públicas e sociedades de economia mista estão sujeitas ao regime trabalhista. O art. 173 da Lei Magna, *data venia*, não tem nenhuma aplicação em termos de exame desta questão. Cabe, aqui, discutir, quando os advogados de sociedades de economia mista e empresas públicas podem e quando não podem receber os honorários advocatícios, nas causas em que atuam. Sem dúvida nenhuma, a conclusão a que se chega leva a um tratamento desigual.

O Sr. Ministro Sepúlveda Pertence (Presidente): O exemplo de V. Exa. é magnífico: se o advogado é do Banco do Brasil, os honorários da sucumbência são do Banco do Brasil; o banco ao lado, no entanto, se for executar um devedor, não embolsará os honorários da sucumbência, porque serão do advogado. Mas o Banco do Brasil terá, além do valor da dívida, o valor dos honorários. Isto é a concorrência "perfeita" que o art. 173 pretendeu?

O Sr. Ministro Néri da Silveira: Continuo dizendo que nossa dificuldade é insuperável, porque V. Exa. está olhando em termos de privilégio da empresa pública e eu estou analisando o tema, quanto ao tratamento igualitário dos advogados das empresas públicas e sociedades de economia mista.

O Sr. Ministro Nelson Jobim: Privilégio de empresa, não, privilégio do contribuinte, que mantém a empresa pública monopolista.

O Sr. Ministro Néri da Silveira: Essa decisão vai levar a que advogados de certas empresas públicas da União não tenham direito aos honorários advocatícios, nas causas que patrocinem, e advogados de outras empresas públicas ou sociedades de economia mista da União venham a receber, a esse título, retribuição pelos mesmos serviços de patrocínio aos interesses dessas entidades da administração federal indireta. Então, uns têm e outros não.

O problema não é de privilégio de empresa, como registrei, mas de tratamento remuneratório dos servidores das empresas públicas e sociedades de economia mista, no âmbito da advocacia pública.

Com essas considerações, indefiro a cautelar, reservando-me para examinar posteriormente essa questão, ao ensejo do julgamento final.

VOTO

O Sr. Ministro Sepúlveda Pertence (Presidente): Creio que a regra do art. 173 da Constituição constitui uma exceção evidente, clara, a tudo quanto se queira extrair da condição de estatalidade das empresas públicas e sociedades mistas, a fim de aplicar-lhes normas gerais do pessoal da Administração Pública, a exemplo da que exige o concurso público para a admissão (MS 21.322, Brossard, 3.12.92, *RTJ* 146/139): no campo normativo daquele preceito da ordem econômica constitucional, cabe a prevalência à regra da igualdade na concorrência com as empresas privadas no mercado, com o fito de evitar que, mediante restrições de qualquer ordem ao custo trabalhista das empresas estatais não monopolísticas, tenham elas um privilégio na competição.

Data venia, acompanho o eminente Relator.

Extrato de Ata

ADIn 1552-4-DF — Medida liminar

Rel.: Min. Carlos Velloso

Reqte.: Confederação Nacional das Profissões Liberais-CNPT

Advs.: Inocêncio Mártires Coelho e outros

Reqdo.: Presidente da República

Decisão: Por maioria de votos, o Tribunal deferiu a medida liminar para, sem redução de texto, excluir da área de incidência do art. 3º da Medida Provisória 1.522, de 12.12.96, as empresas públicas e sociedades de economia mista exploradoras de atividade econômica não monopolística, vencidos os Ministros Néri da Silveira e Moreira Alves. Votou o Presidente. Ausentes, justificadamente, o Ministro Ilmar Galvão, e, neste julgamento, o Ministro Marco Aurélio. Plenário, 17.4.97.

Presidência do Senhor Ministro Sepúlveda Pertence. Presentes à sessão os Srs. Ministros Moreira Alves, Néri da Silveira, Sydney Sanches, Octávio Gallotti, Celso de Mello, Carlos Velloso, Marco Aurélio, Maurício Corrêa e Nelson Jobim.

Procurador-Geral da República, Dr. Geraldo Brindeiro. Luiz Tomimatsu, Secretário.

SUPREMO TRIBUNAL FEDERAL

"Habeas corpus" 71.373-4-RS — Tribunal Pleno

Pacte.: José Antônio Gomes Pinheiro Machado

Impte.: José Antônio Gomes Pinheiro Machado

Coator: Tribunal de Justiça do Estado do Rio Grande do Sul

j. 10.11.94

DJ 22.11.96

Ementa: Investigação de paternidade — Exame DNA — Condução do réu "debaixo de vara". Discrepa, a mais não poder, de garantias constitucionais implícitas e explícitas — preservação da dignidade humana, da intimidade, da intangibilidade do corpo humano, do império da lei e da inexecução específica e direta de obrigação de fazer — provimento judicial que, em ação civil de investigação de paternidade, implique determinação no sentido de o réu ser conduzido ao laboratório, "debaixo de vara", para coleta do material indispensável à feitura do exame DNA. A recusa resolve-se no plano jurídico-instrumental, consideradas a dogmática, a doutrina e a jurisprudência, no que voltadas ao deslinde das questões ligadas à prova dos fatos.

ACÓRDÃO

Vistos, relatados e discutidos estes autos, acordam os Ministros do Supremo Tribunal Federal, em sessão plenária, na conformidade da ata do julgamento e das notas taquigráficas, por maioria de votos, em deferir o pedido de *habeas corpus*.

Brasília, 10 de novembro de 1994.

Octávio Gallotti, Presidente. Marco Aurélio, Redator para acórdão.

RELATÓRIO

O Sr. Ministro Francisco Rezek: A inicial, que expõe com propriedade a questão jurídica, foi redigida pelo próprio paciente, José Antônio Gomes Pinheiro Machado, e diz:

> (...)
>
> Contra o impetrante tramita, na Segunda Vara de Família e Sucessões do Foro Centralizado da Comarca de Porto Alegre, uma ação de investigação de paternidade promovida por Thais Marques Rosa e Lívia Marques Rosa, gêmeas nascidas a 19 de novembro de 1990, filhas de Heloísa Maria Marques Rosa.
>
> Ordenada prova pericial específica, mediante análise de grupos sangüíneos e outras investigações, o impetrante intimado comunicou que não se submeteria a exames, o que foi aceito pela Dra. Juíza a 20.5.92, reconhecendo que a parte não está obrigada à realização da prova, mas sua negativa será analisada de acordo com o restante da prova.
>
> Depois, antes de ser concluída a audiência, a Dra. Juíza adotou outra solução, para coagir o impetrante a submeter-se aos exames periciais cogitados no início. A última decisão (de 27.11.92) tem este teor que interessa, sendo do impetrante os sublinhamentos:

Tendo em vista nova jurisprudência que começa a despontar sobre o tema da recusa em fazer o exame para comprovação da paternidade, representada pelo agravo de instrumento 588021022, da 4ª Câmara Cível do E. TJRGS, *Revista de Jurisprudência* 147/301-304, reviso minha posição de fl. 81.

No presente caso estão em jogo interesses de duas menores. Outrossim, pelo que está nos autos, uma das partes está faltando com a verdade e o exame dirime dúvida estabelecendo, praticamente em definitivo, com quem está a verdade, desmascarando-se ou a oportunista ou o que tenta eximir-se da responsabilidade da paternidade.

Não há motivo para que o réu se negue ao exame, a menos que esteja com receio do resultado. Hoje, com o avanço das pesquisas genéticas, é inconcebível que não seja feito tal exame neste tipo de ação.

Assim, determino a realização do exame, a ser realizado pelo Dr. Jobim, já compromissado. Oficie-se para marcação de data. Deverá o réu comparecer, assim que intimado, *sob pena de condução sob vara*, eis que, no caso, seu corpo é "objeto de direitos", não sendo cabível invocar "direito personalíssimo de disponibilidade do próprio corpo".

A determinação não foi logo executada, em virtude de agravo de instrumento interposto pelo impetrante, com efeito suspensivo concedido pela mesma Dra. Juíza.

Solução no agravo: Ao julgar o agravo de instrumento aludido, a Oitava Câmara Cível do TJRS, pela maioria de dois votos contra um, manteve a decisão de primeiro grau, havendo disposições expressas e nítidas.

No julgamento do agravo a 4 de novembro de 1993, consignou-se sem ressalvas que a 8ª Câmara Cível do Tribunal de Justiça do Estado do Rio Grande do Sul, por maioria, acorda em negar provimento ao agravo, vencido o Em. Dr. Giorgis, que dava provimento.

No julgamento dos embargos de declaração a 16 de dezembro de 1993, oferecidos pelo impetrante em face das omissões do acórdão, a decisão os acolheu, exprimindo os fundamentos e mantendo o dispositivo, para, sanados os pontos omissos, confirmar, quanto ao mais, tudo o que se contém naquele aresto (o acórdão embargado).

Disso resulta que a decisão de primeiro grau restou assumida na segunda instância, pelas explicitações da oitava Câmara Cível do TJRS, no julgamento composto, inclusive na parte que impõe o comparecimento do impetrante para submeter-se a exame *sob pena de condução sob vara*.

O impetrante interpôs recurso especial e recurso extraordinário contra a decisão no agravo de instrumento. Os dois recursos estão sendo processados, encontrando-se agora no estágio de vista ao Ministério Público.

O recurso especial, centrado no art. 332 do Código de Processo Civil, sustenta que a decisão recorrida contrariou esse dispositivo e divergiu da interpretação a ele dada pela segunda Câmara Cível do Tribunal de Justiça de São Paulo em acórdão publicado (*RJTJSP Lex*, 111/350-353).

O recurso extraordinário argumenta que a decisão recorrida contrariou os incisos II e X do art. 5º da Constituição da República, examinados na sua significação direta.

Esses recursos excepcionais não têm efeito suspensivo, como é curial, de modo que se esgotou aquela fase suspensiva concedida pela Exma. Dra. Juíza de primeiro grau e aludida na parte final do item 2, acima.

Comunicada pelo Tribunal ao Juízo de origem a solução do agravo de instrumento e marcado pelo perito o dia 14 de abril de 1994, às 8 horas, no Hospital de Clínicas de Porto Alegre, para realizar o exame, a Dra. Juíza logo reativou aquela primitiva determinação, de 27.11.92, e explicitou isto na folha 207 do processo:

"Intime-se o réu, sob pena de condução sob vara. Urgência, eis que próxima a data marcada para o exame. Int. em 17.3.94." (assinatura)

É evidente que agora o Juízo de primeiro grau já não opera por iniciativa própria, mas executa a decisão que foi assumida pela 8ª Câmara Cível do TJRS.

Disso resulta que a ordem de condução sob vara se reputa comandada pela aludida Câmara Cível, de modo que a determinação agora é praticada sob a responsabilidade daquele órgão fracionário do Tribunal de Justiça do Rio Grande do Sul, com reflexo irrecusável na definição da competência para apreciar o ato judicial.

O quadro presente se caracteriza pela ameaça que vigora contra o impetrante de ser conduzido sob vara, para submeter-se ao exame, contra sua vontade, embora estejam em curso duas manifestações de desconformidade que podem alterar a determinação assumida pela 8ª Câmara Cível do TJRS.

Os atos judiciais são nítidos, com a especificação expressa, impondo que o impetrante compareça em local, dia e hora indicados, pois do contrário será conduzido sob vara.

A ordem antecipadamente programada constitui ameaça de coação, porque a condução representará violência contra a liberdade de locomoção do impetrante, cuja recusa foi expressamente manifestada nos autos. Na ordem dada há ilegalidade e abuso de poder, porque se executa medida restritiva de liberdade antes de exaurir-se o julgamento da matéria, pela suscitação nos recursos excepcionais.

Importa alertar para o inusitado da determinação, porque no ordenamento processual brasileiro a condução da parte só se concebe com o sentido de prisão.

O não comparecimento da parte pode acarretar sanções específicas, mas não autoriza que ela seja conduzida debaixo de vara. Em matéria penal o CPP é categórico: o acusado sofre os efeitos da revelia se, citado inicialmente ou intimado depois, deixar de comparecer sem motivo justificado (art. 366); e ao querelante se aplica a conseqüência da perempção se ele deixar de comparecer, sem motivo justificado, a qualquer ato do processo a que deva estar presente (art. 60, III). Em matéria civil a parte que intimada não comparecer sofrerá a pena de confissão (art. 343, § 3º, do CPC). Mas em nenhum caso está autorizada a condução coativa da parte.

Em face da controvérsia reconhecida, o problema exige solução compatível com o ordenamento jurídico vigente.

Num pólo, na matéria suscitada, sem pronunciamento conhecido do Supremo Tribunal Federal, vigoram preceitos que permitem a recusa de, na ação de que se trata, o investigado fornecer seu corpo ao exame. No art. 5º da Constituição Federal existem as matrizes mais eficientes: o inc. II reafirma a tradição de que *ninguém é obrigado a fazer ou deixar de fazer alguma coisa senão em virtude de lei*, de modo que, por não existir disposição legal impondo a submissão, o investigado não pode ser constrangido a sujeitar-se a ela; — o inc. X consagrou que *são invioláveis a intimidade e a vida privada*, de sorte que aqui está radicada a razão impeditiva de violar essas particularidades, mediante exames forçados que atingem a intimidade e a privacidade. No art. 332 do Código de Processo Civil se impede, a contrário, o uso de meios ilegítimos, devendo assim considerar-se os que estão vedados na via constitucional.

Noutro pólo, no sentido irreversível, realizar o exame no presente estágio, quando as irresignações podem no seu desfecho determinar a possibilidade de recusa, constitui risco que deve ser evitado pelo Poder Judiciário. Efetivamente, se um dos recursos excepcionais reconhecer a legitimidade da recusa, o exame feito mediante violência é incompatível com toda a estrutura das garantias contempladas no art. 5º da Lei Fundamental, porque, além dos incs. II e X acima estudados, haverá a repercussão nas seguintes partes: — exclui-se da apreciação do Poder Judiciário a ameaça a direito, com infração ao inc. XXXV; priva-se da liberdade a pessoa sem o devido processo legal, contrariando o inc. LIV; — pratica-se violência equivalente a prisão sem configuração delituosa, afrontando o inc. LXI.

No conjunto a execução da ordem decorrente do julgamento traduz o risco de violação grave das garantias constitucionais consolidadas.

(...)

Em vista do programa anunciado, com a intimação para o comparecimento no dia quatorze do corrente mês, com a advertência da pena de condução sob vara, desdobra-se a pretensão.

Liminarmente, em caráter de urgência para evitar que se promova a realização programada, é necessário sustar os efeitos da determinação resultante do acórdão no agravo de instrumento, até que seja julgado o *habeas corpus*.

Em definitivo, importa que a determinação fique suspensa até que sejam julgados os recursos excepcionais interpostos pelo impetrante em relação ao mesmo acórdão.

Pelo exposto, o impetrante pede:

a) que Vossa Excelência se digne de ordenar que seja distribuído este *habeas corpus*;

b) que o Excelentíssimo Ministro Relator determine em caráter liminar a sustação dos efeitos da decisão decorrente do feito 593108228 (agravo de instrumento) e

593155963 (embargos de declaração no mesmo agravo) do Tribunal de Justiça do Rio Grande do Sul, decisão de que resulta a ordem de o impetrante comparecer no Hospital de Clínicas de Porto Alegre sob pena de ser conduzido, no dia 14 de abril de 1994, às 8 horas;

c) que, solicitadas e prestadas as informações, com observância dos termos próprios, e praticados os demais atos adequados ao processo, o Supremo Tribunal Federal, pelo órgão competente, acolha o pedido de *habeas corpus* em favor do impetrante, para suspender a mesma ordem até que seja conhecido o resultado final dos recursos especial e extraordinário interpostos em relação ao acórdão do aludido feito (de números 593108228 e 593155963 do TJRS) (fls. 03/07).

Deferi a liminar, mediante despacho, dizendo:

A decisão do juízo singular, mantida pelo Tribunal de Justiça, que determinou o comparecimento do paciente, sob pena de condução forçada, para a realização do exame de comprovação de paternidade, diz ela própria de sua inspiração em uma jurisprudência ainda incipiente quanto às conseqüências da resistência.

Assim, à vista das características incomuns do caso, e atento ao fato de estar o exame marcado para o próximo dia 14, concedo a liminar, para que o paciente não seja compelido a fazê-lo, até que o Supremo Tribunal Federal decida sobre o pedido de *habeas corpus*.

Solicitem-se informações, e, depois, abra-se vista à Procuradoria-Geral da República. (fls. 170)

O Subprocurador-Geral da República Cláudio Lemos Fonteles, manifestando-se em nome do Ministério Público Federal, opina pelo indeferimento do pedido.

É o relatório.

VOTO

O Sr. Ministro Francisco Rezek (Relator): Observo, de início, ser de inteira lógica, embora não cotidiano, que do foro cível promane constrangimento ilegal corrigível mediante *habeas corpus*. No caso em exame, cuida-se de saber se o investigado, na ação de verificação de paternidade, pode ser forçado, à vista de sua recusa, a se submeter a certa prova pericial, o exame hematológico. O tema ganha relevo seja por causa do advento, no campo da medicina legal, do exame de determinação de paternidade pelo método do DNA (ácido desoxirribonucléico), seja à conta da crescente preocupação do legislador dos tribunais com os direitos da criança e do adolescente.

O prof. Caio Mário da Silva Pereira ponderou há anos, em obra sobre o tema, que "o progresso constante da ciência pode conduzir à fixação do tipo sangüíneo em termos tão precisos, que venha a constituir elemento de convicção definitiva de hereditariedade biológica" (in *Reconhecimento de Paternidade e seus Efeitos*, Forense, 1977, p. 128). A nova técnica acabou por materializar a premonição do respeitado jurista.

O peso desse novo instrumento pericial revela-se em sua insignificante margem de erro, o que leva alguns especialistas a afirmar que os testes de paternidade pelo exame direto do DNA — geralmente feito no sangue, embora possa dar-se em qualquer outro tecido do corpo que o contenha, ostenta confiabilidade superior a 99,99%. A certeza científica proporcionada pela nova técnica oferece ao julgador um elemento sólido para a construção da verdade.

De outro lado, observa-se uma superlativa atenção do legislador, a partir da Carta de 1988, para com os direitos da criança e do adolescente. As inovações constitucionais no capítulo da família, da criança, do adolescente e do idoso deram nova conformação ao direito da criança, de que é exemplo o art. 227 da Carta Política. A legislação infraconstitucional tem acompanhado, por igual, os avanços verificados neste exato domínio. Assim, a Lei 8.069/90, que dispõe sobre o Estatuto da Criança e do Adolescente; a Lei 8.560/92, que regula a investigação de paternidade dos filhos havidos fora do casamento, entre outras.

O que temos agora em mesa é a questão de saber qual o direito que deve preponderar nas demandas de verificação de paternidade: o da criança à sua real (e não apenas presumida) identidade, ou o do indigitado pai à sua intangibilidade física.

No julgamento do RE 99.915 (*RTJ* 110/1133), sob minha relatoria, ponderei que me parecia "ainda presente na justiça brasileira — como, de resto, na sociedade brasileira — uma tendência majoritária a enfrentar estes casos centrando atenções na pessoa do investigado, e sempre empregando uma ótica essencialmente penal". É alentador observar, na hora atual, que a visão individuocêntrica, preocupada com as prerrogativas do direito do investigado, vai cedendo espaço ao direito elementar que tem a pessoa de conhecer sua origem genética. A verdade jurídica, geralmente fundada em presunção, passa a poder identificar-se com a verdade científica.

Esteve sempre no domínio da prova a dificuldade maior das ações investigatórias. Não obstante a autonomia proporcionada pelo CPC ao juiz no campo probatório, o problema que se lhe coloca é como demonstrar relacionamento sexual — nas ações baseadas no art. 363-II do CC — eventualmente um ato singular, e a necessária relação de causa e efeito entre esse fato e a concepção da criança. Prova documental e testemunhal são quase sempre impossíveis. No campo pericial, o desenvolvimento científico facilita a busca da verdade, mas obstáculos como a recusa à submissão ao exame podem ocorrer. Deve o julgador saber valorar, com os demais elementos de prova, a insubordinação. A recusa mesma induz à presunção de paternidade, facilitando o desfecho da demanda, mas resolvendo de modo insatisfatório o tema da identidade do investigante.

Provas periciais vinham servindo até pouco tempo atrás, para produzir apenas a certeza negativa da paternidade. De outro modo, conduziam ao *non liquet* no campo da ciência, e à busca de formas menos seguras de convicção. Com o novo exame surge, pela vez primeira, a possibilidade de se substituir a verdade ficta pela verdade real. Há hoje uma técnica que proporciona certeza tanto para exclusão como para confirmação do vínculo genético.

É certo ainda, como ponderou o Ministério Público Federal, que a recusa do investigado implica descumprimento de um "dever processual de colaboração, normativamente posto no artigo 339 do CPC, *verbis*:

> Art. 339. Ninguém se exime do dever de colaborar com o Poder Judiciário para o descobrimento da verdade.

Sustenta, mais, o Subprocurador-Geral Cláudio Fonteles:

> Nem se queira argumentar, em paralelo com o Direito Processual Penal que, neste, o direito de calar tem previsão constitucional (art. 5º, LXIII), porque é repudiada a auto-incriminação cogente.
>
> Certo, mas as perspectivas são inconciliáveis.
>
> O processo persegue a verdade, qualquer que seja sua natureza: penal, civil etc.
>
> Mas, a tal *desideratum*, e quando o conflito põe-se entre a sociedade e o indivíduo para o privar ou preservar a liberdade — perspectiva típica do processo penal — ninguém pode ser obrigado a auto-incriminar-se.
>
> Se, todavia, o conflito põe-se entre o filho investigante e o pai investigado a que se estabeleça, ou não, o vínculo familiar — perspectiva típica do processo civil — ninguém pode furtar-se à colaboração na definição deste vínculo.

Nesta trilha, vale destacar que o direito ao próprio corpo não é absoluto ou ilimitado. Por vezes a incolumidade corporal deve ceder espaço a um interesse preponderante, como no caso da vacinação, em nome da saúde pública. Na disciplina civil da família o corpo é, por vezes, objeto de direitos. Estou em que o princípio da intangibilidade do corpo humano, que protege um interesse privado, deve dar lugar ao direito à identidade, que salvaguarda, em última análise, um interesse também público. Não foi sem razão que o legislador atribuiu ao *parquet*, à vista da importância da determinação do vínculo de filiação, a iniciativa para que, em determinadas circunstâncias, intente a investigatória de paternidade (§§ 4º e 5º do art. 2º da Lei 8.560/92).

A Constituição é clara ao preceituar:

> Art. 227. É dever da família, da sociedade e do Estado assegurar à criança e ao adolescente, com absoluta prioridade, o direito à vida, à saúde, à alimentação, à educação, ao lazer, à profissionalização, à cultura, à dignidade, ao respeito, à liberdade e à convivência familiar e comunitária, além de colocá-los a salvo de toda forma de negligência, discriminação, exploração, violência, crueldade e opressão.

A Lei 8.069/90 — Estatuto da Criança e do Adolescente —, por seu turno, é categórica ao afirmar que:

> Art. 27. O reconhecimento do estado de filiação é direito personalíssimo, indisponível e imprescritível, podendo ser exercitado contra os pais ou seus herdeiros, sem qualquer restrição, observado o segredo de Justiça.

O impetrante, alega que a ordem de condução expedida contra si afronta o art. 332 do CPC. Da sua ótica, o exame é ilegítimo, já que ninguém pode ser constrangido a submeter-se a prova pericial contra sua vontade. Ocorre que a lei, conquanto não autorize diretamente o exame hematológico, como qualquer outro exame, é geral. Tem o magistrado a faculdade de determinar as provas que julgar necessárias à perfeita instrução do processo, podendo a parte, por igual, propor a realização de todas aquelas em direito permitidas, tal como fez o paciente em sua contestação (fls. 37). É o que diz o art. 130 do CPC, complementado pelo art. 332, que inclui "todos os meios moralmente legítimos, ainda que não especificados neste código". E é contundente, a relação de pertinência entre a prova pretendida e o objeto da ação, onde se discute o tema da paternidade.

Lembra o impetrante que não existe lei que o obrigue a realizar o exame. Haveria, assim, afronta ao art. 5º, II da CF. Chega a afirmar que sua recusa pode ser interpretada, conforme dispõe o art. 343, § 22 do CPC, como uma confissão (fls. 6). Mas não me parece, ante a ordem jurídica da república neste final de século, que isso frustre a legítima vontade do juízo de apurar a verdade real. A Lei 8.069/90 veda qualquer restrição ao reconhecimento do estado de filiação, e é certo que a recusa significará uma restrição a tal reconhecimento. O sacrifício imposto à integridade física do paciente é risível quando confrontado com o interesse do investigante, bem assim com a certeza que a prova pericial pode proporcionar à decisão do magistrado.

Um último dispositivo constitucional pertinente que o investigado diz ter sido objeto de afronta é o que tutela a intimidade, no inc. X do art. 5º. A propósito, observou o parecer do Ministério Público: "a afirmação, ou não, do vínculo familiar não se pode opor ao direito ao próprio recato. Assim, a dita intimidade de um não pode escudá-lo à pretensão do outro de tê-lo como gerado pelo primeiro", e mais a Constituição impõe como dever da família, da sociedade e do Estado assegurar à criança o direito à dignidade, ao respeito, além de colocá-la a salvo de toda forma de negligência. Como bem ponderou o *parquet* federal, no desfecho de sua manifestação, "não há forma mais grave de negligência para com uma pessoa do que deixar de assumir a responsabilidade de tê-la fecundado no ventre materno (...)" (fls. 206).

Estas as circunstâncias, parece-me que o Tribunal *a quo* conduziu-se com acerto que não merece censura.

Indefiro o pedido.

VOTO

O Sr. Ministro Ilmar Galvão: Senhor Presidente, a recusa do réu em fornecer o material necessário ao exame pericial DNA, conquanto possa configurar uma prova indiciária da paternidade, que pode satisfazer por inteiro ao autor da ação.

Primeiramente, porque se trata de mero indício, insuficiente para autorizar uma presunção de paternidade suficiente para a prolação de sentença contrária ao réu, como ocorre em ações meramente obrigacionais.

Em segundo lugar, porque não se busca, com a investigatória, a satisfação de interesse meramente patrimonial, mas, sobretudo, a consecução de interesse moral, que só encontrará resposta na revelação da verdade real acerca da origem biológica do pretenso filho, posta em dúvida pelo próprio réu ou por outrem.

Trata-se de interesse que ultrapassa os limites estritos da patrimonialidade, possuindo nítida conotação de ordem pública, aspecto suficiente para suplantar, em favor do pretenso filho, o egoístico direito à recusa, fundado na incolumidade física, no caso, afetada em proporção ridícula.

Não é por outra razão que, nas ações da espécie, que são ações de estado (*status familiae*), a intervenção do Ministério Público é obrigatória (art. 82, II, do CPC).

No confronto dos dois valores, Senhor Presidente, não tenho dúvida em posicionar-me em favor do filho, razão pela qual meu voto é no sentido de indeferir o *habeas corpus*.

VOTO

O Sr. Ministro Marco Aurélio: Senhor Presidente, jamais pensei que, tendo assento no Supremo Tribunal Federal, pudesse defrontar-me com um quadro de tão extravagante — sob a minha óptica e com a devida vênia dos Senhores Ministros que me antecederam — abuso de poder, a implicar inegável constrangimento para o Paciente.

Na espécie, tem-se que, em determinado processo civil — ação de investigação de paternidade — requereu-se (as autoras devem tê-lo feito com o objetivo de comprovar fato constitutivo do direito) o exame denominado DNA, em relação ao qual não coloco dúvidas quanto à valia, a segurança do resultado. Aquele que deveria fornecer, do próprio corpo, a substância indispensável para que fosse realizado recusou-se a tanto. E o que fez o Colegiado no exercício do crivo revisional? Tal como o Juízo, determinou a submissão do Paciente ao exame, contra a respectiva vontade. E mais: a condução "debaixo de vara", como se fosse possível colocar o Paciente em uma camisa de força e aí levá-lo ao laboratório para, imobilizado, ver recolhido, do próprio corpo — repito — o material necessário.

Senhor Presidente, para mim a violência é ímpar e discrepa, sobremaneira, não só da ordem constitucional em vigor, como também das normas instrumentais comuns aplicáveis à espécie. É certo que inexiste, no Código de Processo Civil, dispositivo que discipline, de forma expressa, o tema. Todavia, há outros dos quais, uma vez interpretados, emanam luz suficiente à definição das conseqüências da recusa. Refiro-me ao teor do § 2º do art. 343 do CPC, quanto ao depoimento pessoal, à intimação para prestá-lo, mostrando-se o destinatário silente e deixando de comparecer em Juízo. Qual é a conseqüência prevista, expressamente, no CPC? A execução específica da ordem judicial? Não. O legislador encontrou outra solução: a admissibilidade — ficta, é certo — dos fatos. Distingam-se as posições — de réu e de testemunha. Dou mais um exemplo: o do art. 359, que cuida da exibição de documento, quando a parte é intimada para tanto, mas não o faz. A repercussão jurídica não é, em si, a prisão ou a ameaça à mesma, para que apresente o documento.

No caso concreto, o juízo competente, que é o da investigação de paternidade, saberá dar à recusa do réu, ora paciente, o efeito jurídico-processual mais consentâneo, isto no âmbito da prova e da distribuição respectiva, afastada a execução específica e direta da obrigação de fazer.

Sr. Presidente, quando o nobre Relator começou a relatar este *habeas corpus*, a matéria pareceu-me de simplicidade franciscana, mas vejo que não é, e que os enfoques — e já temos dois votos no sentido da denegação da ordem — são diversos.

Peço vênia para subscrever o voto vencido proferido perante a Corte de origem pelo ilustre Desembargador José Carlos Teixeira Giorgis e que tem o seguinte teor:

> Tenho entendido que o Poder Judiciário não pode impor exame a ninguém sob pena de desgastar-se, tendo em vista que o paciente pode não permiti-lo, eis que a inspeção no corpo humano é só moralmente legítima com o consentimento do interessado.
>
> Bem entendo o caso concreto, onde não há mais outras provas, e as partes não conseguiram lográ-las. Mas se, por um lado, entendo que a inspeção corporal não pode ser feita coativamente, acho — e já o tenho decidido em outras ocasiões — que a recusa do agravante, além de inverter o ônus da prova, faz com que leve a uma presunção de paternidade porque essa negação ao exame constitui uma renúncia tácita à tese da negatória da paternidade.

Ninguém está compelido, pela ordem jurídica, a adentrar a Justiça para questionar a respectiva paternidade, da mesma forma que há conseqüências para o fato de vir aquele que é apontado como pai a recusar-se ao exame que objetive o esclarecimento da situação. É certo que compete aos cidadãos em geral colaborar com o Judiciário, ao menos na busca da prevalência dos respectivos interesses e que o sacrifício — na espécie, uma simples espetadela — não é tão grande assim. Todavia, princípios constitucionais obstaculizam a solução dada à recusa. Refiro-me, em primeiro lugar, ao da legalidade, no que ninguém é obrigado a fazer ou deixar de fazer alguma coisa senão em virtude de lei. Inexiste lei reveladora de amparo à ordem judicial atacada neste *habeas corpus* — no sentido de o Paciente, Réu na ação de investigação de paternidade, ser conduzido ao laboratório para a coleta do material indispensável ao exame. Ainda que houvesse, estaria maculada, considerados os interesses em questão — eminentemente pessoais e a inegável carga patrimonial — pela inconstitucionalidade. Digo isto porquanto a Carta Política da República — que o Dr. Ulisses Guimarães, em perfeita síntese, apontou como a "Carta Cidadã" — consigna que são invioláveis a intimidade, a vida privada, a honra e a imagem das pessoas — inc. X do rol das garantias constitucionais (art. 5º). Onde ficam a intangibilidade do corpo humano, a dignidade da pessoa, uma vez agasalhada a esdrúxula forma de proporcionar a uma das partes, em demanda civil, a feitura de uma certa prova? O quadro é extravagante e em boa hora deu-se a impetração deste *habeas corpus*. É irrecusável o direito do Paciente de não ser conduzido, mediante coerção física, ao laboratório. É irrecusável o direito do Paciente de não permitir que se lhe retire, das próprias veias, porção de sangue, por menor que seja, para a realização do exame. A recusa do Paciente há de ser resolvida não no campo da violência física, da ofensa à dignidade humana, mas no plano instrumental, reservado ao juízo competente — ou seja, o da investigação de paternidade — a análise cabível e a definição, sopesadas a prova coligida, e a recusa do réu. Assim o é porque a hipótese não é daquelas em que o interesse público sobrepõe-se ao individual, como a das vacinações obrigatórias em época de epidemias, ou mesmo o da busca da preservação da vida humana, naqueles conhecidos casos em que convicções religiosas arraigadas acabam por conduzir à perda da racionalidade.

Por tudo, peço vênia ao nobre Relator para conceder a ordem e cassar a determinação no sentido de o paciente ser conduzido, "debaixo de vara", para coleta do sangue viabilizador do exame, ao laboratório.

VOTO

O Sr. Ministro Carlos Velloso: Sr. Presidente, a Constituição estabelece, no art. 227, *caput*:

> É dever da família, da sociedade e do Estado assegurar à criança e ao adolescente, com absoluta prioridade, o direito à vida, à saúde, à alimentação, à educação, ao lazer, à profissionalização, à cultura, à dignidade, ao respeito, à liberdade e à convivência familiar e comunitária, além de colocá-los a salvo de toda forma de negligência, discriminação, exploração, violência, crueldade e opressão.

Vai além a Constituição. No § 6º do mesmo art. 227 estabelece:

> Os filhos, havidos ou não da relação do casamento, ou por adoção, terão os mesmos direitos e qualificações, proibidas quaisquer designações discriminatórias relativas à filiação.

Daí resultar para o filho, ao que penso, o direito de conhecer o seu pai biológico. Esse direito se insere naquilo que a Constituição assegura à criança e ao adolescente: o direito à dignidade pessoal.

Esse interesse não fica apenas no mero interesse patrimonial. A conseqüência da não submissão do ora impetrante ao exame, apontou o Sr. Ministro Marco Aurélio, seria emprestar a essa resistência o caráter de confissão ficta. Isso, entretanto, se tem importância para a satisfação de meros interesses patrimoniais, não resolve, não é bastante e suficiente quando estamos diante de interesses morais, como o direito à dignidade que a Constituição assegura à criança e ao adolescente, certo que essa mesma Constituição assegura aos filhos, havidos ou não da relação do casamento, ou por adoção, os mesmos direitos e qualificações, proibidas quaisquer designações discriminatórias relativas à filiação. Também desse dispositivo constitucional — § 6º do art. 227 — defluem interesses morais que vão além dos interesses patrimoniais. Ora, Sr. Presidente, não há no mundo interesse moral maior do que este: o do filho conhecer ou saber quem é o seu pai biológico.

Assim, tenho como perfeitamente aplicáveis, no caso, as disposições infraconstitucionais mencionadas pelo Sr. Ministro Relator, especialmente a que se inscreve no art. 332 do CPC. O exame, no caso, é obrigatório, deve ser realizado.

O Sr. Ministro Relator, no seu notável voto, deixou claro que, tendo em vista o desenvolvimento das ciências biológicas, o exame denominado DNA apresenta parcela de erro diminuta, oferecendo praticamente certeza integral. Penso que se insere no direito à dignidade, que a Constituição assegura ao menor, ou no direito que a Constituição assegura aos filhos no § 6º do art. 227, ter em mãos esse exame. Esse filho terá, feito o exame, possibilidade de conhecer, com certeza, o seu pai biológico: ou a possibilidade de saber, com certeza, que o indivíduo que está a negar ser o seu pai biológico, não o é, na verdade.

Registre-se que não presta obséquio à dignidade de uma pessoa, ser esta sustentada por outrem, como se fora seu pai, simplesmente porque esse outrem não quis submeter-se ao exame, ficou sujeito à pena processual de confissão ficta. Isto, vale repetir, resolve a questão patrimonial. Nessas questões, entretanto, não conta apenas a questão patrimonial. Questões como esta demonstram, aliás, que o direito de família não contém apenas disposições privatísticas, que o direito de família é muito mais público do que privado.

Hoje, quando o direito de família apresenta alto grau de desenvolvimento, quando as ciências biológicas alcançaram, também, altíssima evolução, a resistência ao exame lembra a resistência que foi oposta, no século passado, à obrigatoriedade da vacina. O desenvolvimento do direito de família, o desenvolvimento das ciências biológicas, impede, a esta altura, o fetichismo que se costuma emprestar a certos meios de prova.

Com essas breves considerações, peço licença ao Sr. Ministro Marco Aurélio, que iniciou a divergência, para acompanhar o voto do Sr. Ministro Francisco Rezek, Relator.

VOTO

O Sr. Ministro Sepúlveda Pertence: Sr. Presidente, o brilho dos votos que me antecederam mostra que o caso retrata um confronto de valores constitucionais relevantes.

No entanto, a esta altura, os argumentos estão postos. Convenceu-me o Sr. Ministro Relator, Francisco Rezek, e os que o acompanharam de que não se pode opor o mínimo ou — para usar da expressão do eminente Ministro Relator — o risível sacrifício imposto à inviolabilidade corporal à eminência dos interesses constitucionalmente tutelados à investigação da própria paternidade.

Indefiro a ordem.

VOTO

O Sr. Ministro Sydney Sanches: Sr. Presidente, peço vênia ao Ministro Relator e aos que o seguiram para acompanhar os votos dos Ministros Marco Aurélio e Celso de Mello.

Não me parece possível conduzir alguém a juízo e submetê-lo, contra sua vontade, e até a força, à extração de sangue, como também não me pareceria razoável forçá-lo à ejaculação, para obtenção de esperma, nem forçar alguém a fornecer elementos gráficos, de próprio punho, para exame grafotécnico.

Mesmo no processo penal, o réu pode ser citado para comparecer ao interrogatório e não comparecer. Poderá o juiz, nesse caso, conduzi-lo coercitivamente ou terá que decretar a revelia?

Mesmo que se admita que possa ou deva ser conduzido coercitivamente, não poderá ele se calar? Claro que sim. Parece-me repugnar à natureza das coisas e à própria natureza humana compelir alguém, contra sua vontade, a servir como objeto de prova, com violação à intimidade até do corpo (art. 5º, inc. X, da CF).

A recusa, obviamente, poderá repercutir, negativamente, contra aquele que dela se vale, podendo-se, até, considerar provado o que se pretendia provar com o exame recusado.

Aliás, em situação como a dos autos, a recusa do paciente pode facilitar, ainda mais, o êxito da ação investigatória de paternidade, de sorte que não há prejuízo para a parte contrária.

Também não me parece que o direito ao reconhecimento da paternidade seja indisponível e por isso justifique a compulsoriedade, a irrecusabilidade da submissão à prova. Tal direito (ao reconhecimento da paternidade) é personalíssimo. Pode ser exercitado, ou não. Pode haver desistência da ação, mesmo depois de realizada a prova favorável do DNA.

Enfim, com a devida vênia dos que dissentem, acompanho os votos dos Srs. Ministros Marco Aurélio e Celso de Mello, deferindo o *habeas corpus*, valendo-me também dos fundamentos do voto vencido do ilustre Desembargador José Carlos Teixeira Giorgis, constante de fls. 191.

VOTO

O Sr. Ministro Néri da Silveira: Sr. Presidente. Cuida-se de uma ação cível de investigação de paternidade. No curso desse procedimento foi requerida a realização de certa prova pelo autor; o réu opôs-se à efetivação dessa prova, porque, para tanto, mister se faria dispor de seu próprio corpo. Pergunta-se: o réu pode opor-se à realização de uma prova pedida pelo autor com objetivo de esclarecer a verdade dos fatos? Há um dispositivo no CPC, acerca das provas, art. 339, que estabelece:

> Ninguém se exime do dever de colaborar com o Poder Judiciário para o descobrimento da verdade.

É de indagar se esse comando tem a força de compelir o réu, pelo dever de colaborar com o Poder Judiciário, a dispor de direito indisponível, segundo a Constituição. Em verdade, de acordo com a Constituição, é direito individual indisponível o que pretende, aqui, assegurar, por esta via do *habeas corpus*, o paciente. O réu não quer que lhe seja extraído do corpo material hematológico destinado ao exame do DNA. Pergunta-se: O Poder Judiciário pode obrigar alguém a submeter-se a esse tipo de exame? O paciente considera constrangimento ilegal ser obrigado ao exame aludido. Em favor desse posicionamento, invoca-se o disposto no inc. X do art. 5º da Constituição que assegura a inviolabilidade da intimidade, e aqui cabe ver compreendida, também, a inviolabilidade do corpo. Há outro dispositivo que, a meu ver, não pode deixar de ser levado em conta: é o inc. II do art. 5º da Constituição que reza:

> Ninguém será obrigado a fazer ou deixar de fazer alguma coisa senão em virtude de lei.

Não há lei alguma, obrigando pai presumido, ou quem réu em ação de investigação de paternidade, a sujeitar-se a prova dessa natureza, que pressupõe, para a sua consecução, material extraído do corpo do próprio réu. Dessa maneira, se não há sequer lei — ponto que seria questionável, se existisse — regulando essa matéria, ninguém pode ser realmente obrigado, compelido a se sujeitar a tal exame. Dir-se-á: mas se não for constituída essa prova, será frustrada a eventualidade da procedência da ação e com isso o paciente estará, não só deixando de colaborar com o Poder Judiciário, como a impedir que o autor veja assegurado, pela ordem jurídica, direito que está a pleitear ao Poder Judiciário lhe seja reconhecido: a relação de filiação com o réu. O próprio sistema constitucional, entretanto, responde a essa questão, quando se admite, em matéria de ação de investigação de paternidade, o decreto de sua procedência, não só razão de provas documentais ou testemunhais, mas também por indícios e por presunções.

Trata-se, é certo, de demanda, ordinariamente, com prova de difícil produção. Sustenta-se, pois, que a prova pretendida pelo autor é extremamente eficiente, de alta qualidade, no processo de investigação de paternidade, tornando-se, quase definitiva, a certeza a embasar o juízo do magistrado, quando positivo o resultado.

No caso concreto, o voto vencido do ilustre Desembargador José Carlos Teixeira Georgis colocou, em termos precisos, a *quaestio juris*. A recusa do réu implica presunção de reconhecimento do fato da paternidade e tem que ser assim tratada, com conseqüência favorável ao autor. Dir-se-á: sempre alguém poderá levantar dúvida e isso feriria a dignidade do autor, porque o complexo das provas não seria definitivo. Tanto numa circunstância como na outra, ajuizada a ação, a paternidade somente será reconhecida por via de decisão judicial, que é sempre susceptível de ser discutida; daí os recursos. Esta prova, que hoje se tem como quase incontrastável, admite, entretanto, erro. Há, teoricamente, a possibilidade de erro.

Dessa maneira, penso que se resguardam os princípios constitucionais da privacidade e da legalidade, que favorecem ao paciente; não resulta do *decisum*, no caso concreto, no que concerne à realização da prova, prejuízo definitivo ao autor, porque há uma conseqüência dessa negativa, qual seja a confissão, o reconhecimento da paternidade. Em verdade, em princípio, nenhum juiz deixará, diante da recusa do réu de submeter-se ao exame do DNA, de dar pela procedência da ação, tendo nessa recusa o reconhecimento do réu quanto à paternidade. Por isso não quer se sujeitar ao exame que sabe ser bastante preciso.

O que considero, aqui, em debate, não é bem esse resultado da ação cível, mas, sim, questão concernente à liberdade e aos direitos individuais. Ninguém pode ser constrangido, contra sua vontade, a um exame que implica extração de material hematológico de seu corpo.

Assim sendo, posta a questão nesses termos, com a devida vênia do brilhante voto do eminente Relator e dos que o acompanham, meu voto fica de acordo com o dos Ministros que concedem o *habeas corpus*, a partir do voto do Sr. Ministro Marco Aurélio.

VOTO

O Sr. Ministro Moreira Alves: Sr. Presidente, o direito à investigação de paternidade é um direito disponível, tanto assim que se pode deixar de propor a ação. Ademais, ninguém pode propô-la, já que é um direito personalíssimo, depois da morte do filho que poderia pretender essa investigação. Estamos, pois, diante de dois valores: um disponível; outro, que a Constituição resguarda, e que é o da inviolabilidade da intimidade. Em favor daquele não se pode violar este.

Assim, com a devida vênia dos que pensam em contrário, defiro o pedido.

VOTO

O Sr. Ministro Octávio Gallotti (Presidente): Peço vênia, ao eminente Relator e àqueles que o seguiram, para acompanhar o voto do Ministro Marco Aurélio.

É certo que não é meramente patrimonial o direito que se pretende ver declarado na ação de investigação de paternidade, mas também não é um direito indisponível. E é um direito individual, não corresponde ao interesse coletivo, como sucederia se se tratasse de um processo criminal, ou também na hipótese, aqui aventada, da vacinação, que responde à proteção de um interesse de saúde pública.

Da recusa do paciente decorre, no processo civil, uma presunção favorável às alegações da parte contrária.

Essa parte, como autora da ação, supõe-se que conheça, ou pretenda conhecer a verdade, ao eleger o réu da ação de investigatória.

Se, a tal convicção própria do autor, vem a juntar-se a declaração do juiz extraída, ou não, de uma presunção, a decorrer, por sua vez, do procedimento da parte contrária — penso que não poderá o autor, legitimamente, considerar que não esteja estabelecida a verdade.

Acompanho, por isso, o douto voto do Ministro Marco Aurélio, deferindo o pedido.

Extrato de Ata

Habeas corpus 71.373-4-RS

Rel. p/ ac.: Min. Marco Aurélio

Pacte: José Antônio Gomes Pinheiro Machado

Impte: José Antônio Gomes Pinheiro Machado

Coator: Tribunal de Justiça do Estado do Rio Grande do Sul

Decisão: Por proposta do Ministro Francisco Rezek (Relator), a Turma, por unanimidade, deliberou afetar ao Plenário o julgamento do presente *habeas corpus*. Ausentes ocasionalmente os Ministros Carlos Velloso e Marco Aurélio. 2ª Turma, 30.8.94.

Decisão: Por maioria de votos, o Tribunal deferiu o pedido de *habeas corpus*, vencidos os Ministros Francisco Rezek (Relator), Ilmar Galvão, Carlos Velloso e Sepúlveda Pertence que o indeferiam. Votou o Presidente. Relator para o acórdão o Ministro Marco Aurélio. Plenário, 10.11.94.

Presidência do Sr. Ministro Octávio Gallotti. Presentes à sessão os Srs. Ministros Moreira Alves, Néri da Silveira, Sydney Sanches, Sepúlveda Pertence, Celso de Mello, Carlos Velloso, Marco Aurélio, Ilmar Galvão e Francisco Rezek.

Vice-Procurador-Geral da República, Dr. Moacir Antonio Machado da Silva. Luiz Tomimatsu, Secretário.

SUPERIOR TRIBUNAL DE JUSTIÇA

Conflito de competência 2.601-0-RS (Registro 91.0023978-0)

Rel.: Min. Barros Monteiro

Autor: Pedro Machado da Rosa

Ré: Cia. Riograndense de Telecomunicações-CRT

Suscte.: Juízo Federal da 7ª Vara-RS

Suscdo.: Juízo de Direito da 2ª Vara da Fazenda Pública de Porto Alegre-RS

Advs.: Eny Silveira de Ávila e outro e Ariete Mello e outros

j. 12.8.92

Ementa: Competência — Mandado de segurança impetrado contra ato da Companhia Riograndense de Telecomunicações-CRT.

Tratando-se de "writ" que se relaciona exclusivamente com a atividade-meio de sociedade de economia mista, a qual não age aí por delegação do Poder Público Federal, a competência para processá-lo e julgá-lo é da Justiça comum estadual. Hipótese em que, ademais, não se dá a intervenção da União Federal.

Conflito conhecido, declarado competente o juízo suscitado.

ACÓRDÃO

Vistos e relatados estes autos, em que são partes as acima indicadas:

Decide a 2ª Seção do Superior Tribunal de Justiça, por unanimidade, conhecer do conflito e declarar competente o Juízo de Direito da 2ª Vara da Fazenda Pública de Porto Alegre-RS, o suscitado, na forma do relatório e notas taquigráficas constantes dos autos, que ficam fazendo parte integrante do presente julgado. Participaram do julgamento os Srs. Ministros Eduardo Ribeiro, Dias Trindade, Fontes de Alencar e Sálvio de Figueiredo.

Custas, como de lei.

Brasília, 12 de agosto de 1992 (data do julgamento).

Ministro Nílson Naves, Presidente. Ministro Barros Monteiro, Relator.

RELATÓRIO

O Exmo. Sr. Ministro Barros Monteiro: Pedro Machado Rosa impetrou mandado de segurança contra a Cia. Riograndense de Telecomunicações-CRT, sociedade de economia mista, em razão de alteração do prefixo e do sistema do terminal telefônico dos quais se diz titular.

O MM. Juiz de Direito da 2ª Vara da Fazenda Pública de Porto Alegre-RS, acolhendo manifestação do Ministério Público Estadual, declinou de sua competência em favor da Justiça Federal.

De sua vez, a MM. Juíza Federal da 7ª Vara-RS, entendendo falecer-lhe competência para o deslinde da controvérsia, suscitou o presente conflito negativo de competência nos seguintes termos:

O MM. Juiz estadual no r. despacho de fls. 166, encaminhou os presentes autos à Justiça Federal, entendendo que a competência para processar e conhecer a causa é desta, pois que, pela Constituição de 1988 a UF tem a competência para explorar os serviços telefônicos, sendo o ato da autoridade coatora mero exercício de função delegada.

Entretanto, como bem expôs o ilustríssimo representante do Ministério Público Federal, o ato impugnado não versa, no meu entender, sobre matéria que tenha conseqüências a serem suportadas pela UF.

Face ao exposto e, por entender competente a Justiça Estadual para processar e julgar o presente feito, determino que se oficie ao Egrégio Tribunal Regional Federal da Quarta Região, suscitando o Conflito de Competência (fls. 34).

Com vista dos autos, a Subprocuradoria-Geral da República opinou pelo conhecimento do conflito, declarado competente o suscitado.

É o relatório.

VOTO

O Exmo. Sr. Ministro Barros Monteiro (Relator): A controvérsia no *writ* gira em torno de eventual direito líquido e certo do impetrante em relação ao prefixo de linha telefônica e à manutenção de um determinado equipamento. Não há falar, pois, *in casu*, em exercício de função delegada pelo Poder Público Federal (art. 1º, § 1º, da Lei 1.533/51). Assim decidiu, por sinal, esta Eg. Segunda Seção em mandados de segurança impetrados contra entidades de ensino privado com respeito ao reajuste de mensalidade escolar (Conflitos de competência 113, Rel. Min. Fontes de Alencar; 1.622, Rel. Min. Nílson Naves; 1.430, por mim relatado).

Além disso, do ato impugnado não é passível de resultar conseqüência de ordem patrimonial a ser suportada pela União Federal (art. 2º, do aludido diploma legal). Daí a não intervenção desta última no *mandamus* impetrado, dada a ausência total de seu interesse na lide (cfr. *RTJ* 107/822, Rel. Min. Moreira Alves).

Por todas estas razões, cuidando-se a impetrada de sociedade de economia mista, a competência para apreciar o pedido, mesmo em sede de mandado de segurança, é da Justiça comum estadual (cf. Súmula 566-STF).

Ante o exposto e nos termos do parecer do Ministério Público Federal, conheço do Conflito e declaro competente o suscitado — o juízo da 2ª Vara da Fazenda Pública de Porto Alegre-RS.

É como voto.

Extrato da minuta

CComp 2.601-0-RS (91.0023978-0)

Rel.: Min. Barros Monteiro

Autor: Pedro Machado da Rosa

Advs.: Eny Silveira de Ávila e outro

Réu: Cia. Riograndense de Telecomunicações-CRT

Advs.: Ariete Mello e outros

Suscte.: Juízo Federal da 7ª Vara-RS

Suscdo.: Juízo de Direito da 2ª Vara da Fazenda Pública de Porto Alegre-RS

Decisão: A Seção, por unanimidade, conheceu do conflito e declarou competente o Juízo de Direito da 2ª Vara da Fazenda Pública de Porto Alegre-RS, o suscitado (em 12.8.92, 2ª Seção).

Votaram com o Relator os Srs. Ministros Eduardo Ribeiro, Dias Trindade, Fontes de Alencar e Sálvio de Figueiredo.

Ausentes, justificadamente, os Srs. Ministros Waldemar Zveiter e Cláudio Santos.

Ausente, nesta assentada, o Sr. Ministro Athos Carneiro.

Na ausência justificada do Sr. Ministro Bueno de Souza, assumiu a Presidência o Sr. Ministro Nílson Naves.

Presidiu o julgamento o Sr. Ministro Nílson Naves.

JURISPRUDÊNCIA

TRIBUNAL REGIONAL FEDERAL DA 3ª REGIÃO

Apelação cível 94.03009416-8 — 6ª Turma

Rel.: Juiz Persio Lima

Apte.: União Federal (Fazenda Nacional)

Apdo.: Prefeitura Municipal de Ribeirão Preto

Advs.: Fernando N. Boiteux e Sérgio Augusto G. P. Souza

Advs.: Michel Aarão Filho e outros

Remte.: Juízo Federal da 13ª Vara São Paulo

Ementa: Direito Constitucional Tributário — Declaratória de inexistência de relação jurídica — Recolhimento de IOF sobre aplicações financeiras praticadas pela Prefeitura Municipal de Ribeirão Preto — Princípio da imunidade recíproca — Infringência.

I — Recebendo o instituto da imunidade constitucional interpretação ampla, é vedada a incidência do IOF sobre as aplicações financeiras praticadas por um Ente Político, a teor do que preceitua o art. 150, VI, "a" do Texto Constitucional.

II — As aplicações financeiras praticadas pela municipalidade envolvem o seu patrimônio, que merece proteção especial, estando imune à tributação pelo IOF, porquanto têm a finalidade básica de protegê-lo dos efeitos corrosivos da inflação.

III — Portanto, a Lei 8.033/90, que pretendeu tributar as aplicações financeiras praticadas pelos entes políticos esbarra de maneira explícita na limitação ao poder de tributar, expressa no art. 150, VI, "a" do Texto Maior, razão pela qual está eivada de inconstitucionalidade.

IV — Apelação e remessa oficial improvidas.

ACÓRDÃO

Vistos, relatados e discutidos estes autos, em que são partes as acima indicadas.

Decide a 6ª Turma do E. Tribunal Regional Federal da 3ª Região, por unanimidade, negar provimento à apelação e à remessa oficial, nos termos do voto do Sr. Juiz Relator e na conformidade da minuta de julgamento, que ficam fazendo parte integrante do presente julgado.

São Paulo, 9 de fevereiro de 1998 (data do julgamento).

RELATÓRIO

O Juiz Persio Lima (Relator): Trata-se de ação ordinária ajuizada pela Prefeitura Municipal de Ribeirão Preto, em face da União Federal, objetivando-se a declaração de inexistência de relação jurídica que a obrigue a recolher aos cofres públicos o IOF, exigido com base nas Medidas Provisórias 195, 200 e 212 e regulamentado pela Instrução Normativa 98 e Decreto 99.374, incidente sobre as aplicações financeiras de curto prazo de sua titularidade.

Sustenta, a autora, que a exigência do referido imposto é inconstitucional, porquanto fere o princípio da imunidade recíproca, consagrado pelo art. 150, VI, *a* do Texto Constitucional.

O juízo monocrático, em sentença, julgou procedente o pedido, por considerar que a incidência do IOF sobre o patrimônio da autora fere frontalmente o princípio da imunidade recíproca, mostrando-se inconstitucionais a Lei 8.033/90, originada da Medida Provisória 195/90 e o Decreto 99.374/90. Honorários advocatícios de 10% sobre o valor da causa.

Apelou, a União Federal, requerendo a reforma da sentença, sustentando que é legítima a exigência do IOF sobre as aplicações financeiras praticadas pela autora, uma vez que não atingem o seu patrimônio, consoante a disposição constitucional nesse sentido.

Com contra-razões de apelação, subiram os autos a esta E. Corte; dispensada a revisão, nos termos do art. 33, VIII, do RI/TRF.

É o relatório.

VOTO

O Juiz Persio Lima (Relator): Trata-se de ação ordinária, através da qual pretende a autora seja declarada a inexistência de relação jurídica que a obrigue a efetuar o recolhimento do IOF sobre as suas aplicações financeiras, que originariamente foi instituída pelas Medidas Provisórias 195, 200 e 212, convertidas na Lei 8.033/90, alegando afronta ao princípio da imunidade recíproca, expressamente consagrado pelo art. 150, VI, *a* do Texto Constitucional.

A ação foi julgada procedente e dessa decisão apelou a União Federal.

Sustenta, em resumo, que a incidência do IOF sobre as aplicações financeiras praticadas pela Prefeitura Municipal de Ribeirão Preto mostra-se perfeitamente harmônica com o Texto Maior, sendo certo que a imunidade é instituto que merece interpretação restritiva, alcançando a renda, o patrimônio e os serviços (art. 150, VI, *a*).

Contudo, ao contrário do que expõe a União Federal, a imunidade tributária constitui um instituto constitucional, que merece interpretação ampla.

Isto porque, ao criar a imunidade, o Constituinte Originário o fez com o objetivo de resguardar valores supremos do Estado, no interesse da própria sociedade, de qualquer modalidade de tributação, que pudesse comprometer o seu exercício.

Assim leciona o mestre Bernardo Ribeiro de Moraes em *Curso de Direito Tributário. Sistema Tributário da Constituição*, 1ª ed., São Paulo, Ed. RT, v. I, p. 407: "As normas imunitárias devem ser interpretadas através de exegese ampliativa. Não podem ser restritivamente interpretadas, uma vez que o legislador menor ou o intérprete não podem restringir o alcance da Lei Maior".

Nesse sentido, há que ser esclarecido que a imunidade é auto-aplicável, não dependendo de disposições constantes em lei infraconstitucional. A lei inferior poderá, unicamente, constatar o preenchimento de certos requisitos para a sua aplicabilidade a uma situação concreta.

No caso em tela, há que se considerar, ainda, que a imunidade recíproca, disposta no art. 150, VI, *a*, da CF, além de interpretação extensiva, mostra-se totalmente auto-aplicável, sequer dependendo, para o alcance dos objetivos colimados pelo Texto Supremo, de Lei complementar veiculadora.

Ademais, as aplicações financeiras dos Entes Políticos, União, Estados, Municípios, incidem diretamente sobre o seu patrimônio e merecem proteção especial, como o fez a Constituição Federal no artigo acima citado. As aplicações financeiras, bem assim o seu rendimento, nada mais são do que uma maneira de proteger o dinheiro do contribuinte dos efeitos corrosivos da inflação que, à época, mostrava-se galopante. Isto significa proteção ao patrimônio.

Portanto, a Lei 8.033/90, que pretendeu tributar as aplicações financeiras praticadas pelos entes políticos esbarra de maneira explícita na limitação ao poder de tributar, expressa no art. 150, VI, *a*, do Texto Maior, razão pela qual está eivada de inconstitucionalidade.

Assim vem decidindo esta E. Corte Regional, consoante os julgados abaixo, que trago à colação:

Constitucional Tributário — IOF, IN 98, de 17.9.90 — Prefeitura Municipal — Imunidade — Art. 150, VI, *a*, da CF.

1. A cobrança de IOF sobre operações financeiras de curto prazo realizadas por entidades de direito público, além de carecer de base legal, eis que prevista apenas em ato normativo, infringe imunidade prevista na Constituição Federal (art. 150, VI, *a*).

2. Remessa oficial improvida (REO 96.03.008580, Relatora Juíza Diva Malerbi, *DOU* 26.6.96).

Tributário — IOF — Aplicação das receitas da municipalidade — Lei 8.033/90 — Imunidade.

I — A exigência de IOF em receitas da municipalidade fere garantia de imunidade recíproca, prevista no art. 150 e parágrafos da CF/88, os débitos nela retratados.

II — As aplicações no mercado financeiro dos valores do patrimônio das municipalidades visam, basicamente, evitar a corrosão pela inflação.

III — Remessa oficial improvida

IV — Sentença mantida (REO 95.03.015551, Relatora Juíza Ana Scartezzini, *DOU* 16.11.95).

Ante o exposto, nego provimento ao recurso de apelação da União Federal e à remessa oficial, mantendo os termos da sentença recorrida.

É o voto.

Persio Lima, Juiz Relator.

TRIBUNAL DE JUSTIÇA DO ESTADO DE SÃO PAULO

Apelação cível 276.677-2/5-SP

Apte.: Ricardo Adati

Apdos.: Diretor do Departamento Estadual de Trânsito-DETRAN

Rel.: Walter Theodósio

j. 4.6.97

Ementas: Município — Competência para legislar sobre trânsito decorre do comando direto da Constituição Federal, art. 30, I, II, quando presente o "interesse local".

Veículo — Cinto de segurança — A exigência de seu uso se insere no conceito de "interesse local" — Jurídica sua exigência.

Inconstitucionalidade — Lei Municipal 11.659/95 — Uso de cinto de segurança — Assunto de interesse local — Sentença mantida — Apelo improvido.

ACÓRDÃO

Vistos, relatados e discutidos estes autos de apelação cível 276.677-2/5, da Comarca de São Paulo, em que é apelante Ricardo Adati, sendo apelados Diretor do Departamento Estadual de Trânsito-DETRAN e Diretor do Departamento do Serviço Viário do Município de São Paulo-DSV.

Acordam, em 8ª Câmara de Direito Público do Tribunal de Justiça do Estado de São Paulo, por votação unânime, negar provimento ao recurso, de conformidade com o relatório e voto do Relator, que ficam fazendo parte do acórdão.

O julgamento teve a participação dos Desembargadores Celso Bonilha (Presidente, sem voto), Toledo Silva e José Santana, com votos vencedores.

São Paulo, 4 de junho de 1997. Walter Theodósio, Relator.

Ricardo Adati impetrou mandado de segurança contra ato dos Diretores do Departamento de Serviço Viário-DSV e Departamento Estadual de Trânsito-DETRAN, objetivando o cancelamento da multa aplicada, com fundamento na Lei Municipal 11.659, de 4.11.95, pelo não uso do cinto de segurança, com pedido de liminar.

A liminar pretendida foi indeferida, fls. 31.

Alega que seu veículo não foi abordado pelo agente de fiscalização, e assim questiona como conseguiu o agente verificar que não utilizava o cinto de segurança.

Sustenta, ainda que com a exigência do uso do cinto de segurança pelos passageiros de veículos automotores, ocupantes do banco dianteiro, houve violação de direitos individuais previstos constitucionalmente.

Informações das autoridades coatoras a fls. 38/60 e 62/87, manifestação do Ministério Público local a fls. 89/86.

A Municipalidade de São Paulo, fls. 62, e a Fazenda do Estado de São Paulo, fls. 98, solicitaram sua admissão no processo como assistente litisconsorcial.

A r. sentença, cujo relatório se adota, denegou a segurança, e julgou extinto o processo com fundamento no art. 269, I, do CPC.

Inconformado o impetrante interpôs apelo sustentando que, em conformidade com o disposto no art. 22, X, da CF tem a União competência privativa para legislar sobre trânsito e transporte, mas que o transporte como trânsito pode ser regulamentado por lei complementar federal que atribuirá aos Estados competência para legislar sobre trânsito.

Trouxe a colação doutrina que versa sobre competência da União, dissertando sobre competência privativa e exclusiva.

Argumenta a Lei Estadual 4.628/85 foi recepcionada pela Constituição de Federal, tendo em face da inexistência de Lei Complementar que defira a competência aos Estados para legislar sobre trânsito.

E, em assim sendo, a Lei Municipal 11.659/94 é inconstitucional, sendo nulos todos atos praticados sob seu império.

Alega que a competência para legislar sobre interesse local, atribuída aos Municípios pelo art. 30, I, da Carta Federal, se refere mais especificamente a saúde, a habitação e a educação.

Sustenta, ainda, ser confiscatório o caráter da multa estipulada pelo art. 3º da Lei Municipal 11.659/94, por ser extremamente elevado o seu valor.

Reclama a reforma da sentença, com a concessão da segurança.

Processado o recurso, colhidas as contra-razões, o Ministério Público local manifestou-se no sentido de que sua posição será a adotada pelo Procuradoria-Geral de Justiça.

À subida dos autos a Procuradoria-Geral de Justiça, em parecer da lavra do Dr. Antônio Carlos Fernandes Ney, manifestou-se pelo provimento do recurso.

É o relatório.

Rejeita-se a preliminar do apelo da Fazenda do Estado.

O DETRAN mostra-se com legitimidade passiva, eis que, embora aplicada pela Municipalidade de São Paulo a multa, o seu não pagamento leva o DETRAN a não licenciar o veículo.

A lide em discussão envolve, primacialmente, o tema da competência legislativa sobre matéria de trânsito.

A Federação brasileira, diversamente daquela que lhe serviu de inspiração, não de modelo completo, a dos Estados Unidos da América do Norte, guarda natureza orgânica.

Lá, nos Estados Unidos da América do Norte, treze Estados independentes, conseqüência da independência das colônias inglesas, fizeram surgir a Federação, em movimento tipicamente centrípeto, com aglutinação de treze parcelas em uma unidade múltipla.

Originariamente, Estados soberanos, os Estados federados norte-americanos, inscreveram amplo repertório na faixa dos poderes reservados.

Assim, como se sabe, legislam eles sobre Direito Material e Direito Processual, salvo as matérias de sentido federal, estas a cargo da União.

E os Municípios, que nenhuma referência mereceram da Constituição norte-americana, receberam, pela via da tradição, *law of the land*, poderes para gerir sua vida própria.

No Brasil, tudo se passou diferentemente.

O Estado unitário imperial transformou-se em República, com subdivisão em Estados-membros.

Assim, houve em plano lógico-temporal, dois movimentos sucessivos: o primeiro centrífugo (o Estado unitário imperial fragmenta-se), e o segundo centrípeto (os fragmentos reúnem-se na unidade múltipla da Federação).

Todavia, tais Estados-membros surgem, tão-somente, no segundo movimento, o centrípeto.

Antes, eram, apenas, pedaços de um Estado unitário, o imperial.

Não estavam, pois, esses Estados-membros, à sua chegada à Federação, adornados de poderes próprios da soberania, que nunca tiveram.

Assim, dentro da natureza das coisas, a União, típica sucessora do Estado unitário imperial, dispôs sobre seus poderes no campo do ordenamento jurídico, fixando o que poderiam legislar os Estados-membros.

Na verdade, ao invés de reserva de poderes, os Estados-membros recebiam esses poderes através da Constituição que formalizava a Federação. Melhor se afigura, como acentuam os doutrinadores, falar-se em poderes remanescentes, isto é, o que escapa da competência da União.

Os Municípios, rigorosamente não integrantes do pacto federal originário, hoje figuram como entes políticos na Constituição. E desta receberam poderes, pela via legislativo-formal, em substituição ao fenômeno da tradição.

Averbe-se que a autonomia municipal foi objeto de afirmação já na primeira Constituição Republicana, 1891 sob a alteração do seu art. 6º, II, *f*, ditada pelas Emendas de 1926.

No Brasil, mercê de tais vicissitudes, apura-se que a síntese do ordenamento jurídico-positivo, está descrito na Constituição.

Revela-se truísmo, verdadeiro axioma, a afirmativa da supremacia da Constituição, estribada na *Grundnorm* figurada por Kelsen.

A Constituição, no Brasil, enumera minudentemente, a competência legislativa.

O seu art. 22, XI, que se refere a legislar sobre trânsito, está na esfera de competência privativa da União.

A própria Carta Magna Federal afugenta os dissabores da construção doutrinária em torno das figuras da competência privativa e da competência exclusiva.

O parágrafo único do art. 22 da CF diz expressamente: "Lei Complementar poderá autorizar os Estados a legislar sobre questões específicas das matérias relacionadas neste artigo".

Quanto ao Município, não há referência dessa perspectiva legislativa por obra da Constituição.

Vem, então, ao campo da discussão, o conceito de "interesse local", território jurídico submetido à competência do Município por comando direto da Constituição (art. 30, I), bem como a suplementação da legislação federal e estadual, no que couber (art. 30, II).

Na CF vigente, o Município brasileiro veio a ser dotado de poderes de organização própria, nos termos do seu art. 29, através de lei orgânica, hoje denominada Constituição Municipal.

A expressão anterior que indicava o universo de sua competência legislativa, "peculiar interesse", ficou substituída por "interesse local".

O Município brasileiro legisla, com energia jurídica recebida diretamente da CF, sobre assunto de interesse local.

O conceito de interesse local é mais amplo do que o de peculiar interesse, como se apreende da literalidade de ambas as expressões.

Na história da jurisprudência em torno do antigo "peculiar interesse", está o reconhecimento de que esse conceito abrange as funções próprias do Município, em relação ao "trânsito", envolvendo controle, fiscalização, regulamentação do uso de vias públicas, do sentido de circulação de veículos, limites de velocidade, peso, áreas de estacionamento ou sua proibição etc.

O cinto de segurança diz respeito à segurança do motorista e dos passageiros no complexo do território da saúde.

Trata-se de evidente providência salutar, com resultados benéficos à comunidade.

A exigência de seu uso, no trânsito, estaria inserta no conceito de "interesse local", a tornar jurídica a sua imposição pelo Município?

A interrogação merece resposta afirmativa.

O interesse local, em seu sentido, pode ser extraído em face do interesse dos demais Municípios.

Torna-se fácil apurar-se que a medida não se mostra necessária em Municípios de pequeno porte, com tráfego reduzido.

Num Município como São Paulo, com tráfego intensíssimo, próprio das grandes cidades, a medida pode inserir-se naquilo que é interesse local.

O tráfego da capital paulista, mercê da presença de milhares de veículos em movimento, com vias rápidas, exige providências que não são pertinentes a outros Municípios.

É do interesse local, em São Paulo, em razão da realidade em que vive, tomar providências que minimizem os efeitos das freqüentes colisões, embates e acidentes de toda ordem que envolvem veículos automotores.

A população local sofre tais conseqüências, em termos de lesões corporais e mortes, a justificar a providência legislativa municipal.

Admitida a inclusão da lei municipal em tela, no que se entende por "interesse local", não há que se trazer a lume o art. 22, XI, da CF, para afirmar-se a competência privativa da União, nesse território jurídico.

O art. 30, I, da mesma CF, dá o suporte jurídico-constitucional ao Município, no caso, por traduzir-se o uso obrigatório de cinto de segurança, nos veículos automotores, assunto de interesse local.

Diante do quadro exposto, não se pode recusar ao Município o poder decorrente da Constituição, de legislar sobre assunto de interesse local, em que se insere a exigência do uso de cinto de segurança, nos veículos automotores que circulam em suas vias públicas.

Averba-se que, reconhecido ser de interesse local a normatização do uso de cinto de segurança, a legislação municipal tem respaldo direto na Constituição (art. 30, I), revelando-se despicienda a discussão da competência supletiva do Município, para legislar sobre trânsito.

Quanto ao caráter confiscatório da multa, o argumento é inconsistente. O valor de R$ 150,00 não é considerável a ponto de definir-se como confiscatório.

A alusão a proprietários de veículos velhos é genérica, sem interligação com a situação concreta, que cuida de carro do ano, 1994, por infração ocorrida em 1994, desmerecendo apreciação.

Isto posto, nega-se provimento ao recurso.

Walter Theodósio, Relator.

TRIBUNAL DE JUSTIÇA DO ESTADO DE SÃO PAULO

Apelação cível 63.745.4/5-Barueri

Apte.: Sociedade Alphaville Residencial 6

Apdo.: Carlos Fábio Vieira

Rel.: Ruiter Oliva

j. 21.10.97

Ementa: Direito de construir — Demolição — Loteamento — Restrição convencional imposta pelo loteador — Obrigação "propter rem" — Projeto aprovado observando tais restrições — Obrigação comum assumida pelo proprietário de executar a obra segundo o projeto aprovado — Descumprimento da obrigação — Irrelevância da concessão do "habite-se" pela Prefeitura Municipal, em decorrência de lei de anistia das construções irregulares — Ato jurídico perfeito e acabado, que está incólume aos efeitos da lei (art. 5º, XXXVI, da Constituição Federal). Recurso Provido.

Segundo o nosso Direito, a regra é a liberdade de construir, mas as restrições e limitações a esse direito formam as exceções, e somente são admitidas quando expressamente previstas em lei, regulamento ou contrato. Quando previstas em Regulamento do Loteamento, e consignadas do título traslativo da propriedade, constituem obrigação "propter rem", isto é, obrigação daquele que é o titular da propriedade. Daí que a concessão do "habite-se" pela Prefeitura Municipal por força de lei que concedeu anistia às construções irregulares, não elide a obrigação do devedor, em face da proteção outorgada pela Carta Magna ao ato jurídico perfeito e acabado (art. 5º, XXXVI). Não estando a edificação de acordo com as restrições negociais, e nem com o projeto aprovado segundo a obediência dessas restrições, impõe-se a correção das irregularidades, demolindo-se a parte da construção em desacordo com tais restrições.

ACÓRDÃO

Vistos, relatados e discutidos estes autos de apelação cível 63.745.4/5, da Comarca de Barueri, em que é apelante Sociedade Alphaville Residencial 6, sendo apelado Carlos Fábio Vieira.

Acordam, em 9ª Câmara de Direito Privado do Tribunal de Justiça do Estado de São Paulo, por votação unânime, julgar prejudicado o agravo retido de fls. 120/121 e dar provimento ao recurso.

Trata-se de demolitória de obra fundada em construção realizada em desconformidade com o projeto aprovado pela autora e com as restrições estabelecidas no regulamento do loteamento, julgada improcedente pela r. sentença de fls. 384/357, cujo relatório se adota, por considerar que a concessão do "habite-se" pela Prefeitura Municipal de Santana de Parnaíba supõe a regularidade da construção.

Apelo da autora visando a reforma do julgado sustentando que as restrições do loteamento, impostas pelo loteador, constam do título aquisitivo, e devem ser respeitadas por todos, inclusive pela Prefeitura Municipal que as aprovou, e que são várias as irregularidades que a obra apresenta, impondo-se a correção dessas anormalidades (fls. 389/396).

Recurso regularmente processado e preparado (fls. 397), com resposta da parte contrária (fls. 399/403).

É o relatório.

O agravo retido de fls. 120/121 foi manifestado pelo apelado, que acabou vencedor da demanda, e por conseguinte dele não cuidou na resposta da apelação.

Está prejudicado o agravo retido.

A autora afirmou na inicial que existe um Regulamento editado pelo loteador em relação ao loteamento denominado "Alphaville Residencial 6", naturalmente arquivado no órgão competente do Registro Predial, estabelecendo normas no que tange à utilização do lote e a edificação nele a ser construída, visando manter a estética e o padrão do loteamento como um todo. E, segundo esse Regulamento, o adquirente do lote há de obter aprovação da loteadora para a construção, modificação ou acréscimo de qualquer obra, "que verificará a obediência dos afastamentos de divisas, uso adequado da área ocupada para que tenham um uso, conforme as restrições de uso do solo impostas em Alphaville Residencial 6" (fls. 3). E dentre as restrições está a de não poder ser edificada habitação com mais de dois pavimentos (térreo e superior) acima do nível da rua, e nem alterada a topografia da calçada frontal (fls. 4). São restrições ao direito de construir convencional estabelecidas em negócio havido entre particulares, que, ademais, constaram do título traslativo da propriedade (fls. 96). Ensina o sempre lembrado Hely Lopes Meirelles que "com essas restrições de caráter negocial, mas de finalidade nitidamente coletiva, os particulares suprem a deficiência da legislação urbanística e asseguram ao bairro a privacidade residencial e as condições de conforto e harmonia estética prevista no plano de urbanização do loteamento". E mais à frente escreve que "na verdade, o que se tem por objetivo nestas restrições é o interesse de todos, na formação e manutenção do bairro com as condições de conforto e bem-estar, idealizadas e procuradas por seus moradores. Assim, é inadmissível que qualquer proprietário descumpra as imposições urbanísticas, para construir em desacordo com o estipulado a favor de todos os adquirentes de lotes. Além disso, o desatendimento das restrições urbanísticas do bairro lesa patrimonialmente a toda vizinhança, desvalorizando as propriedades, pela supressão das vantagens previstas no loteamento e que atuaram como fator de atração dos adquirentes dos lotes" ("Direito de construir — Condomínio particular", *RT* 690/27). E a lei assegura ao loteador, mesmo que tenha vendido todos os lotes, ou aos vizinhos, a legitimidade para promoverem ação destinada a impedir construção em desacordo com restrições legais ou convencionais (art. 45, da Lei 6.766, de 19.12.79).

Trata-se de obrigação *propter rem*, isto é, em que o devedor só é determinado pela sua condição de titular da propriedade, de modo que mudando-se o dono da coisa, muda-se a obrigação de devedor (cf. Antônio Junqueira de Azevedo, "Restrições convencionais de loteamento — Obrigação *propter rem* e suas condições de persistência", *RT* 741/116). Por isso que, na lição do sempre saudoso mestre Hely Lopes Meirelles, "quem adquire lote diretamente do loteador ou de seus sucessores deve observância a todas as restrições convencionais do loteamento, para preservação de suas características originárias, ainda que omitidas nas escrituras subseqüentes, porque o que prevalece são as cláusulas iniciais do plano de urbanização (...)" (*Direito Municipal Brasileiro*, 5ª ed., Ed. RT, p. 416). Some-se a essa obrigação *propter rem*, uma obrigação comum assumida pelo réu de edificar a habitação com rigorosa obediência ao projeto aprovado pela autora (fls. 8).

A invocação pelo réu do direito de propriedade assegurado constitucionalmente não se presta para empecer os efeitos jurídicos da restrição negocial. Não há qualquer dúvida que em nosso sistema jurídico a regra é a liberdade de construir. Todavia, as restrições e limitações a esse direito formam as exceções, e somente são admitidas quando expressamente previstas em lei, regulamento ou contrato. A propósito, observa Hely Lopes Meirelles, que "nada impede que os interessados estipulem em contrato certas restrições ao direito de construir, principalmente em se tratando de plano de loteamento, a estes assegurando, dessa forma, os requisitos urbanísticos convenientes à sua destinação. Torna-se inadmissível, assim, o descumprimento das cláusulas contratuais da estipulação em prejuízo dos vizinhos, beneficiários de suas vantagens, e aos quais não se poderá negar ação, se prejudicados pela construção violadora das restrições estabelecidas" (*Direito de Construir*, pp. 79-81).

Na espécie, repita-se, as restrições constaram do Regulamento do Loteamento arquivado no órgão competente do Registro Predial, sendo expressamente consignada no título traslativo da propriedade. E depois o réu pessoalmente assumiu perante a autora a obrigação de edificar a construção com rigorosa obediência ao projeto aprovado, e, portanto, com obediência às aludidas restrições.

A perícia constatou que a habitação construída não atendeu às restrições estabelecidas no negócio, e nem ao projeto aprovado pela autora. Assim, o réu construiu um pavimento a mais do que era permitido construir, e que, aliás, não constou do projeto aprovado, e nem observou a distância mínima da calçada (fls. 150/151), que são as irregularidades que a autora apontou na inicial.

Impõe-se a regularização da obra. Não importa que a Prefeitura Municipal tenha concedido o "habite-se", que, segundo se tem nos autos, somente ocorreu por força de lei que anistiou as construções irregulares. O que se visa cumprir é uma obrigação contratual, não atingida pelo ato de anistia, que não pode interferir em ato jurídico perfeito e acabado (art. 5º, XXXVI, da CF).

Acolhe-se, assim, o apelo, invertido o ônus da sucumbência, a fim de condenar o réu a corrigir as irregularidades no prazo de cento e oitenta dias, demolindo o pavimento construído a mais e observando a distância mínima da calçada, colocando a obra em conformidade com o projeto aprovado pela autora, sob pena de sujeitar-se à multa diária de atraso no cumprimento do preceito, em valor correspondente a cinco salários mínimos.

Daí, porque, dá-se provimento ao recurso.

O julgamento teve a participação dos Desembargadores Brenno Marcondes (Presidente sem voto), Silva Rico e Thyrso Silva.

São Paulo, 21 de outubro de 1997.

Ruiter Oliva, Relator.

Impressão e acabamento:
GRÁFICA PAYM
Tel. (011) 4392-3344

REVISTA
TRIMESTRAL DE
DIREITO PÚBLICO

DOUTRINA: LIMITES DO PODER DE REVISÃO CONSTITUCIONAL – *Josaphat Marinho* • A VIAGEM REDONDA: "HABEAS DATA", DIREITOS CONSTITUCIONAIS E AS PROVAS ILÍCITAS – *Luís Roberto Barroso* • A IMPLANTAÇÃO DA ADMINISTRAÇÃO PÚBLICA GERENCIAL NA EMENDA CONSTITUCIONAL 19/98 – *Alice Gonzalez Borges* • LACUNA E SISTEMA NORMATIVO – *Régis Fernandes de Oliveira* • O DIREITO ADQUIRIDO E O DIREITO ADMINISTRATIVO – *Celso Antônio Bandeira de Mello* • OS PODERES ADMINISTRATIVOS E AS RELAÇÕES JURÍDICO-ADMINISTRATIVAS – *Adílson Abreu Dallari* • REFORMA DO MARCO LEGAL DO TERCEIRO SETOR NO BRASIL – *Paulo Modesto* • ***PARECERES:*** RETENÇÃO DE RECURSOS ESTADUAIS PELA UNIÃO – *Fábio Konder Comparato* • PRINCÍPIOS DA LIVRE INICIATIVA E DA LEGALIDADE – IMPOSIÇÃO DO DEVER DE ESTIPULAR PREÇOS – *Eros Roberto Grau* • NOMEAÇÃO, POR READMISSÃO, DE EX-SERVIDOR PÚBLICO EXONERADO A SEU PEDIDO – LEGALIDADE – *Valmir Pontes Filho e Carlos Roberto Martins Rodrigues* • POSSE, PROPRIEDADE E ESTADO DE DIREITO – *Sérgio Sérvulo da Cunha* • CONTRATAÇÃO DE ATIVIDADES ARTÍSTICAS – *Marcos Augusto Peres* • ***ESTUDOS E COMENTÁRIOS:*** UM NOVO PROCESSO DE REVISÃO CONSTITUCIONAL? VISÃO DOGMÁTICA DO PROBLEMA – *Jacintho de Arruda Câmara* • DAS SANÇÕES DA LEI 8.429/92 AOS ATOS DE IMPROBIDADE ADMINISTRATIVA – *Fábio Medina Osório* • REPENSANDO O "PRINCÍPIO DA SUPREMACIA DO INTERESSE PÚBLICO SOBRE O PARTICULAR" – *Humberto Bergmann Ávila* • APOSENTADORIA DE SERVIDOR PÚBLICO – ATO JURÍDICO PERFEITO – DIREITO ADQUIRIDO – IRRETROATIVIDADE DAS NORMAS – *Mário Diney Corrêa Bittencourt* • A INTERNET SOB A ÓTICA JURÍDICA – *Walter Douglas Stuber e Ana Cristina de Paiva Franco* • CONTROLE DE CONSTITUCIONALIDADE DE EMENDAS PROVISÓRIAS À LUZ DO PRINCÍPIO DA PROPORCIONALIDADE. CONSIDERAÇÕES SOBRE O ESTADO DEMOCRÁTICO DE DIREITO NO BRASIL – *Douglas Yamashita* • COMPETÊNCIA LEGISLATIVA MUNICIPAL SOBRE MEIO AMBIENTE – *Antônio José de Mattos Neto* • ***JURISPRUDÊNCIA***

MALHEIROS
EDITORES

REVISTA TRIMESTRAL DE DIREITO PÚBLICO

32/2000

M